南懷瑾文化

皇極經世書今說

——觀物篇補結（四）

閆修篆　輯說

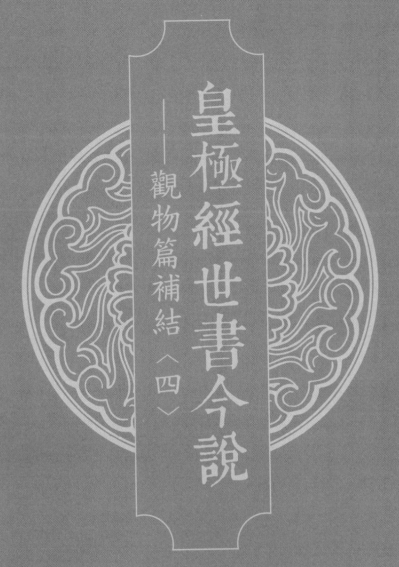

目錄

第四冊

第四冊

第五章　以運經世

第七節　以運經世七——觀物篇三十一

經元之甲一，經會之午七，經運之辛百八十八，大過。

經世之子二千二百二十一（世），初六變澤天夬。

經世之丑二千二百二十二（世）。

經世之寅二千二百二十三（世），六二變澤山咸。

經世之卯二千二百二十四（世）。

經世之辰二千二百二十五（世），九三變澤地萃。

經世之巳二千二百二十六（世）。

經世之午二千二百二十七（世），九四變水風井。

經世之未二千二百二十八（世）。

經世之申二千二百二十九（世），九五變雷風恒。

經世之酉二千二百三十（世）。

經世之戌二千二百三十一（世），上六變天風姤。

經世之亥二千二百三十二（世）。

甲子 夬 周威烈王九年	乙丑 姤	丙寅 大過	丁卯 鼎	戊辰 恒	己巳 巽	庚午 井	辛未 蠱	壬申 升	癸酉 訟
甲戌 困	乙亥 未濟	丙子 解	丁丑 渙	戊寅 蒙 晉韓趙魏求為諸侯	己卯 師	庚辰 遯 周安王元年	辛巳 咸	壬午 旅	癸未 小過
甲申 漸	乙酉 蹇	丙戌 艮	丁亥 謙	戊子 否	己丑 萃	庚寅 晉	辛卯 豫	壬辰 觀	癸巳 比 齊求為諸侯

經世之子二千二百二十一（世），大過初六變夬。

甲子，夬。

西元前417年。周威烈王9年。民元前2328年。

周威烈王九年，魏城少梁。

周威烈王八年，魏與晉戰秦于少梁。為防秦而加強少梁城池防禦工事。

按：少梁即山西韓城南二十公里處。

乙丑，姤。

西元前416年。民元前2327年。
秦靈公卒，季父立，是謂簡公。
靈公卒，國人廢其子，立其季父悼子，是為簡公。
按：秦亦時有廢立之事，而國勢卻日見強盛。可能與其政治基礎與夫從中主持之故。

丙寅，大過。
西元前XX年。民元前XX年。

丁卯，鼎。
西元前414年。民元前2325年。
齊伐晉。魏伐中山。
齊田白伐晉，毀黃城，圍陽狐。
按：《歷代史年表紀事》在戊辰。
黃城在魏州冠氏縣。陽狐在魏州元城東北。

戊辰，恒。
西元前XX年。民元前XX年。

己巳，巽。
西元前XX年。民元前XX年。

庚午，井。
西元前411年。民元前2322年。
齊田莊子卒，子太公和繼。趙城平城。
或以平城之記作平邑，在魏州昌寮縣東北四十里處。

辛未，蠱。
西元前410年。周威烈王16年。民元前2321年。
魯元公卒，子顯繼，是謂穆公。
魯穆公即位後，其個人聲望，較襄、昭、定、哀都高，乃系自春秋而後，魯國政治，受制於三家雖有賢佐，亦不互施其力，自難有所作為，穆由於人，故其令名出乎前者。

壬申，升。
西元前409年。民元前2320年。
晉韓武子卒，子景侯虔繼。趙獻子卒，子烈侯籍繼。魏伐秦。

韓武侯啟章卒，子虔繼，是為景侯。趙獻子浣卒，子籍代，是為烈侯。魏斯伐秦，至鄭而還。論者以為，魏再伐秦（丁卯伐秦、韓代鄭。壬申又伐秦），莫非以國勢不振，欲藉以提高聲勢，然而此無疑於玩火，豈無自焚之虞？

築臨晉元裏。

按：臨晉即前魏之大荔，被秦占去，更名臨晉，魏復之，築成城而守之。

癸酉，訟。

西元前408年。民元前2319年。

韓伐鄭，取雍丘。魏滅中山。

晉韓虔伐鄭，取雍邱。

魏樂羊伐中山，借道於趙，趙意，如果魏平中山之後，便不再借道於趙始可（趙在魏與中山之間，魏取中山而不能有，趙國即可撿個便宜，而擁有中山了）。

魏同意趙之要求，遂取中山。封其子擊。

甲戌，困。

西元前407年。民元前2318年。

鄭伐韓，取負黍。

周威烈王十九年，鄭伐韓，取負黍（負黍，河南開封附近）。

乙亥，未濟。
西元前406年。民元前2317年。
宋昭公卒，子悼公購繼。趙以田公仲為相。

丙子，解。
西元前405年。周威烈王21年。民元前2316年。
齊宣公卒，子康公貸繼，田會以廩丘叛。
田會之叛，非叛於齊，乃叛于田氏者。

丁丑，渙。
西元前XX年。民元前XX年。

戊寅，蒙。
西元前403年。周威烈王23年。民元前2314年。
晉、韓、趙、魏，求為諸侯于周。
《左傳》終於韓、趙、魏三家之亡智伯。司馬溫公（司馬光，後人尊稱司馬溫公）《資治通鑑》，即起于周天子初命三家為諸侯之時。其所記事，與《左傳》相銜接，然其書則與《春秋》相去二十三年，後人疑其以有「避續《春秋》」之嫌

（《春秋》為孔子所作，後人無孔子之學行，無人能與孔子比擬，當然亦無能續其書了，後人惑疑溫公有續《春秋》之意）。

晉之韓、趙、魏三家，聯名向周天子請求為諸侯，周天子竟不分清紅皂白，答應了三家的要求。司馬光認為周天子此舉，實在大錯而特錯。因為「名與分」（分讀為份，即指君臣上下之分際，所謂名即官職之名），如諸侯大夫之稱，為朝廷的大事，不可以隨便輕易送人，這是違背朝廷處事基本原則的。三家分晉自立，應是天子所誅，王法所不貰者，周天子不但不加天誅，而反寵榮之……，這是違背大周王道原則的。司馬《通鑑》所謂之名與分，乃王道之始者。

按：司馬溫公說：「天子之職，莫大於禮，禮莫大於分，分莫大於名。何謂禮？紀綱是也。何謂分？君臣是也。何謂名？公侯卿大夫是也。」又說：「夫以四海之廣，兆民之眾，受制於一人，豈非以禮為之紀綱？」按此所謂禮，即國家之法統制度之意。

《春秋》之後大夫滅其君，自三晉始。其所滅者，乃天子之同姓，周天子不顧恤其同姓，反而加冠晉爵于其仇，此讀史者所以不安者。

或謂自我國文化政治發展來看，漢以前為一個世界，這時三代遺澤猶存。漢以後又是一個世界，自秦統一中國之後，盡滅古制，周前政治文化，因之而斬。秦之所以崛起，由於三家分晉，予秦以各個擊破之機會，秦因得以施其暴，故說王澤之斬，自秦併天下始，秦併天下，自三家分晉始，王霸之機（見宋人尹起莘《資治通

鑑綱目發明》）。尤可歎者，今日中華文化，幾至滅絕之境，民初之五四運動，以打倒孔家店，全盤西化云者，對我固有文化之斲傷如斯，可堪浩歎！（或謂為過去為落後文化，此乃時代進步之新文化。）仁智互見，留待後人發思古之幽情吧！

己卯，師。

西元前402年。周威烈王24年。民元前2313年。

用威烈王崩，太子驕嗣，是謂安王。楚聲王遇盜卒。子疑立，是謂悼王。

周威烈王在位二十有四年，子驕踐位，是為安王。

楚聲王被盜刺殺，國人立其子類（《史記》類作疑），是為悼王。

按：終綱目，說盜殺者十一見，說使盜殺者三件。

庚辰，遯。

西元前401年。周安王元年。民元前2312年。

秦攻魏陽狐。

秦伐魏至陽孤（陽孤，《史記》作陽狐，今隴西縣秦亭即其地）。

辛巳，咸。

西元前400年。周安王2年。民元前2311年。

秦簡公卒，子惠公繼。韓景侯卒，子烈侯繼。趙烈侯卒。弟武侯立。

魏文侯以卜子夏、段干木為師，西門豹為將，守鄴。吳起為將，守西河。田成子為相，樂羊為將。同韓、趙伐楚，至於乘丘。

魏文侯，以卜子夏、段干木為師，西門豹為將，守鄴。吳起為將，守西河。田成子為相、樂羊為將，為三晉得人才之最盛者。子夏為孔子之賢弟子，段干木師事子夏，高潔不仕，文侯師事二人。西門豹守鄴而民不敢欺；吳起守西河取秦五城；以品德高超之田成子為相，樂羊為將。會同韓、趙伐楚，至於乘丘。

按：乘邱應作桑邱。

壬午，旅。

西元前399年。周安王3年。民元前2310年。

癸未，小過。

西元前XX年。民元前XX年。

甲申，漸。

西元前397年。周安王5年。民元前2308年。

韓、盜殺相俠累。

韓相俠累與濮陽嚴仲子有隙，聞聶政之勇，以黃金百鎰（二十四兩曰鎰），為政母壽，政不受。政母死，聶政為殺俠累於堂上，殺數十人，之後將自己面皮割下，眼睛挖出，屠腸而死。俾使人不識其誰，以保護其姊聶瑩。

乙酉，蹇。

西元前XX年。民元前XX年。

丙戌，艮。

西元前395年。民元前2306年。

晉烈公卒，子孝公繼。

晉烈公卒，子傾嗣，是為孝公。

按：他本事載戊子周安王九年。

丁亥，謙。

西元前XX年。民元前XX年。

戊子，否。

西元前393年。民元前2304年。

魏伐鄭，取酸棗，又敗秦軍於注。楚伐韓，取負黍。

周安王九年，魏取鄭酸棗（酸棗在河南陳留），築城守之。楚伐韓，取負黍。負黍為鄭、韓、楚三國之交，原為韓地，後鄭取之，楚又取之。

己丑，萃。

西元前XX年。民元前XX年。

庚寅，晉。

西元前391年。周安王11年。民元前2302年。

齊田和徙其君康公於海上，食一城。秦伐韓宜陽，拔六城。韓、趙大破楚師于大梁。

齊康公、晉幽公，無獨有偶，皆好淫人婦女，前者以夜間偷偷摸摸，被人殺死；康公則被放逐於海上，使食一城，而奉其先祀。

宜陽在宜水之陽，由秦出函谷，東過陝，將至於洛。秦東出函谷，取韓六城，是秦之勢力，已伸入中國，這是三家分晉，給秦創造的好機會。由於韓、趙合力，遂大敗秦師于大梁，大梁在洛陽之東，將近開封，可見秦入中國之深，從此，中原多事，關東諸侯，美夢將空，破家、傾國之禍，迫眉睫而不自覺。

辛卯，豫。

西元前390年。民元前2301年。

魯伐齊于平陸。齊伐魏，取襄陽。

周安王十有二年，魯敗齊于平陸，平陸即古厥國，在今山東兗州。

齊伐魏取襄陽。

按：此襄陽當系今河南許昌西郟縣附近之襄城，非湖北之襄陽。

壬辰，觀。

西元前389年。周安王十三年。民元前2300年。

秦伐魏侵晉（或作秦侵魏陰晉，陰晉地名，即今華陰）。

癸巳，比。

西元前388年。民元前2299年。

齊田和會魏文侯於濁澤，求為諸侯。魏請于周，及諸侯皆許之。

齊田和依齊而為齊大夫，與韓、趙之與晉的情況，如出一轍，魏斯、韓虔、趙籍，晉之大夫，由分晉而為諸侯，可說名利雙至；田和篡齊，當然亦可如法炮製，因之魏即召集衛、楚等君於濁澤，先請于諸侯，後請于周天子，亦猶今日聯合國之申請入會，先取得會員國之同意，在當時而言，是十分荒謬絕倫的作法，為齊田和

向周天子、取得諸侯榮冠，把我國的民主政治，提前了兩千三百多年（這是玩笑話）。不過齊田和之求為諸侯，周天子似乎已成為形式上的木偶人了。

甲午 剝 周安王一五年	乙未 復	丙申 頤	丁酉 屯	戊戌 益	己亥 震	庚子 噬嗑	辛丑 隨	壬寅 无妄	癸卯 明夷 齊康公死於海上
甲辰 賁	乙巳 既濟 韓趙魏滅晉	丙午 家人 周烈王	丁未 豐	戊申 革	己酉 同人	庚戌 臨	辛亥 損	壬子 節	癸丑 中孚 周顯王韓趙攻周
甲寅 歸妹	乙卯 睽 王西賀秦	丙辰 兌	丁巳 履	戊午 泰	己未 大畜	庚申 需 周致文武胙于秦	辛酉 小畜	壬戌 大壯	癸亥 大有

經世之丑二千二百二十二（世）。

甲午，剝。

西元前387年。周安王15年。民元前2298年。

周安王十五年。秦惠公卒，出子悼公繼。韓烈侯卒，子文侯繼。魏文侯卒，子成侯繼。趙武侯卒，子敬侯繼。

周安王十五年。

秦惠公在位十三年卒，出子悼公繼，次年與其母均為庶長改所弒，故曰出公。
韓烈侯在位十三年卒，子文侯繼。
魏文侯在位三十八年卒，太子擊嗣，是為成侯。
趙武侯在位十三年卒，國人復立烈侯之太子章，是為敬侯。
魏文侯在歷史上的名氣，可稱為春秋戰國之第一人，然而其功業，則不如齊桓公遠甚，孟嘗君即有這樣的疑問。歷史郅治有所謂用師者王，用友者霸，用友者亡。意即是說，國家的宰相學問道德，可以做老師的人，國君又能以師事之，離王道便不遠了，所謂說用師者王；等而次之，能把宰相作朋友的，便離霸不遠了，所謂用友者霸；更次之，視宰相如奴僕者，則國必亡，即所謂用奴者亡。魏文侯如能如湯之用伊尹，則豈九合諸侯，一匡天下而已！

乙未，復。
西元前386年。周安王16年。民元前2297年。
田和稱諸侯於齊，列于周紀。魏攻趙邯鄲。
周安王十六年，初命齊田和為諸侯，遂有齊國，是為太公。
趙公子朝來奔，魏與朝襲趙邯鄲不克，大敗而去。

丙申，頤。

西元前385年。民元前2296年。

韓伐鄭取陽城。伐宋，執宋公于彭城。

韓伐鄭取陽城（陽城，在河南潁川）。伐宋，執宋公于彭城（今之徐州）。論者以為：三晉所處之國際形勢，可說是異國而同體之關係，合則俱存，分則俱亡。三國自相攻，則秦得乘之於西，齊得乘之於東；楚則乘之於南北，三國合即可西抗秦，南北抗楚而東對齊，其利害關係昭然而三國不察，昔之一晉分而三，今之三已然更無復合而一之時與勢矣，歷史上的失敗者，莫不由錯誤而來。

魏城安邑及三垣。趙破齊師於靈丘。

安邑、三垣、靈丘，皆在今之山西。

齊太公和卒，子桓公午繼。

周天子命田和為諸侯，次年趙敗齊於靈丘，吃了一次敗仗，即於斯年卒，子午嗣，是為桓公。

秦庶長攻殺出子及其母，迎靈公之子於河上，立之，是謂獻公。

丁酉，屯。

西元前384年。民元前2295年。

趙破齊師於廩丘。

趙以魏故，破齊師於廩丘。

戊戌，益。

西元前383年。民元前2294年。

魏敗趙師於兔台。

魏敗趙師於兔台，魏不念趙破齊相救之德，加兵於趙，此春秋與戰國之異，春秋用兵尚有攘夷安夏如齊桓公之所為者，戰國則只論利害，而不論是非。

己亥，震。

西元前382年。周安王20年。民元前2293年。

齊魏以衛伐趙取剛平。

庚子，噬嗑。

西元前381年。民元前2292年。

趙會楚伐魏取蘺蒲（在西臨城附近）。

楚悼王卒，盜殺相吳起。王子繼是謂肅王，誅害起者九十家。

周安王十五年，吳起自魏奔楚，楚悼王素聞其賢，即以之為相。起嚴明法令，捐不急之官，廢公族之疏遠者，以養戰士，於是南平百越，北卻三晉，西伐秦，諸侯皆患楚之強，貴戚大臣，多怨於起。周安王二十一年楚悼王卒，貴戚大臣作亂，攻吳起殺之（可見當時楚已陷於無政府狀態）。太子臧即位，是為肅王，使令尹誅

為亂者。論者以為吳起刻薄寡恩，為國而虐民，故有如此結果，筆者以為吳起之嚴飭法令，只是針對朝中不急之官（如所謂朝中權貴，無責而享國家俸祿之政治垃圾，為民蠹者），在利害關係上，自有其絕大影響，起施政目標在於國富民強，短短數年之內，即已震撼國際，鄰國恐懼，朝中權貴，遂謂吳起虐民。但起絕不至酷如商鞅者。（問題發生在當時之士風，莫不汲汲於聞達貴顯，即百里奚、蹇叔，亦不例外，但其基本要領，無不在富國強兵大纛下而非殘民以逞者。只是他們對事情分析得更細密穩妥，掌握了成敗之機而已。）

辛丑，隨。

西元前380年。民元前2291年。

齊伐燕取桑丘。

齊伐燕，取桑丘。魏、韓、趙伐齊。

按：《括地志》云，桑丘故城俗名為敬城，在今河北易州。

壬寅，无妄。

西元前379年。周安王23年。民元前2290年。

齊康公死於海上。齊桓侯卒，子因齊立，是謂威王。

田和放齊康公於海上，達二十六年卒，無子，田氏遂併齊。自武王己卯封太公

望，終康公二十六年壬寅，傳三十君，凡七百四十四年，田和滅之。
齊桓侯卒，子因齊嗣，是為威王。

癸卯，明夷。
西元前378年。民元前2289年。
晉孝公卒，子靜公俱酒繼。韓、趙、魏伐齊，至於靈丘。
晉孝公卒，子俱酒嗣，是為靖公，未幾即被三家所廢。

甲辰，賁。
西元前377年。民元前2288年。
韓文公卒，子哀侯繼。趙攻中山，戰于房子。魯穆公卒，子共公繼。

乙巳，既濟。
西元前376年。周安王26年。民元前2287年。
周安王崩，太子喜嗣位，是謂烈王。
魏武侯、韓哀侯、趙敬侯，同滅晉而三分其地，以靜公為家人，食端氏一城。
呂東萊氏以為，端氏乃曲沃與經之所以分者。齊田和放康公於海上，食一城而待其死，歿後而收其城。晉之三家者，乃不待靖公死而生奪其城，使為庶人，則又

不如田氏矣。

按：魏侯、韓侯、趙侯，共廢其君靖公為家人，而分其地。家人即庶人之家，謂居家之人，即指一般平民而無官職者而言。

丙午，家人。

西元前375年。周烈王元年。民元前2286年。

韓滅鄭，徙都之。趙敬侯卒，子成侯繼。宋休公卒，子辟公繼。

丁未，豐。

西元前374年。周烈王2年。民元前2285年。

戊申，革。

西元前373年。民元前2284年。

魯伐齊，入陽關。趙伐齊，至博陵。

趙成侯二年，六月雨雪。

己酉，同人。

西元前372年。民元前2283年。

魏拔齊薛陵，攻趙北藺，趙拔魏鄉邑七十三。宋辟公卒，子剔成繼。

庚戌，臨。

西元前371年。周烈王5年。民元前2282年。

韓嚴遂弒其君哀侯，立其子懿侯。魏武侯卒，公子爭國。趙伐魏立公子瑩，是謂惠王。趙敗秦軍于鄗安。

按：鄗安，《史記》作高安。在今山西。

周安王五年（韓烈侯三年甲申），嚴仲子使聶政刺殺韓相俠累；周烈王五年（韓哀侯六年庚戌），書嚴遂弒其君韓哀侯，說韓廆為相，與嚴遂不睦，遂弒韓廆於朝。嚴遂弒哀侯，又與吳起抱楚王屍，韓廆亦抱哀侯而死，二者同一機心，使殺手們陷入死亡陷井而不自覺。

按：《通鑑》於韓烈侯三年，載聶事，又于哀侯六年載嚴遂事。乃從《史記》世家年表，個中亦不無所疑。

嚴遂弒哀侯，國人立其子，是為懿侯。

魏武侯卒，不立太子，子瑩與公中緩爭立，國亂。韓懿侯、趙成侯合兵伐魏，魏成侯主張殺瑩立緩，割地而退，為二國之大利。懿侯以殺人為暴，割地為貪，影響國際信譽，不如將魏一分為二，則可以永無魏患。趙不同意，兩國遂不歡而散，魏之所以得存者僥倖而已。結果瑩攻緩勝之，遂自立，是為惠王。趙又攻秦于鄗安。

辛亥，損。

西元前370年。周烈王6年。民元前2281年。

趙伐齊取鄄，魏敗趙師于覃懷。

趙伐齊取鄄（今山東濮州），魏敗趙師于覃懷。覃懷為古河內之地，即今河南鄄陵、扶溝左近。

齊威王烹阿大夫，封即墨大夫萬家。楚肅王卒，弟良夫繼，是為宣王。

齊威王烹阿，封即墨大夫，論者或以為乃史家之誇辭，一烹、一封，斷難使齊收如許之功。然從《通鑑》看，齊威王即位之初，似乎尚未致力於國政，從其與淳于髡的對話中，可以看到。淳于髡問齊威王說，大殿之上，有隻大鳥，三年不飛，三年不鳴，此何鳥也？齊威王笑笑說：這是一隻神鳥。三年不飛，一飛沖天；三年不鳴，一鳴驚人。於是召即墨大夫說：你連年考核皆很差，說你壞話的人也很多，但我使人前往視察，發現即墨田地很少荒蕪，治安良好，因你不肯討好我左右之故。於是封之萬家。召阿大夫說：自你到阿後，獲得甚多美譽和佳評，但經我派人考察，阿之農村凋敝，田園荒蕪，盜賊多有，趙來攻鄄（即山西濮州），你坐視不救。薛陵被衛佔領了，你竟然了不知情，只知向我左右送禮討好，求說好話，是日烹阿大夫，與常為阿大夫進美言者。自此官吏皆不敢再循私作弊，齊國大治，強於天下。

論者以為，一賞一罰，固然或能聳動社會，使其震懾驚懼，但恐難產生長久之

影響力，其言雖不無道理，但吾人亦不可忽略了齊威王的政治才華，僅其朝周天子一舉，即已駭世驚俗了！齊威王繼位九年，其間齊伐燕，吃了敗仗：魯師來代入陽關；魏師來伐至博陵；衛師伐薛陵……，齊國沒有給人一件禮面的事情，所以才有淳于髡之諫。看齊威王信心滿滿的神氣，知道齊威王並非是悠哉悠哉的昏昏終日，而是在默默布署與耕耘，他的第一件政治傑作，是朝周天子，當周室衰微，諸侯莫朝，齊威獨朝王，一舉轟動天下諸侯，天下皆賢之；再便是封即墨、烹阿；天下諸侯，對齊刮目相看。

按：齊威王烹阿、封即墨，載周烈王六年，齊威王九年。淳于髡見《史記・滑稽列傳》。封鄒忌事在周安王二十年，齊威王一年，見《戰國策》。

壬子，節。

西元前369年。周烈王7年。民元前2280年。

周烈王崩，弟扁嗣位，是謂顯王。

齊西敗魏之師於濁澤，趙輸長城，魏入觀齊。

之後，齊西敗趙、魏於濁澤，趙輸長城，魏入觀齊（二者皆屬齊地，主動復還於齊者）。往日趙魏侵齊之地，悉自動復還於齊。

魏敗韓師於馬陵。

《史記正義》以為此馬陵在魏州元城東南，或以為在鄭之中牟。

癸丑，中孚。
西元前368年。周顯王元年。民元前2279年。
韓、魏攻周。
應是趙與韓攻周。

甲寅，歸妹。
西元前367年。周顯王2年。民元前2278年。
趙韓分周為二。
韓趙興師攻周之由之故，已不可考。

乙卯，睽。
西元前366年。周顯王3年。民元前2277年。
魏會趙攻秦，不利於宅陽。
宅陽在河南鄭州滎陽縣東南（滎陽音形陽）。魏韓之師，與秦戰於洛陽，大敗而歸。

丙辰，兑。
西元前365年。民元前2276年。

齊攻秦，不利於石門。魏伐宋，取儀台。

石門在陝西三原西北，有路若門，故曰石門，或以為石門為堯所鑿（以上為朱隱老之說，似以下條《易知錄》所說為近）。儀台，即靈台。

丁巳，履。

西元前364年。周顯王5年。民元前2275年。

周顯王西賀秦獻公。魏與秦會于杜平。

韓、趙、魏三晉之師，與秦戰于石門（石門在山西平陽府解州），秦斬首六萬（在過去戰爭史上，尚未見有斬首達六萬者），三晉大敗。害得周天子為了自保，不得不紆尊降貴，出此下策，送往朝廷大禮服，所謂賜以黼黻之服（黼黻讀府福），以示優寵了。

亦有史者對周天子，賜秦黼黻之服，不以為然。說秦尚功肆虐，罪不容誅，天子不能治，自是無奈，茲反賜以黼黻之服，豈非教人以殺，而賞殺人之賊也？自後秦勢日張，至於併吞之勢已成，乃欲約縱以伐之，其能及哉？

戊午，泰。

西元前363年。周顯王6年。民元前2274年。

己未，大畜。

西元前362年。民元前2273年。

秦獻公卒，子孝公繼，敗魏師于少梁，魏敗韓師於澮。

周顯王七年，秦獻公卒，子孝公立。當時的國際形勢，關東之國六，皆以夷狄視秦，排斥之，不得參與中國之國際社會，孝公欲強秦，令國內有能出奇計強秦者，論功行賞，乃至列爵封土……於是商鞅入秦。

賈誼論說：秦孝公據崤涵之固，擁雍州之地，君臣固守，以窺周室，有席捲天下，包舉宇內，囊括四海之意，併吞八荒之心……

當時的國情勢如此。

秦併吞諸侯，獨霸天下，自秦孝公始。

秦敗魏師于少梁。魏敗韓師於澮。（按：少梁、澮、皮牢，皆在山西平陽附近）。

庚申，需。

西元前361年。周顯王8年。民元前2272年。

魏拔趙皮牢。

是年公孫鞅入秦。

辛酉，小畜。
西元前360年。周顯王9年。民元前2271年。
周致文武胙于秦孝公。東周惠公卒，子傑繼。韓、趙、魏伐齊。
周分路祭肉，示好于秦。

壬戌，大壯。
西元前359年。民元前2270年。
秦用魏鞅（魏當作衛）。韓懿侯卒，子昭侯繼。
鞅、衛之庶孫，故稱衛鞅。好刑名之學，事魏相公叔痤，痤知其賢，薦之王，王默然。痤曰，即不能用必殺之，切勿使其出境，為他國用。痤復告鞅速逃，謂王不用汝，必殺之。鞅謂：侯既不聽公言而用我，當然也不會聞公言而殺我。魏王則以為公叔痤之病，已入膏肓，故語無倫次，謂病亟而胡言囈語，孰知囈語成真，秦因鞅變法，而奠定了統一六國之基礎。

癸亥，大有。
西元前358年。周顯王11年。民元前2269年。

甲子 咸 周顯王十二年	乙丑 旅	丙寅 小過	丁卯 漸	戊辰 蹇	己巳 艮	庚午 謙	辛未 否 秦開阡陌	壬申 萃	癸酉 晉
甲戌 豫	乙亥 觀	丙子 比	丁丑 剝	戊寅 復 王賜秦孝公命伯	己卯 頤 諸侯西賀秦	庚辰 屯	辛巳 益	壬午 震	癸未 噬嗑
甲申 隨 秦惠文夷商	乙酉 無妄	丙戌 明夷	丁亥 賁	戊子 既濟	己丑 家人	庚寅 豐	辛卯 革	壬辰 同人	癸巳 臨

經世之寅二千二百二十三（世）。

甲子，咸。

西元前357年。周顯王12年。民元前2268年。

宋取韓黃池。

韓昭侯可為流年不利，宋伐韓取黃池，魏又取朱。

按：黃池，河南封邱。魏取朱。

封鄒忌為成侯。

周顯王十一年，齊威王二十一年，齊威沈湎於酒色聲歌，九年之間，魏、韓、魯、趙，起兵來伐，國勢日削。士人鄒忌，藉獻琴藝于王，齊威王特別以禮相見。

鄒忌見王，撫琴而不彈，王怪而問之。忌謂威王，琴者，「禁」也，止淫邪使歸於正，亦如大王治天下之安萬民。今撫琴而不彈，猶大王撫民而不治，必失萬民之意。齊威王恍然，因十分莊嚴的沐浴更衣，以國事請教鄒忌。鄒忌告以治國之道，霸王之業。王封忌為相國，於是「封即墨大夫，烹阿大夫」，而齊大治，諸侯畏服，更封鄒忌於下邳，曰「成寡人之志者，吾子也」，忌遂號成侯。

按：阿大夫不勤政事，善作公關，年年考列優異。即墨大夫只重政事，不作公關，考列劣等。鄒忌為相國，實地考察，見即墨市井繁榮，社會安定，田野開闢，人民富饒，知即大夫專于政事，不務公關，考列劣等亦不爭辯，乃加封萬家之邑；視阿則田野荒蕪，人民凍餒，但以厚幣精金，賄吾左右，於是烹阿大夫，及考烈之官吏，齊以大治。

按：諸侯擅封同姓，自晉昭候封成師始；諸侯擅封異姓，自齊威王封鄒忌始。

乙丑，旅。

西元前356年。民元前2267年。

趙會燕於河上，會齊于平陸。魯、衛、宋、鄭、朝魏。

燕趙會於河上，趙齊宋會于平陸。魏于周顯七年敗韓、趙之師於澮，取趙皮牢，齊與趙分晉……齊尚未崛起前，魏在關東諸侯中可說是執牛耳者，故諸侯來朝。

按：趙會燕於河上，司馬《通鑑》等，皆作阿。平陸，戰國時齊地，孟子至平陸，即此。

丙寅，小過。

西元前355年。民元前2266年。

魯共公卒，子康公繼。齊會趙於郊；會魏于平陸；會秦于杜平。

按：據《年表》當作齊會魏於郊，會趙于平陸，會齊于杜平。齊會秦于杜平，應是魏惠王會秦于杜平。

杜平在唐之同州澄縣界，即陝西同州。

魯共公卒，子屯嗣，是為康公。

齊威王與魏惠王會田於郊。魏王說以魏國之小，尚有徑寸之珠（高爾夫球大小），可照前後乘者十枚，以齊國之大，不知有何寶物？齊威王說，齊國無寶。齊國之所謂寶者，與魏異。齊有檀子者，使守南城，楚人不敢為寇，泗上十二諸侯來朝；有盼子者，使守高唐，宋人不敢東漁於河；有黔夫者，使守徐州（司馬彪以為徐州即魯國薛縣，戰國時稱徐州，徐音舒），則燕人祭北門、趙人祭西門（燕在齊之北，趙在齊之西，燕、趙害怕齊來攻打，故祈求上天庇佑），徙而從者，七千餘家；吾臣有種首者，使備盜賊，則道不拾遺。此四臣將照千里，豈十二乘哉？魏惠王感到十分沒趣。

丁卯，漸。

西元前354年。民元前2265年。

秦攻魏師於元裏，取少梁。魏圍趙邯鄲。

按：元里亦在同州澄縣界，即陝西同州。少梁在陝西韓城南，秦改名夏陽。邯鄲故城在今河北邯鄲縣南。

少梁：顏師古謂，少梁本梁國，為秦所滅，秦惠文王十一年，更名夏陰。魏有大梁，此名少梁以別之。

周顯王十五年，秦、魏戰於元里，魏師大敗，斬首七千級。魏又伐趙，圍邯鄲。

戊辰，蹇。

西元前353年。周顯王16年。民元前2264年。

韓攻東周君，取陵觀及邢丘。

韓攻東周君，取陵觀及刑丘、廩丘。

按：胡三省注《通鑑》時，東周僅有河南、洛陽、谷城、平陰、偃師、鞏、猴氏七個地區。

又：王幼學《資治通鑑綱目集覽》謂：陵觀在山東兗州府境。《一統志》謂：廩丘為周鎮名，故城在山東曹州府範縣。謂二邑為東周所有，似有出入。

愚按：陵觀、廩丘，或系為周鎮名之異音？余幼居東周龍門南之伊川縣，水之東西皆丘嶺地，居民對其地，多以東、西、或上、下嶺稱之，亦有以嶺名其村者，今其地名尚存者：如陸渾，鳴皋，邱後（今稱酒後），或系邱後之偕音。蓋東周地蹙人寡，其邊陲，似不可能至於魯西。

齊田忌、孫臏救趙，敗魏于桂陵。是年齊始稱王。

周顯王十五年，魏敗于秦，被斬首七千級，秦取魏少梁。魏不自檢討，復對趙用兵，圍邯鄲。齊田忌率師救趙。

龐涓與孫臏同學兵法於鬼谷子（鬼谷在洛陽伊川之東，即孟津之東南山區），涓仕魏為將軍，自以學不如臏，乃將臏騙至魏，斷其雙足、黥其面，使成為廢人。臏亦佯狂自毀，圂迹於豬舍，以糞便為食。齊田忌聞之，乃藉故使魏，竊載孫臏至齊。周顯王十五年，魏圍趙邯鄲，齊使田忌救趙。田忌欲驅兵赴趙，孫臏建議田忌，魏、趙相攻，其精銳必盡入戰場，後方一定空虛，兵法攻其所必救，今我直攻魏都，魏必返救其根本，吾以逸待勞，乘其疲而擊之，一舉而解趙之圍，破魏師，魏師還與齊戰于桂陵，魏師大敗。

己巳，艮。

西元前352年，民元前2263年。

秦大良造衛（即商）鞅，會韓、趙之師，圍魏襄陵。

按：「大良造」秦官名。亦即大上造，或謂「大良造」，即大上造之良者。周顯王十七年，秦大良造衛鞅，會諸侯之師圍魏襄陵（因趙襄子、晉襄公之陵，皆位於此，故稱襄陵）。

庚午，謙。

西元前351年。周顯王18年。民元前2262年。

韓用申不害為相。秦趙伐魏，魏歸趙邯鄲，盟于漳水之上。

申不害乃鄭國的一般平民，沒有出身、背景，所謂鄭之賤民者。學黃老刑名之術，以干韓昭侯，昭侯用為相。內修政教，外應諸侯十五年，終申子之身，國治兵強。

秦衛鞅圍魏固陽（今綏遠烏拉山區，為通蒙古之要道），降之。

辛未，否。

西元前350年。周顯王19年。民元前2261年。

趙成侯卒，世子繼，是謂肅侯。

趙成侯卒，公子緤與太子爭立，緤敗奔韓，世子繼，是謂肅侯。

秦開阡陌。大築冀室於咸陽，自雍徙都之。

秦孝公時，仍沿用井田之制。孟子說「井九百畝，其中為公田，八家皆各私百

畝，同養公田」，公田由八家共同耕作，公田事畢，然後始治私田。秦商鞅變法，廢除井田制度，主要在開阡陌（阡陌，即井田之區界，即區別八家之田界，橫者為阡，縱者為陌。亦即各家田間之小徑），以增加耕地面積，建立田賦制度，統一度量衡，並建立基層行政組織，以兩千五百家為鄉，五鄉為縣，縣置令、丞，並禁止父子兄弟同宿一室。又把一些零星小鄉，合併為縣。共設三十一縣。

按：秦人之生活習慣，與西戎相同，無論父子兄弟姐妹，全家共宿一室，商鞅變法，始行禁止，以重人倫。按此種全家無分男女老幼，共宿一室，筆者親睹。中南美洲之小國，其家四周用木板造成，分上下兩層，上層無分男女老幼，皆共眠一蚊帳中，下層為雞、鴨、豬畜等，至今猶然。

壬申，萃。

西元前349年。民元前2260年。

癸酉，晉。

西元前348年。周顯王21年。民元前2259年。

趙奪晉君端氏，徙之屯留。秦初為賦。

端氏縣，戰國時晉邑，故城在今山西沁水縣東南六十里。據《史記·趙世家》，成侯十六年，韓、趙、魏三家分晉，封晉君於端氏。趙肅侯元年，奪晉君端

氏，徙之於屯留。

甲戌，豫。
西元前347年。民元前2258年。

乙亥，觀。
西元前346年。周顯王23年。民元前2257年。
魯康公卒，子景公繼。

丙子，比。
西元前345年。民元前2256年。

丁丑，剝。
西元前344年。周顯王25年。民元前2255年。

戊寅，復。
西元前343年。周顯王26年。民元前2254年。
周顯王賜秦孝公、命為伯。齊威王卒，子宣王辟強繼。

己卯，頤。
諸侯西賀秦。

庚辰，屯。
西元前341年。周顯王28年。民元前2252年。
齊救韓，趙田忌、田嬰、孫臏，大敗魏師於馬陵，獲將龐涓及太子申。
周顯王十八年，魏龐涓伐韓，韓請救於齊。齊使忌為將發兵救韓，孫子仍用攻魏救趙之計，直取魏都，龐涓不得不回軍自救。孫子用減竈法以欺敵，使齊軍入魏之第一日，為十萬竈，第二日減為五萬竈，第三日滅為二萬竈，以示齊軍逃亡嚴重，龐涓果然中計上當，以為齊軍懼晉，一入晉地，便大量逃亡，認為機不可失，遂放棄步兵，率輕騎星夜窮追。孫臏判斷涓第三日傍晚，晉軍當至馬陵道，馬陵地形複雜，易於埋伏，乃剝大樹皮一片，大書「龐涓死此樹下」，令齊軍弓箭手者夾道而伏，看到光起，即萬箭齊發。龐涓夜至斫木處，看到樹白處有字，乃取火讀之，讀未畢，齊軍萬弩齊發，龐涓自知智窮兵敗，遂自剄而死，齊乘勝大破魏師，擄太子申。

辛巳，益。
西元前340年。周顯王29年。民元前2251年。

楚宣王卒，子商嗣，是謂威王。

秦奪魏河西地七百里以和。魏去安邑，徙都大梁。

魏初敗于桂陵，再敗於馬陵，屢敗于齊，秦商鞅見機不可失，告秦孝公說：魏因地理環與秦相接，兩國不能並存，非魏並秦，即秦並魏。于此時伐魏，乃秦成其帝王之業之最佳時機，秦孝公同意商鞅的分析，使鞅將兵伐魏，魏使公子卬將兵禦之。

兩軍相對，衛鞅使人于公子卬（音窮）書說，我們是好朋友，不忍相攻，不如我們見面談談，以酒相會，飲而罷兵，使秦、魏之民，免於戰爭之苦。公子卬認為這個意見不錯，欣然而往，飲宴間伏兵齊出，俘擄了公子卬，突擊魏師大破之。魏王恐，獻西河之地于秦以和，因去安邑，徙都大梁，歎曰吾恨不用公叔之言。

按：鞅本為魏相公叔痤之舍人，公叔知其賢，未進而病，惠王探痤病，痤謂惠王當重用鞅，否則即殺之，不可使其出境，為他國用。惠王以為公叔痤是病糊塗了，纔要魏惠王以國授鞅。至此始悔未聽公叔之言。

壬午，震。

西元前339年。民元前2250年。

癸未，噬嗑。

西元前338年。民前2249年。

秦孝公卒，子惠文君繼，是為惠王，商鞅奔魏，魏不受，復入于秦。

周顯王三十一年，秦孝公卒，子惠文王立。公子虔之徒，告商君欲反，遂發兵捕之。商鞅逃往魏國，魏國拒不接受，遂復入于秦。秦人攻商君而殺之，車裂而徇（車裂，古之酷刑，如五馬分屍之類），盡滅其家。

商鞅相秦，用法嚴酷，嘗臨渭論囚，渭水盡赤，為相十年，人多怨之。趙良見商鞅，鞅問其治秦，與五羖大夫百里奚如何？趙良說：「千人之諾諾，不如一士之諤諤。」如果我實話實說，你能不治我罪嗎？鞅說，請知無不言，絕不加罪。趙良說：秦穆公把楚國邊境一位飼牛的老人，置於相位，秦國無人敢發怨言者，五羖（羖音古，黑公羊皮）大夫相秦六、七年，救危扶傾，三立晉君（立惠公、懷公、文公）。其為相也，勞不坐乘，暑不張蓋，行於國中，不用隨從，五羖大夫死，秦國男女流涕，童子不歌……與閣下恰恰相反，公之從政也，淩辱公族，公子虔已八年足不出戶。所謂「得人者興，失人者崩」。《書經》上說：「恃德者昌，恃力者亡。」君之危若朝露，尚貪圖秦之富貴，一旦秦王捐世不朝，你的處境，是難以想象的，不如急流勇退，趁早脫離秦國政壇，當是最明智的抉擇。商鞅昧於目前的權勢與榮華，不肯接受趙良的建議，未五月而難作，卒被車裂以殉。

甲申，隨。

西元前337年。周顯王32年。民元前2248年。

秦惠文君夷商鞅族。蘇秦入秦，秦不受。

鬼谷子之學，較圯上老人似乎更博。但其學生的成就，卻似乎前不如後。張良的境界似更勝一籌。鬼谷之徒，軍事有孫臏、龐涓，縱橫有蘇秦、張儀。皆能動見觀瞻，驚震諸侯，但僅僅鼓動風潮有餘，而成事不足，未若子房先生之滅秦興漢，更有利於國計民生。

蘇秦河南洛陽人，以連橫說秦王，書十上而說不行，典盡行裝，資用乏絕，無奈只好重回洛陽老家，但非常難堪的是，當其家人看到蘇秦顏色憔悴，面目黧黑，衣衫襤褸的狼狽情形，全家人對蘇秦的失望，已降至冰點，蘇秦饑寒交迫，但其所見到的則是，所謂「妻不下機，嫂不為炊，父母不與言」……的悽愴場面。對蘇秦來說，真是寒天飲冰水，……蘇秦喟然而歎說，此皆秦之罪也，一切皆由自己所造，無所怨尤，只有重新出發……。於是蘇秦從其書篋中，找出一部《太公陰符》，伏而讀之，仔細揣摹、推敲，讀書欲睡，乃頭懸梁、椎刺股，以致血流至足而不倦，……下了一年苦功，纔很自信的說，現在真可以說（說字讀為稅，如遊說，應念遊「稅」，不念遊說）天下之主矣！自趙國開始，作了六個國家的行政院長兼外交部長。

乙酉，無妄。

西元前336年。周顯王33年。民元前2247年。

周顯王西賀秦。孟軻為魏卿。

孟子為卿于魏，說惠王以仁義治國，惠王以孟子所說，迂遠而不切實際，故不能用，卒至師喪國破，設使惠王能採納孟子的說法，必不致有秦、楚之辱。

按：梁惠王即魏侯罃。《史記》，魏惠王十五年，卑禮厚幣，以招賢者，孟軻至梁。惠王對孟子說，魏國的奇恥大辱是：東敗於齊，長子戰死；西喪地于秦七百里；南辱于楚，失去了七個城邑，真是國家的奇恥大辱，要發奮圖彊，以雪其恥辱。孟子勸其行仁政以王天下，魏王以其迂闊而不能接受。

丙戌，明夷。

西元前335年。民元前2246年。

秦拔韓宜陽。魏惠王卒，子襄王繼。齊宣王會魏襄王於鄄。

丁亥，賁。

西元前334年。周顯王35年。民元前2245年。

蘇秦會趙、燕、韓、魏、齊、楚六國之師，盟于洹水之上以攻秦，至於函谷。韓作高門。是年楚滅越，獲其王無強，盡取其地，東開地至浙江。

蘇秦又下了一年苦功，遂以「合縱」之謀，說趙王與關東諸侯，獲得各諸侯

的認同，遂當上了六個國家的外交部長兼行政院長。蘇秦合縱的策略是，聯合韓、魏、齊、楚、燕、趙，組成軍事同盟，所謂「通質結盟」。秦攻一國，五國各出精銳以撓秦，或擾亂其後方，或打擊其側翼，有不如約者，五國共攻之。六國相結，秦必不敢東出函谷，為害於山東諸侯了。

按：洹水，亦曰安陽河。《戰國策》：蘇秦說趙肅侯，會天下將相，盟于洹水之上。即指此。

韓昭侯是個十分莫名其妙的諸侯，處理國家事務，全憑興趣，從不深思，偏偏當國家多事，財政困難的時候，興土木、作高門，為非當務之急。屈宜臼譏其為「時詘舉贏」（詘音屈；舉贏，舉措不合時宜），君必不出此門。去年秦侵佔了宜陽，今年又遭旱災，昭侯不知節約以恤民急，不秣馬厲兵，反而更加奢侈和浪費，失其為國之道，誠屬不時之甚者。門戶縱然裝飾得美輪美奐，但我看昭侯恐怕沒有從此進出的機會了。果然被屈宜臼不幸而言中，未及一年，高門竣工了，昭侯也一命嗚呼了。果如屈宜臼之言。

智小而謀大，力小而任重，注定了必然是失敗的。越王勾踐七世後之孫無疆，不自量力欲伐齊，齊人找了個謀士，說越以伐楚之利，以四兩撥千金的方法，把越軍轉移焦點于楚，越王遂轉移目標，驅兵伐楚。結果竟如摧枯拉朽，越王師敗身死，不但把勾踐所占吳國浙江的土地，並入于楚，尤有甚者，越國從此分崩離析、土崩瓦解，諸公族散居於濱海之地，各以其地，或為王，或為君，互相爭立，卒不

免臣服于楚之命運。越傳七世，百七十七年而亡。

戊子，既濟。

西元前333年。民元前2244年。

燕文公卒，子文王立。韓昭侯卒，子惠王立。

周顯王三十六年，燕文公卒，子嗣，是為易公。韓昭侯卒，子嗣，是為宣惠侯。

楚敗齊師於徐州，齊田嬰詐楚故不利。

齊田嬰欺楚，師于徐州，楚圍齊師於徐州，敗之。楚令齊不可再用田嬰。田嬰乃使張醜欺楚王說：楚之所以戰勝齊於徐州，乃是齊不用田盼之故，如果齊逐田嬰，則必用田盼，如此則將極不利於楚，楚王信之，故不再堅持使齊逐田嬰。

己丑，家人。

西元前332年。周顯王37年。民元前2243年。

齊會魏伐趙，又伐燕取十城。

蘇秦所主張的六國相結，西向抗秦的合縱策略，對秦構成了極大威脅，秦王乃使公孫衍（即犀首）使用詐術以欺齊，魏使與秦共同伐趙，以破壞蘇秦合縱抗秦計劃，趙肅侯不明箇中原委，遂對蘇秦產生不滿，蘇秦因藉故聯絡燕國，共同對齊

而離開趙國，合縱之說遂為瓦解。趙國無奈，遂決河水以灌齊魏之師，齊魏之師乃退。

庚寅，豊。

西元前331年。民元前2242年。

秦伐魏。

戰國時諸侯之君，明知合縱有利於己，但關東諸侯卻很輕易的接受秦國之欺騙與愚弄。周顯王三十七年，秦使齊魏伐趙。目的即在造成諸侯間之矛盾，破壞六國的縱約。關東諸侯卻極盡屈辱之能事，以聽命于秦，當關東諸侯彼此間的積怨形成後，秦即以猙獰面目，對其功狗齊、魏下手。齊、魏聽命伐趙之後，魏即以其地陰晉（即華陰）獻秦。三十九年，秦伐魏圍焦（即今河南陝州）、曲沃（即晉之都城，今之山西太原），魏入少梁（即今陝西韓城縣南）河西之地于秦（泛指黃河以西之地，包括今之陝西、甘肅、及蒙古之鄂爾多斯等地）；四十年秦伐魏。渡河，取汾陰（即山西蒲州）、皮氏（即山西龍門）、拔焦（即今河南陝州）。

辛卯，革。

西元前330年。周顯王39年。民元前2241年。

宋亂，公弟偃，弒其君代立，是謂元王。

宋剔成公四十一年，其弟偃攻襲之，剔成敗奔齊，偃遂自立為君，是為元王。

壬辰，同人。

西元前329年。民元前2240年。

楚威王卒，子懷王槐繼。魏伐楚，取陘山。秦代魏，取汾陰。

楚威王卒，子懷王槐繼。魏乘楚國喪而伐之，取陘山（即今安徽甯國府）。秦代魏，取汾陰。

癸巳，臨。

西元前328年。周顯王41年。民元前2239年。

秦用張儀為相。陳軫適楚。楚滅蜀，魏輸秦上郡。

周顯王四十一年，秦張儀伐魏，取蒲陽（即今山西蒲板），旋即復還于魏，魏有感于秦之德，乃將其上郡土地（包括今陝西延安府、榆林府，綏德州）盡行奉獻于秦。秦以張儀為宰相。既而張儀又伐魏取蒲陽，張儀請秦還蒲陽于魏，而使魏公子繇（一念宙、卜卦用的占辭；二念搖，咎繇，古人名即臯陶；三通由，同悠。此應念搖），為質于秦。張儀又對魏惠王說：秦對魏特別優厚，魏不可忘恩負義，無禮于秦，魏惠王竟割上郡十五縣之地以謝秦。張儀把梁惠王當三歲小兒玩，魏甘願被秦玩，如楚懷王然。天下寧有如此不可思議之事？

甲午 損 周顯王四二年	甲辰 小畜 燕王噲以國授子之	甲寅 蠱 東西周相攻 秦太后臨朝稱制
乙未 節 孟軻為齊上卿	乙巳 大壯 王崩子延繼西周君	乙卯 升
丙申 中孚	丙午 大有 周赧王齊伐燕	丙辰 訟
丁酉 歸妹 孟軻去齊	丁未 夬	丁巳 困
戊戌 睽	戊申 姤 秦大敗楚師齊攻燕	戊午 未濟
己亥 兌	己酉 大過	己未 解
庚子 履	庚戌 鼎 燕起黃金台招士	庚申 渙
辛丑 泰 慎靚秦齊婚	辛亥 恒	辛酉 蒙
壬寅 大畜	壬子 巽	壬戌 師 楚懷王放屈原江渚會秦不返
癸卯 需 秦大敗六國	癸丑 井	癸亥 遯 趙武靈王授位少子何

經世之卯二千二百二十四（世）。

甲午，損。

西元前327年。周顯王42年。民元前2238年。

周顯王四十二年，齊會魏攻韓之桑丘。

按：桑丘，戰國時山東平原西。

乙未，節。

西元前326年。民元前2237年。

趙肅侯卒，子定繼，是謂武靈王。齊用孟軻為上卿。

丙申，中孚。

西元前325年。周顯王44年。民元前2236年。

孟軻去齊。

孟子于齊、魏之君，皆欲其行王道，保民而王。而齊、魏之君，所見者淺，所欲者奢，故喜聽美諛之言，無論楚魏，每每被秦張儀所欺，而且一欺再欺，而不悟者，豈不可笑？孟子之王道不得行，故去齊。

丁酉，歸妹。

西元前324年。民元前2235年。

秦始稱王。齊宣王卒，子湣王地繼。秦築上郡塞。

戊戌，睽。

西元前323年。周顯王46年。民元前2234年。

韓、燕稱王。

韓、燕皆稱王，趙武靈王獨不肯，並謂：「無其實，徒有其名。」有什麼意義呢？令國人稱己為君。豈非自我陶醉！

楚破魏襄陵八城，移兵攻齊。秦張儀會齊楚執政于齧桑。

秦張儀與齊、楚之相，會于齧桑。楚將昭陽敗魏師於襄陵，取其八邑。昭陽欲以破魏之師伐齊，陳軫往說昭陽，乃引師而還。

按：齧桑，在梁與彭城之間。

己亥，兌。

西元前322年。民元前2233年。

張儀出相魏。

張儀欲魏帶頭率領諸侯臣服于秦，故來相魏以勸說魏王，魏王不聽。秦伐魏，取曲沃、平周。

按：曲沃、平周，古山西介休，在今河南汲縣，非山西晉都曲沃。

燕會韓、魏二君於區鼠。

按：區鼠在今河北。

庚子，履。

西元前321年。周顯王48年。民元前2232年。

周顯王崩，子定嗣，是謂慎靚王。是年趙始稱王。

齊封田嬰于薛。

齊封田嬰于薛。號靖國君。靖國君告齊君當親五官之事（即國之政務，行政工作），沒有多久，齊王十分厭倦，遂悉委之於靖國君。靖國君因得專齊之權。

靖國君欲加強薛之城池，客勸其應以齊為家，奚以薛為？靖國君有子四十人，其賤亡之子文，即孟嘗君。食客常數千人，名重天下。

盜殺蘇秦於齊。

蘇秦與燕文公夫人通，事為燕王易聞知，蘇恐，便藉故往齊，破壞齊國的政治，教唆齊王以修築高宮大苑，以浪費齊國資財，為燕敝齊，齊大夫見蘇秦很得齊君賞識，與蘇秦爭寵，使人將蘇秦刺殺。

蘇代復相燕。燕王卒，子噲繼，子之專國。

按：蘇代為蘇秦之弟，為燕國之相，與子之有裙帶關係。噲，念塊，為燕易王之子，易王卒，子噲嗣位。子之為燕國之相，利用子之的昏憒，得專燕國之政。

蘇秦弟代、厲，亦以遊說聞名諸侯。蘇秦卒，秦弟代復相燕。燕相子之與蘇代為姻親關係，遂與代狼狽為奸，共謀燕國政權。燕易王卒，子噲嗣（噲音塊，近乎白癡），子之乃專燕國之政。

辛丑，泰。

西元前320年。周慎靚王元年。民元前2231年。

宋伐楚，取城三百里，始稱王。秦、齊交婚。

宋元公偃，為宋剔成公之弟，襲成公，剔成奔齊。偃自立為元公，後稱王，是一個無畏于天理是非的人，效法商之昏君武乙，將血盛入革囊，仰而射之，名曰射天。嗜酒好色，群臣有諫者，即射殺之。

齊迎婦于秦。秦、齊交婚。

壬寅，大畜。

西元前319年。民元前2230年。

魏襄王卒，子哀王繼。張儀復相秦。

按：上述魏襄王卒，子哀王繼，係《史記・六國年表》之誤。正確的是：魏惠王卒。子襄王繼。據汲塚出土的《竹書紀年》說如上。

張儀說魏襄王背棄蘇秦的縱約，與秦和好，參加秦國集團。張儀復返秦為相。

癸卯，需。

西元前318年。周慎靚王3年。民元前2229年。

楚會齊、趙、韓、魏、燕攻秦。不利。齊獨後，秦樗里疾，大敗六國之師，獲將申差及韓、魏二公子。

周慎靚王三年，楚會齊、趙、韓、魏、燕六國之師，同伐秦，攻函谷關。秦將樗里疾，大敗六國之師，獲將申差及韓、魏二公子。

按：樗里疾乃秦惠王之弟，其里有大樗，故以為號，其地在渭南之陰鄉。申差為將。

甲辰，小畜。

西元前317年。民元前2228年。

齊敗魏師於觀津，與秦爭雄雌。

齊敗魏、趙於觀津。

按：觀津，戰國趙地。

魯景公卒，子平公繼。

周慎靚王四年，魯景公卒，子旅嗣，是為平公。

秦敗韓師於濁澤，韓請割名都一，以助伐楚，既而背之。

秦敗韓師于修魚，斬首八萬級，擄其將申差於濁澤。諸侯震恐。

按：濁澤在南臨潁縣西北，亦名皇陂。又山西縣，亦有濁澤，一名涿澤，亦傳為韓趙魏戰處。

修魚即蕭魚，春秋鄭地，在河南懷慶府，即河南原武縣。

秦又伐韓，敗韓師於岸門，楚救不至。

按：岸門在山西河津縣南。

燕王噲以國屬子之。

燕易王卒，子噲嗣（噲音塊，智商近乎白癡）。子之當國，欲得燕國之權。適蘇代使齊還，噲問蘇代，齊國能霸諸侯嗎？蘇代說，不能。噲問何故？代說，齊君不信其臣，不把政權交給其臣負責。於是燕王噲便把燕國之政，悉交於子之，子之遂專燕國之政。子之又嗦使一個名鹿毛壽的佞臣，向燕王噲進言說：堯舜之所以為聖賢，就是因為堯舜能讓天下，如果國王以燕國讓子之，是王與堯舜齊名也，這是千年萬世的榮耀呵！於是燕王便把燕國的政權，交給了子之，噲年老，以臣民自居，朝拜於子之。

乙巳，大壯。

西元前316年。民元前2227年。

齊伐燕。秦伐趙，拔中都及西陽。

子之為王三年，弄得燕國天下大亂（燕國之亂，乃叨子之與蘇代之賜），齊又鼓動燕將市被，與太子平攻子之，不克，市被又與太子互攻。人民死傷數萬，痛苦不堪。齊宣王認為這是上天之恩賜，如果不受，便會遭受上天的懲罰。遂不理會孟子的忠告，乘燕之危，派兵佔領燕國，殺了燕王噲，把子之剁成肉醬，大事搜括擄掠，引起列國的群起反對，及燕國人民的激烈反抗，弄得灰頭灰臉，不得已退出了

燕國。

按：《孟子》書：「齊人伐燕勝之，齊宣王問孟子說，齊之有燕，乃是天意，不取必有天殃，取之如何？」孟子簡單的說：「取之而燕民悅，則取之，周武王是這樣做的；取之而燕民不悅，則勿取，周文王是如此作的。」可以作為參考。

秦伐趙取中都、西陽、安邑。

按：中都，即今北平；西陽，今河南西華；安邑，在今山西。

丙午，大有。

西元前315年。周慎靚王6年。民元前2226年。

周慎靚王崩，子延繼，是謂赧王，稱西周君。秦拔義渠二十五城，又取韓之石章。

周慎靚王定崩，子延嗣立，是為赧王，又稱西周君。

義渠，即秦西一帶諸戎之國，為秦所滅，今甘肅慶陽、涇州之地。

丁未，夬。

西元前314年。周赧王元年。民元前2225年。

齊楚和親。燕亂，將市被攻子之不克，返攻世子，又不克，死。

吳、越之後，楚接收了吳、越大部份的土地與人力資源，儼然為南方新興強

國。齊則為中國第一大國，齊、楚聯姻，自然形成兩國的密切關係，嚴重影響秦攻齊之計劃，希望予以阻止破壞。遂使張儀說楚絕齊。

楚威王曾是位頗有見地的君主，知莊周賢（即吾人所稱之莊子），欲請莊子為相，莊周不幹。威王卒，子槐繼，是為懷王。很遺憾的，楚懷王的智商，與燕王噲相伯仲，愚而好貪。張儀不費吹灰之力，懷王即入其彀中。

燕子之（子之人名）為王三年，弄得燕國天下大亂，齊鼓動燕將市被，與太子平攻子之，不克；市被反攻太子，亦不克而死，內亂達數月之久，死者數萬人，百姓痛苦不堪。

戊申，姤。

西元前313年。民元前2224年。

楚攻秦不利。秦伐齊，楚救不至，秦張儀紿楚。樗里疾攻趙。

秦欲伐齊，擔心齊楚合盟，不利於秦，乃使張儀說楚絕齊。張儀展開了一系列的騙術，以離間齊楚關係，挑撥諸侯感情。秦伐齊，軍事行動尚未展開，便先放出謠言，說楚國于秦、齊之間，保持中立，秦、齊已短兵相接，楚救不至，便是張儀謠言的成功。張儀更進一步說楚懷王，如果楚與齊絕交，秦願割其商於之地六百里予楚（商於，即陝西商縣逾秦嶺、迄河南南陽之間之地），並且秦王願將其女嫁于懷王，秦、楚嫁女娶婦，長為兄弟之國。懷王十分高興，群臣皆賀喜王，惟陳軫

獨弔，認為張儀返秦，不但絕對不予楚地。而且秦、齊之兵，很快便要降臨于楚國了。懷王怒極，大罵陳軫閉口。陳軫說：秦之所以重楚者，因為有齊之故，如果楚失去了齊國這個朋友，便成了一隻孤鳥，楚在秦國的眼裏，便沒有利用的價值了，還會把六百里地給楚嗎？為楚之計，不若表面與齊決裂，暗中仍與齊和好，如果秦給楚地，再絕齊未遲。懷王不理，並將楚國相印授儀，重重償賜了張儀，請其兼任楚國宰相。遂派了一位將軍，隨張儀赴秦受地。張儀返秦，佯為墮車，三月不朝。

楚懷王以為張儀之不予楚地，是因為楚與齊絕得還不夠徹底，於是便派了一位勇士，帥兵前往罵齊。齊王大怒，便也低聲下氣主動與秦交好。張儀始見楚使者，問其何以不受秦地？自某至某，廣大六里之地。使者還告楚王，懷王大怒，便欲發兵攻秦。

己酉，大過。

西元前312年。民元前2223年。

楚懷王大伐秦，不利；又伐，又不利。秦庶長魏章，會齊、韓之師，大敗楚師于藍田；又敗之于丹水之陽，獲其將屈丐，遂取漢中地，置黔中郡。

懷王上了張儀的惡當，十分懊惱，便欲發兵攻秦。陳軫復諫王說：秦國是個不講信用、唯利是圖的國家，楚可以用一個有名的大城賄賂于秦，要秦協助楚國攻齊，把楚國之所失，從齊國拿回來。懷王不理會陳軫的建議，即派屈匄（匄音丐）

率兵伐秦，秦大敗楚師於丹陽，斬甲士八萬人，擄屈匄及列侯七十餘人，遂取楚漢中之地，改為黔中郡。楚復起傾國之兵襲秦，秦又大敗楚師于藍田。楚懷王聞商於六百里而喜，猶若匹夫夢中大彩，既聞六里，復大怒之，楚一怒而八萬甲士被斬，再怒又失丹陽藍田。陳軫一諫一怒，再諫再怒，楚之不亡者幸也。

魏見機，便趁火打劫，出兵襲楚，至於楚南重鎮之鄧，楚不得不退兵，又割兩城予秦以求和。

韓宣王卒，世子蒼繼，是謂襄王。

韓宣惠王在位二十一年卒，子倉立，是為韓襄王。

齊以五都兵攻燕，燕亂。國人立太子平，是謂昭王。

齊宣王十分垂涎于燕，每思據而有之，故時時不忘進兵于燕，當市被與太子相攻時，齊宣王即令章子動員戍守北部六重鎮之軍，與北地民兵攻燕。孟子勸王說燕不可取，宣王不聽；又勸王扶立燕後，亦不聽。結果燕人叛齊，立太子平，是為昭王。

庚戌，鼎。

西元前311年。周赧王4年。民元前2222年。

楚屈原使齊。秦張儀使楚，會楚、齊、韓、趙、魏、燕六國西事秦，至咸陽而秦惠王卒，世子武繼。

楚屈原使齊，無論為懷王所派，或是私人訪問，為國家利益著想，楚、齊關係能多一分修復，對兩國就有多一分的好處。屈子懷著孤臣孽子的心情，步上了渺無一線希望的征途，當然是空勞往返了。

戰國時作為說客的縱橫家，其縱橫捭闔的手段，已登峰造極，達於幻境。換言之，即一些高智商的人，針對其人性弱點，運用詐術，威脅利誘，玩弄列國諸侯於股掌之上，以博取最高利益。被欺者如癡如幻，雖一而再、再而三，甘願受欺而不忤。

周赧王五年，秦張儀使楚，說楚事秦。並說：「齊、韓、趙、魏、燕之使，業已西向事秦。」秦惠王願以武關之外，與張儀與關東輸誠諸侯到達咸陽。秦惠王卒，而未及君臨天下。時至今日，國際外交之手段，尚未有出乎時縱橫家之上者。

燕起黃金台，以禮郭槐，樂毅自魏至，鄒衍自齊至，劇辛自趙至。

燕昭王繼位於齊破燕後，弔死問孤，與百姓同甘苦，卑身厚幣，築黃金台，以招賢者，於是劇辛自趙至、樂毅自魏至……等，賢者皆至燕，昭王師事郭隗（隗音偉），任國政於樂毅。

辛亥，恒。

西元前310年。周赧王5年。民元前2221年。

秦會魏於臨晉，張儀、魏章適衛，樗里疾、甘茂為相。

壬子，巽。
西元前309年。民元前2220年。
楚合齊以善韓。

癸丑，井。
西元前308年。周赧王7年。民元前2219年。
秦武王會魏王於應，會韓襄王於臨晉。
秦武王會魏於應。秦王會韓襄王於臨晉。秋秦王命甘茂約魏伐韓，甘茂到了魏國，即派人回報秦王，說魏已同意派兵伐宜陽，但茂勸王勿伐。王招茂密談。
按：伐宜陽，應是伐南陽。

甲寅，蠱。
西元前307年。民元前2218年。
東西二周君相攻。
按：周貞定王崩，子去疾立（即哀王）。幾經兄弟相殘（去疾即位三月，其弟叔，即弒兄自立，為思王；七月貞定王少子嵬，又殺其兄叔而自立，即考王（亦即二弟殺大哥，三弟殺二哥），考王又封其弟于王城，是為西周桓公。
考王崩，子午踐位，為威烈王。

西周桓公卒，子威公立，威公卒，子惠公立，惠公封其少子於鞏，是為東周。至此東西周兵戎相見，貽周室羞。八百年之大周王朝，已為歷史之陳迹。

楚圍韓之雍邱。

秦甘茂拔韓之宜陽。武王舉周鼎絕臏而死，國人迎其母弟稷于趙立之，是謂昭襄王，太后臨朝稱制，魏冉專政。

宜陽為韓之大縣，雖稱為縣，實乃為郡，易守難攻。秦武王使甘茂來伐宜陽（伊水之西即宜水、治在宜水中上游），甘茂乃秦之客卿，千里而攻人之國，一遇挫折，必有政敵群起而攻，王心一定動搖，不但必致無功而返，且有勞師動眾、誤國傷民之憂，故不願受命。秦武王向其面議於息壤（秦地），且提出保證，絕對支援到底。甘茂乃發兵攻宜陽，五月而不拔。朝中大臣如樗里子、公孫奭等，果然起而攻之。秦王決心動搖，希望甘茂罷兵。茂說：我們息壤的協定猶在啊！秦王不好意思，遂發全國之兵，斬首六萬，遂拔宜陽。（破城邑而取之，曰拔）

秦武王好與人角力為戲，與力士孟說（讀悅）舉大鼎，絕脈而卒，無子，異母弟稷，質于燕，國人迎立之，是為昭襄王。

趙武靈王改用胡服。

趙武靈王是個雄才大略的君主，趙內有諸侯的壓力，外有胡騎的威脅，為求強國之道，曾親潛赴秦國，觀察其政風、民情，幾乎被秦王捉去（事在秦昭襄王八年，趙武靈王二十七年）。又略中山，遂至於代；北至無窮，西至於河、登黃華之

上，與謀臣肥義，研擬致強之道，因趙接近胡地，就客觀環境而言，莫過於強兵，強兵道，要在全國動員，因以胡服騎射，以教百姓，自己首先以身作則，並謂：雖天下之人，皆譏笑於我，亦在所不惜。果然遇到了全國的反對與極大阻力，宗室公子成，亦稱病不朝。武靈王親自往請，告以之所以胡服騎射之故，目的乃在於國家的自保，且報中山以齊為靠山，侵我土地，引水圍鄗（今河北高邑）之恥。公子成遂著胡服上朝。趙乃下令胡服騎射。使趙遂成為北埵之強者。

乙卯，升。

西元前306年。周赧王9年。民元前2217年。

秦復韓武遂，嚴君疾、向壽為相，甘茂適魏。

秦以嚴君疾、向壽為相；命樗里疾、甘茂伐魏。

周頃王元年（西元前六一八年），秦伐晉取武遂；周赧王八年，秦取韓宜陽後，使向壽與韓劃分宜陽疆界，以調和人民情感，甘茂建議把武遂還給韓，向壽與公孫奭（二人皆為秦相），極力反對，秦王採納甘茂的意見，將武遂復歸於韓。向壽與公孫奭，十分氣惱甘茂，並百般進言于秦王，攻訐甘茂，茂知其處境險惡，遂放棄伐魏蒲板的任務，逃往齊國去了。

按：《皇極》言甘茂適魏。應是奔齊。

丙辰，訟。

西元前305年。周赧王10年。民元前2216年。

楚絕齊以善秦。

秦對六國，最希望其分崩離析，所不願見的，則是其互相交好。楚卻偏偏以絕齊來討好于秦，齊楚絕交，二國皆西向事秦，秦因得以制諸侯之命。當然，使諸侯交惡，必待諸侯之君之惛憒、自私，楚則為其典型。如楚一而再、再而三的受秦愚弄，而又每每幻想與秦交好，故絕齊以媚秦，乃至屈原死諫而不悟。

丁巳，困。

西元前304年。民元前2215年。

秦昭王與楚懷王、會於黃棘，復至上庸。

黃棘在湖北襄陽與房縣之間。上庸在陝西漢中。

戊午，未濟。

西元前303年。周赧王12年。民元前2214年。

齊、韓、魏攻楚，楚求救于秦。魯平公卒，子文公賈繼。秦取韓武遂，拔魏蒲板。

秦取魏蒲阪、晉陽、封陵。取韓武遂。齊、韓、魏攻楚，楚以子橫為質于秦以

求救。秦來救，三國師退。秦更取韓武遂。拔魏蒲阪。

己未，解。

西元前302年。民元前2213年。

秦復魏蒲板。會韓于武遂。

庚申，渙。

西元前301年。周赧王14年。民元前2212年。

楚伐秦不利。秦昭襄王會齊、韓、魏伐楚，敗之於重丘。

楚子橫殺秦大夫亡歸，昭襄王會齊、韓、魏伐之，殺其將唐眛，遂取重丘（重丘屬山東平原郡）。

辛酉，蒙。

西元前300年。民元前2211年。

齊孟嘗君入秦為質。

史書謂：秦昭襄王聞齊田文賢，使人請文，以為丞相。

壬戌，師。

西元前299年。民元前2210年。

楚懷王放其大夫屈原于江濱。與秦昭襄王會于武遂不復。國人迎太子橫于齊而立之，是謂傾襄王，其弟子蘭為令尹。齊歸秦涇陽君。

秦伐楚取八城，賜書楚王，約楚王至武關會商，當面簽訂秦楚和平合約，以結盟好。楚懷王既不敢去（怕再上秦國的當，被秦扣留），但又不敢不去（擔心不奉秦命會惹怒秦王）。楚昭睢、屈平，皆勸楚王勿往（昭睢楚之大姓，屈平即屈原），並發兵自守，謂秦乃虎狼之國，有併諸侯之心，絕對不可相信。但楚懷王的小兒子子蘭，子蘭力勸懷王赴秦會，乃是欲娶秦女為婦，故說「奈何絕秦歡」。王乃行，果為秦所詐，劫至咸陽，朝秦如藩臣禮，秦要楚割巫山黔中郡，楚王同意自已先還楚、後割地，秦要先得楚地後，再釋楚王，懷王不答應。秦即劫持懷王不放。時楚太子橫為質於齊，國內擔心秦齊合謀瓜分楚國，欲立王子之在國內者。昭睢不同意，遂私自赴齊，召太子橫而立之，是為頃襄王。

屈原本為懷王左徒，甚獲懷王信任，後遭小人（上官大夫）陷害而見疏。楚太子立為頃襄王，子蘭復譖之于王，頃襄王怒，遂遷屈原于江南，原乃懷石自沈汨羅以殉。

孟嘗君自秦逃歸。

秦以田文為丞相，或謂秦王：田文齊人，為秦相，必先齊而後秦，對秦國而言，豈非十分危險之事？秦王認為有理，乃囚田文，欲殺之。使人求解于秦王幸

姬，姬欲得其狐白裘，已獻于王，文客有善為狗盜者，盜裘以獻，姬言于秦王而釋之。既而悔，乃使人追之，至潼關，追者將至而關未開（關法，雞鳴始可出入），又客有善雞鳴者，為雞鳴。野雞皆鳴，關始開，因得脫出。

秦會齊魏伐楚，取八城。趙攻燕中山，攘地北至代、西至九原。

秦會齊魏伐楚取八城，屈原被放自沈死，田文乃得脫歸，《史記》均載癸亥年。

癸亥，遯。

西元前298年。周赧王17年。民元前2209年。

齊會韓魏伐秦，至於函谷。

齊田文逃歸後，極其惱怨于秦，遂與韓、魏之師伐秦，入函谷關（函谷在河南靈寶），秦割河東三城而和，三國乃退。蘇東坡十分稱道此役之莊嚴偉大，惜田文未能擴大戰果，致齊於霸，是十分可惜的事。

秦伐楚取十六城。

楚太子橫立，遣使告于秦：楚社稷有靈，楚國已有王了。秦王怒，發兵出武關斬首五萬，取十六城。

趙武靈王稱主父，會群臣於東宮，廢太子章，而授庶子何位，是謂惠文王，以肥義為之相，北略地南入秦，稱使者。

斯年趙武靈王廢太子章，傳位少子何，自號主父。將士大夫，西北略胡地，將自雲中、九原襲咸陽。遂詐稱使者入秦，以觀察地形與秦王之為人，秦王不知，已而怪其形狀非人臣之度，使人追之，主父已脫關去。

甲子 困 周赧王一八年楚懷逃歸不克	甲戌 漸	甲申 剝
乙丑 未濟 楚懷王卒秦	乙亥 蹇 齊滅宋泗上諸侯稱臣	乙酉 復
丙寅 解 趙廢太子作亂主父死沙邱	丙子 艮	丙戌 頤
丁卯 渙	丁丑 謙 燕會師代齊入臨淄	丁亥 屯
戊辰 蒙	戊寅 否	戊子 益
己巳 師 楚迎婦於秦	己卯 萃	己丑 震
庚午 遯	庚辰 晉	庚寅 噬嗑
辛未 咸	辛巳 豫 楚請和于秦 樂毅救趙	辛卯 隨 伐韓逼周
壬申 旅	壬午 觀 齊復城七十	壬辰 无妄
癸酉 小過	癸未 比 楚頃襄王出奔郢	癸巳 明夷

經世之辰二千二百二十五（世），大過九三爻變困。

甲子，困。

西元前297年。周赧王18年。民元前2208年。

周赧王十八年，楚懷王於秦逃歸，而不克。

楚懷王自秦逃歸，秦將楚道封鎖，嚴密檢查，遂逃至趙，因燕主父在外，無人敢收留，遂逃往魏，途中，被秦追及，未能成功。

乙丑，未濟。

西元前296年。民元前2207年。

楚懷王卒于秦，楚遂絕秦。

楚懷王自秦逃歸，未能成功，次年即卒于秦，秦人歸其喪。楚國人民，無不悲痛，如喪親人。楚乃與秦絕交。諸侯皆不直秦。

楚懷之所以客死于秦，實乃咎由自取，為了一個「貪」的念頭，遂被張儀玩弄於股掌之上，張儀以商於（唸唔）五百里之地欺楚，陳軫以為應有萬全之策，懷王不顧，之後再被儀欺。

魏襄王卒，子昭王繼。齊會韓、魏、趙、宋、五國之兵攻秦，至鹽氏而還。秦與韓、魏、河北及封陵以和。

五國伐秦，秦予韓武遂、予魏鹽氏，故城在山西蒲州安邑，掌管鹽政之官設此，因名鹽氏。河北，漢時為縣，屬河東郡，封陵在山西蒲板縣西南

魏襄王卒，子鼇王繼。趙主父滅中山，徙其王于膚施。封廢子章於代，號安陽君，使田不禮為之相。

按：膚施即上郡，上郡、雁門郡皆秦制，在山西北部。

趙之所以發生兄弟相殘與簒弑，似乎是冥冥之中注定的。緣趙武靈王，連日皆於夢中遇到一位能歌善舞，姓嬴名孟姚的美人，貌美若仙。豈料趙國竟有此女，與趙王夢中所遇，了無二致。遂納入宮中，生子何，甚愛之，乃廢太子章而立何。之後心中又有所不忍，故又封章於代，號安陽君，使田不禮相之。趙主父將國事交付何，自已專事於對外軍事行動。予廢太子章以簒弑之機。

丙寅，解。

西元前295年。周赧王20年。民元前2206年。

秦免樓緩相，穰侯魏冉復相，帥師攻魏。

趙安陽君與田不禮作難，公子成及大夫李克平之。主父死于沙丘宮。

主父雖立章於代，號安陽君，章並不滿意，驕奢無度，且不滿其弟，主父因使田不禮相之。李克對趙國的人事佈局，十分擔憂，乃建議肥義說：公子章志驕而黨眾，田不禮又十分殘忍，二人合在一起，必然陰謀為亂，何不傳位予公子成，以塞其亂源？肥義不贊同李克的意見。趙主父滅中山，遷其王于膚施，乃大事慶祝，當主父與王遊沙丘的時候，公子章便與田不禮，發動了兵變，李克與公子成率兵平亂，公子章便逃到其父處避難，李克與公子成，乾脆把主父也一齊包圍起來，斷水、斷糧，不供飲食，達三個多月之久。主父活活餓死于沙宮，亦如齊桓公一樣，

蛆蟲流於戶外，尚無人知曉。一代英雄人物，自稱主父的趙武靈王，竟被其心愛的兒子所囚困，以至取鷇鳥（初出卵的雛鳥）而食，卒餓死於荒漠之野、沙丘之宮。

丁卯，渙。

西元前294年。周赧王21年。民元前2205年。

秦向壽伐韓拔武始。

武始為漢之縣，屬魏郡。

戊辰，蒙。

西元前293年。周赧王22年。民元前2204年。

楚與秦復和。

韓伐秦不利，秦左庶長白起，大敗韓及諸侯之師于伊闕，取城五，坑軍二十四萬，獲將公孫喜。

韓公孫喜、魏人伐秦，穰侯薦白起于王，以代向壽，將兵敗韓魏之師于伊闕，斬首二十四萬，擒公孫喜，拔五城。秦以起為國尉。孟子說善戰者服上刑，若白起則死有餘辜矣！

按：伊闕即河南洛陽龍門。幅員狹小，似非大軍團作戰之地，斬首二十四萬，雙方似非動員數十萬以上大軍，始難辦到，茲存疑。

己巳，師。

西元前292年。民元前2203年。

楚迎婦于秦。

楚以千里大國，屢受欺于秦。終至懷王客死于秦，此楚不共戴天之仇，而又與秦時和時絕，今竟娶婦于秦。司馬溫公論說，秦之無道，可說到了極點，殺了人家父親，又來騙人家的兒子；再說楚之不競，沒有志氣，簡直更甚於扶不起來的阿斗，忘記了殺父之仇，卻娶仇人的女兒為妻。所謂「忍其父而婚其仇」者，楚真是君不君，臣不臣啊！如果楚國之君能得其道，臣能得其人，秦雖強，烏得而淩之哉？荀子也說，治國家如果善用其道，雖百里之地，亦可以昂然獨立；反之，如不能善用其道，如楚國以六千里之地，卻被仇人玩弄于股掌，不是很好的證明嗎？

秦魏冉免相。大良造白起伐魏取垣，攻楚取宛。

庚午，遯。

西元前291年。周赧王24年。民元前2202年。

秦魏冉復相，封陶邑。司馬錯伐韓，取軹及鄧。

辛未，咸。

西元前290年。民元前2201年。

齊有田甲之難，免孟嘗君相。

齊人欲打擊孟嘗君者，便製造謠言，誣陷孟嘗君欲反。後來發生了田甲劫持齊湣王之事，湣王惑疑乃孟嘗君所策使，便免去孟嘗君丞相的職位。孟嘗君知道無法自明，遂放下相位出走了。

魏獻河東地方四百里入秦。韓獻武遂二百里入秦。趙會齊代韓。

秦魏冉伐魏，並魏地四百餘里入秦。伐韓入武遂二百里于秦。連東周君亦來朝秦。

壬申，旅。

西元前289年。民元前2200年。

齊復孟嘗君相，秦伐韓，拔六十一城。

齊湣王經過多方調查，證明孟嘗君並無反意，便召回孟嘗君，復其相位。孟嘗君感到宦海的兇險，便趁機告老還鄉，回老家薛去了。

秦大良造白起、客卿錯，伐魏至軹，取其大小六十一城。

按：書言秦伐韓，應是伐魏。

癸酉，小過。

西元前288年。民元前2199年。

齊秦約稱東西帝，復罷。
秦昭襄王十九年冬，自稱西帝，遣使立齊王東帝，並約共伐趙。齊王不肯稱帝。未幾秦亦去帝仍稱王。

甲戌，漸。
西元前287年。周赧王28年。民元前2198年。
齊孟嘗謝病。秦襄王巡漢中及上郡、河北，拔魏新垣及曲陽。
秦巡漢中山西等地，拔魏新垣、曲陽。
按：曲陽即汾陽。新垣在曲陽附近。

乙亥，蹇。
西元前286年。民元前2197年。
齊滅宋至於泗上，泗上十二諸侯、鄒魯之君，皆脅稱臣，南取楚之淮北，西侵韓、趙、魏。魏獻秦安邑。
宋本是個小國、弱國，竟然因一隻小麻雀，而使微子八百二十八年的國祚，傾於一旦。宋元王四十一年，一隻小麻雀卵，卻生出了一隻大鵰。占卜的史官說：「以小生大，必霸天下。」說是大吉之兆，宋主大喜。於是起兵滅滕、伐薛，敗齊、楚、魏，真的以為自己是世界霸主了，為顯示其神威，與霸業即成，故射天笞

地，乃至焚其宗主社稷，以示其「威服鬼神」，諸侯謂之桀宋。周赧王二十九年（宋元王四十三年），齊與楚、魏共滅宋。王奔魏，死於溫。宋亡。

齊滅宋，泗上十二諸侯、鄒魯之君，皆脅稱臣。南取楚之淮北，西侵韓、趙、魏……，齊湣王又儼然一桀宋矣！

秦伐魏之河內；韓之夏山。

秦昭襄王二十一年，司馬錯擊魏河內，魏獻安邑以和，把安邑的老百姓，悉遷于魏，秦另募民徙之。秦又敗韓師于夏山。

丙子，艮。

西元前285年。民元前2196年。

齊孟嘗君以薛屬魏。

齊湣王欲取消田文薛之封邑，田文遂以薛屬魏（即歸屬之意），用現代的說法，即帶著土地歸依于魏（田氏此舉大有可議之處）。之所以然者，乃因湣王促使所致。

齊湣王滅宋而驕，南侵楚，西取三晉，更欲並二周為天子。其臣狐咺（音諠），向湣王陳說為君之道、陳舉直言進諫，湣王皆殺之。其倒行逆施的結果，遂導致以燕國為首之五國聯軍的攻擊。

秦昭襄王，會楚頃襄王于宛；會趙惠文王於中陽，伐齊拔九城。

此時之秦，誠如賈誼所說，諸侯「縱散約解，爭割地而賂秦」，諸侯皆欲討好于秦，秦遂得以「宰割天下，分裂山河」。於是「強國請服，弱國入朝……」昭襄會楚于宛、會趙中陽、拔齊九城。秦于天下諸侯，誠所謂「因利乘便」，予取予求矣！

丁丑，謙。

西元前284年。周赧王31年。民元前2195年。

燕樂毅會秦、楚、韓、趙、魏五國之師伐齊，大敗齊於濟西，遂入臨淄，拔城七十。燕拜樂毅上卿，封昌國君，留圍齊即墨及莒。

樂毅率五國聯軍伐齊，呼吸之間，克齊七十餘城，僅剩即墨與莒二城，樂毅盡取齊國寶器輸燕，並盡除齊弊政，禮逸民，寬賦斂，齊民大悅。又祭齊桓公、管仲，食邑于燕者二十餘君，有位於燕者百餘人，燕拜樂毅上卿，封昌國君，留軍以狥未下之城。

齊湣保莒，楚使淖齒救齊，殺齊湣王於莒。莒人立其子法章，是謂襄王。荀卿行酒。

齊湣王出奔於衛，衛君讓出自己的寢宮，待之如君主之禮，湣王則傲慢無禮，被衛趕走。逃往鄒魯，魯拒絕其入境，遂入於莒。楚使淖齒救齊（淖音鬧），遂為

齊相，淖齒欲與燕分齊地，因執湣王而數之，謂天怒、地怒、人怒知而不悟，遂殺之。莒人立其子法章是為襄王，荀卿行祭酒（國之大老之意）。

戊寅，否。

西元前283年。民元前2194年。

楚頃襄王，會秦昭襄王于鄢。秦穰侯伐魏，至於國。

按：鄢在河南中部。

秦穰侯伐魏，至於大梁而還。

己卯，萃。

西元前282年。民元前2193年。

秦昭襄王會韓釐王於新城，會魏昭王於新明。伐趙拔二城，伐韓取六邑。

庚辰，晉。

西元前281年。周赧王34年。民元前2192年。

楚會魏趙伐秦。秦伐楚。魏冉復相趙，使藺相如入秦獻璧。

趙得楚和氏璧，秦王願以十五城，與趙國交換。趙王十分為難，如果不同意秦

的要求，怕得罪于秦，如予秦璧，則又怕被秦欺騙。大夫藺相如以為，如果不答應秦的要求，是曲在我，如秦不履行諾言，以秦城來交換，則曲在秦。說自己願意奉璧如秦，與秦談判，如秦不予趙地，則當完璧以歸，趙王無奈，只好接納藺相如的建議。相如至秦，見秦王無意以秦城來交換。相如乃以詐術，欺騙秦王，取回和氏璧，使人連夜持回趙國。自己則留秦待秦王處置，秦王非常稱讚藺相如是一位賢達能幹的臣子，便很客氣的送其返回趙國。

辛巳，豫。

西元前280年。周赧王35年。民元前2191年。

楚割上庸及漢中請和于秦，秦白起拔趙二城，司馬錯拔楚上庸。

秦白起伐趙斬首二萬。取代光狼城。又使司錯發隴西兵，因屬攻黔中拔之。楚又北及上庸地。論者謂秦用商鞅之策，得西河上郡以強；用司馬錯之策，得巴蜀漢中而富。

按：光狼為城名，其地在山西澤州高平縣。

燕昭王卒，子惠王繼，以騎劫代樂毅將。樂毅奔趙。

樂毅下齊七十餘城，尚有即墨、莒二邑未下。樂毅欲使齊人誠心歸附于燕，遂從根本上來收攬民心的工作，國中有向昭王進讒者，謂樂毅有觀望王齊之意，燕昭王即殺之，並封樂毅為齊王，樂毅惶懼不敢受。于時燕昭王忽卒，子惠王立，惠王

作太子時，即對樂毅不快，及即位，亦疑之。齊遂用反間之計，謂齊所畏者，為燕之大將騎劫，惠王即以騎劫代樂毅為將，樂毅奔趙。

趙惠文王與秦昭襄王，會于澠池。藺相如相。

秦趙會于澠池，美其名曰兩國和好之會，實質上乃是欲趙臣服于秦。趙王心中杌隉不安，捏一把冷汗，但又不敢不前往赴會，大將廉頗與趙王計議，預計趙王此行，約三十日即可返國，如屆期不返，便立太子即位，以備秦之勒贖。趙王同意。藺相如與趙王至澠池赴會，酒過三巡，秦王請趙王鼓瑟，趙王鼓瑟，秦史官記說：某年某月日，秦王與趙王會飲，令趙王鼓瑟。（因趙女善鼓瑟，秦王此舉，有矮化、輕侮趙王之意。）藺相如令秦王擊缶（秦人宴會習慣以擊缶為樂），秦王不擊，相如說五步之內，將以我之頸血濺于大王之身，意即與秦王同歸於盡。秦左右衛士蜂擁欲上，相如怒目叱之，秦王左右皆倒抽冷氣，垂手而退。秦王心中很不樂意，但又擔心血濺五步，無奈為一擊缶。相如召趙御史書曰：某年月日，秦王為趙王擊缶罷酒。

壬午，觀。

西元前279年。周赧王36年。民元前2190年。

封田單安平君。

齊田單用火牛陣，大破燕軍，殺騎劫，齊城皆背燕復歸於齊。迎襄王入臨淄。

燕昭王之黃金台，徒使讀史者發思古之幽情而已。

秦白起拔西陵。

西陵乃楚先祖陵寢之地所在地，今並蒙塵，親小人，遠賢臣，國破地失，只是個警訊而已。

按：楚曾以數千里之國，楚懷王、頃襄王父子，因私欲而失大體，疾賢良而寵佞幸，卒國破家亡而不悟，可謂亡之有道矣。

癸未，比。

西元前278年。民元前2189年。

楚頃襄王出奔陳。郢陷於秦。大良造白起破楚入郢，燒夷陵。以郢為南郡，封武安君。

秦大良造白起，佔領了楚之國都，祖宗陵廟，亦被焚夷，秦以郢為南郡，封白起武安君。

甲申，剝。

西元前277年。民元前2188年。

秦拔楚巫及黔中，作黔中郡。魏昭王卒，子安釐王繼。

在以前不久，楚臣莊辛即上書頃襄王，不要寵佞臣，驕奢淫逸而亂天下。楚王

不聽，果然未及多久，秦即拔楚巫及黔中，作黔中郡。楚，幾乎國已不國了。

乙酉，復。

西元前276年。周赧王39年。民元前2187年。

楚東收江旁十五邑以扞秦，魏拔秦二城，封無忌信陵君。

楚對秦的威脅，只有用「割地」，來抒解與秦的關係，秦無須出兵，即可獲地，一次即送秦以十五城，可說大方之至。

秦對當時諸侯，手段有二。一用威脅手段，使諸侯自獻地，如楚。一是派兵佔領。但也有輸的時候，如魏秦二城以封其公子無忌，不計其後果，多不如理想，秦往往失個小的，又取回個大的，如赧王十四年，秦將魏之國都亦包圍了。

丙戌，頤。

西元前275年。民元前2186年。

秦兵圍大梁，魏入溫請和。秦以穰侯為相國。韓暴鳶救魏不利。趙廉頗拔魏房子、安陽。

秦穰侯魏冉包圍魏之國都大梁，韓派大將暴鳶來救，秦大破之，斬首四萬，鳶走開封，魏納八城予秦以和。魏冉再來伐，走間道兵臨大梁，魏又把溫割讓于秦以求和。

趙廉頗攻魏房子，拔之，因城而還，又攻安陽取之。

按：房子屬常山。安陽在河南。

丁亥，屯。

西元前274年。民元前2185年。

魏芒夘攻韓不利，秦師救韓，敗魏、趙之師十五萬於華陽。魏入南陽請和，以其地為南陽郡。

按：史載以上記事，為周赧王四十一年，即戊子年。

魏安釐王三年，復與齊合縱，秦穰侯來伐，拔四城，斬首四萬。

魏將芒夘與趙伐韓，韓告急于秦，穰侯與白起來救，數日即投入戰場，敗魏趙聯軍於華陽之下，魏將芒夘，褋鯆而兆，擒二將，斬首十三萬，白起又與趙將賈偃戰，趙敗於觀津，沈其卒二萬於河。段干子請割南陽予秦以和（此南陽為河南懷慶府修武縣，非今日宛南之南陽）。蘇代以為：割地以求和，無疑抱薪而救火，薪不盡則火不息，王何不用智而立之於不敗之地呢？（代為蘇秦之弟）

戊子，益。

西元前273年。民元前2184年。

韓釐王卒，子桓惠王繼。

趙取東胡地。

趙敗於，北取東湖之地。

己丑，震。

西元前272年。周赧王43年。民元前2183年。

楚黃歇太子完入秦為質，求平。又助韓、魏伐燕。齊田單拔燕中陽。秦會楚、韓、趙、魏伐燕。燕王卒，子武成王繼。趙藺相如伐齊。

秦大敗魏、趙之師，取趙觀津。韓魏既傷于秦，遂服而事之。秦王又欲使白起攜韓、魏之師伐楚，楚左徒黃歇，觀察到國際形勢發展之趨勢，與楚之處境，便向楚王提出，以太子完為質于秦的策略，獲得楚王的同意，便立即與太子赴秦，秦王很高興，便中止了白起伐楚的韓、魏聯軍，使楚逃過了一場刀兵之災，及割地之痛。

關東諸侯屈服于秦，秦已傲視列國，其目標，更矚及於北埵之地。遂會楚、韓、趙、魏伐燕。燕惠王卒，子嗣，是為武成王。

庚寅，噬嗑。

西元前271年。民元前2182年。

秦穰侯伐齊取剛壽，以廣陶邑。

秦穰侯告秦王用客卿竈代齊，取剛壽，以擴大其陶邑。

按：剛壽為二地。剛即今山東定陶縣，壽即今山東壽張縣。

范雎自魏入秦。

魏中大夫須賈，出使于齊，范雎隨賈前往。齊襄王聽說范雎很有辯才，是個很優秀的青年，齊襄王私下送他一份禮，須賈知道了，以為范雎把魏國的機密，告知了齊襄。返魏之後，將其事報告丞相魏齊，魏齊十分憤怒，即重責范雎，不但打斷了雎的肋骨，連牙齒也打斷了，將其丟於廁所內。范雎佯裝已死，魏人鄭安平，將其藏匿，更名張祿。秦謁者王稽使魏（謁者，為掌賓客接待外賓與國家禮儀之官），將之載歸，獻于秦王，二人密談後，秦王即以雎為客卿。

辛卯，隨。

西元前270年。民元前2181年。

秦師伐韓以逼周。

范雎首先批評穰侯之大戰略是錯誤的，說秦連年對外用兵，仗打勝了，而六國還是六國，無非是勞民傷財，雎教以遠交近攻策略，這樣得寸是王之寸，得尺是王之尺，實實在在的，不像過去楚還是楚，魏還是魏，其次韓、魏為天下樞，欲霸天下，必須掌握天下之樞，以威楚、趙。而附齊。秦王大喜。遂以范雎為客卿，參與國政與軍事。秦師伐韓以逼周，是否即受范雎之影響？

壬辰，无妄。

西元前269年。民元前2180年。

秦中更胡傷，攻趙閼與。趙奢擊之，有功封馬服君，與廉頗同位。秦人為之少懼。

秦使中更胡傷，攻趙閼與，趙惠文王召集大將廉頗，與樂毅之子樂乘，研究如何救援，二人皆言道遠險狹難救。問趙奢，趙奢說：道遠險狹，如兩鼠鬥於穴中，力強者勝。趙王令趙奢率兵往救。趙奢剛離開邯鄲三十里，便駐紮下來，堅壁固守，遲滯不進，達二十八日之久，秦國間諜來探，奢賜酒食而遣之，秦軍以趙怯。以閼與已在囊中。秦諜去，奢即輕裝急行，一日一夜，即至去閼與五十里下寨，首先佔據閼與周邊之地形要點北山，秦人不知趙軍突至，奢縱軍奮戰，大破秦軍，遂解閼與之圍。趙封奢馬服君，位與廉頗齊，秦人為之少懼。

按：中更，秦官爵名，以賞軍功者。秩在十三級。十二為左更，十三為中更，十四為右更。負責部隊調度等工作。

胡傷為人名。閼音遏。

奢乃一稅吏，趙軍事將領，皆以救閼為難，而奢易之，足見其見事之深、之明，出邯鄲即踟躕不前，以示意趙軍之怯，無力救閼。秦在武安三軍鼓噪，武安屋瓦皆飛，以見秦軍勢之盛，以極弱制極強，以見孫子所謂之機、勢之意。

癸巳，明夷。

西元前268年。周赧王47年。民元前2179年。

秦拔魏懷城。

秦王用范雎謀，使五大夫綰伐魏，拔懷城。范雎說秦王以樞字，乃當時國際學者，縱橫家與秦王聞所未聞者，即孫子所謂之勢，孫子說：「夫勢者，如轉圓石於千仞之山也。」韓、魏不為秦之俎肉，不可得矣！

甲午 賁 赧王四八	甲辰 歸妹	甲寅 夬 莊襄卒子政繼不韋太后干政
乙未 既濟 秦奪宣太后權逐穰侯	乙巳 睽 王會師攻秦昭襄滅周	乙卯 姤 秦始皇帝
丙申 家人	丙午 兌 秦徙周民及九鼎於咸陽	丙辰 大過
丁酉 豐	丁未 履 楚齊韓趙皆朋於秦秦伐魏	丁巳 鼎
戊戌 革	戊申 泰	戊午 恒
己亥 同人	己酉 大畜 楚滅魯	己未 巽
庚子 臨	庚戌 需	庚申 井
辛丑 損 秦大敗趙軍長平	辛亥 小畜 秦昭襄卒子孝文王立三日	辛酉 蠱
壬寅 節	壬子 大壯 秦莊襄相器不韋滅平東周	壬戌 升 秦封嫪毒長信侯關內
癸卯 中孚	癸丑 大有	癸亥 訟 毒作不克徙太后于雍

經世之巳二千二百二十六（世）。

甲午，賁。

西元前267年。周赧王48年。民元前2178年。

周赧王四十八年，秦太子卒于魏。

秦太子質于魏而卒，論者以為是件莫名其妙的事。「質」的意義，在於取信，有保證之意在內。當時秦與列國諸侯之間，可說是欲攻則攻，欲取則取，毫無取信保證之意在內。未審何以質為？

乙未，既濟。

西元前266年。民元前2177年。

秦拔魏郪丘。

罷穰侯相國，及宣太后權。以客卿范雎為相，封應侯。魏冉就國。

秦國的政治，將近半個世紀，為宣太后及穰侯魏冉所掌握，魏冉用白起，使秦向外開疆拓土，幾乎戰無不勝，攻無不克，致天下諸侯疲於奔命，皆出自太后、穰侯魏冉之力。然而秦昭襄王的政治地位，卻毫無動搖。或者秦之所以能夠宰割天下之基本關鍵在此。

秦昭襄王稷（昭襄王名稷，稷音及，為秦武王之異母弟），為質于燕。武王

卒，無子。宣太后芊氏，與魏冉迎稷立之，是為昭襄王（昭襄王稷，與秦武王為同父異母弟。宣太后與魏冉，為異父同母弟）。宣太后執政。魏冉用兵，昭襄似乎是位傀儡國王，是以昭襄與范睢一拍即合，韓非曾說：「凡說，在知飾所說者之心，可以吾說當之。」范睢所說的，正是昭襄心中之苦，難為外人道者。所不可解者，宣后執政，穰侯握兵權四十餘年，可謂根深柢固。一位空手君王，和一位客卿，一夕之間，即以范睢為相國，封應侯，罷穰侯相國，並交回兵權；收回宣太后行政大權，將魏家的勢力，徹底從朝中清除，宣太后一氣之下，便一命嗚呼了，使穰侯及太后諸兄弟，皆老老實實回到老家去，似乎太不可思議，昭襄如何能使出如此手段？

趙惠文王卒，子丹繼，是為孝成王，太后專政。

惠文王卒，其子丹繼位，為孝成王，太后臨朝專政。又是一位權勢欲很強的老太婆！

丙申，家人。

西元前265年。民元前2176年。

齊襄王卒，子建繼。田單攻趙。（四庫書版為攻趙，似應為救趙）

這裏是另外一位老太婆。齊襄王卒，子建繼，年幼，國事皆決于其母君王后，即太史氏。這位老太婆，非常不簡單，對國際局勢，一目了然，她看清了秦是個惹

不起的麻蜂巢，故對秦特別小心謹慎，對諸侯無論大小，皆待之以禮，而且謹守義信，使齊四十年不被兵（沒有兵災）。較之秦芊氏（宣太后），則不可同日與語矣！田單攻趙。

秦以安國君為太子。宣太后卒，拔趙三城，進圍邯鄲。出長安君為質於齊，求救。

秦昭襄逼死了生母宣太后（史言：宣太后以憂卒。憂有憂慮、憂憤、憂鬱等意），解除了宣太后，把自己捧上秦王寶座；引用白起；南征北戰，為秦開疆拓土的母舅穰侯、魏冉的相國、兵權，放回老家，以客卿范睢取而代之，立安國君為太子⋯。

司馬溫公論說：「穰侯援立昭王，除其災害，南取鄢東之地，功亦大矣。」說睢欲謀穰侯之位，竟使秦王絕母子之義，失甥舅之恩，睢真顛危之士哉！

趙惠文王甫立，母后專政，秦急攻之，拔三城，圍邯鄲。趙求救於齊，齊要趙長安君為質（趙太后少子），始肯發兵來救。趙太后甚愛其少子，以為不可，並不許再言以長安君質齊之說。如此則長安君不出，齊救不至，邯鄲有傾城之危。秦兵臨邯鄲，舉國惶惶，無人敢諫。左師觸龍旁敲側擊，謂太后若不乘機幫助長安君，建立些功勞，將來如何能在朝中立足？且古往今來，各國貴胄之後，還有繼續享其爵位者否？趙太后恍然大悟，欣然為長安君約車百乘，為質於齊，齊田單帥師來救，秦軍乃還。（原書言田單攻趙，「攻應為救」）

趙勝為相，封平原君。

丁酉，豐。
西元前264年。周赧王51年。民元前2175年。
齊用田單為相。
秦白起伐韓拔九城。
秦白起伐韓，拔九城。斬首五萬。

戊戌，革。
西元前263年。民元前2174年。
楚頃襄王卒，太子完自秦亡歸繼，是謂考烈王。以左徒黃歇為令尹，號春申君，封於吳，食淮北地。

楚頃襄王病情嚴重，時黃歇隨太子為質于秦，黃歇希望應侯范睢，請秦王放楚太子完回國，如果太子得楚位，一定會盡心盡力報效于秦，永世載德應侯的恩情。范睢轉報秦王，未獲同意。黃歇便使太子潛逃返楚，自己則留秦，或殺或刮，任憑秦王處置。黃歇預計太子已回到楚國，便向秦王請求處置，秦王大怒。欲殺黃歇，范睢以為太子得國，一定重黃歇，不如放其返楚，對秦更為有利，秦王同意范睢意見，令黃歇返楚，傾襄王卒，太子完嗣，是為考烈王。以黃歇為相，封於吳，食以

淮北地，號曰春申君。

秦白起拔韓南郡。

秦白起伐韓，拔韓南陽，攻太行（唫航）道絕之。（史家以謂：凡攻取之際，地有關乎成敗大勢者，必特書之。）

己亥，同人。

楚獻地于秦乞和。

西元前262年。民元前2173年。

楚太子完嗣位，為考烈王。獻「州」于秦，以求和。

秦五大夫賁伐韓，拔十五城，以絕太行路。韓馮亭以上黨入於趙，趙受韓上黨。

秦白起伐韓，很輕鬆的拿下了十五城，切斷了韓通上黨之路。韓上黨守馮亭，即以上黨歸趙，一則減輕秦對韓的軍事壓力，使秦轉而攻趙，亦即嫁禍於趙。趙受到秦軍壓力，或者可以促使韓趙聯合，共同對秦。趙孝成王如睡夢中得了頭彩，十分高興。以為自己德溥天下，四海之民「樂為其氓」一樣。

趙王問平陽君豹，豹說，天下無此便宜之事，人家打了勝仗，我們去撿戰利品，所謂「秦服其勞，趙受其地」，雖大國尚不可得之於弱小，何況我們面對者為虎狼之秦？所謂「聖人甚禍無故之利」，這是韓國的嫁禍之計，不可接受。趙王則

以為，這是上黨仰慕趙國的偉大與德望之故。平原君也以為這是大利之事，機不可失，於是韓上黨歸趙。

平原君勸趙王受韓上黨，大家皆知秦軍必至，而且主將必然是白起。白起之為人小頭銳面，敢決斷；眼睛黑白分明，見事明確；視物不瞬，以見其意志力堅定……，趙將無人能當，與白起戰，趙在戰略戰指導上，是利於固守，而不宜野戰，趙將除廉頗外，無人能擋之者。

廉頗軍長平。

趙受韓上黨，秦王齕來攻，趙派老將廉頗率軍拒秦，進駐長平。

庚子，臨。

西元前261年。周赧王54年。民元前2172年。

楚代魯，取徐州。

秦白起攻趙長平。

秦軍對外公開說以王齕為主帥（齕音何），實際上乃以武安君白起為上將軍，並下令軍中，有敢言武安君為將者斬。這是誘趙上當的第一步。

辛丑，損。

西元前260年。民元前2171年。

秦武安君大敗趙軍于長平，進圍邯鄲。趙以趙括代廉頗將，長平遂陷，秦坑趙卒四十萬。

周赧王五十六年，秦王齕拔上黨。上黨民逃趙。王齕攻趙，趙軍數敗，廉頗堅守不出，士卒多有逃亡。趙王怒責廉頗。秦以千金行反間計於趙，謂「秦國最畏懼的，是馬服君的兒子趙括，廉頗老了，很快就要降秦」……，趙王果然中計，以括代頗為將。藺相如謂趙括用兵如膠柱鼓瑟，絕不可用。王不聽。括母亦上書趙王，謂括父在時，告彼趙如用括為將，括必亡趙國。趙王皆不聽，括母請王，括如喪師，必不連坐家人。王許之。卒用括，秦絕括糧道，趙軍斷糧四十六日，軍中人相食，括自出戰，被秦射殺，四十萬人皆降，白起盡坑殺之（忍哉白起，其無後乎），只放回了二百四十個娃娃兵。

按：周赧王四十六年，秦攻趙閼於，廉頗、樂毅皆言道狹路遠不能救，馬服君趙奢，以稅吏率軍往救之，一戰敗秦救閼於，名聞列國，封馬服君，括即其子。

壬寅，節。

西元前259年。民元前2170年。

秦分軍為三，罷武安君白起將，以王齕代攻趙，拔趙武安及皮牢，司馬梗北定上黨。趙使蘇代使秦。

秦敗趙之後，三分其軍，以王齕攻趙武安、皮牢，拔之；司馬梗北定太原，盡

有上黨之地。韓魏震恐，使蘇代往說應侯（范睢），秦如亡趙，其功則歸於白起，君能為起下嗎？如把白起等軍調回，則韓趙願割地以和。秦王大喜，便把白起等所統秦軍調回。韓割垣雍，趙割六城以和。白起以為范睢故意與自己過不去，二人遂結下梁子，反目成仇（白起被殺張本）。

癸卯，中孚。

西元前258年。周赧王57年。民元前2169年。

秦加范睢相國。王齕圍邯鄲，張唐攻魏。

白起坑趙降卒四十萬，為秦開疆拓土，前後斬殺四十五萬人。功勞卻記在范睢頭上，秦加睢相國，進級宰相。

秦昭襄四十九年，因白起臥病，使王陵圍邯鄲，死傷頗重，軍事進展，受到遲滯。適武安君白起病癒，秦王欲使武安君重上邯鄲戰場，包圍趙都邯鄲。武安君以為，邯鄲實不易攻，且諸侯之救，隨時可至，前秦雖勝於長平，然士卒死者過半，國內空虛。今遠絕山河，而攻人國都，趙應其內，諸侯攻於外，破敗秦軍是必然的。秦王要范睢再去勸說白起，白起堅辭不行，乃以王齕代陵。王齕久聞邯鄲不下，戰多不利。武安君說，王不聽吾計，結果如何？王怒，堅決要起重回趙戰場，白起稱其病危，不能赴任。秦王一怒之下，便免去其武安君一切官職，降為士伍（班排長之類），押解至陰密服役（陰密在陝西平涼靈台縣），行至杜郵（杜郵在

咸陽縣東方），范睢告秦王說，白起有怨言，秦王乃賜白起劍，武安君遂自殺。秦人頗為起抱不平，范睢另派鄭安平代王齕。

武安君白起之成功，當然非相國范睢之所樂見，武安君之死，不是很自然的嗎？

燕武成王卒，子孝王繼。趙平原君求救于楚、魏。

長平之戰，主帥趙括戰死，前後被坑和戰死，達四十五萬人，邯鄲仍在秦軍包圍之中。戰況十分緊急，趙王使平原君求救于楚，平原君選其門下文武俱備者二十人前往，結果僅選出了十九人，便無人可選了。毛遂乃自薦隨往楚，一個默默無聞，不見經傳的門下食客，平原君很惑疑其能力。遂謂有這一次機會，大家會認識我毛遂的。公子勝入楚，與楚王談合縱，久而不決。毛遂乃按劍歷階而上說：「合縱之利，兩言決矣！今日出而言，日中不決，何故？」又說「合縱者，為楚非為趙也」，楚懾于毛遂，便一言而定，於是楚王與平原君、毛遂三人，在臺上歃血為盟，聯合對秦。平原君很感慨的說：有毛遂這樣的人才，在我門下三年，我竟不識，我的眼睛真正昏憒無用了。

趙又告急于魏，魏王老奸巨猾，派晉鄙率領十萬大軍，名為救趙，卻按兵不動，坐以觀望（當然也受到秦王之威脅與恐嚇）。趙使求救者絡繹于魏，不免對信陵君有所抱怨，公子數請于王，用盡一切方法，王皆不聽。無奈，乃與其賓客，約車騎百餘乘赴趙，欲死戰場。臨行向老友侯嬴辭行，侯生說他已年老，不能從公

子，囑信陵君自己保重。信陵君對侯生的態度，很不是味道，行了數里，便又回到侯生處，侯大笑，說我知道你會回來的，並說：公子如此赴秦軍，等於以肥肉投餓虎，有什麼用？公子問計，侯生說：晉鄙兵符，放在魏王寢宮，如姬最受寵幸，可以偷取到手，公子嘗為姬報父仇，如姬願為公子死而不辭。公子開口，如姬定能拿到兵符，奪晉鄙軍，始可救趙卻秦，以建不世之功。公子如其言，取得兵符。侯生說，將在外，君令有所不受。鄙如問王，其事必敗。我的朋友朱亥，可以偕往，鄙若不聽，可擊之。公子果奪晉鄙軍，將老弱、獨子、長子，盡皆釋回，得八萬人，遂將而往。

按：侯生乃魏之隱者，為人守門，信陵君十分敬重他，每次宴會，公子即親為駕車，請其上坐，侯生受坐，亦不客氣，公子對其禮敬久而不衰。

甲辰，歸妹。

西元前257年。民元前2168年。

楚春申君、魏信陵君救趙。秦起武安君白起不克。殺之于杜郵。

魏公子無忌與楚春申君，大破秦軍於邯鄲下，秦王齕解邯鄲圍而去，鄭安平被趙所困，以兩萬人降趙。魏公子無忌不敢返魏，使人將魏軍帶回魏國，自己則與其賓客留趙。公子留趙，凡十年未歸。

秦軍王齕圍攻邯鄲，連連敗陣，秦王律命武安君出戰，武安君皆堅不奉命，

返回邯鄲戰場（是否有愧於坑趙卒之良心不安？）。秦王一怒之下，於十一月，免去武安君白起一切官職，降為士伍（上將軍降為班、排長），押解至陰密服役（陰密在陝西平涼靈台縣）。十二月秦更發卒軍汾城附近，武安君因病未行。諸侯攻王齕，齕每戰必敗，秦王聞之，即令武安君不得留於咸陽。白起出咸陽西門十里，行至杜郵（杜為地名，郵為驛站，杜郵在咸陽縣附近），范雎告秦王說白起對王有怨言，秦王乃賜白起劍，武安君曰：「我固當死，長平我詐坑降卒數十萬，是以當死。」遂自殺。秦人很同情白起，各地不約而同的為起設祭哀悼。范雎另派鄭安平代王齕。

武安君白起之成功，非相國范雎之所樂見，武安君憤不從命，范雎只搧搧風，暴戾成性的秦主，豈能容起？武安君之死，自是必然。

乙巳，睽。

西元前256年。民元前2167年。

周赧王會齊、韓、趙、魏兵，出伊闕攻秦，不利。西奔秦（自入秦謝罪）。秦昭王滅周，盡入其地，徙其王於單狐聚。

周赧王五十九年，秦伐韓、取陽城、負黍（陽城即河南登封。負黍聚為登封大鎮），斬首四萬；伐趙，取二十餘縣，斬首九萬。周赧王十分震恐，便發令聯合各諸侯伐秦，重提出合縱抗秦的呼籲。周天子能率諸侯抗秦，是件好事，詎奈力不從

心，秦人聞訊，即使將軍樛（音鳩，人名。其姓不詳）攻西周，赧王自知不敵，便入秦謝罪，把僅有的三十六個市邑、三萬口人民，獻送于秦。秦接受了周赧王的獻地輸誠，乃將赧王釋回，遷東周君於單狐聚。赧王有心無術，舉事未免孟浪。返周不久，也就一命嗚呼了。

按：周赧王會齊、韓、趙、魏兵，出伊闕攻秦，希望切斷攻韓趙之秦軍。但韓趙之師，終非秦敵，秦使將軍樛攻西周，單狐聚，聚，類似國外之假日市場，南方稱墟，每日一聚，或分單雙日而聚。我國北方，而今猶然。單狐聚，在河南鞏縣。

楚滅魯。（按：滅魯及荀卿事，史載丙午年。）

楚遷魯於莒（今山東莒縣），而取其地。

以齊荀卿為蘭陵令。

荀卿（今稱荀子），戰時趙人，名況，學問道德，為時所重，時人尊稱為卿。春申君（楚相，即黃歇）以為蘭陵令（大才小用，蘭陵在山東兗州嶧縣），嘗論兵于趙孝成王前。王問兵要？答「要在附民」。意即上下一心，三軍同力（即一心一德，無論攻、守、進、退，均須上下一體），凡經過禮義教化的軍隊，始謂之「齊」，兵大齊，則制天下；小齊，則制鄰敵。又與其臣反復論辯，要以仁義為本，謂兵所以禁暴除非，非爭奪也。

丙午，兑。

西元前255年。東周君元年，秦昭襄王52年。民元前2166年。

秦徙周民及九鼎於咸陽。蔡澤自燕入秦，代范睢相。燕孝王卒，子喜繼。

赧王與諸侯伐秦不成，入秦謝罪。秦把西周僅有的三萬人口與三十六個城邑，以及周傳國之寶「九鼎」等，悉遷於咸陽。《史記正義》，秦取九鼎，其一飛入泗水，餘皆入于秦，飛入泗水中者，或謂之天意。

春夏秋冬，示人以自然法則，唯智者能知盈守泰。好運一去，繁華難再，人人皆難例外。范睢助秦昭襄王逼死其親生母宣太后，趕走其舅穰侯等，奪權成功。范睢得到了相國高位，升為丞相，但對軍事，則與穰侯、武安君，不可同日而語。致攻趙邯鄲，功敗垂成。昭襄王屢屢欲重起武安君，不懂政治權術的白起，皆不應命。結果不但斷送了自己的一條老命，還幫了政敵范睢的大忙。當昭襄王臨朝而歎說「自武安君死，內無良將，外多敵國，吾是以憂」時，范睢嚇出了一身冷汗。蔡澤自燕國來，抓住了這個機會，便將了范睢一軍。蔡澤說，四時之序，功成者退，違背此一原則的後果，便如商鞅、吳起、越大夫文種等是，他們達到了目的，如願以償麼？范睢強調「君子有殺身以成名，死無所恨」。蔡澤說：「身名俱全者上也，名可法而身死者，次也。」又說，日中則移，月滿則虧，進退盈縮，與時變化，閣下仇已報、恩已償，應該滿足了，如還不急流勇退，其前途堪虞？於是范睢便乖乖讓出了自己的位置，並主動介紹蔡澤于昭襄王。喜新厭舊的秦昭襄，與蔡澤

一拍即合，蔡澤很順利的拿到了秦相國之位。范睢亦藉病請辭，這纔沒有步上白起等之後塵。

燕孝王卒，子喜繼。

便乘機把東周給滅了。

丁未，履。

西元前254年。民元前2165年。

楚、齊、韓、燕、趙，皆服于秦。魏獨後，秦使將軍樛伐之，取吳城。

秦取東周，天下諸侯，聞秦色變。楚、齊、韓、燕、趙，皆臣服于秦，韓桓惠王，竟如喪考妣，衰絰入吊，最為肉麻，雖卑屈如此，而不免早滅。魏稍有所觀望，即予以撻伐，秦並天下之勢，浸浸然，朝夕之間矣！

戊申，泰。

西元前253年。東周君3年，秦昭襄王54年。民元前2164年。

按：戊申乃秦昭襄五十四年、楚考烈王十年、燕王喜二年、魏安釐王二十四年、趙孝成十三年、韓桓惠王二十年、齊王建十二年。當時諸侯狀況如此。

秦郊上帝於雍丘。趙徙都鉅鹿。

秦以韓入朝，魏聽命，遂下書郊見上帝（郊見之見，音現。郊禮乃皇帝祭天之

禮，每年春秋二祀。春秋時魯國曾行郊禮，受到孔子非常嚴厲的批評）。郊，乃皇帝祀上帝之禮，今秦郊上帝於鳳翔，可謂司馬昭之心，已昭然矣！

己酉，大畜。
西元前252年。東周君4年，秦昭襄王55年。民元前2163年。
趙平原君卒。楚滅魯。以齊荀卿為蘭陵令（釋見乙巳年）。

庚戌，需。
西元前251年。民元前2162年。
秦昭襄王卒，子安國君繼，是謂孝文王。立三日又卒，子楚立，是謂莊襄王。以華陽夫人為后，子政為太子，呂不韋為丞相，封文信侯，食河南十萬戶。

庚戌秋，秦昭襄王稷卒，太子柱立，是為孝文王。柱立三日亦卒。柱子異人為質於趙，自趙逃歸。秦太子柱（即孝文王）華陽夫人，寵而無子，夏姬生子曰異人，質于趙，秦數伐趙，趙不禮異人，異人十分潦倒困窘。河南巨商呂不韋見之，以為奇貨可居，乃說之為謀太子之位，遂往說華陽夫人（太子柱妃，寵而無子），當於繁華時，早結於諸子中之賢孝者，立以為太子，如色衰愛弛，說話便無用了。因甚贊異人賢孝，交遊滿天下，自以華陽夫人為母……。夫人乃言于太子柱，遂刻

玉符約異人為嗣，並請不韋傅之。

呂不韋娶邯鄲女絕美者與居，知其有孕，以獻太子，翌年生子政，異人以為夫人。邯鄲之圍，趙人欲殺之，不韋賂守者，得逃往秦軍，歸秦。異人楚服而見夫人，夫人子之，更名曰楚。立為孝文王太子。孝文王卒，子楚立，是謂莊襄王，立華陽夫人為后，子政為太子。呂不韋為丞相，封文信侯，食河南十萬戶。商人以負販為利，有史以來，未有販天子，販國家者，呂不韋其賈之尤者！

春申君入弔于秦。

楚春申君黃歇，入弔于秦。

燕將粟服攻趙不利。廉頗破燕軍于鄗，封信平侯。

燕王喜欲敦睦邦交，使粟服赴趙作友好訪問。粟服返來後報告燕王，趙長平之戰後，壯者戰死，幼者尚未成人，這是伐趙的良好機會。燕王很高興，即命粟服將兵攻趙之鄗。將渠謂王：與人交好，見機而攻之，不但違反道德，而且也非常不祥，如此欺心，必敗無疑。燕王不聽，其將渠牽衣而諫，王不予理會，並率偏軍為後援，以攻趙鄗邑。趙使廉頗擊敗之。趙封廉頗信平侯。

辛亥，小畜。

西元前250年。民元前2161年。

東周君會諸侯攻秦不利，沒于秦。秦丞相呂不韋平東周，盡入其地，置

三川郡，徙其君於陽人。

四年前（周赧王五十九年），赧王攻秦不利。因使秦派將軍樛入寇西周（河南王城），周赧王赴秦認錯，並獻地三十六，人口三萬于秦，秦受其獻而釋赧王，王歸未幾卒。秦遷東周君於單狐聚（今河南鞏縣）。

茲東周君復會諸侯攻秦，其結果較赧王更慘。秦呂不韋不但取周重寶，悉入咸陽。（然有九寶之一，卻不願入秦，竟飛入泗水而沒，亦屬奇事。）秦以周地，置三川郡，徙東周君於陽人（陽人聚，在河南汝州城西）。

按：東西周之說有二。

一、早時，平王東遷洛陽，周以陝西之鎬京為西王城，謂西周；平王東遷成周之鞏邑，為之東周。之後，西周之鎬京淪于秦，西周之王城，已名實俱亡，不復存在。此為早期之西周，謂平王東遷為東周。

二、東周自周考王封其弟揭于王城，是為周桓公。桓公傳威公，威公傳惠公，惠公傳長子武公，居王城，在成周之西，稱西周武公。又封其少子斑於鞏，鞏在王城之東，亦稱東周惠公（父子俱稱東周惠公）。周顯王二年，趙、韓分周地為二，分別以兩位周公治之。二周之上，尚有一位有名無實的周天子（此所謂之周天子，只是一個虛銜。如周赧王，雖稱周天子，但並無行政能力與責任，只是個空虛頭銜而已）。自慎靚以上（靚，音靜），皆東居成周。至周赧王，復還王城，依于西周武公。諸侯攻秦不利，赧王入秦返，即崩。周民東亡于鞏，秦盡取周寶器九鼎入

秦。遷西周文公單狐聚。

周五年內伐秦兩次。首次為周赧王五十九年，遷東周君於單狐聚；第二次為東周君，秦遷東周君於陽人聚。至此周亡絕祀，周自武王己卯，至東周君壬子，共三十三世，八百七十四年。

趙廉頗伐燕圍其國。

廉頗殺栗腹，破其兩軍，追擊五百里，遂圍燕，燕人請和，趙一定與將渠對話，燕王以將渠為相處和，趙師乃退。

按：史載趙孝成王十六年，樂乘自燕來降，趙以樂乘為武襄君。趙孝成王十七年，攻燕圍其國（武襄君即樂毅之子樂乘）。

壬子，大壯。

西元前249年。東周君7年，秦莊襄王元年。民元前2160年。

秦蒙驁拔趙太原，拔韓滎陽及成皋（滎，音形，在河南洛陽東）。

秦以呂不韋為相國，封文信侯，滅東周，遷其君於陽人聚。蒙驁伐韓滎陽成皋，置三川郡。（見清《增補歷史年表紀事》第七冊）

癸丑，大有。

西元前248年。民元前2159年。

秦蒙驁拔魏高都，又舉趙三十城。楚、齊、魏、韓、燕、趙，攻秦不利。

秦蒙驁拔魏高都，伐趙取榆、狼孟三十七城（《史記》秦表記入下年）。

甲寅，夬。

西元前247年。民元前2158年。

秦莊襄王卒，太子政繼，是謂始皇帝。以呂不韋為相國，號仲父，同太后專政。李斯為舍人。

秦莊襄王卒，太子政也已十三歲，繼秦莊襄，稱始皇帝，國皆委于文信侯呂不韋，號仲父。李斯為舍人。

按：孝文王即位三日而卒，莊襄王兩年而卒，二王何以如此短命？由於呂不韋手段之高明，以一個商人，毫無任何王室背景和關係，而能使其子為秦王之子，數年之內，使其子登上大國皇帝之寶座，故秦二帝之死，頗令人有所惑疑，似絕非偶然、善終，而是出於人為之設計使然？

齊田單屠聊城。

燕王喜似乎是個唯恐天下不亂的人，四年見趙長平之敗，元氣未復，便起呆念，使栗腹率兵攻趙，結果，被趙打得大敗，連國都也被趙包圍了，最後終向趙求和。茲又派兵把齊聊城佔領。齊田單攻聊城，燕王令其將固守，不准突圍返燕，又

不發兵救援，齊則傾力圍攻，持續達一年餘。雙方皆無奈，一個真正的社會賢達魯仲連，射書城中告燕守將說：為今之計，只有兩條路可走，不歸燕，則歸齊，今獨守孤城，齊兵日益，而燕王救不至，如何是好？燕將見書，哭了三天，猶豫不能決，遂自殺。聊城大亂，田單卒克聊城。

按：聊城，即山東東昌聊城縣。

魏無忌自趙歸國，率楚、齊、韓、燕、趙，五國之師，攻秦軍於河外，走蒙驁，追至函谷。

秦蒙驁帥師伐魏。取高都（故城在山西澤州城東）、汲（即今河南魏輝之汲縣）等地，魏軍數敗，乃召信陵君於趙，信陵君畏罪不肯還，並飭門下，有敢與魏使相通者死，門下皆不敢言。毛公、薛公諫信陵君謂，諸侯之所以重于公子者，以其有魏也，今魏急而公子不顧，一但秦破大梁，毀魏先人之宗廟，公子復以何面目立於天下？語未畢，信陵君臉色大變，即刻返魏，魏安釐王以公子為上將軍，求援于諸侯，諸侯聞之，皆發兵救魏。信陵君率楚、齊、韓、燕、趙，五國之師，攻秦軍於河外（河外，即黃河之南岸），蒙驁逃走，追至函谷而還。秦以萬金行反間于魏，魏王疑信陵君，以人代信陵將，信陵乃縱情酒色，四年而卒。

乙卯，姤。

西元前246年。秦王政元年。民元前2157年。

秦蒙驁平晉陽。

秦於甲寅攻得晉陽，置太原郡，未久秦有莊襄王之喪，遂反。秦蒙驁擊定之。

丙辰，大過。

西元前245年。秦王政2年。民元前2156年。

趙孝成王卒，子偃繼，是謂悼襄王。以樂成代廉頗將，頗奔魏。

趙使廉頗伐魏，取繁陽（河南內黃）。孝成王卒，悼襄王立，使樂乘代廉頗。頗出奔魏，魏不能用。趙師數敗于秦，趙王希望重用廉頗，即派人往瞭解廉頗還能否帶兵作戰。廉頗的仇家郭開，買通使者，破壞廉頗。頗見使者，尚能餐食斗米、肉十斤，被甲上馬，表示其不減當年。使者還報，謂頗食量還好，但坐未久，即三遺矢矣！（坐未久，便上了三次廁所！）趙王以頗年老，遂不再召用頗。但楚國很欣賞廉頗，頗為楚將無功，終老于楚。

丁巳，鼎。

西元前244年。民元前2155年。

秦蒙驁攻魏拔二城；攻韓拔十一城。

按：史或言十二城，或言十三城。

戊午，恒。

西元前243年。民元前2154年。

魏安釐王卒，子景湣王繼，信陵君亦卒，趙將李牧拔燕二城。

己未，巽。

西元前242年。秦王政5年。民元前2153年。

秦拔魏二十城，置東郡。趙伐燕，獲將劇辛。

秦蒙驁伐魏，取酸棗、燕墟、長平、雍丘、山陽等二十城，初置東郡。

燕劇辛早時與龐煖為好友，後來劇辛去趙歸燕，燕王見趙屢敗于秦，老將廉頗已去趙，以龐援為將，認為趙國空虛，欲因其蔽而攻之，問劇辛，劇辛認為攻趙的勝算極大，應無問題，燕遂命劇辛趙以龐援應戰，殺劇辛，俘燕師兩萬。燕王喜很喜歡投機取巧，燕喜四年曾使栗腹率師伐趙，不但廉頗殺了栗腹，邯鄲亦被廉頗包圍，只好向趙乞和。這一次劇辛被殺，燕軍被俘兩萬，與前次栗腹伐趙，如出一轍，豈非罪有應得？所不解者，劇辛為一有遠見之人，又與龐緩為好友，何以竟出此下策？莫非人老了，時移勢異？

庚申，井。

西元前241年。民元前2152年。

楚考烈王，會齊、韓、趙、魏、燕五國之兵伐秦，至於函谷，不利。東

徙都壽春，春申君就國於吳。

楚王為盟主，會齊韓等五國之師伐秦，秦敗之於函谷，五國之師，不戰而北，楚王甚不喜于春申君，春申由是益疏。楚徙壽春以避秦患，春申君就封於吳，行相事。

辛酉，蠱。

西元前240年。民元前2151年。

秦拔魏之汲。趙拔魏之鄴。

壬戌，升。

西元前239年。民元前2150年。

秦封嫪毐長信侯，關政於內。韓桓惠王卒，子安繼。

嫪毐封長信侯。（嫪音潦，毒音靄）

癸亥，訟。

西元前238年。秦王政9年。民元前2149年。

長信侯作難，攻蘄年宮不克，伏誅。徙太后于雍，流蜀者四千家。

秦政初即位，年少，太后與文信侯呂不韋私通，王年漸長，文信侯恐事覺及

禍，乃詐以其舍人嫪毒為宦者（呂不韋所覓之大陰人），進于太后，太后甚愛之，生二子，封毒為長信侯，以太原為毒封國，時有告毒非宦者，王下吏治之，毒懼禍，乃矯王玉璽，發兵為亂。毒敗，夷三族，遷太后于雍，殺其二子，因而流蜀者四千家。

楚考烈王卒，子幽王悍繼。

天下事無獨有偶者，楚亦發生類呂不韋之軼聞。

緣楚君考烈王無子，春申君求婦人宜子者進之甚眾，而卒無子。趙人有李園者，進其妹于春申君，有孕。園使其妹說春申君，使春申君獻于王，生子悍，為太子，園妹為后，園亦貴倖用事。園恐春申君泄其事，乃陰養死士，欲殺春申君，國人皆知，朱英告春申，申不之信，王卒，園果先入伏死士，殺春申君，滅其家。太子立，是為幽王。

甲子 井 秦王政十年	乙丑 蠱 呂不韋自殺	丙寅 升	丁卯 訟 韓非入秦	戊辰 困	己巳 未濟 燕太子丹逃歸	庚午 解	辛未 渙 秦內史騰滅韓	壬申 蒙	癸酉 師 秦王翦滅趙
甲戌 遯 秦破燕荊軻使秦	乙亥 咸 秦王翦滅燕獲太子丹	丙子 旅 秦王賁滅魏灌大梁	丁丑 小過	戊寅 漸	己卯 蹇	庚辰 艮	辛巳 謙	壬午 否	癸未 萃

年	卦	事
甲申	晉	
乙酉	豫	
丙戌	觀	北狩使蒙恬擊胡南取器梁地
丁亥	比	南取陸梁地為桂林象郡
戊子	剝	聚天下書焚之
己丑	復	聚諸生於驪山坑之
庚寅	頤	
辛卯	屯	南巡達沙丘崩 李斯趙高立胡亥
壬辰	益	二世大殺王族 陳勝稱王 劉項
癸巳	震	滅勝 項梁立楚懷王孫心

經世之午二千二百二十七（世），大過九四變井。

甲子，井。（下起四庫全書3303—13—022）

西元前237年。秦王政10年。民元前2148年。

秦始皇帝十年，呂不韋坐嫪毐事免相。李斯為相，齊趙來置酒，復華陽太后于宣甘泉宮。

呂不韋因嫪毒事發，秦王因其謀莊襄王得國之功勞，不忍處死，乃將之罷相，使其回歸封邑養老去了。後之論者，以為自始皇始，嬴秦之宗祀已絕，嬴秦之天下，已為呂秦矣。

乙丑，蠱。

西元前236年。民元前2147年。

秦王翦、桓齮，拔趙九城。趙悼襄王卒，子遷繼，秦兵拔鄴。

國。

秦王翦、桓齮（讀環椅）、楊端和，攻業，拔趙九城。

趙悼襄王嬖于倡女生子遷，悼襄廢嫡子喜而立之，是為幽繆王，遷以無行聞於國。

丙寅，升。

西元前235年。民元前2146年。

秦會魏伐楚及韓。

秦發關東四郡兵助魏伐楚。

文信侯呂不韋自殺。

秦王以文信侯呂不韋罷相一年餘，諸侯賓客使者，依舊相望於途，絡繹不絕。秦王擔心呂不韋不安於份，與諸侯勾結生變，秦王乃賜書不韋，何功于秦，封君河南；何親于秦，號稱尚父？遂遷之於蜀，不韋懼誅，乃自殺。

丁卯，訟。

西元前234年。秦王政13年。民元前2145年。

秦桓齮大破趙軍十萬於平陽。

秦桓齮伐趙，大敗趙將扈輒於平陽，斬首十萬，殺扈輒。趙以李牧為大將軍，復戰于宜安肥下，秦師敗績，桓齮奔還。趙封李牧武安君。

韓公子非，使秦不還。

韓非為韓之諸公子，好刑名法術之學，適韓削弱已極，數上書韓王，王不能用。非疾治國不務求人任賢，反舉浮淫之蠹，加之功賞之上，養非所用，用非所養，因作〈孤憤〉、〈五蠹〉、〈說難〉、〈內外儲說〉數十篇，韓欲納地稱臣于秦，使非使秦，秦王甚喜未及用，李斯妒其才，下非於獄，非自殺。秦王讀非〈孤憤〉、〈五蠹〉，賞歎說：朕得與此人遊，死且無憾，而韓非竟死于秦。

戊辰，困。

西元前233年。民元前2144年。

秦桓齮破趙宜安及赤麗。

按：宜安在常州稾亭縣西南二十。赤麗未詳。他本謂：秦桓齮伐趙，取宜安、平陽、武縣。

韓王安朝秦。

韓朝秦，為一藩。

己巳，未濟。

西元前232年。民元前2143年。

秦伐趙，一軍攻鄴，一軍攻狼孟。趙李牧扞秦有功。

秦大舉來伐，取狼孟、番吾，李牧擊卻之。

燕太子丹，自秦歸。

燕太子丹與秦王政，同時質於趙，相交好。及秦王即位，丹質于秦，秦王不禮於丹。丹怒，自秦逃歸。

庚午，解。

西元前231年。秦王政16年。民元前2142年。

魏獻秦麗邑。

此麗邑，即晉驪姬之國。

辛未，渙。

西元前230年。秦王政17年。民元前2141年。

秦內史騰滅韓，獲其王，以其地為穎川郡。

按：穎川郡，即今河南許昌。

壬申，蒙。

西元前229年。秦王政18年。民元前2140年。

秦王翦下井徑，大破趙軍進圍鉅鹿。趙以趙蔥代李牧，顏聚代司馬尚

將。

秦王翦、端和來伐趙，下井徑（今河北真定井徑縣）。李牧、司馬尚率軍禦之。秦人以重金賄趙王嬖臣郭開，使其詆譭李牧、司馬尚于趙王，誣其欲反。王使趙蔥、顏聚代之。殺大將軍李牧、廢司馬。

癸酉，師。

西元前228年。秦王政19年。民元前2139年。

秦王翦滅趙，獲其王，以其地為趙郡。

王翦擊趙破之，殺趙蔥，顏聚臨陣而逃。遂克邯鄲，獲趙王遷，流于房陵。

楚幽王卒，母弟猶立，庶兄負芻殺猶代立。

猶，其他史書皆為郝。

魏景湣王卒，子假繼。

趙亡，太子喜稱王於代，會燕軍於上谷。

趙亡，公子嘉帥其宗數百人奔代（今山西大同蔚州），自立為代王。趙之亡大夫，稍稍歸之，與燕合軍于上谷（今河北保定府）。秦王入邯鄲，將其母之仇家，悉盡殺之。

甲戌，遯。

西元前227年。秦王政20年。民元前2138年。

秦王翦破燕軍于易水，燕荊軻使秦不還。

燕太子丹自秦逃歸後，亟思有以報之，請教其師鞠武，鞠武的意見是：「約三晉，連齊楚，媾匈奴（媾，即和好之意）」以圖之。太子丹迫不及待，希望能馬上行動。適秦將軍樊於期得罪，逃之燕，燕丹很高興，熱烈歡迎招待，鞠武諫樊不可留，太子丹不聽，以期窮而來歸，拒之不義，又發奇想，覓以天下武士入秦，復演曹沫與齊桓公故事，劫秦王使還所侵諸侯地，以成諸侯之合縱，否則即劫殺之。

燕太子丹，卑辭厚禮，請來衛人荊軻，使其赴秦，軻亦樂意接受赴秦任務。適秦滅趙，太子丹擔心燕繼趙後，希荊軻早日啟程，但就荊軻而言，深明此行任務之艱巨、嚴重，荊軻對執行計劃的每一情況，皆需深思熟慮。如何接近秦王。一人之力能否勝任？必須有一得力助手，荊軻心裏的人選，出遊未歸，太子丹迫不及待的促行，並推薦燕國的年輕勇士秦舞陽，年纔十三歲，殺人如草芥（敢殺之人，絕非勇者），荊軻十分不願接受，但礙于太子，乃勉強接受。燕太子近乎兒戲的心理，一廂情願，認為果真如荊軻所說：「左手把其袖，右手揕（音震，擊也）其胸」，一劍便可將秦王刺殺，而報其宿怨？遂與秦舞揚，攜樊於期之首與燕督亢地圖前往。赴秦之夕，賓客知其事，皆白衣白冠，送于易水之上，為其餞行，既祖（舉行送別儀式後），將行，高漸離擊筑，軻和而歌之，為變徵（徵唸支）之聲，士皆垂淚涕泣。又歌曰：「風蕭蕭兮易水寒，壯士一去兮不復還。」復為羽聲慷慨，士皆

瞋目、髮上沖冠，軻登車而去。

秦王果然大喜，當趨近秦王展圖欲見之際，舞陽色變，秦王驚覺，「把袖、揕胸」，失之毫釐，功虧一簣。接下來便是為燕帶來了亡國之禍。

按：古人音樂分五音，即宮、商、角、徵、羽（徵念支）。劉歆釋律書說：羽者，宇也，覆物之所：聞其宮聲，使人溫潤而廣大；聞其商聲，使人方正而好義；聞其角聲，使人整齊而好禮；聞其徵聲，使人惻隱而博愛；聞其羽聲，使人善養而好施。宮聲亂者，則其君驕；商聲錯者，則其臣壞；角聲繆者，則其民怨；徵聲洪者，則其事難；羽聲差者，則其物亂。音樂可以反映其時代背境。如吳季箚入魯觀樂，可知其國之風與盛衰。

燕太子丹質秦：語謂燕太子丹質于秦，秦王不與之禮，謂待「天雨粟、烏白頭、馬生角……」始放其歸燕。故燕太子丹，十分痛恨秦王，遂與荊軻謀秦。

乙亥，咸。

西元前226年。秦王政21年。民元前2137年。

秦王翦、王賁滅燕，獲其太子丹，翦謝病還拔楚十城。

秦王這一怒，真正是非同小可，立即派兵，命王翦伐燕，翦與燕戰于易水西，大破之，遂圍薊。冬十月，秦王翦拔薊，燕王喜與太子率精兵，東保遼，秦李信急追之，或囑燕王斬太子以獻，秦復進兵擊之。

史者論說：燕丹不忍一朝之憤，以犯虎狼之秦以速禍，致國亡家滅，斷其先祀，其罪大矣！卒以萬乘之國，憤匹夫之怒，以偷雞摸狗的手段，快意恩仇，卒致功隳身戮，社稷為墟，豈不令人慨歎！

丙子，旅。

西元前225年。秦王政22年。民元前2136年。

秦王賁滅魏，決河灌大梁，獲其王。

秦王政二十二年，命王賁伐魏，引河溝灌大梁，三月城破，魏王假降，秦殺魏王假，雖逞一時之功，而遺萬世之禍，自此一決，決之痕永不能復矣！一將功成萬骨枯，賁之一決，滅人一國，而遺禍萬年矣！

按：魏起文侯戊寅，終王假丙子，傳八君，共一百七十九年。

丁丑，小過。

西元前224年。民元前2135年。

秦王翦破楚，殺其將項燕，楚喪師於蕲，走壽春。

秦王命李信伐楚，大敗而歸，十分懊惱，堅請王翦出兵，王翦非六十萬軍不行，出師之日，秦王親至霸上，為其餞行，臨行王翦向秦王索求良田美宅甚多，以為子孫之計，秦王笑翦懼貧，翦行後，又連使人向秦王求其田宅。或問翦此舉是否

過當？翦說：王怚中而不信人（怚，同粗），今將全國軍隊交給我，我不為子孫求田問舍，自小弱其志，秦王能放心我嗎？

王翦大軍從河南陳州（今河南開封附近），向豫南推至平與而止（河南信陽附近），堅壁不戰，讓士兵充分休息，美其飲食，以各種戰鬥遊戲，以鍛鍊體魄，娛樂士兵。楚以傾國之師投入戰場，秦軍堅壁不戰。楚軍師老，遂向東轉移，翦縱軍追之，大破楚軍，至蘄南殺其將項燕（蘄在湖北黃州附近），楚軍敗走，王翦乘勝追擊，以略楚地。

戊寅，漸。

西元前223年。民元前2134年。

秦王翦、蒙武滅楚，獲其王，以其城為楚郡。

秦王翦、蒙武獲楚王負芻，滅楚。

按：楚起熊繹己卯，終負芻戊寅，傳四十一君，共九百年。

己卯，蹇。

西元前222年。秦王政25年。民元前2133年。

秦王賁平遼東，獲燕王。平代，獲趙太子。王翦定越，以其地為會稽郡。

王翦悉定荊、江南地、降百越之君，以其地為會稽郡。
秦王賁攻代，擒趙王嘉，滅代；攻遼東，擒燕王喜，遂滅燕。
按：趙起烈侯，終代王嘉己卯，傳十一君，共一百八十二年。
燕起康公己卯，傳二十六君，共九百零一年。

庚辰，艮。
西元前221年。民元前2132年。
秦王滅齊，獲其王，以其地為齊郡。
秦王賁滅燕趙之後，即自燕南攻齊，以迅雷不及掩耳之勢，攻入臨輜，齊民莫敢與鬥者，使人誘騙齊王來降，即封以五百里之地，齊王遂降，遷于共之荒野，餓死於松柏間。
按：共。在燕國之南，河南之北的地方。
齊起太公田和乙未，迄王建庚辰，傳七君，共一百六十六年。
列國之中，以齊最為晚亡。齊坐視列國諸侯，與秦角逐，自以為得計，其最終命運，則與列國同。緣齊襄王卒，子建幼，國事皆決于母君王后，稱太史氏。
按：事在田單用火牛陣破燕之後。
太史氏對秦非常恭敬馴服，對諸侯也很講信義，再者齊東臨海，大部分邊境與人無爭，太史氏后，后勝為相，受秦重金，主動使人往秦聽秦命行事，所謂「去縱

朝秦」，不與諸侯合作，不修戰備等，使秦無後顧之慮，從容於滅五國。時有個即墨的官員大膽向齊王建「建議」，收容三晉與楚之官員與軍隊，使收其故地，齊王不聽。秦王並沒有多予齊國這個好朋友如何優遇，使其活活餓死于荒野，與其他各國王的命運，不見得有絲毫禮遇。豈非世所謂之與虎謀皮者？齊王建死，齊人怨建不與諸侯合作，而聽奸人賓客以亡國，遂為歌以哀之，曰：「松耶、柏耶！住建共者，客耶！」說齊王建之所以餓死於共之松柏之間者，乃是叨外來賓客之賜啊！

於時六國皆亡，惟衛一小國猶存，至二世元年始亡。

按：齊起自太公田和乙未，迄王建庚辰，傳七君，共一百六十六年。

東至海及朝鮮；西至臨洮、羌中；南至北向戶；北至陰山、遼東。分天下為三十六郡。

三十六郡：內史、三川、鄣郡、碭郡、泗水、薛郡、齊郡、九原、黔中、長沙、河東、南陽郡、九江、會稽、穎川、東郡、琅巷、琅琊、上谷、漁陽、右北平、遼西、遼東、鉅鹿、邯鄲、上黨、太原、雲中、雁門、上郡、隴西、北地、漢中、巴郡、蜀郡，其後平百粵立四郡、閩中、南海、桂林、象郡，共四十郡。

罷侯置守。

郡置守、尉，守者，為天子守此土也，尉為郡守之副。

鑄天下兵為十二金人，徙天下豪富十二萬戶於咸陽。

秦為防止老百姓造反，作了兩種重大措施。

一、收天下兵器鑄為鍾爐（爐音爐，一種樂器，似夾鍾）、十二金人。
二、徙天下豪傑十二萬戶於咸陽（豪傑有作豪富）。
按：《關中記》：始皇二十六年，有大人十二，見於臨洮，身長五丈，足六尺，始皇以為瑞，鑄金人十二以象之。各重千石（音擔，一石為十斗，又為一百斤），坐高兩丈，號曰翁仲。
大建宮室，作阿房，為萬世業。
大建宮室，以實各國掠來的婦女、寶器，每滅一國，即記其事於宮牆之上。唐詩人杜牧形容「阿房宮」謂：「蜀山巫，阿房出，俯壓三百餘里，隔離天日……五步一樓，十步一閣……一日之內而氣侯不齊。」說伐光了蜀山的林木，纔造出了阿房宮，阿房宮之大，可以「一日之內北寒南暖、東風西雨」形容之。
稱始皇帝，更以建亥為歲首。
秦始皇併天下，自以為德兼三皇，功過五帝，乃更號曰「皇帝」，自嬴政起，自稱始皇帝，後世以數記為二世三世……以至萬世而無窮。
建亥的意思，是以亥月為每年的第一個月（即殷曆十月），俗謂之正月。亦即所謂的歲首。秦何以改建寅為建亥（即每年的第一月，改至十月）？因秦認為是水德王，五行家以壬戌癸亥為大海水，求其吉兆（按齊人鄒衍著終始五行德之運，即金木水火土五行生剋之道）。但從另一方面來說，亥為年之十二，為地支之終，亦為結束，卻是秦享祚十分靈驗的兆應（秦二世而亡）。

辛巳，謙。

西元前220年。民元前2131年。

西巡狩至於隴右，北地及回中，乃復。

壬午，否。

西元前219年。秦王政22年。民元前2130年。

東巡狩至於鄒嶧，封泰山，禪梁甫；南登琅琊。丞相隗林、王綰、卿士李斯、王戊，五大夫，趙嬰，將軍楊樛及九侯，勒帝功于金石，表於海上。

始皇二十八年，東巡至鄒嶧（即山東兗州縣），封泰山（在泰山上，用人力負土，堆一土壇，以祭祀天，即所謂之封禪，積土為封）。

禪梁甫。

禪梁父。

梁父為泰山下之小山，在山東泰安縣境。禪，本為墠，後改為禪。墠，古謂除地熟墠，把地方打掃清潔而祭之意。

五大夫：始皇上泰山，中途遇暴風雨，避雨於樹下，封其樹為五大夫。

南登琅琊。

琅琊，山東諸城縣東南，有琅琊山，可望大海。始皇二十八年，作琅琊台（《水經注》：台基三層，層各五丈），立石，刻頌秦功德（《水經注》：始皇徙

黔首三萬戶於台下，刻石頌秦功德。按，秦稱人民為首）。

遂南至於衡山，浮江至南郡，由武關乃復。

衡山，在今湖南境，順流而下，浮江至南郡（南郡，秦置，即今湖北舊荊州，漢陽、武昌、黃州、德安等地屬之），由荊襄而武關（武關由河南淅川、西經藍田，武關越秦嶺而至咸陽），乃復，回到咸陽。

癸未，卒。

西元前218年。民元前2129年。

東巡狩至於博浪沙中遇盜。遂登之罘。刻石記功。北由上黨乃復。

二十九年，始皇東遊至陽武，韓人張良，狙擊于博浪沙，誤中副車，始皇命大索十日，不得，良乃更姓名，匿下邳。

始皇登之罘（罘音浮，在山東萊州文登縣東），刻石。北由上黨（山西長子縣）返。

按：張良以五世相韓，韓亡，良散千金之產，弟死不葬。欲為韓報仇，東見倉海君，得力士為百二十斤鐵椎，狙擊始皇於博浪沙中（在河南陽武，屬開封。《史記正義》謂在河南鄭州陽武縣），誤中副車，始皇令天下大索十日不得，良乃更姓名，匿於下邳（故城在今江蘇邳縣）。

甲申，晉。

西元前217年。民元前2128年。

乙酉，豫。

西元前216年。秦王政31年。民元前2127年。

丙戌，觀。

西元前215年。民元前2126年。

巡狩至於碣石，由上郡乃復。使蒙恬擊胡，取河南地。

碣石在河北永平昌黎縣，乃長城之起點。孔安國書傳謂：「碣石為海畔山。」《水經注》謂「碣石山枕海，山有大石聳立如柱，名天橋」。始皇刻石頌德。之後、由上郡（今陝西綏德阿爾斯以北之地）返咸陽。

始皇完成大一統之後，可為躊躇滿志。惟一令其恐怖難安的，就是「死」。乃登泰山、臨琅琊、巡碣石，加以燕、宋海上仙山無稽之傳，而幻夢神仙不老妙藥之說、如齊威宣，燕昭王等，對蓬萊、方丈、瀛洲，長生不老藥之說，早早便深信不疑，於是產生了極大的憧憬。到了碣石，便使燕人盧生出海，尋訪羨門子高（羨門，古之仙人；高誓，又稱子高）。夢寐中的神仙，雖沒有見到，卻帶回了抄錄的一頁天書，上說「亡秦者，胡也」。始皇乃巡北邊，使蒙恬發兵三十萬北伐匈奴。

另復使徐市率數千男女，入海求神仙，覓不死之藥。

丁亥，比。

西元前214年。民元前2125年。

南取陸梁地，為桂林象郡。

秦略取南越強悍陸梁之地。置桂林（今廣西桂林）、南海（今廣東、韶州、潮、惠等地）、象郡（廣東雷州半島，廣西慶遠、太平諸府）。發逃亡犯人，及人之為贅婿者，若商人等，為兵五十萬人，戍五嶺（大庾嶺，廣東南雄，騎田，湖南郴州、都龐，湖南永州、萌渚，在永州之西、越城，廣西桂林興安縣）。

又北斥匈奴，自榆中並河以東，屬之陰山，為三十四縣，城河上為塞。又使蒙恬度河取高闕、南山，北中，築亭障。

恬北伐凶奴，收河南地（同上郡注），為四十四縣。築長城，西起臨洮，東至遼東，廣袤萬餘，蒙恬常駐上郡統治之。威震匈奴。

於是渡河，其間高闕、陰山、陽山、北假，其方向曲折，可以想見，於其間為置障及瞭望台。朱隱老以為南山當作陽山。蒙恬暴師於外者，達十餘年之久。

戊子，剝。

西元前213年。秦王政34年。民元前2124年。

置酒咸陽宮，聚天下書焚之。

秦三十四年，始皇置酒咸陽宮，僕射周青臣進頌；淳于越進曰：「事不師古，而能長久，非所聞也。」丞相李斯以為不然，說三皇不相襲，五帝不相復，三代之事，何足為法，與今不相干，而天下讀書人，不師今而學古，所謂入則心非，出則巷議，遂下令天下，有藏詩書百家語者，皆焚燒之，偶語詩書者棄市，以古非今者，族。

己丑，復。

西元前212年。民元前2123年。

聚天下學士於驪山，坑之。廣阿房宮，自咸陽達于渭南。

有侯生盧生者，相與譏議始皇，逃去，始皇大怒，相告密連者四百六十餘人，皆坑之咸陽，長子扶蘇諫，這樣恐怕引起天下不安，始皇怒，使其北監蒙恬軍於上郡。

秦始皇以為咸陽宮殿，發各種罪犯七十萬人，築阿房及大小宮殿七百餘所，整個阿房宮，東自函谷、弘農、靈寶界，西至隴關汧陽，東西千餘里，概括終南山、驪山、渭河，各以複道相連。北山之石，乃至墳墓中之石槨，亦發掘淨盡，蜀山之竹木，自然不在話下。故杜牧阿房宮賦說：「蜀山巫，阿房出，俯壓三百餘里，隔離天日。」徙三萬家於驪邑，五萬家於雲陽，令咸陽三百里內宮觀複道相連，帷

帳、鐘鼓、美人以充之，無有知始皇之行蹤者。

庚寅，頤。

西元前211年。民元前2122年。

辛卯，屯。

西元前210年。秦王政37年。民元前2121年。

南巡狩至於雲夢，左丞相馮去疾守，右丞相李斯從行，少子胡亥請行，至九疑，浮江，東至於會稽，又北至於琅琊，由原達沙丘崩。

按：雲夢，在今湖北安陸縣南。本為二澤，雲澤在江北，夢澤在江南，方八九百里，後皆為田野村邑，並稱之為雲夢。

九疑：山名，在今湖南永州縣南，山有九峰，遠望皆相似，因謂九疑，始皇遙祭虞舜。

又：浮江而下，過丹陽、至錢唐，更至會稽，琅邪、之罘，至平原津而病，七月崩於平臺。

沙丘台：杜佑，大鹿之野，有沙丘台，乃紂之所築，始皇所死之處。

右丞相、宦氏趙高，假帝書，更立少子胡亥，賜上郡太子將軍蒙恬死，遂還咸陽。胡亥立，是謂二世皇帝。葬始皇於驪山。

始皇崩，丞相李斯，宦官趙高，矯詔立少子胡亥為太子，並詐以始皇命，扶蘇、蒙恬皆賜死，至咸陽。胡亥襲位，趙高用事。九月葬始皇於驪山。宮中無子者及造墓工匠，皆殉墓中。

壬辰，益。

西元前209年。秦二世皇帝亥元年。民元前2120年。

宦氏趙高，為郎中令，專政。東巡狩至於會稽，比又至於遼東，乃復。

大殺王族及群臣。

史稱趙高「生而隱宮」（凡受宮刑者，百日隱於陰宮養之，故曰隱宮。生而隱宮，應是天閹之人，即男子無陽具，不能生育之人）。始皇聞其強力，通獄法，以為中軍府令，使教胡亥決獄，遂得幸于胡亥。

胡亥襲位後，亦效始皇東巡至碣石，大海，南至會稽、遼東。

二世謂趙高，希望以有生之年，享盡人間所有的快樂，可以嗎？趙高說：只有真正賢明的君主，纔能作到，那些昏君們是非常反對的。但是有一點，我們偽造詔書的事，你們兄弟及朝中大臣，都已惑疑了，如何能安心享樂呢？二世問計于趙高，高說藉故把他們都殺了，把富貴分給那些貧賤的人，他們便會感恩載德，成為你的親信，便可高枕無憂了。二世以為這是妙計，便令趙高執行，用酷刑殺死了十二個公子，公開處決於咸陽，十個公主，皆磔裂（斬斷肢體）而死，相牟連者，不

可勝數，公子將閭兄弟三人，自殺而死。子高上書，請從始皇於地下，二世十分高興。

復廣阿房，征天下材士，以五萬（萬，或作燭）人為屯尉，三百里內，不得食其穀。

二世繼續阿房宮未完工程，使更美輪美奐，並廣征天下武功高強身懷技藝之士五萬人，令教射，以衛安咸陽，阿房宮中多畜狗馬禽獸，其一切飼養工作及飼料，皆由各郡縣輸來，並不得在咸陽三百里內購買，亦即凡外郡人到咸陽來，皆自帶食物（阿房宮所養寵物，所需飼料，自徐州至咸陽運十石米穀，到達咸陽，僅剩一石，換言之，郡縣運繳咸陽一石米糧，人民所負擔的，為十石之多），所謂三百里內，不得食其穀，可見其物資缺乏之狀況。

戍卒陳勝，稱王于楚，關東郡邑，皆殺其令長，以應陳勝而西攻秦。陳勝將武臣，稱王於趙；魏咎稱王于魏；田儋稱王於齊；楚人項梁，稱兵會稽；徐人劉季，稱兵豐沛，陳勝兵西攻秦至鵠戲。

政治腐敗，法令嚴酷，民生凋弊，人民為求活命而鋌身走險，於是陳勝、吳廣，首先發難。

陳勝（陽城人，今河南許昌附近）、吳廣（陽夏人今河南省太康縣一帶），皆為秦屯長（村、里長之類），押送九百民夫到河北服役，謂之戍卒。行至徐州附近，因天雨而延誤行程，秦法逾期當死。就戍卒而言，即是到了目的地，其死亡者

即達十之六七，陳、吳二人，亦絕無幸存之理。遂謂：自古王侯將相本無種，何不反秦以博富貴？戍卒們皆以為然，二人遂自為王。於是殺秦將尉（領隊的長官），率領九百戍卒，揭竿而西，所過之處，民眾來奔，達數萬人，攻蘄破之（蘄音其，今江蘇沛縣），更西向攻秦，老百姓也紛紛爭先殺秦地方官回應，至陳，車已六七百乘，馬千騎。欲自立為楚王，張耳、陳餘諫立六國之後，為秦樹敵，以避秦鋒，除暴秦，據咸陽，令諸侯而帝業可成，陳勝不聽，以為滅秦在即，有輕敵之意。陳勝已有車千乘，卒數十萬，勢如破竹，令周文至戲上紮營（戲在陝西新豐縣，咸陽附近），被章邯打得大敗，周文逃走。

八月楚將武臣自立為趙王（武臣原陳勝部將，因功稱武信君）；九月劉邦起兵于沛，自立為沛公；項梁起兵于吳（楚將項燕之子，因殺人逃至吳，為西楚）；狄人田儋（齊之王族，與弟橫，能得人心），起兵于齊，自立為齊王；趙將韓廣，略燕地，自立為燕王；楚將周市，立魏公子咎為魏王。

似乎是又出現了一個新的春秋戰國。

劉邦本為泗上亭長，為押送民夫往驪山，多有逃亡，恐未至驪山，便會逃個淨光，屆時自己也難逃一死，於是便將其全部釋放，自己也與十餘壯漢，逃匿大澤之中。後沛人共殺沛令，蕭何、曹參為豐沛子弟，得三千人，立為沛公。往從楚王景駒，得遇張良，良說太公兵法，良謂沛公迨天授，遂從之。

項梁為楚將項燕之子，與其姪籍避難吳中，吳賢士大夫，皆出其下，會稽郡守

殷通，聞陳涉起兵，欲以梁為將，回應陳涉，梁使羽殂殺通，梁自為會稽守，得精兵八千人。

癸巳，震。

西元前208年。秦二世皇帝胡亥2年。民元前2119年。

秦殺右丞相馮去疾，將軍騎劫，及囚左丞相李斯，諫罷阿房故也。

秦二世是個只圖享樂，不辨椒麥、既聰明又愚蠢的皇帝，當陳勝起兵，關東大亂時，有報關東反者，即予下獄，迨周文軍至於戲，手足無措時，章邯始赦驪山戍徒之罪而成軍，大破周文。秦之虐政苛法，所形成的官場歪風是：「稅民深者為明吏，殺人眾者為忠臣」（剝削百姓逾深逾狠者，為能幹的好官；殺人最多者為忠臣），以致「刑者相半於道，死人堆積於市」（路上行人一半是被判刑服役者，市井之中到處死人成堆）。天下已亂至不可收拾，而阿房宮之徭役，仍休止無期。趙高因作惡多端，恐其事泄，遂設計盡除丞相李斯、馮去疾等（左右丞相），乘二世與婦女玩得興高采烈的時候，誘使李斯進諫，連續數次，二世十分惱怒。趙高乘機讒，李斯因參與沙丘之謀（與趙高共廢立，殺太子扶蘇與蒙恬），未得封賞而抱怨，況且關東的叛亂，皆是受了李斯兒子李由的指示（由為秦三川守將擁有重兵），二世乃令趙高審詢，右丞相馮去疾、將軍騎劫自殺，李斯受不住百般酷刑，遂誣服，腰斬於市，夷其三族，臨刑謂其中子，若時光倒流，復回河南，駕蒼鷹，

牽黃犬，出上蔡東門逐狡兔，不可得矣！

將軍章邯滅陳勝於城父；破項梁于定陶；平田儋於臨濟；渡河北攻趙。田儋死，其弟榮立儋子市為王。陳勝將秦嘉，立勝子景駒為王。項梁殺景駒，徵楚懷王孫心立之，保盱台。

章邯大軍，以陳勝軍為目標，勝將莊賈弒涉降秦。秦嘉立涉子景駒為楚王。項梁殺景駒，納范增言，立楚懷王孫心為楚懷王，項梁救田榮屢破秦軍，輕秦而驕，宋義（即卿子冠軍）諫說：「戰勝而將驕，卒惰者敗，現在軍中已有惰氣，情形實在不好。」梁不以為然。並派義赴齊訪問。恰遇齊使高陵君顯（高陵地名；君，官職，顯人名），說去見項梁。宋義謂武信君必敗，公徐行則免死，疾行則及禍。秦更增軍攻梁于定陶，大破之，項梁死。

按：城父、定陶、臨濟三地，分別在河南之中東部、山東西部，江蘇西北地帶；渡河北攻趙。趙在河南北部。盱台、今安徽盱台縣。

項梁死，其子羽（按，羽乃梁之姪）軍彭城，其將劉季軍碭山。楚王心，收項梁軍，自盱台徙彭城，以劉季為碭郡長，封武安侯，俾南略地而西攻秦，以項羽為魯國公，封長安侯，俾北救趙而西攻秦，約先入關者王。

齊高陵君顯見楚王謂宋義，兵未戰而先見敗徵，是深明軍事的，楚王以為上將軍，號卿子冠軍。

甲午 噬嗑 趙高弒二世 沛公入關	甲辰 臨 北征誅韓信夷三族	甲寅 需 太后專政名雉
乙未 隋 羽殺義帝封沛公為漢王	乙巳 損 梁王彭越叛夷三族	乙卯 小畜
丙申 无妄 漢王伐楚羽大敗漢軍	丙午 節 征淮南英布平之夷三族	丙辰 大壯
丁酉 明夷 楚圍漢王於滎陽	丁未 中孚 漢惠帝太后臨朝稱制	丁巳 大有 幽無名子殺之立恒山王義
戊戌 賁 項羽請和	戊申 歸妹 太后殺趙王如意及母戚氏	戊午 夬 尉陀稱帝南越
己亥 既濟 漢高滅項羽即帝位於汜水	己酉 睽	己未 姤
庚子 家人 漢尊其太公為太上皇	庚戌 兌 除挾書律	庚申 大過 以梁王呂為相國
辛丑 豐 北征韓王信遂征匈奴	辛亥 履	辛酉 鼎 雉沒陳平周勃除呂氏夷三族
壬寅 革 建未央宮	壬子 泰	壬戌 恒 漢文帝陳平兼左右丞相
癸卯 同人 大朝諸侯於未央宮	癸丑 大畜 帝崩立無名子審食其關政	癸亥 巽 周勃復相

經世之末二千二百二十八（世）。

甲午，噬嗑。

西元前207年。秦二世皇帝胡亥3年。民元前2118年。

秦二世三年，郎中令趙高稱丞相，殺李斯及其君胡亥於望夷宮。代立不克，立二世兄之子嬰為王。嬰立，夷趙高三族，

關東諸侯鬧得沸沸揚揚，行將兵臨咸陽城下，趙高給二世的戰報，卻是「關東盜，無能為」六個字。秦大將章邯節節敗退將至咸陽，高欲殺邯以歸卸其戰敗之罪責，未及，邯即使其將司馬欣返朝請救，趙高卻避不見面，達三日之久，欣知事態嚴重，歸報於邯。章邯見大勢已去，便投降於項羽，羽封邯雍王。

趙高恐二世知曉真相，便製造指鹿為馬的故事，以欺弄二世，又恐禍及其身，乃使其婿往弒二世於望夷宮（在涇水旁，二世夜夢不祥，往祈涇水之神，齋戒望夷宮），二世求見趙高，求為王、求為萬戶侯、求與妻子為黔首，皆不許，遂弒之。高欲使人與沛公約，分王關中，沛公不許。乃立子嬰為秦王，子嬰明白趙高陰謀，稱病不行，趙高親來邀請，嬰與其二子刺殺趙高，夷其三族。子嬰即位凡四十六日。沛公兵十萬，由武關入咸陽，秦王子嬰素車白馬，繫頸以組（用白練絞在頸上，以示請死之意），封皇帝璽、符，降於軹道（軹道，亭名，在咸陽之東）。諸將請誅之，沛公以人已服降，殺之不祥。交人看管即可。

沛公兵十萬，由武關入咸陽，秦子嬰降於軹道。收圖籍，封宮室府庫。示秦人以約法三章，還軍霸上，以待諸侯。

沛公入咸陽，諸將皆取財物，蕭何獨入丞相府，收圖籍藏之，盡知天下阸塞、戶口多少、彊弱之處。沛公見秦宮室寶貨婦女欲居之，樊噲、張良諫，封府庫移軍

霸上，與秦父老約法三章，殺人者死，傷人及盜抵罪，其餘秦法，悉行廢除。使秦吏赴鄉邑告喻之。

項羽北救趙，殺大將軍宋義，至鉅鹿，大敗章邯軍于洹水，秦軍降者二十萬，悉坑之於新安。合齊、韓、魏、燕五國之兵四十萬，由函谷而入，會沛公於戲，而屠咸陽、殺子嬰，收子女玉帛，焚宮室府庫。

懷王以宋義為上將軍，號卿子冠軍，率軍救趙，宋義軍至安陽，乃治酒高會，駐軍不前，羽殺宋義，引軍渡河，沈船，破釜，焚舍，士卒持三日糧，渡河救趙，以示必死，楚軍無不以一當十，羽九戰九勝，大破秦軍，俘其將王離，敗章邯，遂解趙圍，諸侯進帳，皆膝行而前，莫敢仰視。羽聞沛公已入關，大怒，秦軍降者二十萬，多受虐于諸侯軍吏，故有怨言，羽盡坑之於新安，乃合五國之師四十萬人，與章邯破函谷，入秦，軍至霸上欲攻沛公，沛公乃會羽於鴻門，范增屢示意羽殺沛公，羽不忍，沛公如廁而逃。項羽屠咸陽、殺子嬰，收子女玉帛，焚宮室府庫，火燒三月不滅，掘始皇帝塚（以三十萬人運物，三十日不能已窮），收貨寶婦女而東。

按：項梁為楚將項燕之後，立楚懷王孫心嬰為楚王，以示復楚之意（楚懷王之孫心，在民間為人牧牛。梁訪得立之亦稱義帝），梁死，以羽凶殘嗜殺，乃以宋義為上將軍。

又：洹水，在河南安陽縣。《戰國策》云，紂聚兵萬，左飲淇水竭，右飲洹水

不流。洹，音還。

乙未，隨。

西元前206年。義帝元年。民元前2117年。

天下大定，論功行賞，項羽使人告知懷王，懷王說，仍照原來「先入關者為王」的約定。項羽十分惱怒，認為連你懷王也是我家立的，天下是我們項家打出來，憑什麼由你來支配？於是甘脆由自己來大封諸侯，第一個封的就是楚懷王，羽表面上尊懷王為義帝，實質上是徙放懷王於江南，令都郴。

然：

項羽渝約，自主封建，立楚王心為義帝，徙之江南，都郴（郴音深在桂林境）。

項羽封皇帝，豈非狂妄至極？懷王為項氏所立，意即欲立則立之，不欲則廢之！

封沛公為漢王，遷漢中，都南鄭。

羽故意封沛為漢王。

因巴蜀漢中，為秦之三郡，道險阻，為秦流放罪犯之地，在名義上亦屬於關中，故封其於此。（按：南鄭即古之褒國，漢中乃金、洋、均、房四州六百里之地，班固志：漢中郡治西城，今之金州、上庸郡。）

分關中為三：一封降將章邯為雍王，都廢丘（漢為槐里縣，屬扶風）；一封降將司馬欣為塞王，都櫟陽（即桃林塞，王咸陽以東地）；一封降將董翳為翟王，都高奴（故城在今陝西延安）。

分齊為三：一封齊將田都為臨淄王，都臨淄（山東膠東）；一封齊將田安為濟北王，都慱陽（在濟北）；一封齊將田市為膠東王，徙都即墨（今山東即墨）。

分楚為三：一封楚將英布為九江王，都六（今江西九江）；一封楚將共敖為臨江王，都江陵（湖北荊州）；一封蕃君吳芮為衡山王，徙邾（湖北黃岡臨江與武昌相對）。

分趙為二：一封楚將張耳為常山王，都襄國（河北真定）；一封趙王歇為代王，徙雁門（山西代縣964世）。

分韓為二：一封楚將申陽為河南王，都洛陽（河南）；一封韓將韓成為韓王，都陽翟（河南禹縣）。

分魏為二：一封趙將司馬卬為殷王，都朝歌（河南淇縣903世）；一封魏王豹為魏王，徙平陽（山西臨汾215）。

分燕為二：一封燕將臧荼為燕王，都薊（今北平附近）；一封燕將韓廣為遼東王，徙無終（世）。

封吳芮將梅鋗十萬戶侯；趙歇將陳餘環三縣。

田市將田榮不及封。

羽自封為西楚霸王，王梁地九郡，都彭城（江蘇徐州）。

羽封諸王，後人有詩歎曰：「二十有才能逐鹿，八千子弟欲從龍，咸陽宮闕須臾火，天下王侯一手封。」

諸王之在戲下者，咸罷兵就國，羽亦東出，使人殺義帝于江上。殺手韓王成以鄭昌代之。

項羽分封諸侯已畢，席捲了阿房宮中的美女財寶，一把火燒了阿房宮（火燒三月不絕），又使人殺了義帝，自以為天下事已大定，令各諸侯皆罷兵歸國，回到各所封之地。自己也躊躇滿志，欲出關而東，回歸老家彭城去光宗耀祖。前此，曾有一韓姓的書生，建言項羽：說「關中四塞，土地肥美，可都以霸」。羽謂：「富貴而不歸故鄉，如穿錦衣夜行」。韓生謂：「人言楚人沐猴而冠耳」。羽聞之烹韓生。韓愈言箴說：「不知言之人，烏可與言！」韓非子說：「凡說之難，在飾所說者之心，可以吾說當之」，悲哉韓生！

臧荼殺韓廣于燕，並有其地；田榮殺田都、田安、田市於齊，並有其地，稱齊王。

彭越受榮符以西復梁地；陳餘受榮兵以破常山；趙王歇自代遷都鉅鹿；張耳走漢。項羽北破田榮於齊，榮死，弟横立榮子廣，復保城陽（今山東兗州）。

項羽的分封，只是憑一己之私念，而不察客觀事實，任性而為，似喬太守亂點鴛鴦譜，遂重燃諸侯戰火，自己也深陷其中，卒致自刎烏江，也可以說是「西楚霸王，擊毀了西楚霸王千古之業」。

丙申，无妄。

西元前205年。義帝2年。民元前2116年。

漢王自南鄭東收三秦、二韓、五諸侯兵，合三河士五十六萬人，東伐楚，入彭城，取重寶美女，置酒高會。

因項羽分封不平，遂導致諸侯間之紛爭，項羽率軍入齊，欲執行諸侯間之警察任務，當擊破田榮時，漢王劉邦，已整合諸侯大軍五十六萬人，攻破彭城，囊括了項羽從阿房宮搶來的重寶美女，置酒高會，舉行其盛大的慶功宴了。

按：所謂五諸侯者即常山王張耳；河南王申陽；韓王鄭昌；魏王豹；殷王卬。

三河：即洛陽、河東、河內。

一、洛陽、陽翟，陽與昌之所都也，是為河南；

二、平陽豹之所都也，是為河東；

三、朝歌、襄國，卬與耳之所都也，是為河內。

項羽至自伐齊，大破漢軍於睢水（睢水，江蘇徐州附近），殺十餘萬，並獲漢王父母妻子，漢王退保滎陽，築甬道以通敖倉粟。使韓信、張耳攻魏、

趙。丞相蕭何兵至自關中，自此，日戰于京索間。

項羽伐齊，聞漢王破彭城，星夜馳回，大破漢軍于睢水，獲漢王父母妻子。

漢王退守滎陽，築甬通敖倉，解決軍隊需（食）問題，使韓信、張耳攻魏、趙，丞相蕭何率關中兵來，投入戰場。就形勢而言，漢以關中為根本，內有蕭何經營；外有韓信、張耳略地四方。

項則孤軍一支，僅一范增而不能用，縱有萬夫不當之勇，徒足以憤事而已。

按：京、索二地名，鄭之大城，京附近有大索城，楚漢相爭，以鴻溝為界，即所謂之京索間。

丁酉，明夷。

西元前204年。漢王3年，西楚霸王3年，民元前2115年。

楚圍漢於滎陽拔之。紀信、周苛、摐公死之。漢退師保成皋。九江王英布降漢。彭越破楚軍於下邳。

韓信、張耳平魏，還軍修武。漢王自成皋北渡河至修武（河南衛輝），使張耳收兵趙地，韓信伐齊盧綰，劉賈南渡白馬津，會彭越攻楚。楚又拔漢成皋。

元好問詞：「一千年，成皋路，幾人經，長河浩浩東注，不盡古今情……」即詠此。

楚拔滎陽，紀信冒漢王降楚，項羽焚紀信，羽破滎陽，周苛、擬公俱死之。

戊戌，賁。

西元前203年。漢王4年，西楚霸王4年，民元前2114年。

漢復收成皋，與楚對兵廣武。韓信平齊乞封王。

項羽請和，分天下於鴻溝，歸漢父母妻子，還軍至陽夏，漢軍復至。楚復敗漢軍。漢又大會韓信、彭越、英布及諸侯兵於垓下。

劉邦先入關，已注定楚漢之爭的必然性，從鴻門宴開始，到鴻溝劃界，數年之間，強弱移位，楚項以暴虎憑河之勇，終成強弩之末，乃釋還其所俘漢之人質（漢王之父母、妻、子），還軍夏陽（今江蘇淮陽），思乞和於漢，希望以鴻溝為界，與漢平分天下而不可得。羽還夏陽，而漢軍復至（漢不守諾言），迨漢大軍對楚包圍之勢完成，烏江末日，已悄然降臨。

己亥，既濟。

西元前202年。太祖高皇帝5年，民元前2113年。

漢滅楚，項羽死於東城。漢王以魯國公禮，葬羽於穀城。楚諸侯而王者，並降封侯。封齊王韓信為楚王，治下邳；建成侯彭越為梁王，治定陶；九江王英布為淮南王，治廣陵；韓王信為韓王，治陽翟；衡山王吳芮為長沙

王，治臨湘。

垓下之戰（今安徽鳳陽）。楚軍被徹底擊潰，項王自殺，於楚而言，兵敗身亡，應是必然的結果（從其坑降卒，不納諫，殺卿子冠軍，弒義帝，焚咸陽，掘始皇墓等處看，可知其必亡）。

太史公司馬氏論說：羽未有尺寸，起隴畝中，滅秦，而封王侯，政由羽出，號為霸王，近古以來，未嘗有也。及羽背關懷楚，逐義帝而自立，欲以力征，經營天下，五年卒亡其國（元好問詞：慘澹五年兵），身死東城，尚不覺寤，而不自責，謂天亡我，非戰之罪，豈不謬哉？

漢一天下。以魯公號葬項王於穀城（山名，在山東泰安東阿縣，親為發喪，哭之而去）。大封功臣，賜受之間，情懷各異。

肇帝位于汜水之陽，西都長安，大建宮室。燕王臧荼不恭命，攻下代郡，往平之，獲臧荼。以太尉盧綰為燕王。齊王田廣卒，叔橫立，入於海。

漢五年三月，沛公即皇帝位於汜水之陽。大赦天下。楚所封諸王，皆降封侯。藏荼不恭命，攻下代郡，漢帝往平之。

庚子，家人。

西元前201年。漢高帝6年，民元前2112年。

帝遊雲夢，會諸侯於陳，執楚王韓信歸，降為淮陰侯，分其地為二，一

封劉賈荊王，治淮東；一為楚王，治淮西；別封子肥為齊王，徙韓王信為太原王，匈奴寇馬邑，韓王信以眾叛。帝尊父太公為太上皇。

古諺謂「狡兔死，走狗烹；飛鳥盡，良弓藏；敵國破，謀臣亡」。曩時攜手打天下的戰友，可以封侯、封王，共其榮華富貴，乃理所當然。一旦真正掃滅了群敵，拿到政權時，便擔心昔日出生入死的老戰友，會存有「取而代之心」，不得不防。防之之道，一者重用骨肉至親，以為保障；一者將異姓功臣，「誅而滅之」。功勞愈大者，亦最為優先。漢有天下，張良、蕭何最明白這一點，所以張良什麼侯王皆不要，只求辟穀，追「赤松子遊」；蕭何則求良田千頃以自汙；功勞最大，也最不聰明的是韓信，一心想作封王的美夢，而第一個倒楣的，也就是他。劉邦即帝位後，迫不及待的，藉口雲夢之遊，大會諸侯於陳，目的只在「縛信而歸」，至洛陽赦信（離開其勢力範圍），降封為淮陰侯。分信封地為二，一封劉賈為荊王，一封其弟交為楚王，「大封同姓，以鎮撫天下」為張本。再者徙韓王信於太原而近胡，不但不為防其叛，反之正所以促其反。

按：馬邑，雁門郡之縣。

辛丑，豐。

西元前200年。漢高帝7年，民元前2111年。

帝北征韓王信於銅鞮，信走匈奴，遂征匈奴，至於平城，匈奴圍帝于平

城七日。樊噲北定代。以兄仲為代王。

韓王信反，帝親征韓王信於銅鞮，信以馬邑降匈奴，漢遂征匈奴，漢使人往探匈奴，匈奴乃藏其精壯，但見老弱，十探皆然，另派劉敬往觀察，所見與前同，分析其中有詐，因諫不可進兵，上怒，以劉敬胡說八道，意圖打擊士氣，遂囚劉敬于廣武，大軍未至，漢帝即率其親兵，進駐平城，冒頓縱精兵四十五萬，圍帝于白登，達七日之久，用陳平密計脫困。

壬寅，革。

西元前199年。漢高帝8年，民元前2110年。

建未央宮。代王劉仲，自雁門逃歸，廢為合陽侯。以陳豨為代王。

蕭何主建未央宮成，漢帝以天下洶洶，勞苦數歲，民生凋蔽，怒其過於富麗，何謂天下方定，富麗所以安民心者，帝悅。

匈奴攻代，代王喜國逃長安，帝不忍加罪，赦為合陽侯，立子如意為代王（愛姬戚夫人所生之子，年七歲，帝甚愛之）。以陳豨為代王相（即實質上之代王）。

癸卯，同人。

西元前198年。漢高帝9年，民元前2109年。

大朝諸侯於未央宮。趙相貫高事覺。

漢高平城脫困，返經趙地，趙王張敖執子婿禮甚卑（敖，張耳子，尚高帝女魯元公主），高帝箕倨謾罵，趙相貫高、趙午皆怒，勸趙王殺之。張敖以為自己乃亡國之人，賴漢帝為之復國，德流子孫，大家千萬不可動此念頭，貫高、趙午不願其主受此大辱，寧冒殺身滅族之禍，默默的尋找機會，刺殺高祖，事為貫高仇家所悉，告變於上，貫高供認不諱，漢高不但未殺貫高，且十分欣賞高之為人，遂赦張敖，並赦了趙王之罪，廢為宣平侯。張敖以為趙王無罪，死而瞑目，又想自己犯了拐殺皇帝的滔天大罪，雖然皇帝赦我，我能不慚愧嗎？遂亦自殺。

甲辰，臨。

西元前197年。漢高帝10年，民元前2108年。

太上皇及太上皇后崩。陳豨以雁門叛（豨音希、即豬，如豕走豨豨），帝北征。誅淮陰侯韓信，並夷三族。蕭何為相國。

十年五月，太上皇崩，葬萬年（陝西臨潼縣東北）。

代相國陳豨，主掌代郡軍事（即代郡之國防軍），慕效魏無忌之養士，過趙時相隨賓客千餘人，或向朝廷告密，謂豨掌代兵數年，養士甚眾，恐對國家不利。朝廷派人調查，果有不法情事，涉於豨，豨恐，即舉兵，上親往征平之。

淮陰侯韓信舍人得罪，信欲殺之，舍人弟告信與陳豨謀反，呂后與蕭何詐言陳豨已死，騙信入賀，使武士縛而殺之，夷其三族，信歎其誨不用蒯通之言，乃為兒

女子所詐。

乙巳，損。

西元前196年。漢高帝11年，民元前2107年。

梁王彭越以定陶叛平之。夷三族。

高帝征陳豨時，徵兵于梁，梁王稱病，使其將將兵往，上怒罵之，梁王恐，欲親往謝罪，其屬謂往必被擒，不如反，梁王不聽，其太傅得罪，逃往告密，上使囚王至洛陽，赦為庶人，放於蜀，過鄭時遇呂后，彭王向呂后泣訴，實屬冤枉，絕無反意，願復還昌邑為平民，呂后允向帝求情，遂攜之俱至洛陽，呂后告帝，梁王彭越，是個英雄人物，下放於蜀，無疑於縱虎歸山，後患無窮，不如誅之，以絕後患，遂使其舍人，告梁王謀反，夷三族，梟首洛陽，醢其肉以賜諸侯。

淮南王英布，以廣陵叛，兼有淮東西地。

淮陰侯韓信被殺，英布已受到非常震撼與恐怖，某日當其出獵時，收到了皇帝所賜彭越醢肉，心中更加震怖與惶恐，正所謂惶惶不可終日，適布之幸姬因病就醫，醫家與中大夫賁赫（賁音肥）家對門，赫特別饋贈幸姬並共飲醫家，布疑其與姬有染，欲捕賁赫，赫至長安告發淮南王英布謀反，帝問蕭何，蕭何以為布不至如此，惑疑為仇家陷害，暗中派人前往調察。淮南王見賁赫逃走，想其已至長安告密，又見朝中派人暗察，可知事態之嚴重，證諸淮南王韓信，梁王彭越故事，恐凶

多吉少，遂族賁赫家，據廣陵叛（江蘇揚州），上自將擊之。

丙午，節。

西元前195年。漢高帝12年，民元前2106年。

帝征淮南平之，夷英布三族。周勃平代，獲陳豨於當城。帝崩，太子盈踐位，是謂惠帝，太后呂氏，臨朝稱制。蕭何、曹參、陳平、周勃輔政，葬高祖長陵。盧綰以燕叛。

淮南王英布反，上問楚令尹薛公謂：布如東取吳西取楚，身歸長沙，陛下可高枕無憂，果如薛公言，東擊荊殺荊王賈（高祖以荊為吳國），渡淮河擊楚引兵而西，與上戰於蘄，大敗，走江南，被長沙王誘殺。周勃平陳豨獲於當城（今河北蔚縣）。

夏四月甲辰，帝崩於長樂宮。太子盈即位為孝惠帝，母呂氏臨朝稱制（有實權的女皇帝），朝政皆決於呂后。

燕王盧綰封七年，異姓王中碩果僅存者惟綰與長沙王吳臣，綰見韓信、彭越被殺，皆呂后之謀，高帝病，若呂后當權，必無遺類，乃使人暗與匈奴相通，事為上所悉，使樊噲往擊之，盧綰悉將宮人、家屬、騎數千，居長城下以待變，如上病癒，即入朝謝罪，未久帝崩，綰遂入匈奴。

丁未，中孚。

西元前194年。漢孝惠帝元年。民元前2105年。

太后殺趙王如意，及其母夫人戚氏。

太后妒戚氏，貶入永巷，使服奴役，召其子趙王入，欲殺之，惠帝知之，迎與帝同食宿，帝晨出獵，王年少不能早起，太后因鴆殺之，又斷戚夫人手足，決目、輝耳、飲瘖藥，關在廁中，稱為人彘，令帝視之。帝驚大哭，因病，歲餘不能起，使人謂太后，此非人所為，遂終日飲樂，不問朝政。

戊申，歸妹。

西元前193年。漢惠帝2年。民元前2104年。

齊王肥獻城陽，為魯元公主湯沐邑。

齊王肥來朝，帝與齊王燕飲太后前，置齊王上座，如家人禮（就家人而言，齊為惠帝長兄），太后大怒，令人斟毒酒兩杯，令齊王敬太后酒，帝亦欲舉杯敬太后，太后大驚，故意將酒打翻，齊王不敢再飲，乃佯醉而歸，齊王擔心太后不會允其離開長安，用其內史之謀，將自己的封邑城陽郡，獻給魯元公主湯沐邑（魯元為太后之女。湯沐邑，謂邑內收入，為其生活所需之用），始得平安歸去。

己酉，睽。

西元前192年。漢惠帝3年。民元前2103年。

城長安。

惠帝即位之次年，已作長安城西北方，茲發長安六百里內，男女十四萬六千人築長安城，三十日而罷；後二年（辛亥）復發長安六百里內，男女十四萬五千人築長安城，三十日而罷，九月長安城成；跨歷五年，然後畢事。帝城長安，皆於農閒時為之，是則亦蕭作曹述者。

庚戌，兑。

西元前191年。漢惠帝4年。民元前2102年。

除挾書律。

秦律：挾書者族（挾者，藏也），民有藏書者，滅其家。今除其律。冬十月立皇后張氏，后為帝姊魯元公主女，呂太后欲為重親（親上加親），故以配帝。

辛亥，履。

西元前190年。漢惠帝5年。民元前2101年。

曹參相國卒。王陵為右丞相，陳平為左丞相。

高帝臨危時，呂后問陛下百歲後，蕭相國死，誰可代之？曰曹參；問其次，曰王陵。曹相國卒，王陵、陳平，分為右左丞相。

壬子，泰。
西元前189年。漢惠帝6年。民元前2100年。
太尉樊噲卒，周勃為太尉。

癸丑，大畜。
西元前188年。漢惠帝7年。民元前2099年。
惠帝崩，立無名子為帝。葬惠帝于安陵。封呂氏四人為王，六人為侯。罷王陵相。進陳平右丞相，以審食其為左丞相，關政於內。太后專制、名雉。
惠帝七年八月崩，立無名子為帝。太后稱制。
按：張皇后無子，呂后使其偽裝有孕，後宮美人生子，呂后殺美人，取其子謂張后生，立為太子，至是即位。
呂后封呂氏四王、六侯。
按：四王：呂王呂台、燕王呂通、梁王呂產、呂祿。
六侯：郊侯呂產、胡陵侯呂祿、沛侯呂種、扶柳侯呂平、贅其侯呂勝、滕侯呂更始、呂成侯呂忿。
太后欲立諸呂為王，右丞相王陵說：高帝曾刑白馬盟曰「非劉氏而王者，天下共擊之」。陳平、周勃說太后稱制，無所不可。陵責平、勃，平、勃曰：面折廷爭，臣不如君，全社稷，定劉氏之後，君亦不如臣。安太后以王陵為太子傅，以陳

平為右丞相，審食其為左丞相，不治事，太后令監宮中。公卿皆因而決事。

追尊其父呂公為宣王，兄澤為悼武王。封強為淮陽王、不疑為恒山王（強、不疑，太后皆謂惠王子，實非，世無知其姓，僅稱名而已）。後恒山王卒，襄城侯山，進封為恒山，並更名為義，五月立義為帝，更名弘。

甲寅，需。

西元前187年。漢高后呂氏元年。民元前2098年。

乙卯，小畜。

西元前186年。漢高后呂氏2年。民元前2097年。

丙辰，大壯。

西元前185年。漢高后呂氏3年。民元前2096年。

丁巳，大有。

西元前184年。漢高后呂氏4年。民元前2095年。

幽無名子於永巷，殺之。立恒山王義為帝。

少帝年漸長，自知非皇后子，因謂太后殺吾母，必報其仇。太后幽之永巷，謂

群臣「帝迷惑昏亂，不能治天下，太后當代之」。群臣奉詔。遂幽殺之。立恒山王義為帝（議事見癸丑年末）。

戊午，夬。

西元前183年。漢高后呂氏5年。民元前2094年。

尉陀稱帝南越。

秦二世時，南海尉任囂病重時，召龍川令趙陀謂之曰：秦為無道，天下將大亂，番禺阻山負海，東西數千里，可以立國，應早日阻絕各關塞，以保境內安全。隨即並桂林、象郡，自立為南越王。高祖定天下，以地遠道阻，攻伐不便，復賜封為南越王，轄南越、桂林、象郡。後又因呂后關閉中國與南越鐵器貿易之輸出，以為是長沙王對其陷害。因自稱南越武帝，攻長沙，破數縣而去。

己未，姤。

西元前182年。漢高后呂氏6年。民元前2093年。

匈奴寇狄道。

是歲入侵狄道（狄道為漢縣屬隴西），掠兩千餘人。

庚申，大過。

西元前181年。漢高后呂氏7年。民元前2092年。

太后殺趙王友。

趙王友以諸呂女為后，王不愛呂女而愛別女，呂女怒，告太后，說友有反意。呂后召趙王，王至而太后不見，並派兵包圍，不准給食物，趙王餓而死，以民禮葬長安亂葬堆中。

以梁王呂產為相國。趙王呂祿為上將軍，分統南北軍。

趙王友餓死，以梁王恢為趙王，呂王產為梁王，留京為帝太傅。漢之兵制分南、北軍，南軍守衛王宮，以衛尉領之；北軍守衛京城，而中尉領之，高祖之制。呂氏則以呂產為相國，居南軍；以趙王呂祿為上將軍、居北軍，漢初制，本不以上將軍領北軍，呂氏戒祿、產，我死必據南北兵衛宮，慎無送葬。

辛酉，鼎。

西元前180年。漢高后呂氏8年。民元前2091年。

太后呂氏崩，丞相陳平、太尉周勃、朱虛侯劉章、曲周侯酈商及子寄，誅呂祿、呂產南北軍，夷太后三族。

秋七月太后崩，遺詔呂產為相國，審食其為帝太傅。產、祿欲為亂，因畏朱虛等，猶疑未決。朱虛侯陰令人告其兄齊王襄，發兵討諸呂，上將軍呂祿，令灌嬰發兵擊之，嬰屯滎陽不發，告齊王與連合，以待諸呂之變。

時產、祿分據南北軍，太尉周勃，無兵可使，曲周侯酈商子寄，與祿交好，誘勸祿歸將印于太尉，梁王產歸相印，與大臣結盟，各回封地，可高枕而王千里，此萬世之利也。呂祿以為寄所說很對，諸呂或可或否，猶疑未決。九月、平陽侯曹窋（音竹，曹參子。窋，將出穴貌）聽到郎中令賈壽告產，灌嬰與齊、楚聯合起兵，促產急入宮（可挾天子令諸侯）等情。即馳告平、勃。勃欲入北軍而不得，適襄平侯紀通（紀信子，信因救高祖被項焚死）掌符節（皇宮之特別通行證），擅召太尉周勃入北軍，太尉又令酈寄與典客劉揭（典客、秦官，掌諸侯與來歸之蠻夷，武帝更名大臚，類似封蘇武之典屬國），說呂祿以將印、兵還太尉守，急歸封地，不然禍且不測。呂祿以為好朋友酈寄，不會欺騙自己，遂解印屬典客，以兵授太尉。太尉周勃至軍，呂祿已去。勃入軍門曰：為呂氏右袒，為劉氏左袒，軍中皆左袒，太尉遂將北軍。丞相平令朱虛候左太尉，下令禁止呂產入宮門。

時，呂產尚不知祿已去北軍，入未央宮不可得，欲為亂，徘徊殿門外，朱虛侯殺之，並誅諸呂。

廢恒山王義，迎高祖中子代王恒於雁門立之，是謂文帝。以宋昌為衛將軍，專南北軍。

諸大臣議，少帝非孝惠子，共迎代王恒立之。是為文帝，文帝以宋昌為衛將軍，獨掌南北軍。

丞相陳平讓周勃右丞相，而為左丞相。灌嬰為太尉，張武為中郎（中郎

似為郎中令之誤）。

陳平首謀誅諸呂者，及諸呂誅，平自以為功不如勃，乃以右丞相讓勃，自為左丞相。

壬戌，恒。

西元前179年。漢孝文皇帝元年。民元前2090年。

以皇子啟為皇太子。周勃免相，陳平兼左右丞相。

文帝立皇子啟為太子。周勃自以才不及平，乃自動辭去相位，以讓陳平。

癸亥，巽。

西元前178年。漢孝文皇帝2年。民元前2089年。

丞相陳平卒，周勃復相，作銅虎符。

丞相陳平卒，太史公論曰：陳平少時好黃老之術，觀其為小吏分肉時，已可看出其境界之高遠，雖曾傾側擾攘楚魏間，後歸高帝，常出奇計，解救急難，處呂后時，亦能善保其榮名，終稱賢相，可謂善始善終者，若非智謀之士，是十分不易的。

甲子 恒 文帝三年罷周勃相	甲戌 蒙 除肉刑	甲申 否 文帝崩太子啟踐是為景帝
乙丑 巽 降侯周勃下廷尉	乙亥 師	乙酉 萃 漢景帝與匈奴和親
丙寅 井	丙子 遯	丙戌 晉
丁卯 蠱	丁丑 咸	丁亥 豫 七國叛誅晁錯七國亂平
戊辰 升	戊寅 旅 改稱元年是謂后元	戊子 觀 以皇子榮為太子
己巳 訟	己卯 小過	己丑 比 以公主嬪於匈奴
庚午 困	庚辰 漸	庚寅 剝
辛未 未濟	辛巳 蹇	辛卯 復 廢太子以膠東王徹為太子
壬申 解	壬午 艮	壬辰 頤
癸酉 渙	癸未 謙 匈奴寇雲中	癸巳 屯

經世之申二千二百二十九（世），大過九五變雷風恒。

甲子，恒。

西元前177年。漢孝文皇帝3年，民元前2088年。

漢孝文皇帝三年，免周勃相，以灌嬰為相。

諸呂被誅後，周勃功勞最大，陳平曾以相位相讓，平卒，勃為左右相，三年，文帝免周勃相，說，丞相職位非常重要，朕亦最為重視，現以丞相為諸王侯榜樣，率先回其封地。以太尉灌嬰為丞相。

按：周勃為絳侯，絳故城在山西平陽俯曲沃。

罷太尉，秦制以丞相、太尉、御史大夫為三公。灌嬰以太尉為丞相，故罷太尉官。太尉周勃之罷，是否帝疑其功大權重，故欲其久居其位。所謂猜嫌之隙，生於冥冥之中，於是告訐之辭發於昭昭之際，致大臣不免于獄吏所侵者歟？

王興居以濟北叛，平之。

文帝二年，置濟北國，立齊悼惠王少子東牟侯興居為濟北王，興居誅諸呂有功，文帝即位，以其曾有立齊襄王意，故絀之，置其功未封，至此始割齊二郡，以為濟北王。興居怏怏。封二年夏，以濟北反，兵敗自殺，國除。居高帝之孫。

匈奴寇北地。

五月，匈奴右賢王，侵盜上郡堡塞蠻夷，殺掠人民，遣丞相灌嬰，發車騎八萬五千擊敗之，右賢王走出塞。

乙丑，巽。

西元前176年。漢孝文皇帝4年，民元前2087年。

絳侯周勃下廷尉。

絳大誅諸呂，朱虛侯功尤大，諸大臣議以趙地王朱虛侯，以梁地王東牟侯興居，文帝即位，絀其功，後以濟北反除國，勃因恐被殺，故常戒備，或告勃反，廷尉逮捕勃，因下獄治之。薄太后語帝：絳侯誅諸呂，綰（音碗，繫住）皇帝璽，將

兵北軍，不以此時反，今居一小縣而反，有道理嗎？帝使持節赦絳侯，復其爵邑。

丙寅，井。

西元前175年。漢孝文皇帝5年，民元前2086年。

丁卯，蠱。

西元前174年。漢孝文皇帝6年，民元前2085年。

長沙淮王南徙之蜀。

漢高北巡過趙，趙王張敖進美人，得幸有身，因貫高事發（高祖過趙，不禮趙王，趙相貫高欲殺高帝），美人亦被繫，美人弟求審食其（呂太后弄臣）代向呂后求情，食其未敢向呂后進言，美人生子後，憤而自殺，呂后養美人子成長，命曰長。後封淮南王，入朝，長袖鐵椎，椎殺審食其，帝赦其罪，歸國後益驕橫，出入警蹕如天子，帝亦不問，大臣諫，上不聽，王因自作法令，盡逐朝廷所委官吏，擅殺不辜，命官吏至關內侯，屢上書不遜，帝曲恕之，終至謀反，徙蜀死於道。

放賈誼于長沙。

文帝即位，聞河南公，治平為天下第一，帝命以為廷尉，吳公薦洛陽人賈誼，文帝詔以為博士。誼時年二十餘，帝愛其博學廣聞，一歲之中，超遷至大中大夫。誼上治安策數千言，大意謂：今之時勢，可為痛哭者一，言他日諸侯強大，反側難

治。可為流涕者二，言朝廷對蠻夷政策太軟弱，言社會風氣日漸奢靡。可為長太息者六：如社會服用奢侈、公務人員不識大體、法令制度不完善，及應尊重大臣之人格等。重點強調富民生，重禮義，所謂「倉廩實而知節，衣食足而知榮辱」。文帝很欣賞賈誼的看法，欲任以公卿之位。大臣們則多批評賈，謂其「年少初學，專欲擅權，紛亂諸事」，後帝亦疏之，以為長沙王太傅，年纔三十三歲，鬱鬱而終。古人有詩嘆說：「賈誼上書憂漢室，長沙謫去古今憐！」王勃也說「屈賈誼於長沙，非無聖主……」。

清金聖嘆謂賈誼〈治安策〉說：痛哭者一，論諸王之僭擬；流涕者二，一，論邊事；二，為文帝惜（原文闕）。長太息六：一，社會風俗僭奢侈；二、公務人員不識大體（治事無方），各種制度未能建立，未厚植立國根本；三、太子之教育，應慎選其左右，當知近朱者赤、近墨者黑；四、當審定取捨，重禮教，慎刑罰；五、優禮大臣；六、（原書少一段）。

戊辰，升。

西元前173年。漢孝文皇帝7年，民元前2084年。

己巳，訟。

西元前172年。漢孝文皇帝8年，民元前2083年。

庚午，困。
西元前171年。漢孝文皇帝9年，民元前2082年。

辛未，未濟。
西元前170年。漢孝文皇帝10年，民元前2081年。

壬申，解。
西元前169年。漢孝文皇帝11年，民元前2080年。

癸酉，渙。
西元前168年。漢孝文皇帝12年，民元前2079年。

甲戌，蒙。
西元前167年。漢孝文皇帝13年，民元前2078年。

除肉刑。
齊太倉令淳于意有罪當刑（刑。即肉刑，亦即斷肢體之意），詔獄逮繫長安。其少女緹縈，上書於帝謂：妾父為吏，齊中皆稱其廉平，今法當刑，亡傷夫死者不可復生，刑者不可復贖，雖欲改過自新，其道無繇（無法補救），因請入為官婢，

以贖其父刑罪，使得自新。天子憐悲其意，詔曰：今人有過教未施而刑已加，雖欲為善，而道無由至，朕甚憐之，夫刑至斷肢體，刻肌膚，終身不息，何其痛而不德，豈為民父母之意哉！其除肉刑。

乙亥，師。

西元前166年。漢孝文皇帝14年，民元前2077年。

丙子，遯。

西元前165年。漢孝文皇帝15年，民元前2076年。

祀上帝。

丁丑，咸。

西元前164年。漢孝文皇帝16年，民元前2075年。

戊寅，旅。

西元前163年。漢孝文皇帝後元年，民元前2074年。

改稱元年，是謂後元。

先時趙人新垣平，以望氣見帝，謂長安東北有神氣成五采，於是作渭陽五帝

廟，上親祀之，加貴至上大夫，賜累千金。又言周鼎沈于泗水，黃河決口通于泗，周鼎將出，上使治廟汾陰，南臨河，欲祠鼎出，於是遂改稱元年。

己卯，小過。
西元前162年。漢孝文皇帝後2年，民元前2073年。

庚辰，漸。
西元前161年。漢孝文皇帝後3年，民元前2072年。

辛巳，蹇。
西元前160年。漢孝文皇帝後4年，民元前2071年。

壬午，艮。
西元前159年。漢孝文皇帝後5年，民元前2070年。

癸未，謙。
西元前158年。漢孝文皇帝後6年，民元前2069年。
匈奴寇雲中，上郡，命六將屯備，周亞夫軍細柳。

匈奴老單于死，子軍臣單于立，絕與漢和親，六年冬，大舉入寇上郡（陝西延安膚施，即今米脂）、雲中，殺掠甚眾，烽火通于長安。詔將軍周亞夫等屯兵備之：遣將軍令免屯飛狐（河北尉縣，古太行八陘之一）；蘇意屯句注（句音溝）；張武北地（漢郡今甘肅慶陽環縣東南）；周亞夫次細柳（西安咸陽西南有細柳倉，即其地）；劉禮次霸上；徐厲次棘門（咸陽東北秦故關）以備胡。

上勞軍霸上、棘門，直入軍門，將下騎迎送。至細柳軍，軍士被甲執銳，弓弩持滿，先驅至不得入，曰天子且至，都尉曰「軍中但聞將軍令，不聞天子詔」。上使使持節詔將軍謂，上來勞軍。亞夫傳令開壁門，門吏謂軍中不馳，上乃按轡徐行，至營亞夫不拜，以軍禮見。天子為改容式車，使人稱謝，謂「皇帝敬勞將軍」，成禮而去。群臣皆驚，上曰此真將軍矣！霸上、棘門，皆兒戲耳，其將可襲而擄也。亞夫周勃之子。

甲申，否。

西元前157年。漢孝文皇帝後7年，民元前2068年。

文帝崩，太子啟踐位，是謂孝景帝。葬太宗於霸陵。

夏六月，帝崩於未央宮，太子啟踐位，是為孝景帝。

遺詔短喪，薄葬，不禁民間嫁娶。夫人以下，皆遣歸家（夫人以下有美人、良人、八子、七子、長使、少使等皆遣歸家）。

按：孝景帝名啟，文帝子，在位十六年，壽四十八。

大功、小功：古制就一般服喪而言，為父母去世謂齊衰（唸支催），服喪三年；伯叔大功九月；堂兄弟小功五月；堂侄緦麻三月。

文帝遺詔：百姓服喪三日，大功十五日，小功十四日，纖（緦）七日。

文帝在位二十三年，夫人衣不曳地，帷帳無紋繡，霸陵墓中皆瓦器，不得以金銀銅錫為飾，吳王詐病不朝，賜以憑杖，張大臣受賄，賜錢以愧之，專務以德化民，後世鮮能及之。

乙酉，萃。

西元前156年。漢孝景皇帝元年，民元前2067年。

與匈奴和親。

遣御史大夫開封侯陶青，至代下與匈奴和親。

按：景帝改笞法：文帝除肉刑，改用笞法（笞音遲，即用鞭，或竹、板等打受刑者，五百或三百，多被打死），受刑者之痛苦，更甚於肉刑（例如犯法者，本應受肉刑，或黥或斷肢體，如改以笞打五百或三百，受刑者多被活活打死），故景帝即位，減輕笞刑（笞五百為三百，三百為二百，在執行方法上，多所限制與改進）。並慎選司法人員。

丙戌，晉。

西元前155年。漢孝景皇帝2年，民元前2066年。

丁亥，豫。

西元前154年。漢孝景皇帝3年，民元前2065年。

吳王濞、膠西王卬、楚王戊、趙王遂、濟南王辟光、菑川王賢、膠東王雄渠，七國連叛。誅御史晁錯。七國平，梁孝王霸有東土。

漢承秦宗室削弱之弊，乃大封宗室，欲以捍衛朝廷，而實得其反。賈誼所謂痛哭者即此，晁錯亦以為隱憂，研擬預防之策，為更令三十章，晁父見之曰：「劉氏安矣，而晁氏危矣！」因不願看此不幸結局，遂飲藥而死，後十餘日而七國反、晁錯誅。初七國反，晁錯政敵袁盎說景帝，可持晁錯頭，使七國息兵，結果晁錯被戮而反者如故。景帝真以為晁錯死七國兵能息，謁者鄧公見上，即問晁錯已死，吳楚罷兵否？鄧公謂：吳楚反意已數十年，以誅晁錯為名，意不在錯也。晁錯患諸侯強不可制，請削之以尊京師，萬世之利也，而卒受大戮！帝曰吾亦恨之。七國反，周亞夫削平之。

戊子，觀。

西元前153年。漢孝文皇帝4年，民元前2064年。

以皇子榮為皇太子。

夏四月立子榮為皇太子，徹為膠東王（即漢武帝）。

己丑，比。

西元前152年。漢孝景皇帝5年，民元前2063年。

以公主嬪于匈奴。

庚寅，剝。

西元前151年。漢孝景皇帝6年，民元前2062年。

辛卯，復。

西元前150年。漢孝景皇帝7年，民元前2061年。

廢太子榮，以膠東王徹為皇太子，太尉周亞夫為丞相。

帝姊館陶公主嫖有女，欲與太子狄為妃，栗姬怒不許，欲與王大人男徹，王夫人許之，由是長公主日讒栗夫人而譽王夫人子徹美，王夫人知帝嫌栗姬，乃暗使人促大行（掌禮官）請立栗姬為后，帝怒，誅大行而廢子，太子太傅竇嬰力爭不能得，乃謝病免，薄姬恚恨而死。

壬辰，頤。

西元前149年。漢孝景皇帝中元年，民元前2060年。

改稱元年，是謂中元。

癸巳，屯。

西元前148年。漢孝景皇帝中2年，民元前2059年。

梁王武欲為帝太子，袁盎不可，有子不傳而弟，會使國家紛亂，梁王因使人刺殺盎。

甲午 益 景帝十年周亞夫免相	甲辰 革	甲寅 泰
乙未 震 周亞夫下獄死	乙巳 同人	乙卯 大畜
丙申 噬嗑	丙午 臨	丙辰 需 衛青伐匈奴有功封大將軍
丁酉 隨	丁未 損 改元元光	丁巳 小畜
戊戌 无妄	戊申 節 大伐匈奴不利	戊午 大壯
己亥 明夷	己酉 中孚	己未 大有 改元元狩
庚子 賁 漢景帝崩武帝徹即位	庚戌 歸妹	庚申 夬
辛丑 既濟 改建元元年	辛亥 睽	辛酉 姤 李廣自殺
壬寅 家人	壬子 兌	壬戌 大過
癸卯 豐	癸丑 履 改元元朔	癸亥 鼎

經世之酉二千二百三十（世）。

甲午，益。

西元前147年。漢孝景皇帝中3年，民元前2058年。

漢孝景皇帝十年，周亞夫免相。

早時上廢票太子，亞夫力爭不得（景帝七年、廢太子榮為臨江王，竇嬰、亞夫力爭不得）；太后欲封其弟信為侯（王信太后之兄），帝與亞夫議，亞夫以為不合高祖「非功不侯」之約；後來匈奴王徐盧等六人來降，帝欲侯之，亞夫以彼等背主而降，茲後對人臣之不守節者，無法鼓勵，景帝不理會亞夫之意，皆封之，亞夫藉病而辭去丞相之位。

論者以為亞夫爭廢太子、王后兄封徐盧，皆本祖宗家法，周亞夫無負于大臣之職。

乙未，震。

西元前146年。漢孝景皇帝中4年，民元前2057年。

丙申，噬嗑。

西元前145年。漢孝景皇帝中5年，民元前2056年。

丁酉，隨。

西元前144年。漢孝景皇帝中6年，民元前2055年。

戊戌，无妄。

西元前143年。漢孝景皇帝後元年，民元前2054年。

再改元年，是謂後元，周亞夫下獄死。

八月，景帝召周亞夫賜食，獨以大胾（胾音旨，即大塊肉）肉，不俱刀箸，亞夫心中十分難過。上視亞夫而笑曰，此非不足君所乎？意即我賜宴你還滿意嗎？亞夫免冠謝。上起，亞夫離去，帝目視曰：此非少主之臣。

未幾，亞夫子為其父買葬具，因未付費而被告發，便把亞夫下獄，獄吏詢其是否要造反？亞夫謂所購皆葬器，怎能造反？吏謂君縱不反地上，而反於地下吧，百般拷問，亞夫五日不食，嘔血而死。

東坡蘇氏論曰：亞夫為將，平吳楚大難，及其為相，守正不阿，無罪而殺之，哀哉！人謂景、宣刻薄寡恩，誠寡之尤甚者，以恩為仇而以冤殺之，天道寧論？兔死狗烹，雖自古而然，然以天下大定數代之後為之，誠甚之尤甚者！

己亥，明夷。

西元前142年。漢孝景皇帝後2年，民元前2053年。

庚子，賁。

西元前141年。漢孝景皇帝後3年，民元前2052年。

景帝崩，皇太子徹即位，是謂孝武皇帝。葬景帝於陽陵。

按：陽陵，今西安附近。徹即位年十六歲。

辛丑，既濟。

西元前140年。漢孝武皇帝建元元年，民元前2051年。

改建元元年。

自古帝王未有年號，帝王號始于武帝建元。

冬十月舉賢良方正，直言、極諫之士，上親策問，以董仲舒為江都相。治法家、縱橫家，申、韓（申不害、韓非為法家）；蘇、張（張儀、蘇秦，縱橫家）之言者，皆罷之。

壬寅，家人。

西元前139年。漢孝武皇帝建元2年，民元前2050年。

竇嬰免相，田蚡免太尉。

丞相衛綰免，以衛其侯竇嬰為相，武安侯田蚡為太尉，武帝雅尚儒術，嬰、蚡俱好儒，推代趙綰為御史大夫（代，今河北尉縣），蘭陵王藏為郎中令（蘭陵，

今山東繹縣西北）。太皇太后則好黃老言，乃陰使人求得趙綰、王藏不法事，遂下綰、藏於獄，皆自殺，丞相竇嬰、太尉田蚡免。

癸卯，豐。

西元前138年。漢孝武皇帝建元3年，民元前2049年。

甲辰，革。

西元前137年。漢孝武皇帝建元4年，民元前2048年。

乙巳，同人。

西元前136年。漢孝武皇帝建元5年，民元前2047年。

丙午，臨。

西元前135年。漢孝武皇帝建元6年，民元前2046年。

丁未，損。

西元前134年。漢孝武皇帝元光元年，民元前2045年。

改元元光，始令郡國貢孝廉，董仲舒起焉。

上從董仲舒對策之言，令各郡國舉孝廉一人。

戊申，節。

西元前133年。漢孝武皇帝元光2年，民元前2044年。

命將五、兵二十萬，大伐匈奴，不利。

武帝元光二年，匈奴請和親，大行王恢（大行，漢官名；王恢，人名）建議不但不可與匈奴和親，並應發兵擊之。韓安國以為匈奴飄忽無定，實難一舉而滅之，今行數千里與之爭利，乃兵家之危道，不如和親。群臣多同意安國議。王恢的計劃，是設計一個圈套，布署奇兵，誘匈奴出而殲滅之。帝采恢計，以御史大夫韓安國為護國將軍；衛尉李廣為驍騎將軍；太仆公孫賀為輕車將軍；大行王恢為屯將軍；大中大夫李息為材官將軍；將車騎、材官三十餘萬，匿馬邑旁谷中，單于於果然引軍十萬而來，行至中途，發現遍地牛羊而無牧者，遂攻擊漢邊亭，得雁門尉史，瞭知情況，即退兵。漢軍無功而返，從此匈奴與漢絕和親，邊境因遂多事！

按：大行，一、皇帝初喪曰大行皇帝。二、漢官名，掌九儀之制，以賓諸侯。太初元年改大行令為大鴻臚。

己酉，中孚。

西元前132年。漢孝武皇帝元光3年，民元前2043年。

庚戌，歸妹。

西元前131年。漢孝武皇帝元光4年，民元前2042年。

竇嬰棄市，田蚡卒。

景帝時，魏其侯竇嬰，為大將軍，田蚡尚為小吏，竇嬰視若子侄，後蚡日益貴幸，官至宰相。竇嬰賓客皆投其門，只有灌夫，對魏其始終如一。灌夫是個憨戇（音壯）之人，嗜酒任性，看不起田蚡，田蚡向皇帝密報，灌夫家人橫行鄉里，諸多不法，要求懲治。皇帝以為這是丞相的責任，毋需向皇帝請示。灌夫亦告田蚡「收接受淮南王之饋贈，並與之密語」等事，攻訐田蚡。灌夫又在田蚡的新婚宴上，藉酒鬧場，田蚡遂將灌夫繫獄，並將灌氏全族，以棄市罪論。竇嬰上書論救。武帝令朝臣公論其是非，汲黯認為竇嬰有理，韓安國認為兩人皆有理，鄭當時初以嬰有理，後又不敢堅持。武帝怒罵大臣們鄉愿，憤而退朝。太后以為其弟田蚡受欺，憤而不食。帝無奈，遂將竇嬰交付廷尉，法官判決竇嬰當棄市，族灌夫。未幾田蚡即暴病而死，或以為乃嬰、夫之鬼為祟之故。

辛亥，睽。

西元前130年。漢孝武皇帝元光5年，民元前2041年。

廢陳皇后，以衛夫人為皇后，弟青將軍。

女巫楚服等（楚服，人名），教陳皇后祀邪神，咒詛他人或刻桃木人，書欲厭

者姓名生辰，埋於地下，而詛咒之，以求媚。事覺，帝令張湯治之，誅三百餘人，收陳皇后璽綬。幽於長門宮。以衛夫人為后，封其弟青為將軍。

壬子，兑。

西元前129年。漢孝武皇帝元光6年，民元前2040年。

命將四大將伐匈奴無功。

匈奴寇上谷，殺略吏民。遣車騎將軍衛青出上谷；騎將軍公孫敖出代；輕車將軍公孫賀出雲中；驍將軍李廣出雁門，各萬騎擊胡。青獲俘七百人，賀無所得，敖敗亡七千騎，李廣被俘，胡人以二騎之間，設置一網絡，置廣網上；廣假死，奪馬而歸，下吏當死，贖為庶人。

按：上谷，戰國趙地，秦制。今河北保定、易縣、順天、河間皆其地。雲中懷仁，蔭山以南之地。

癸丑，履。

西元前128年。漢孝武皇帝元朔元年，民元前2039年。

改元元朔。

甲寅，泰。

西元前127年。漢孝武皇帝元朔2年，民元前2038年。

衛青伐匈奴有功，收河南地，置朔方五原郡。

匈奴寇上谷、漁陽，殺略吏民千餘人。遣衛青、李息出雲中，擊樓煩白羊王于河南，遂取河南地，得胡虜數千，牛羊百餘萬（元好問詞：牛羊散平楚，落日漢家營），詔封青為長平侯。

乙卯，大畜。

西元前126年。漢孝武皇帝元朔3年，民元前2037年。

丙辰，需。

西元前125年。漢孝武皇帝元朔4年，民元前2036年。

匈奴寇上郡。

夏匈奴入代、定襄、上郡各三萬騎，殺略數千人。

按：代，即今河北蔚縣東北。定襄，今陝西綏德東南、上郡、山西以北至綏遠。

丁巳，小畜。

西元前124年。漢孝武皇帝元朔5年，民元前2035年。

匈奴寇雁門，衛青伐之有功，拜大將軍，公孫弘為丞相，封平津侯。

春，匈奴右賢王屢屢侵擾朔方，上令車騎將軍衛青，將三萬騎出高闕，衛尉蘇建為遊擊將軍，右內史李沮為強弩將軍，太仆公孫賀，代相李蔡，各領所屬俱出朔方；大行李息、岸頭侯張次公，俱出右北平，凡十餘萬人擊匈奴。匈奴右賢王，以漢軍尚遠不為備，醉飲。衛青等出匈奴六七百里，夜至，圍右賢王，右賢王獨與壯騎數百，向北潰圍而去。青得右賢裨王等十餘人，眾男女萬五千餘人，畜數十百萬，拜衛青為大將軍。

戊午，大壯。

西元前123年。漢孝武皇帝元朔6年，民元前2034年。

衛青征匈奴大有功。霍去病為嫖姚校尉。張騫通西域有功，封博望侯。

平陽侯府吏霍仲儒，與青姊私，生霍去病，十八為侍中，善騎射，從大將軍青擊匈奴，為嫖姚校尉（嫖姚，勁疾之意），率輕騎八百，去大軍數百里外，斬捕首虜二千餘級，如單于之祖、叔等，俘獲其相國、當戶等，封去病為冠軍侯。

武帝元朔三年，募能通西域者，漢中張騫應募，出隴西經匈奴，被獲留十餘歲，逃至大宛、大月氏（月氏唸肉支），又二年而歸，初行時百餘人，去十三歲，唯二人得還。拜大中大夫。上聞西域有大宛、大夏、烏孫、康居等殊俗之國，乃令張騫因蜀犍為（犍為，四川宜賓西南）分四路，向身毒國，各行一二千里，南路得

至昆明，夜郎，皆問漢與我孰大？遂注意西南夷事。

己未，大有。

西元前122年。漢孝武皇帝元狩元年，民元前2033年。

改元元狩，獲白麟故也。

五月武帝至雍，祀五畤，得一白鹿（白色的獨角獸獲），一角五蹄，隨侍謂其為麟，為祥瑞之兆。武帝祀五畤各加一牛，遂改年號元狩。

按：五畤，畤音止，地名。即《括地志》之五畤原，在今陝西鳳翔南。《水經注》謂：雍有五畤：秦文公作鄜畤，祀白帝；宣帝作密畤，祀青帝；靈公作上畤，祀黃帝；獻公作畦畤祀赤帝；漢高帝作北畤，祀黑帝。按五畤之說有多種，茲不俱錄。

淮南王安、沖山王賜，二國叛，平之。冊據為皇太子。

淮南王安欲反，謀于中郎伍被，被謂必敗，絕不可行。王怒囚被父母，三月後再問被，被為剖析當時情況，與高祖時相比，斷無成功之可能，果真興師，無疑是拿其千乘之驅來開玩笑，王亦深感伍被肺腑之言，涕泣而起。

淮南王有庶出子不害、居長，家人皆惡之。不害有子建，才高氣傲，陰使人告淮南王太子據，曾殺漢官，朝廷交廷尉查處。淮南王擔心如牽連到自己，必招殺身亡國之禍，因加強其反叛之心，雖明知成功機率不大。亦不得不徼幸一博，伍被

竟為劃策。王乃作皇帝璽、丞相、及二千石等官印，準備起兵。王欲起兵恐其屬下不從，擬先誅其丞相與大臣，遂召諸大臣，然大臣皆不至。王猶豫未決，適廷尉逮捕其太子，太子自刎未絕。伍被自詣朝廷吏，為陳淮南反由，朝廷因捕太子、王、后，並包圍王宮，逮捕參與反謀之賓客。王、后、太子伏誅，黨與皆族。王封四十三年而反，國除為六安郡。

無獨有偶，時衡山王賜，上書請廢其太子爽，立其弟孝為太子。爽即暗使人赴長安上書，言孝私造兵器欲反。會司法單位追捕淮南謀反逃亡者，得陳喜于衡山王太子孝家，孝聞自首者得除其罪，即先舉發參與謀反者枚赫、陳喜等，大臣請逮捕衡山王，王自刎死，王后、太子爽及孝皆棄市，參與謀反者皆族。

凡淮南、衡山二獄所連列侯、二千石、豪傑等，死者數萬人。

按：安，賜皆高帝子。

庚申，夬。

西元前121年。漢孝武皇帝元狩2年，民元前2032年。

霍去病征匈奴至於居延，拜大將軍。李廣征匈奴無功，謫為庶人。

上以霍去病為票騎將軍，將萬騎擊匈奴，歷五王國，轉戰六日，過焉支山千餘里，殺折蘭王、斬盧侯王，執渾邪王子及相國、都尉，獲首虜八千九百餘級，收休屠王祭天金人。加封去病二千戶，日益親貴，比大將軍。

李廣、張騫，廣將四千騎，先行四百餘里，騫萬騎在後，匈奴右賢王將四萬騎圍廣，軍士面無人色，廣意氣自如，明日復力戰，軍士死過半，所殺過當，會張騫軍至，匈奴始退。廣功過相抵，騫軍後至當死，免為庶人。

辛酉，姤。

西元前120年。漢孝武皇帝元狩3年，民元前2031年。

壬戌，大過。

西元前119年。漢孝武皇帝元狩4年，民元前2030年。

衛青、霍去病、李廣，大伐匈奴，李廣自殺。

匈奴以為漢軍對胡，能擊而不能留，故漢兵去而匈奴復來。漢乃大發士卒，衛青、霍去病各五萬騎，另民馬四萬匹，步兵數十萬，隨騎兵之後，精銳部隊，皆屬大將軍青。青獲悉單于主力所在，乃出塞千里，大破匈奴，俘獲甚眾，焚其積粟而去。郎中令李廣與其軍失候，因無嚮導，迷失方向，未能與戰，大將軍衛青使吏責問，李廣以自己征戰一生，今已年老，恥對刀筆吏，遂自殺。票騎出代右北平二千餘里，絕大幕、擄獲七萬餘級，封狼居胥山，登臨翰海。兩軍之出塞，馬十四萬匹，復入塞者，不及三萬匹。

癸亥，鼎。

西元前118年。漢孝武皇帝元狩5年，民元前2029年。

甲子 姤 漢武二四年	乙丑 大過	丙寅 鼎	丁卯 恒	戊辰 巽 封方士欒大欒通侯	己巳 井 欒大坐誣罔棄市	庚午 蠱 胡越平	辛未 升 帝征匈奴有事於三嶽	壬申 訟	癸酉 困
甲戌 未濟	乙亥 解	丙子 渙	丁丑 蒙 更以建寅月為歲首	戊寅 師 騎二萬征匈奴不一復	己卯 遯	庚辰 咸	辛巳 旅	壬午 小過	癸未 漸
甲申 蹇	乙酉 艮	丙戌 謙	丁亥 否	戊子 萃	己丑 晉 巫蠱事起	庚寅 豫 太子殺江充敗死	辛卯 觀	壬辰 比	癸巳 剝

經世之戌二千二百三十一（世），大過上六變天風姤。

甲子，姤。

西元前117年。漢孝武皇帝元狩6年，民元前2028年。

漢孝武皇帝二十四年，大司馬霍去病卒。

郎令李敢（敢，李廣子）大將軍（衛青），敢擊傷大將軍，大將軍隱忍不言。

未幾敢從上甘泉宮狩獵，去病射殺敢，去病時方貴幸，上為之隱諱，乃謂李敢被鹿觸而死。

乙丑，大過。

西元前116年。漢孝武皇帝元鼎元年，民元前2027年。

改元元鼎。

孝武以得寶鼎于汾水上，故改元。（按：漢武四年十月幸汾陰，立后土祠於汾陎上，六月得寶鼎后土祠旁。）

丙寅，鼎。

西元前115年。漢孝武皇帝元鼎2年，民元前2026年。

丞相青翟下獄死。

早時御使李文，與張湯有隙，湯之親信魯謁居，使人檢舉御使大夫李文不法而殺之。武帝查問李案時，湯偽為不知，說是李文親信所為。謁居患病，湯親為捏腳。趙王彭祖上書告湯，謂「大臣為小吏捏腳，必有不可告人之事」。事下廷尉查辦，謁居已死，連及其弟與擊導官（一、擊導官，官名屬少府，主管山澤之利。二，或謂縣尉，論者謂因獄滿寄押於此）；湯亦治他人擊導官，見謁居弟，欲暗中相救，表面上未予理睬。謁居弟誤以張湯過河拆橋、忘恩負義，而不認人。乃使人

告湯與其兄謁居。共同陷害御史李文之經過。事下減宣（人名），窮究其事。尚未上奏，適有盜孝文帝墓陪葬錢者。丞相青翟與湯商議，同時面聖謝罪。屆時湯不謝，且上書謂丞相本知其事。丞相十分害怕。丞相長使朱賣臣、王朝、邊通等，使人拘捕商人田信，謂湯「每次奏事，必先告知信，使屯積致富，與湯分之」，上問湯，「我的所作所為，好像有人事先告知商人一樣」。湯亦謂「似乎有」。減宣也把湯為謁居洗腳事，告上，天子以湯懷詐而欺。使人切責湯，湯謂陷臣罪者，三長史也，遂自殺。

湯家人欲厚葬湯，湯母將之載以牛車，有棺無槨。帝聞之。誅三長史，下丞相青翟獄。自殺。

丁卯，恒。

西元前114年。漢孝武皇帝元鼎3年，民元前2025年。

徙函谷關於新安。

戊辰，巽。

西元前113年。漢孝武皇帝元鼎4年，民元前2024年。

封方士欒大為樂通侯。

樂成侯丁義，薦方士欒大，敢為大言，自謂與少翁文成將軍同師，常來去海

上，見安期生與羨門之屬。其師曰：「黃金可成，河決可塞，不死之藥可得，仙人可致。只要不使方士再步文成將軍後塵，陛下果真願求之，必待敬事其使，乃可通于神人。」漢武帝相信得五體投地，反正官店是皇家開的，不計成本，拜欒大為五利將軍，封樂通侯，賜甲第，招為駙馬，以衛長公主妻之，賜黃金十萬。帝親臨其第，自竇太后、將相以下，皆獻遺之，大見數月，封了六個大官，所謂「凡佩六印」，貴震天下，海上燕、齊之間，幾乎人人皆有禁方（祕方），可招致神仙！而神仙卻未有人見，風氣所及如此。

己巳，井。

西元前112年。漢孝武皇帝元鼎5年，民元前2023年。

南越相呂嘉叛。

早時，越文王遣其子嬰齊入宿衛，在長安娶邯鄲女為妻，生子興，立為嗣，嬰齊卒興立，以其母為后。趙女未為興姬時，嘗與霸陵人安國少季私通。武帝派安國少季出使南越，諭令南越入朝，安國少季復與太后私通，南越人多知之，頗不值太后，太后亦不自安，因欲攜幼王入朝。南越相嘉不聽命，乃與其弟攻殺王興、王后及漢使，立明王（嬰齊）長男越妻子（嬰齊南越妻之子）術陽侯建德為王，武帝派大軍伏波將軍路博德，率樓船十萬往平之，以其地為南海、蒼梧、郁林、合浦、交址、九真、日南、珠涯、儋耳等九郡。

諸侯坐酎金輕奪爵者百六人，丞相趙周下獄死。

南越呂嘉叛，武帝遣伏波將軍路博德等五路大軍往平亂，齊相卜式上書，謂其父子願發動齊人習水性者，共赴南越助戰，武帝很高興，賜卜式關內侯，並布告天下，希望群起效尤，當時漢宗族列侯百餘，卻無一人響應從軍赴南越者，武帝非常失望，漢往例，每年九月舉行祭祖時，例由列侯獻禮金助祭，列侯們或偷斤減兩，或成色不足，武帝十分震怒，劾以大不敬之罪，撤消其封爵者，百有六人。丞相趙周因知情不報，下獄死。

樂通侯欒大，坐誣枉棄市。

方士欒大，偽裝入海會其師，實乃往泰山，武帝派人尾隨其往。大返來後則謂已見其師云云，實無所見。加以平時所說又多不驗，以誣枉罪而腰斬。

西羌及匈奴寇五原。

西羌眾十萬人，與匈奴聯合同時出兵。西羌攻故安（故安在河北於與史實不付，應為安故，故城在蘭州南）、圍枹罕（即故罕羌邑，枹音膚，蘭鞏昌之間），六年發兵十萬，將軍李息等征西羌，平之。

匈奴入五原（即秦九原郡，今榆林縣界），殺太守。

庚午，蠱。

西元前111年。漢孝武皇帝元鼎6年，民元前2022年。

南越平，東越王餘善叛。

南越呂嘉反時，東越王餘善，請以八千卒，從樓船將軍楊樸往擊呂嘉。兵至揭陽，偽稱海上風浪太大，不能前進，暗中與南越聯合。征越將楊仆上書願引軍往征餘善，帝以士兵勞倦，不許。使駐豫章（今江西南昌）梅嶺（廣東梅縣）待命。餘善聽到漢軍消息，即發兵佔據各險要關塞，公然殺漢官，自稱武帝。漢帝乃命橫海將軍韓說、樓船將軍楊仆、中尉王溫舒等數路大軍擊東越，東越屬殺餘善以降，東越平。

卜式為御史大夫。

河南人卜式，自動捐獻財物輸邊，以供國家軍需，武帝問他是為了求官，還是有仇家希望官方支援他，卜說他對官沒有興趣，自己樂善好施，也沒有仇家，皇帝問他究竟為什麼要捐獻。式說國家打匈奴，我以為國民要有力出力，馬革裹屍；有錢出錢以助軍需，這樣便可消滅匈奴了。武帝十分讚賞他的觀念，遂通令全國，予以表揚，還請他作皇子齊王的老師。不久即命為御史大夫。式作了御使大夫，便提出諫議說國家的鹽鐵專賣，價昂而物不美，老百姓反應很不好，武帝聽了，十分不悅，不久便罷了他的官位。

辛未，升。

西元前110年。漢孝武皇帝元封元年，民元前2021年。

改元元封。帝征匈奴至於北海。

武帝以南越、東甌皆已降服，唯西蠻、北夷尚未和睦。乃於十月下詔巡邊，率十二部將軍，自雲揚北歷上郡、西河、五原、出長城，北登單于台，至朔方、臨北河，勒兵十八萬騎，旌旗徑千餘里，遣使郭吉告「單于」謂：南越王頭已懸于長安北門，你如敢戰，漢天子現親率大軍，來至兩國邊疆，等汝來戰，否則即應向漢稱臣，不要再逃往天寒地凍，草木不生的漠北了。單于大怒，立將引見漢使者斬首，並將郭吉扣留，放于北海。武帝之行，同時震讋了匈奴（讋，音折，震懾讋服之意），終不敢出戰。上乃還，祭黃帝陵。

東越殺餘善降。

漢兵分五路入東越，越衍侯吳陽，以其邑七百人，反攻越軍於漢陽；越建成侯敖，與繇王居股殺餘善降。上以閩地險阻，常反復不定，早晚將終為禍害，悉遷其民于江淮間。遂虛其地。太史公司馬遷以為越雖為蠻夷，其先世可能有大功德於民，不然便不會傳數代之久，皆為君王，自勾踐稱霸，至餘善、而國滅民徙。

有事於東、西、中三嶽，及禪梁父。東巡狩至於碣石；西歷九原，至於甘泉。

武帝求神仙，雖然屢受方士愚弄，但其神仙夢卻仍然未醒。於是再訪三山五嶽，禮祠八神。這年春天便往緱氏（河南偃師與伊川之間、有萬安山或言即鬼谷子隱居處）。祭中嶽太室（中嶽嵩山），從官聞若有呼萬歲者三（其聲可能是山風迴

嚮之幻覺），遂東巡海上，發船使臣、方士，求蓬萊神仙者以千數。四月還至奉高（今山東泰安縣），封泰山（東嶽），禮祀地主于梁父，群臣上壽、頌功德，改元元封。上欣然彷彿遇見神仙，復東至海上、遙望。北至碣石，歷北邊、至九原，五月還甘泉。

按：八神：天主、地主、兵主、陰主、陽主、日主、月主、時主。

壬申，訟。

西元前109年。漢孝武皇帝元封2年，民元前2020年。

復巡泰山，作瓠子堤。

元封二年，春，正月，公孫卿言，見神人東萊山，欲見天子。於是天子復幸緱氏，遂至東萊，留數日，無所見，只見到幾個大腳印，復遣方士求神怪。四月還，過祠泰山。

武帝元光二年，黃河決口瓠子（山東鉅野一帶），迄已二十餘年，十六郡受其害，上使汲仁、郭昌發卒數萬人塞之。天子自泰山還，親臨瓠子，沈白馬、玉璧於河，將軍以下皆負薪，卒竟其功，築宮其上曰宣防宮。

朝鮮寇遼東。

早在戰國時，燕國即屬有真蕃、朝鮮，並任命官吏，築要塞。秦滅燕，屬遼東外徼（徼，音教，即邊地，邊陲之意），漢興，因其遠難守，復修遼東故塞，以浿

水為界（浿水即今之鴨綠江），屬燕。及燕王盧綰反，燕人衛滿聚黨千餘人，東出塞，渡浿水，居秦故雪地，收服了當地真番、朝鮮蠻夷，以及燕之亡命者而為王，設都于王險（遼東有險都縣，即滿所都。因水險急，故曰險瀆。或謂即平壤城），漢孝惠帝時，天下初定，遼東太守，即約滿為外臣，保塞外蠻夷，勿使盜邊，不得禁止諸蠻夷君來朝，附近之小邑如真番、臨屯等，皆服屬之，方數千里，傳子，至孫右渠，漢人逃亡來者日多，又未嘗入朝覲見。是歲漢使涉何來傳達諭旨，右渠不肯奉詔，涉何返朝，右渠使裨王長送何，至浿水，何使其御，將之刺殺，即渡河馳返。歸報天子，謂其殺朝鮮將軍，上頗為欣賞，亦不予追究，並拜何遼東東部都尉。朝鮮怨何，發兵攻殺何。

癸酉，困。

西元前108年。漢孝武皇帝元封3年，民元前2019年。

朝鮮殺其王右渠以降。祀汾陽后土。

朝廷遂遣樓船將軍楊仆、將軍荀彘伐朝鮮。

樓船楊仆軍先至，右渠見仆軍少，出城擊之，仆軍敗散，遁山中十餘日。荀彘擊朝鮮浿西軍，亦不得利，朝廷因使衛山往諭右渠，渠見信節，頓首謝、請復降。遂遣太子入謝，獻馬五千匹及饋軍糧、人眾萬餘。彘，山疑其使詐，彘詐殺之，遂不渡浿水，復回歸。山回報，天子誅山。荀圍渠浿上，樓船亦往會，荀軍悍暴嗜

戰，仆軍曾吃敗仗，士氣低落，意主勸降。二軍意見不和，乃命濟南太守公孫遂，前往調處，遂至，傾向荀意，以為朝鮮未下，乃樓船不合作之故，遂執樓船並其軍回報，天子誅遂。右渠願降樓船將軍仆，而不降荀彘，荀攻急，朝鮮相尼溪參，陰使人殺朝鮮王右渠以降，定朝鮮為樂浪、臨屯、玄菟、真番四郡。

荀彘返朝，朝廷以其爭功相嫉，破壞招降計劃而棄市；樓船亦因大軍未集、單獨開戰，致遭失利，論罪當誅，贖為庶人。

班固論說：玄菟、樂浪，本箕子所封（武王封箕子於朝鮮），箕子在朝鮮，教民以禮義，田桑織作，為民設禁八條：殺人償命，傷有人償穀；相盜者，男沒入為奴，女為婢，自贖者五十萬，人皆羞之，不與其家嫁娶；故人皆不為盜，夜不閉戶，人民之化如此，故孔子有「道不行，乘桴浮於海」之歎。

甲戌，未濟。

西元前107年。漢孝武皇帝元封4年，民元前2018年。

乙亥，解。

西元前106年。漢孝武皇帝元封5年，民元前2017年。

南巡狩至於盛唐。大司馬衛青卒。

元封五年，武帝自江陵（即漢之南郡）而東，至於盛唐（安徽壽州六安縣西有

盛唐山）；遙祭虞帝於九疑（即蒼梧山，九峰相似，望而疑之，故曰九疑。相傳舜死於蒼梧，因葬於此）；登灊（灊音潛，灊縣屬廬江郡，天柱山在南，武帝以為南嶽。即唐之舒州）、天柱山（即霍山，在霍山縣北，爾雅謂之南嶽）。自潯陽（江西九江。潯陽有二：漢尋陽在大江之北，今蘄春郡界；自晉立潯陽郡于江南之柴桑，江北潯陽遂漸沒名）浮江，射蛟江中，獲之。舳艫千里，薄樅陽（樅陽縣屬廬江郡，即安徽桐城），北至琅邪、並海。所過禮祀名山大川，三月至泰山，始祀上帝於明堂。四月赦天下，所至之縣，免其當年租賦。

大司馬、大將軍、長平侯衛青薨，諡曰烈。按青七出擊匈奴，及其三子，共封二萬二千戶，並尚公主，或責青謂：大將軍宜為朝廷招賢納士。青曰：招賢補不肖，乃人主之柄，是皇帝的權責，作人臣者，但知奉事，不可參與招賢納士的工作。霍去病，亦仿此意。衛青沒有得意忘形，避免作為權臣，這是其守份與聰明處。起塚墳象廬山（匈奴山名。楊雄所謂填廬山之壑者），與霍去病塚相近。

丙子，渙。

西元前105年。漢孝武皇帝元封6年，民元前2016年。

西幸回中，及祀汾陰后土。

回中，在今甘肅固原。汾陰，即汾水之北，今山西榮河縣北，武帝得寶鼎處。

三月祀汾陰后土祠，赦汾陰死罪及有期徒刑者。

丁丑，蒙。

西元前104年。漢孝武皇帝太初元年，民元前2015年。

改元太初。

東巡泰山。

冬十月行幸泰山。十一月冬至，祠上帝於明堂。復東至海，查問方士入海求神仙者，皆不驗。益發使往求，盼有奇迹出現。十二月又親臨勃海，遙祭蓬萊，希望得遊仙人之庭。

更以建寅為歲首。

夏五月，造太初曆，改元太初，以正月為歲首。在古時，曆為國之大事。秦用顓頊曆（顓，音專，頊音旭），以十月建亥為歲首；高祖以十月入關，故漢初亦以十月為歲首（沛公以十月入關，立為漢王，高祖初定天下，仍用秦制，以十月建亥為歲首）；至漢武帝元封七年，改用太初曆，所謂行夏之時者。夏以正月建寅，為歲首；殷以十二月建丑，為歲首；周以十一月建子（一陽始生）為歲首。

西伐大宛。

漢使從西域來，謂有貳師城有寶馬，使求之不得，宛王以為宛去漢遠，大軍難至，漢奈我何？遽殺漢使取其財物，天子大怒。漢使曾至西域者，皆言宛國小兵弱，不堪一擊，漢兵二千人即可擒其王而滅其國。武帝為寵李夫人，乃以李夫人之兄李廣利，為貳師將軍，率六千騎及郡國惡少數萬人，往伐大宛，以貳師城為目

標，求取寶馬。

起建章。

柏梁台發生火災被燒毀，一個會討好武帝、名勇之的越人，進言說：「越俗以為發生火災，要在原地，建一更大的房屋，以勝原屋，才能沖淡火災的霉運」（中原亦有「火燒財門開」之諺）。於是作建章宮於未央宮之西，或以為在長安城西，周圍二十里，原上林苑之地。其廣有千門萬戶，東為鳳闕（上有銅鳳凰故名），高二十餘丈，其西則唐中（西都賦所謂：前唐中而後太液。唐庭也），數十里虎圈；其北治大池，漸台高二十餘丈，命曰太液池。中有蓬萊、方丈、瀛州、壺梁，象海中神山、龜魚之屬（三輔故事：池北有石魚，長三丈；南岸有石鼈三枚，長六尺）；其南有玉堂（去地十二丈）、璧門、大鳥之屬。立神明台（高五十丈，上有九室，置九天道士百人）、井幹樓（幹音汗，集木而為高樓，若井幹，井幹乃井上之木欄，其形或四角，或八角，《西京賦》疊而八層），井幹樓度五十丈，輦道相屬。鮑照蕪城賦，井幹馮樓之勤。

論者謂：伐大宛、則甲兵之禍不息；起建章，則土木之費不貲，漢武興致於此，以見其多欲之甚。

戊寅，師。

西元前103年。漢孝武皇帝太初2年，民元前2014年。

北幸河東祀后土。

騎兩萬征匈奴不復。

貳師過鹽水，當道各國堅壁清野，貳師沿途，軍不得食，及至郁成，士兵至者，不過數千，皆饑疲不能戰，遂引兵而還，至敦煌士兵僅十之一二，上書謂其兵少乏食，希望暫且罷兵，待增兵至再往。武帝大怒，下令玉門守將敢有入關者，就地正法，貳師留敦煌不敢歸。

武帝以為受降城距離匈奴尚遠，乃遣浚稽將軍趙破奴，以二萬騎征匈奴。以浚稽山為目標前進。既至，匈奴發八萬騎圍破奴而獲之，急擊漢軍，軍吏害怕失去主將而受罰，懼不敢歸，悉沒於匈奴。

己卯，遯。

西元前102年。漢孝武皇帝元太初3年，民元前2013年。

東巡海上。匈奴寇張邑、酒泉。

武帝所聽到方士們的神仙之說，了無應驗，乃東巡海上，夏四月還，修封泰山、禪石閭。

貳師將軍浞野之敗，朝臣咸以：為了一個小小的大宛，與幾匹好馬，實在不宜這樣大動干戈；武帝則以為：一個小小的大宛尚不能下，有損大漢威風，茲後邊塞小國，皆將輕視於漢。遂大發師（實際也是為了支援貳師將軍），史說大發師，

如何大法？首先對持反對意見的朝臣，加以懲罰，赦出獄中囚犯，驅使國中不良少年，以及戍守邊地的部隊，尚有個人自願所從者，不在其內。另外牛十萬頭、馬三萬匹，驢、橐駝以萬數，公務人員有罪者、亡命之徒、以及贅婿者、商人、故有市籍、父母、大父母有市籍者凡七科。適為兵者，為貳師運輸糧秣，並令沿途迎送補給。經輪台圍數日下之，屠輪台。至大宛城，三萬人到達，圍攻四十餘日，大宛貴人共殺其王以降，取其好馬數十匹，中馬三千餘匹，立大宛貴人昧蔡為宛王，與盟而還。

庚辰，咸。

西元前101年。漢孝武皇帝太初4年，民元前2012年。

李廣利平大宛，獲其王及汗血馬。

貳師凱旋歸來，所過小國，聞大宛已破，咸遣其子弟隨侍，入漢為質。軍返，帶回馬千餘匹。此役戰死者有限，多數被將吏貪虐而死。上以萬里遠伐，不錄其過。封李廣利等為侯者二（李廣利封海西侯，趙弟封新畤侯），為九卿者三，二千石者百餘人，所封多過其望。

論者以為：伐宛之役，動員數萬軍隊不說，僅牛即十萬頭，馬三萬匹、橐駝、驢等數萬，所獲僅好馬三十匹，中馬三千餘匹而已。得失相較，何者為利？可見人有所欲，即有所蔽；有所事，即有所不察，非獨武帝然也。

辛巳，旅。

西元前100年。漢孝武皇帝天漢元年，民元前2011年。

改元天漢。中郎將蘇武使匈奴。北幸河東。

漢伐大宛之後，方欲因其餘威，欲有事于胡，鞮侯單于初立，恐漢對其用兵，因將漢使之不降者，派使送返於漢。武帝為答謝匈奴美意，乃以蘇武為使，亦將留漢未返者，送返匈奴，並致贈匈奴單于以厚禮，匈奴因之而驕，使衛律說蘇武降匈奴。蘇武大罵衛律之無恥，遂拔佩刀自刺，武氣絕半日始有息，匈奴單于十分敬佩蘇武志節高尚，非常希望蘇武歸降匈奴。然武堅決不降，乃置之於大窖中，武絕飲食，天下大雪，武齧雪與旃毛並咽之（旃，音沾，曲柄的旗，蘇武出使所持者。又如勉旃），數日不死，匈奴以為神，乃徙武於無人處使牧羝，謂公羊生子時始得返漢，並將其隨行者另置他處，不使與人相見。

壬午，小過。

西元前99年。漢孝武皇帝天漢2年，民元前2010年。

東巡至於海上，又西幸回中。將軍李陵征匈奴不還。

李廣利是一位既無能、又齷齪的小人。作戰每仗必敗，攻大宛時，李廣利與其部屬官吏，屈虐而死的士兵，較死於戰場、敵人之手的還要多。武帝則為之曲於回護，謂「萬里遠伐，不錄其過」，並封以為海西侯。五月又命其擊匈奴。李廣利

出酒泉，與匈奴戰，斬首萬餘級，可謂旗開得勝，遂還師，匈奴將其重重包圍，漢軍乏食數日，死傷甚重，假司馬趙充國率壯士百餘，潰圍陷陣，衝出重圍，二師隨之。遂得突圍而還，然戰士已死傷十之六七！趙充國身被二十餘創，武帝詔見。為之嗟歎不已，拜為中郎。

侍中李陵，乃李廣之孫，多力善射，武帝以為有乃祖之風，拜騎都尉。武帝欲其為二師將軍擔任後勤部隊，陵謂其所率乃荊楚勇士，奇材劍客，力扼猛虎，百發百中，願得自為一隊，另闢戰場，以分散單于對二師之軍事壓力。上甚嘉之。乃以步卒五千，出居延（陝西甘州），至浚稽山（浚音俊，山在匈奴境），與單于大軍三萬人戰，殺數千人，單于欲去，適陵軍侯管敢（軍中的情報官，或搜索隊長）投降了匈奴，告知單于，李陵無後援部隊，且箭已用完。單于乃更召左右地兵，合八萬餘騎，舉國共攻而圍之，陵則轉鬥千里，疲兵再戰，一以當百，陵雖兵盡矢窮，人無尺鐵，猶復徙手奮呼，爭為先登……，所謂「更張空弦，冒白刃，北向爭死敵」者，終於戰至「人不滿百，而皆扶病，不任干戈」情形之下，降於匈奴。武帝大怒，滿朝文武，群起批評李陵降敵之罪。太史公司馬遷，乃盛稱李陵，有國士之風，謂雖古之名將，無以過之，今以五千步卒，當匈奴舉國之眾，可說雖敗猶榮，其所以不死，或將待機而報漢……，上以遷為李陵遊說，沮二師，乃下遷腐刑。

十分遺憾的是，陵祖孫二人，都沒有聽其李氏先祖老子的話「強梁者不得其死」的祖訓，而終致名辱身寃，並使仗義執言的太史司馬遷受了宮（腐）刑。

癸未，漸。

西元前98年。漢孝武皇帝天漢3年，民元前2009年。

東巡泰山，又北幸常山。匈奴寇雁門。

三月帝東巡行幸泰山，封禪，祭祀明堂，還祀常山，埋下之元玉。當時方士之言神山者，雖然武帝的神仙夢業已幻滅，但仍不死心，猶冀望幻想中千萬分之一的神仙奇迹出現，其所封泰山、禪梁父，逢山必拜者，以此，冀望幻夢中之偶臨而已。

秋匈奴入雁門，太守以畏怯棄市。

甲申，蹇。

西元前97年。漢孝武皇帝天漢4年，民元前2008年。

大伐匈奴不利。朝諸侯於甘泉宮。

春正月，朝諸侯於甘泉宮。

武帝發天下七科讁（見己卯太初三年條），遣李廣利大伐匈奴，李廣利率四將軍出塞，匈奴將其非戰鬥人員，撤退至休吾水北，以十萬大軍佈防水南，以待漢軍，這一次李廣利沒有討到好處，大敗而歸。

武帝忽然想起了李陵，遂派公孫敖，深入匈奴迎其返。公孫敖還報說：「李陵在為匈奴訓練士兵以備漢。」武帝大怒，遂將李陵滿門抄斬。後來始知協助匈奴

訓練士兵者，乃是漢之另一降將李緒，而非李陵，顯然公孫敖「捕得生口」之說為妄，可以斷言，公孫敖根本未敢進入匈奴，只在邊境地區，偷偷打聽到匈奴一些人人皆知的消息而已，武帝就憑一句捕風捉影、毫無根據的妄言，殺了李陵全家，未免太過。翌年正月，公孫敖因其妻為巫蠱而腰斬。

乙酉，艮。
西元前96年。漢孝武皇帝太始元年，民元前2007年。
改元太始。

丙戌，謙。
西元前95年。漢孝武皇帝太始2年，民元前2006年。
西幸回中。

丁亥，否。
西元前94年。漢孝武皇帝太始3年，民元前2005年。
東巡海上。
二月，武帝巡東海，得一紅鴈。幸琅邪。禮日成山，登之罘，浮大海而還。

戊子，萃。
西元前93年。漢孝武皇帝太始4年，民元前2004年。
東巡泰山。
上行幸泰山，祀高祖、景帝於明堂。

己丑，晉。
西元前92年。漢孝武皇帝征和元年，民元前2003年。
改元征和，巫蠱事起。
武帝在建章宮，見一陌生男子，帶劍入中龍華門。上命將之拘捕，男子將劍放下，忽然不見。上怒，斬門侯官，並動員京城及三輔（京兆、左馮翊、右扶風為三輔，概含陝西關中道之區域）騎士，特勤部隊，追捕搜索上林苑，大索十日，一無所獲。巫蠱事，於是燃。

庚寅，豫。
西元前91年。漢孝武皇帝征和2年，民元前2002年。
太子殺江充，相劉屈氂攻太子，戰于長安，太子敗死、皇后自殺。諸邑公主皆坐巫蠱死。
江充是個善於奔走鑽營，陷害他人，以謀取私利的陰險小人。初為趙王客，因

犯法得罪，便逃走京城，向皇帝檢舉趙王太子一些見不得人的隱私，上因將趙太子廢黜，江並獲得武帝召見，相談之下，甚合皇帝口味，於是便派其為「直指繡衣使者」（有二千石以下官吏，生殺之權的皇帝專用特務，有其特別的制式服裝，皇太子向其求情，亦不買帳），使其專門督察戚近臣，即皇太子亦不假貸，武帝十分欣賞其作風。

這時一位害怕作丞相的公孫賀，硬被武帝逼上丞相的位置，便慨歎說：「我完蛋了。」真不幸被其說中，但不只是他完蛋了，而是全家都完蛋了。也是罪有應得，公孫賀作了丞相，其子敬聲代父為太僕，驕奢不法，私用北軍錢千九百萬下獄（近臣犯法，以錢贖罪，錢輸北軍）。這時朝廷下詔逮捕陽陵大俠朱安世甚急，丞相公孫賀自請捕安世，以贖其子敬聲之罪，上許之。果得安世，安世笑說，抓住了我，已給你們公孫家帶來滅宗之禍了。於是便從獄中上書，告敬聲與陽石公主（長公主）通姦，且詛祝皇上，出種種惡言。遂下賀于獄，父子俱死獄中，族其家。以郡太守劉屈氂（音利）為左丞相。閏四月，諸邑（今山東諸城）公主、陽石公主，長平侯衛伉，皆因巫蠱案處死。

太子劉據敦重好靜，為人寬厚，得百姓心。武帝用法嚴，太子寬厚，多所平反，執法大臣皆不悅。衛青死後，太子已失去依恃（衛青為太子舅），朝中競欲陷害太子。武帝與皇后、太子，既少見面，皇后太子意見，自然無法上達，而且一些小太監，專門搜集或揑造太子的是非，來製造問題。再者當時的長安，到處充斥著

方士、神巫，惑眾變幻，無所不為；女巫則來往宮中，美女祀木人，更相告訐、詛咒，不一而足，長安城中，充滿烏煙瘴氣，人人皆生活在妖魔鬼怪的魔影中，尤其漢武帝，免不了常做惡夢，江充見武帝精神恍忽，一但宴駕，太子一定對其不利，便對武帝說其疾乃是巫蠱作祟，於是上以充為巫蠱使者，治巫蠱獄，以巫蠱罪而死者，前後數萬人，江充又謂太子宮中得木人更多，又有帛書，所言不道，欲奏明聖上。太子慌惑無計，遂出此「殺江充，並告知皇后造反」的拙策，武帝命丞相劉屈氂討平之。皇后及太子皆自殺。

辛卯，觀。

西元前90年。漢孝武皇帝征和3年，民元前2001年。

大伐匈奴，坐蠱事覺。誅丞相劉屈氂。

征和三年，匈奴寇五原、酒泉，三月遣李廣利擊之。丞相劉屈氂為祖道，廣利希望丞相大力幫忙，請求早日使昌邑王為太子，待太子登極，吾人可無憂了。丞相答應了李廣利的囑託。李廣利出塞，破匈奴兵，匈奴敗走，追至范大人城，這時丞相夫人，遭人檢舉，謂丞相夫人祝詛皇帝，並與二師共禱，欲令昌邑王為帝，經按驗屬實，罪至大逆不道，丞相劉屈氂被腰斬東市，二師夫人亦被收監，李廣利得到這個消息，二師將軍維有深入敵後，建立大功，問題尚可解決。於是遂驅軍深入，遇匈奴左賢王及左大將，殺左大將，虜死傷甚重，漢軍還至燕然山，單于自將五萬

騎截擊二師，並攔二師去道掘塹深數尺，更以主力部隊擊其側背，二師前有塹阻、後有追兵，遂降於匈奴，單于以女妻之，尊寵在衛律之上。

壬辰，比。

西元前89年。漢孝武皇帝征和4年，民元前2000年。

東巡海上，天下疲於兵革。

武帝對神仙的幻夢，仍未息心，復東巡海上，一心浮海求神仙，群臣諫不聽，適海上風浪大作，又遇大霧，遂返。三月帝耕鉅定，還至泰山，將所有求神仙的方士，悉行解散，修封禪，祀明堂（拜祖先），像大夢初醒一樣，召集群臣，深自懺悔，檢討自己登基以來，窮兵黷武，禍國殃民，狂悖已甚，所作所為，造成人民的疾苦，實屬罪過之極，悔恨無已。自今起，凡有傷害百姓、糜費天下的事，悉予停止……田千秋即時進言謂：「方士談神仙的多，而無一應驗，請皆罷斥遣。」武帝十分稱讚大鴻臚田千秋的明智，也深悔自己的愚昧，上了方士的當，被方士所愚弄，天下哪裏有什麼神仙，都是妖妄，節食寡欲，才是健康之道。

癸巳，剝。

西元前88年。漢孝武皇帝後元元年，民元前1999年。

改元後元，重合侯馬通叛。

侍中僕射馬何羅與江充友善，衛太子起兵，何羅之弟通，因平太子有功而封侯，後江充宗族被夷滅，馬何羅兄弟恐懼禍將及身，遂欲謀逆。侍中金日磾（金日磾念金米氐），察覺馬氏兄弟形迹異常，遂暗中觀察防範，馬氏兄弟苦無下手機會。適武帝幸林光宮（即甘泉宮），何羅兄弟三人，乘天剛亮，便強行進入武帝臥內，金日磾入廁心動，即在武帝臥室門口待之，見何羅持白刃走向臥內，發現金日磾在寢宮外，大吃一驚，忙亂中，碰到皇帝寶瑟，不自覺呆了一下，金日磾即將其抱住，並大聲嚷叫「馬何羅反」，遂將其擒服。

甲午 復 武帝五四年	乙未 頤	丙申 屯	丁酉 益	戊戌 震	己亥 噬嗑	庚子 隨	辛丑 无妄	壬寅 明夷	癸卯 賁
甲辰 既濟	乙巳 家人	丙午 豐	丁未 革 帝崩昌邑王賀立不明霍光廢	戊申 同人	己酉 臨	庚戌 損	辛亥 節 霍光以女上皇后	壬子 中孚	癸丑 歸妹
甲寅 睽 霍禹逆廢霍氏	乙卯 兌	丙辰 履	丁巳 泰	戊午 大畜	己未 需	庚申 小畜	辛酉 大壯	壬戌 大有	癸亥 夬

經世之亥二千二百三十二（世）。

甲午，復。

西元前87年。漢孝武皇帝後元2年，民元前1998年。

漢孝武皇帝五十四年，冊封皇子弗陵為皇太子。帝幸盩厔五柞宮，崩。大司馬霍光受顧命。太子弗陵嗣位，是謂昭帝。葬世宗於茂陵。大將軍霍光專政。

正月，上朝諸侯王於甘泉宮。二月行幸盩厔五柞宮（世）。病勢垂危，大將軍霍光、金日磾受顧命，立少子弗陵為皇太子，時年八歲，丁卯帝崩，太子弗陵嗣立，是謂昭帝。霍光專政，與金日磾、上官傑，共領尚書事。

按：武帝名徹，景帝太子，在位五十四年，壽七十一歲崩。

乙未，頤。

西元前86年。漢孝昭皇帝始元元年，民元前1997年。

改元始元。

丙申，屯。

西元前85年。漢孝昭皇帝始元2年，民元前1996年。

丁酉，益。

西元前84年。漢孝昭皇帝始元3年，民元前1995年。

戊戌，震。

西元前83年。漢孝昭皇帝始元4年，民元前1994年。

己亥，噬嗑。

西元前82年。漢孝昭皇帝始元5年，民元前1993年。

庚子，隨。

西元前81年。漢孝昭皇帝始元6年，民元前1992年。

辛丑，无妄。

西元前80年。漢孝昭皇帝元鳳元年，民元前1991年。

改元元鳳。誅鄂邑長公主。及燕王旦、上官桀，謀害霍光事覺故也。

霍光、上官桀同受顧命，二人相交彌篤，桀子安娶光女生女，年甫五歲，安欲光使之入於宮，光以其年幼不聽；蓋長公主賓客丁外人，亦安之好友，上官父子欲因為外人求封侯，光亦不許，皆怨光。燕王旦，自以年長應為帝而不得，心中亦憤憤不平，桑弘羊亦欲為其子得官，光亦不許，於是桀、安、蓋長公主、桑弘羊與

燕王旦，共謀殺光立燕王旦為帝。先由燕王旦上書告霍光種種不法，待光休沐時呈上，一旦帝交下，即先執光。霍光聽到這個消息，便在畫室待命，昭帝數日不見霍光，問大將軍何不上朝，上官桀謂燕王告光有罪，故不敢入。帝謂霍光這書是偽造的，大將軍無罪。光問其故。帝謂廣明就在長安東門外，不到十日，燕王何以知之？且大將軍為非，不需校尉。時帝年十四歲，朝臣無不驚奇。帝追查上書人，則已逃之夭夭。上官桀等一不做二不休，仍繼續其謀亂陰謀。

後人論說：人君之德，莫大於自明，明以照奸，則百邪不能蔽，漢昭帝是也。如能得伊尹，呂尚這樣的輔佐，則周成康之治的境界，不難達到。

上官桀等議以長公主宴霍光，伏兵殺之，廢帝迎立王旦為天子。桀子安欲並燕王而誅之，以桀為天子（視天下事為兒戲），燕王旦之相平謂：上官桀素來看天下事都那麼單純，其子安年少而驕，絕對不能成事，旦認為就憑他是武帝長子，登高一呼，一定天下饗應，於是大家互相連繫，分頭進行，蓋公主管家之父，得知其謀，告知大夫杜延年，乃將上官桀父子、桑弘羊、公主客外人等，全族抄斬。蓋長公主自殺，燕王旦，自絞死，王后及夫人從死者二十餘人。

壬寅，明夷。

西元前79年。漢孝昭皇帝元鳳2年，民元前1990年。

癸卯，賁。
西元前78年。漢孝昭皇帝元鳳3年，民元前1989年。
甲辰，既濟。
西元前77年。漢孝昭皇帝元鳳4年，民元前1988年。
丞相田千秋卒。
乙巳，家人。
西元前76年。漢孝昭皇帝元鳳5年，民元前1987年。
丞相王欣卒。
丙午，豐。
西元前75年。漢孝昭皇帝元鳳6年，民元前1986年。
丁未，革。
西元前74年。漢孝昭皇帝元平元年，民元前1985年
改元元平，帝崩。昌邑王賀立。葬昭帝于平陵。賀立不明，大將軍霍光廢之。迎戾太子孫詢立之，是謂孝宣皇帝。邴吉為相。

按：平陵在陝西扶風。

武帝崩，太子弗陵即位，在位十三年駕崩。霍光立昌邑王賀為帝，昌邑即位，吃喝玩樂，日以繼夜，胡天胡地，任性而為，昌邑舊屬，入朝任官，進爵加官，全無章法，霍光不得已，又將之廢去。

蘇東坡氏論說：昭帝十四歲，即能分辨上官傑之詐，其明過於成王，然而成王之壽，較之漢昭要高得多（周成王十三歲即位，在位三十七年，享年五十。漢昭帝八歲即位，在位十三年，享年纔二十一）。蘇氏以為，人之壽夭，率由天定，非盡關乎人事。然而人事與之亦非全無關連，不無影響因素。蘇氏因謂「成王之壽，乃周公之功；漢昭之夭，則霍光之過」，乃自然之理。蓋周公之于成王，不但注意其教育，且關心其成長與生活，為設置好的師保；霍光只是為漢昭處理朝政，而未注意其成長過程的其他問題，如漢昭七歲即為之立后，孝昭左右，既少通經之士以為師保，亦乏關心其青春期之成長過程，任其日處於宦豎、宮女之間，耳鬢厮摩，豈有不逾越者？旦旦焉而為之，安有長壽之理？之所以短命或由於是。非常遺憾的，漢昭有過人之明，而不能導以學，應該說是霍光之過。

霍光立昌邑王為天子，乃一大敗筆。因為昌邑王賀，自來就是個奢淫無度的人，其屬王吉、龔遂，痛哭流涕而諫，王了不悔悟。既立之後，更變本加厲，日與從官、官奴飲酒作樂，狂飲達旦，與孝昭宮人蒙等淫亂；發御府金錢、刀劍、玉器、采繒，賞賜所與遊戲者；遣使者持節以三太牢，祠昌邑哀王園廟……荒淫迷

惑，失帝王禮儀，亂漢制度，驕溢逾甚，日以益恒，光始廢之。或謂光，如知而立之，是不忠；不知而立之，是不明。昌邑之廢，誘導其為惡者，雖不可不誅，然罪有重輕，不能不辨，焉有二百餘人，盡行殄戮之理？而龔遂、王吉，仆伏流涕而諫，不但未予褒獎，而乃髡為城旦（把頭髮剃光，罰作勞役，白天築城，夜防賊盜），視同一般附和者，只免死而已，殊欠公允。或謂斯乃霍光不學之故。余以為此乃霍光下意識的心理報復行為。

按：昌邑王賀，乃武帝之孫，父髆封昌邑王，十一年薨，謚曰哀。賀嗣封。昭帝崩，霍光立其為帝，纔二十七日，即以皇帝詔使發諸官署一千一百二十七事復廢。

迎戾太子孫詢立之，是謂孝宣皇帝。

漢武帝在位五十四年，終其生，雄才大略，用兵四夷，耗盡國家財賦；迷信方士、求神仙，巫蠱案起，以致其骨肉仳離。征伐、神仙二事，可說與漢武一生，長相左右，至死方悟。佞人江充，利用巫蠱，沮殺帝骨肉至親，乃至皇后、太子、公主等……多因而寃死。致昭帝崩，帝位竟虛懸無繼嗣者，故立昌邑王賀，而尋復廢之，誅殺二百餘人。

初時巫蠱案發，太子男女、妻妾皆遇害，太子孫病已生纔數月，時受詔治獄之廷尉邴吉，心知太子之寃，甫生稚子又有何罪？遂暗中使人乳養，並每日前往照料。後望氣者謂長安獄中有天子氣，武帝詔將獄中罪犯，不問何罪，悉行處死。使

者夜入獄執行，邴吉閉門不納，說一般人無罪尚不可亂殺，況皇帝之親曾孫？使者回報，武帝悟，遂大赦天下，邴吉乃將之交其外家撫養，後有詔入宮撫養，宮中總管張賀，嘗侍太子，思太子舊恩，悉心奉養，賀以其家財為皇曾孫聘許廣漢女為妻，皇曾孫乃依廣漢兄弟、及其外公家，聘師教之，孫高材好學，喜遊俠鬥雞走馬，盡知民間疾苦，吏治得失。

及是，吉乃奏光：武帝曾孫病已，在外家已十八、九歲矣，通經術、有美材，品行端方，待人有禮，所謂「行安、節和」，請大將軍參考研究，主待大計，光奏准太后，迎立曾孫病已為帝。

邴吉為相。

按：邴吉為相，當在宣帝神爵3年。即西元前59年。

戊申，同人。

西元前73年。漢孝宣皇帝本始元年，民元前1984年。

改元本始。

孝宣皇帝即位，更名詢，在位二十五年，壽四十二。大將軍霍光請歸政，上謙讓不受。諸事皆報霍光，而後始奏請。皇帝詔有司論定策安宗廟功，大將軍等溢封有加。及昌邑王廢，光權益重，每朝見，皇帝亦為之虛心下氣，所謂「虛己斂容，體下之已甚」。

按：宣帝論定策功，光增秩至二萬戶（萬七千戶），車騎軍富平侯，馮安世以下，益封者十人，封侯者五；賜爵關內侯者八人。自昭帝時霍氏家族在朝為官之狀況：光子禹及兄孫雲，皆為中郎將，山（光兄孫）奉車都尉侍中，領胡越兵，兩婿為東西兩宮衛尉，昆弟諸婿外孫，皆奉朝請（得參加朝中宴會等。春曰朝，秋曰請）。黨親連體，根據朝廷。

人謂霍光不學無術，於此可見。胡氏論說：是榮華富貴能毀滅人呢？還是人抓住富貴，不肯放手呢？以霍光為例，當昭帝時，因皇帝年幼，光受顧托之重，不敢去位，是情非得已，當然無話可說。及宣帝已成人，來自民間，已有能力當家作主，光自應誠心還政於帝，退出權力核心，自己家人任官，亦應分別外放，尤其凡事先白後奏，實乖違常理，看似位高權重，實則已將霍氏家族置於剃刀邊沿緣而不知，所謂「罔上迷國，吝權怙勢」，豈不使「人主蓄怒，朝臣積忿」，光如未死，亦恐難免。如能早日離開職位，放下權柄，子弟親黨，悉令補外，如此皇帝自然會格外眷顧其後，所謂「十世是宥」，還怎麼會有毀滅之禍呢？

己酉，臨。

西元前72年。漢孝宣皇帝本始2年，民元前1983年。

命將五、兵十五萬大伐匈奴。

昭帝時，烏孫與漢和親交好，然常受匈奴欺凌，屢向漢求援。適昭帝駕崩，無

暇顧及，及宣帝即位，烏孫又來告急，漢乃派五位大將，各率兵數萬，分五路出擊匈奴。

田廣明以四萬餘出西河；范明友出張掖；韓增出雲中；趙充國出酒泉；田順出五原。五師共約十六萬餘，相約各進入匈奴二千里之地為目標。但五將軍皆未能如其所期，其少者，如田順出塞八百里而止；其多者如田廣明出塞千六百里；若明友，則皆出塞千二百而止；其最多者惟趙充國，獨出塞千八百里而止，然亦未能達其二千里所期之目標。其捕斬最少者，則田廣明，以四萬餘騎，僅得十九級，其最多者如田順之千九百級（其中又有虛報），故廣順與廣明皆下獄死。

庚戌，損。

辛亥，節。

西元前70年。漢孝宣皇帝本始4年，民元前1981年。

皇后許氏遇毒崩。霍光以女上皇后。

霍光妻顯，欲貴其小女成君，乘許后有孕，使女醫淳于衍將其毒殺，顯並告知光。後有上書告諸醫侍疾不當者，皆收繫詔獄，獄吏奏上，光批示衍不論。是光明知顯罪，不惟不主動秉公處理，且協助掩飾，顯更進而要光納其女入宮，立之為后。

霍光雖一生忠勤，而晚節不保者，乏大公之心，亦即人欲勝於天理。在人格上似與胡人金日磾，相去遠甚！更談不上所謂臣子之「道」了。霍光妻顯毒殺許后，就春秋大義而言，無異於光弒后，又從而助其脫罪，如在武帝時，光斷不敢如此。因武帝不易欺，亦不敢欺。然而宣帝則敢欺、可欺也！由此觀之，霍光之忠，非大公至正之忠，是經不起考驗的忠。誠非如諸葛所謂之「志慮忠純者」。諺曰君子不欺暗室，一般常人猶當如此，而況於扶乾坤、正朝綱、理萬民、匡天下、動見瞻觀、國之三公呼？論者謂光平生忠節，至此為一私所掩，乃與弒逆同科，為國者其可不慎哉？

壬子，中孚。
西元前69年。漢孝宣皇帝地節元年，民元前1980年。
改元地節。

癸丑，歸妹。
西元前68年。漢孝宣皇帝地節2年，民元前1979年。
大司馬、大將軍霍光卒。子禹繼事。
霍光一生轟轟烈烈，最後以從弒終，然吾人於此可見宣帝謀慮之深、手段之高。顯弒許后，宣帝真一無所知，了無所疑嗎？即如民間，十分健朗之人，一藥而

逝，猶且生疑，況患難夫妻，貴為帝后，乃一朝無故而逝，宣帝豈竟一無所疑？帝之於光，天恩有加，以帝王之禮葬之，逾越特甚（宣帝固逾越體制，而霍氏竟坦然受之，毫不顧忌於禮之大防，其目無紀綱之情，業已畢見），在宣帝看來，這些似乎都不緊要。緊要的是如何使政權安定，走出霍氏之陰霾。在人事佈局上，禹雖繼事，而但為右將軍，其大司馬、車騎將軍領尚書事，則張安世實任之。其奉車都尉領尚書事，雖由光兄之孫山任之，然翌年，右將軍與車騎將軍屯兵俱罷。禹之大司馬，名義上與其父光同，但實質上則與其父光，已不可同日而語矣！衛將軍看似較次於大司馬，但兩宮衛尉及城門北軍，則悉為張安世所掌握。名實之間，相去遠甚。宣帝對局勢之掌握，已有八成把握。於是先立太子，以安定領導中樞，並顯示其已掌握了政權，政由己出，而推行無阻了。

甲寅，睽。

西元前67年。漢孝宣皇帝地節3年，民元前1978年。

冊皇子奭為皇太子。

冊立奭為皇太子，以丙吉為太子太傅，大中大夫疏廣為少傅。並以重臣為輔，於當時而言，立奭之政治意義，即在宣示：「宣帝已是當家作主的大漢天子。」一其他則非目前當務之急。

果然這個方向球拋出後，立刻引起了霍氏的劇烈反應，霍顯聞已立太子，怒恚

不食，嘔血而言，竟謂：「此民間子，安得立……？」即命皇后立將太子毒殺，后數召太子賜食，侍衛必先嘗之，致后挾毒不得行。霍顯愚而無知，狂妄自大，自以為漢家皇帝乃霍氏掌中之物，可褻而玩也。卒致滅族禍迫眉睫而不省，豈非霍光曩日集威之漸，婦人無知，誠愚不可及者矣！

乙卯，兑。

西元前66年。漢孝宣皇帝地節4年，民元前1977年。

大司馬霍禹謀逆事覺，夷三族，廢皇后霍氏。

宣帝的人事布署，霍氏對之十分不滿，如盡變易大將軍之法令，舉發大將軍過失，多用儒生，儒生多批評霍家驕恣，霍山雖為尚書令，重要文書多不經由山者，顯示霍山已不被信任，朝廷暗中流傳許后乃霍氏所殺者……甚囂塵上，霍氏之族，咸有被擠迫之感，認為今非昔比，霍氏的輝煌時代，不但業已過去，且成為明日之隱憂（這是歷史的必然），不免因而牛衣對泣，思有以挽救，遂選擇了一條形同兒戲，而又愚不可及的「弒帝立禹」自我毀滅的計劃。結果是自己還沒有動手，便被人識破，卒致雲、山皆自殺、禹腰斬、顯及諸女昆弟，皆棄市，與霍氏相連坐而誅滅者數十家、皇后霍氏廢處昭台宮，檢舉霍氏者，皆為列侯。

霍氏由大功起，而以大罪滅，霍顯雖是始作俑者，論理上霍光實有牖啟之責。或者以為光有大功于宣帝，在人情上似應為之留一後，以奉祭祀。衡心而論，光之

于宣帝，實未如昭，雖宣帝之立，為霍光主持群臣共議而定，亦猶今日所謂之選舉而產生者，質言之，宣帝之立，乃是經由霍光主持，諸大臣之公議而產生，在今日而言，是非常合乎民主規範的，但在古時君權神聖時代，此無異於大不敬，故嚴延年劾光為大不敬。宣帝即位之後，光雖有歸政之舉，但任人皆知，光決非誠心而為，只是表面上虛應故事而已，宣帝自然心中有數，也來個虛應故事，客套一番而已。二人皆無誠意。

宣帝之于霍光，有其無法釋懷的心結。先就心理上說，宣帝每遇霍光參乘，皆如芒刺在背，其對光，在下意識裡，似乎少有心存感恩的親切之念，反而充滿恐怖之感。儘管霍光並無作權臣之意，但由於昭帝時，有意無意所養成的行政習氣，霍光並不自知。光與昭帝，各有一種「心悟神契」、不可言宣的情愫，宣帝看似了無所知，而恰恰相反。光使宣帝最不能釋懷者，首先是排斥宣帝恩人許皇后之父廣漢，光以廣漢為刑餘之人，不可入朝供職；再就是霍光把毒殺許后的淳于衍，不加詢問，即無罪開釋；再者，也是關鍵的核心問題，光似乎尚無意歸政。這三件事，無論霍光有無他意，但對當事人宣帝而言，除非太上忘情者外，難能不心生漪漣。

霍氏之難，其來有自矣！

班固以為：霍光受繈褓之托，任漢室之寄，匡國家、安社稷，雖周公阿沖無以過之，然以其不學無術，闇於大體，卒致顛覆之禍，死才三年，而宗族夷滅，哀哉！

司馬溫公以為：光之輔漢室，可為忠矣！而不能庇其宗之因，以光久專大柄，不知歸政，多置私黨，充塞朝廷，使人主蓄憤於上，吏民積怨於下，切齒側目，待時而發，得免於身幸矣！況子孫以驕侈趨之哉？早時宣帝如採用富其子孫之法，亦足以報其盛德矣！霍氏之禍，豈僅霍氏自為之，宣帝實啟成之。

丙辰，履。

西元前65年。漢孝宣皇帝元康元年，民元前1976年。

改元元康。

丁巳，泰。

西元前64年。漢孝宣皇帝元康2年，民元前1975年。

冊王氏為皇后。

上欲立皇后，因于霍氏之前車之鑑，乃選後宮無子而謹慎者，立王倢伃為皇后，今母養太子。

戊午，大畜。

西元前63年。漢孝宣皇帝元康3年，民元前1974年。

太子太傅疏廣、太子少傅疏受，謝病歸東海。

疏廣、疏受叔侄二人為太子傅，太子十歲，通《論語》《孝經》。廣謂受說：知足不辱，知止不殆，一個人功成名就了，若不知進退之道，他日必定後悔，於是叔侄二人便告老還鄉，獲得皇上甚多賞賜，二人返鄉後，即與族人共樂。並謂錢多了不是子孫之福，反易使之怠惰。所謂：「賢而多財，則損其志，愚而多財，則增其過。」胡氏論說：一般人以宦成名之為榮，但欲求免於危難，而得以保全其名節者，乃是君子者之高超修養，廣、疏而能如此。自見其高人數等。換言之，即能見其未萌，宣太子不是一個好儲君，於其太子作了皇帝而不能稱職，不如早日急流勇退為好，《繫辭下》說：「見幾而作，不俟終日。」疏、廣叔姪真正作到了。

己未，需。

西元前62年。漢孝宣皇帝元康4年，民元前1973年。

庚申，小畜。

西元前61年。漢孝宣皇帝神爵元年，民元前1972年。

改元神爵。趙充國伐西羌。

先是上命光祿大夫義渠安國，行視諸羌，以分別其善惡。義渠安國至羌中，召先零（零音憐）諸豪尤為傑黠者斬之，並縱縱兵擊斬千餘級。於是羌侯楊玉等皆叛，攻城邑，殺守吏。義渠安國輜重馬匹盡失，大敗而歸。上欲遣趙充國出征，因

其年已七十餘，擔心其年老難能勝任，使丙吉問誰可將者？充國主動請命謂：「非老臣莫屬」。說自己有信心，可勝任愉快。上問充國預判羌虜實力如何，需用多少兵力？充國謂眼見是實，戰爭關係士兵生死，國家存亡之道，必須要經過實地勘察，才能瞭解實情況，不能憑空臆斷，臣至金城實地瞭解後，再向陛下提出方略，願陛下把任務交給老臣，陛下放心，臣決不辱命。上乃大發兵使擊西羌。

充國至金城，採取遠遣斥侯，進止必為戰備，亦即今日軍隊所謂之「戰備行軍」，於行軍途中，隨時可能與敵人發生遭遇戰。宿營時，亦必先堅固營壁，時時如臨大敵，不敢絲毫大意與疏忽。尤能愛士卒，堅守謀定而戰的原則，如先「計」而後戰，絕不行險徼幸，打沒把握的仗。西行至部都尉府，日饗軍士，虜數挑戰，充國堅守不戰。欲以信招降罕、幵（音牽，罕、幵皆為姓），及劫略者，以瓦解羌虜之團結，並製造其緊張氣氛，以疲虜士卒，使其欲戰不能，欲走不得，至其精神不能負荷時，所謂「徼其疲劇」，乃擊之，俾徹底將先零擊潰，其餘可不戰而降。

酒泉太守辛武賢上疏謂：罕、幵勢弱國小，應先將其消滅，以弱先零的勢力，而後再進兵先零。宣帝以為言之有理，遂令充國進擊先零，如不爭取時間消滅先零，過此則隆冬來臨，如何能戰？充國以為：此次戰役之禍首是先零，擊敗先零，其餘皆可不戰而降，纔是長遠之計。上又促充國詢以何時可戰？何時戰事可以結束？充國上書說：臣聞帝王之兵，以全取勝，是以貴謀而賤戰，百戰百勝，非善之善者，故先為不可勝，以待敵之可勝，因上留田十二事，宣帝召集公卿共議，丞相

魏相認為充國歷次建議，悉為應驗，證明其看法正確，從其議不會有錯，於是罷兵，獨充國留屯田。

明年五月，趙充國振旅而還。九月羌若零等共斬楊玉而降，初置金城屬國，以處降羌。

辛酉，大壯。

西元前60年。漢孝宣皇帝神爵2年，民元前1971年。

壬戌，大有。

西元前59年。漢孝宣皇帝神爵3年，民元前1970年。

蕭望之為御使大夫。

癸亥，夬。

西元前58年。漢孝宣皇帝神爵4年，民元前1969年。

潁川太守黃霸，賜爵關內侯。河南太守嚴延年棄市。

黃霸承韓延年之後為潁川太守，經過八年的教化，田者讓畔，道不拾遺，養視鰥寡，周助貧窮，獄無重囚（重囚，再犯之意），賜爵關內侯，不數月徵霸為太子太傅。

河南太守嚴延年，陰鷙酷烈，冬月集中所屬縣囚，集中論判，流血數里，人號屠伯。其母大驚說：「天道神明，人不可獨殺，想不到我老婆子竟為兒子送終了。我回老家為你掃墳地吧。」未幾果敗。

黃氏畿說：右午會第六運之十二世也，三家分晉，威烈既命之矣；二周分周，擬周召分陝之迹，顯又奚辭乎？分晉直蒙，蒙者革於外，不可得而制也。分周直中孚，中孚者，孚於中，不可得而辭也。始于考王，兄弟相戕以篡位，終於韓、趙相分以弱王，是區區者，其何以為君？

黃氏說：以上為午會之第六運，直姤之大過十二世（按：姤初變乾（重乾）、二變遯（天山）、三變訟（天水）、四變巽（重巽）、五變鼎（火風）、上變大過（澤風））。午會之第六運，卦直大過，大過〈彖〉說：大過，大者過也；棟橈，本末弱也。朱子說大謂陽，大過即是陽太過。又說：凡事之大過於常者，皆是也。近人尚秉和氏以為：大過，失也。易釋大過為棟橈。棟就是梁，橈是彎曲，棟橈就如屋上的大梁彎曲了，房屋一定會發生危險。大過所代表的時間，正是周威烈王時期，時遇大過，是天下共主大周天子的威信，遇到了嚴重的挑戰。由於周天子乾綱不振，給予當時的亂臣賊子，太多的方便，使其毫不愧赧、名正言順的擠入諸侯之林。亦即史所謂之三家分晉，田氏篡齊之時。事實是晉國的權臣魏斯、趙籍、韓虔，把晉國一分為三，即所謂「三家分晉」。十分諷刺的，這些弒主竊位的強臣，

竟然皆獲得周天子的認可，並頒發認可證書，使其取得合法地位，以列入諸侯之林。棟橈（大過卦辭）、大梁彎了，大廈危了，無窮盡的殺戮撻伐，也日益激烈，人民的痛苦也日益積重難反了。

堂堂的大周天子，曾幾何時，便也發生了骨肉相殘的奪位鬥爭。周威烈王的爺爺貞定王介，二十八年駕崩，子去疾踐位（是為哀王）。弟叔弒王自立，是為思王。去疾之子嵬，殺叔自立，是為考王。乙卯十五年考王崩，子午踐位（即威烈王）。早時考王封弟揭于河南，以續周公之祀，是為西周桓公（桓公卒，子威公立，威公卒，子惠公立）。封其少子班於鞏以奉王祀（鞏，即河南鞏縣），是為東周，以仿周召二公之分治。

三家分晉直蒙，蒙〈象〉謂：「山中出泉，蒙，君子以果行育德。」山中之泉，無有能止其行者，故說果行。「果行」故不可得而制。分周直中孚（分東西周），中孚乃孚於中而不可以辭者。周室之亂，始于考王，兄弟相戕以位，終於三家分晉以弱其主，這些不登大雅之堂、小丑似的人物，怎麼可以為君呢？

孟軻之賢，出直无妄（天雷），終不能道魏、齊之尊周也（道同導）。兌金克木（大過），周滅、鼎遷，不亦驗乎？

周顯王三十三年，魏惠王卑辭厚禮，以召賢者。於是孟軻至梁（魏侯瑩都大梁，故亦稱梁惠王、或魏惠王），孟子到魏國，時直无妄。即已不吉，无妄卦辭說：「不利有攸往。」說此行大不吉利，所想事不成。〈彖〉辭說得更明白：「无

妄之往，何之矣？天命不佑，行矣哉！」說天命不佑，走吧！孟子固知其不可為而為之，姑往一試。魏侯罃問孟子說：「叟！不遠千里而來，亦將有以利吾國乎？」老先生，你千里迢迢，來到大梁，有什麼富國強兵的良策嗎？然而孟子口袋裏只帶了「仁義」二字。使梁惠王大失所望。梁惠王要的是：「朝齊楚、蒞中國，而撫四夷」也。也就是說要當中國的共主，天下強國盡為臣服。孟子知道那是一種妄想，當時的諸侯，沒有一個有能力取得天下共主之位的，徒足以製人間的紛爭，使人民更陷於水深火熱之中而已。最為因利乘便的方法，莫過於使天下諸侯尊周，先消弭人民的刀兵之災，用周天子的大纛，以維持國際社會暫時性的和平。但終未能感動梁惠王，不久孟子便離開魏國，到齊國去了。

大周天子的國運，時直大過。卦辭為「大過，棟橈」。〈彖〉曰：「大過，大者過也，棟橈，本末弱也。」不就是周天子的寫照？大過為卦乃上兌、下巽，上卦兌為金，下卦巽為木，兌金克巽木。曾經代表天下正統，號召諸侯，為周王朝之象徵，卜年八百的郜鼎，至此王氣已盡，國滅鼎遷（周鼎被秦人搬走），徒令後人感慨系之而已！（周自武王克商於牧野，西元前1122–民元前3033年，迄西元前249–民元前2160年，迄秦呂不韋取滎陽、成皋滅東周止，計873年）

秦用商鞅，開阡陌，直否；及其一六國而罷諸侯、置守，亦直否，至於屯，而亡秦者「胡」，立于趙高，高固非侯也，邵子詩：「設道罷侯能置守，趙高原不是封侯。」

商鞅自衛入秦，廢井田，開阡陌，立法度，務耕織，強軍事，致秦于富強，時為寅世第八年辛未、直否；秦一六國，廢封建，置郡縣（秦統一六國，鑑於諸侯之亂，多由於其宗室、功臣，所封王侯，覬覦大位之故，故採李斯議，分天下為三十六郡縣，而後王公貴族，只賞賜財物，不封疆列土、封侯置王），完成空前大一統，為午世之壬午年，而亦直否。至於屯，即午世之辛卯，而秦亡于胡，其故何在？賈誼認為其關鍵不在乎「罷侯置守」，那麼趙高也沒有封侯啊！乃是由於「仁義不施，而攻守之勢異也」！只四個字，「仁義不施」概括了一切。

始皇三十六年，七月東巡至沙邱，崩（沙邱今河北平鄉縣），丞相李斯、宦者趙高，矯詔立少子胡亥為帝，殺其長子扶蘇、大將蒙恬。胡亥襲位，九月葬始皇於驪山。

秦開阡陌，務耕織，增加生產，固有俾益，然其利，未及變法之害於萬一（商鞅變法，以死刑為輕罰，人民以「得死」為幸，以剿家滅族為常法）。秦統一六國，取消貴族子弟封王封侯的特權，大有益於官制，然而亦直否，何故？因為封侯、封王，遠不及宦官劣吏為害之甚。所以邵子詩：「設道罷侯能置守，趙高原不是封侯。」

漢高直隨而王，其興也勃焉。豈非帝堯之裔歟？故既濟滅項，而肇帝位。歷數四百二十有二年。

漢高之興直隨而王，隨卦辭為「元亨利貞」，可知隨是很好的卦，時逢既濟滅

項而定天下，國祚四百二十有二年。

申酉戌亥間，需伏晉，則呂雉專；晉伏需，則巫蠱起；蒙伏革，則肉刑除；革伏蒙，則昌邑廢，水火之變也。周勃復漢以鼎、咸，而罪以巽；霍上女以節，而誅以兌，其水火升降之象乎？〈雜卦傳〉尤驗，則咸速也，恒久也，漢文景，恒之世也，南北朝、隋，咸之運也（見午會八運）。

茲釋如下：

申、酉、戌、亥間，即經世之未之最後四年之庚申、辛酉、壬戌、癸亥四年。

需伏晉（火地），則呂雉專。

經世之未之二十一年直需，需為晉之伏卦（按：需為水天，晉為火地。水為火之伏，天為地之伏，水克火，呂氏專權。漢為火運、呂為水運），癸丑漢高帝崩，呂后雉臨朝專政。

晉伏需（水天），則巫蠱起。

經世之戌之二十六年己丑直晉，晉之伏卦為需，晉火為需水所克，晉為火地，需為水天。需水克晉火，晉火（漢以火德王），猶漢之子孫；需水猶巫蠱之禍，其所傷者皆漢之骨肉。

蒙伏革，則肉刑除。

經世之申之十一年甲戌直蒙，蒙伏革。蒙為山水，革為澤火，蒙水克革火。直蒙，文帝除肉刑。

革伏蒙（蒙為山水；革為澤火），則昌邑廢。

經世之亥之十四年丁未，昭帝崩，霍光立昌邑王賀為帝，因其惡行多端，霍光復廢之。之所以然者？謂為水火之變之故。

按：此所謂「伏」，與京房易之飛伏少異。

周勃復漢以鼎，而罪以巽。

經世之未之二十八年直鼎，呂雉歿，降侯周勃除諸呂；經世之申之二年乙丑直巽，周勃下獄。

霍上女以節（水澤），而誅以兌（重兌）。

經世之亥之十八年直節，霍以女上帝為皇后；經世之亥之二十二年直兌，而霍氏謀逆廢。

其水火升降之象乎？

《雜卦傳》尤驗，則咸速也，恒久也，漢文、景，恒之世也；南北朝隋，咸之運也（在午之八運）。

劉氏斯組說：右午會第六運，直姤之大過十二世也。起周威烈王九年甲子夬，迄漢宣帝六年癸亥夬，凡三百六十年間，周為秦滅，秦為項滅，項為漢滅，應姤角而不免過陟之凶，頻以見矣！然秦暴而滅周之仁；漢仁而滅楚之暴。德力延促之分，從可識焉。武曰秦楚伯入狄（伯同覇），漢伯近王（王道之王）。

附：祝氏泌曰：楊雄以三統曆，擬孟喜易作太玄，能知國祚，於法言之末曰：

漢興二百一十載而中天，則是知新室不能亡漢，尚有後天之數，光武再造，又二百餘年也。

劉氏說：午會第六運之十二世，起于周威烈王九年甲子，直夬。迄漢宣帝六年癸亥夬之三百六十年間。歷經周、秦、項、劉之遞嬗紛爭。應姤。姤上九〈象〉曰：「姤其角，上窮吝也。」周為秦滅，秦為項滅，項為漢滅，應姤上九所謂之「姤角之吝窮」，「過陟之凶」，滅亡之命運，頻以見矣！周、秦、項莫不然。所令人警惕的是：福善禍淫之道，德與力，仁與暴的究竟道理，是再明白不過的了。或謂秦楚之霸近乎匈奴與夷狄，漢之仁而稍近乎王道。

漢高祖以辰之午二千二百二十七而入關，踰年甲午入辰之未，二千二百二十八而王關中。

漢高以「辰之午」，經世之午二千二百二十七世入關，秦孺子嬰素車白馬以降，午會經世之午之二千二百二十八世之乙未王關中。

按：《中國歷史年表》，二千一百一十八，甲午年八月。沛公進武關，趙高弒二世，立子嬰為王，九月嬰殺高。沛公入關。次年乙未十月，沛公至霸上，子嬰降。

世卦得運之世之元之元蠱卦，其年卦入會之世之元之世既濟九五爻，以既濟卦考之（水火既濟），數一萬二千五百九十七億一千二百萬，無乘數以會之，分十三億九千九百七十八萬除之，得九百。

按：一萬二千五百九十七億一千二百萬，以三十（世數）乘三百六十（元之運數）為一萬八百，為世之運數。又以三百六十乘三百六十，為十二萬九千六百，為運之運數。又以世之運（一萬八百）乘運之運（十二萬九千六百）即此十三億九千九百等之數，亦即會之元乘九百之數（參考〈一元消長之數圖〉，及〈大小運經緯圖〉）。

夫陰陽相合而成物，折九百數而半之，得四百五十，此漢享年之祚也。於內除閏，每十九年而除一，並餘分亦除一，減二十四年，即兩漢歲數四百二十六年也。

邵子〈觀七國吟〉曰：（兌）

當其末路尚縱橫，仁義之言固不聽；
肯謂破秦存即墨，能勝坑趙盡長平。
清晨見鬼未為怪，白日殺人奚足驚；
加以蘇張掉三寸，扼喉其勢不俱生。

當其末路尚縱橫。

說嬴秦已亡在旦夕，而恣綏暴戾如故。賈誼說自秦孝公，即有「囊括四海之意，併吞和八荒之心」。商鞅變法後，此一企圖益為明顯，縱橫家言，遂應運而生。

仁義之言固不聽。

孟子適魏去齊，各國奔波，以仁義說天下諸侯，卒無能用其說者。

肯謂破秦存即墨，能勝坑趙盡長平。

馬服君樂毅為燕昭破齊，呼吸之間，下齊七十餘城，盡取其祭器重寶輸燕，未下者即墨、莒二城而已。燕昭王卒，惠王踐位，惠王為太子時，即不喜樂毅。齊田單縱反間計，謂樂毅呼吸之間，下齊七十餘城，未下者即墨、莒二城是故意的。說樂毅與齊必有祕密協議或條件，故意不取即墨、莒，欲與齊合對燕不利，因故意與燕惠王不睦。又散謠言：謂齊人最怕燕將騎劫，如燕用騎劫代樂毅，齊國一定會完蛋的。燕惠王果然上當，即以騎劫代樂毅，樂毅見自已已不被燕惠王信任，不去必有殺身之禍，遂奔趙，田單即發動奇擊，齊殺騎劫，七十餘城，復歸於齊。

清晨見鬼未為怪，白日殺人奚足驚。

六國明明知道大家合則共存，分則俱亡。但六國卻個個像白日見鬼一樣，甘願堂而皇之的任人宰割、屠戮，而處之泰然。

加以蘇張掉三寸，扼喉其勢不俱生。

蘇秦、張儀各憑其三寸不爛之舌說諸侯，蘇秦說以六國相結，以西向對秦，秦攻一國，各國出精兵以救之，謂之合縱。張儀說以六國之兵，皆不足以抗秦，當西與秦交好，以獲秦之保護，謂之連橫，如咽喉被人扼住一樣，結果卒被秦個個擊破。

〈觀嬴秦吟〉曰：

轟轟七國正爭籌，利害相磨未便休，
比至一雄心底定，其如四海血橫流！
三千賓客方成夢，百二山河又變秋。
謾説罷侯能置守。趙高原不是封侯。

轟轟七國正爭籌，利害相磨未便休。

秦未消滅六國之前，六國各私其利，自相攻殺，爾虞我詐，不死不休，全無視于暴秦之虎視；維求自保，坐視鄰國被滅而不救。更有甚者，以事秦唯謹，不修戰備，以為苟活之道，卒至被秦個個擊破，完全消滅。

比至一雄心底定，其如四海血橫流！

秦一六國，天下看似底定，然而起義抗秦者，前撲後繼，始有陳勝、吳廣，張耳、陳餘，復有沛人劉邦，楚人項梁、項籍等，紛至遝來，彼此爭雄，遂致天下滔滔，屍血橫流。

三千賓客方成夢。

呂不韋助秦太子異人返國，運用華陽夫人之力而為昭襄王，封呂不韋為相國，始皇益封十萬戶，稱仲父，養士三千人，為著《呂覽》，亦如齊之孟嘗、趙之平

原、魏之信陵、若楚之春申，四公子名聞天下，其門下食客，往往逾三千人，在六國之間，雖聲名浩大，往往遭其國君猜忌，卒至沒沒星散，其豪情雄心，亦猶春夢一場。

百二山河又變秋。

秦一六國，焚書坑儒，罪囚、犯禁者、若四方苦役人等。及始皇病死沙丘，趙高矯詔立胡亥，殺長公子扶蘇、大將軍蒙恬，之後趙高又殺戮秦宗室，又弒胡亥，天下又逞現肅殺之氣，到處瀰漫著血雨腥風。

謾說罷侯能置守。

秦方統一六國，或建言分封嬴秦子弟為侯王，以分守天下。李斯以為分封宗室為侯王，時日既久，不免會成禍亂之源。始皇也認為分封侯王，將是後世戰爭禍亂之根源，所以罷侯置守，廢封建，設郡縣，無論王室貴戚或功臣，皆不列土以封侯王，俾確保國家不再發生戰亂，以為天下從此即可長治久安，似乎不免太為主觀，乃至誇張、過信耳。

趙高原不是封侯。

如果說罷侯置守，天下便可以長治久安了，那麼趙高不也未封侯嗎？照樣可以把秦國弄得天翻地覆，可見天下太平與否，關鍵在於有沒有治世之良臣與能臣，與夫社風民情、善良的深厚程度，有其根本上的關係，是耶、非耶？

第八節　以運經世八——觀物篇三十二

經元之甲一，經會之午七，經運之庚百八十七，夬。

經世之子二千二百三十三（世），初九變大過。

經世之丑二千二百三十四（世）。

經世之寅二千二百三十五（世），九二變革。

經世之卯二千二百三十六（世）。

經世之辰二千二百三十七（世），九三變兌。

經世之巳二千二百三十八（世）。

經世之午二千二百三十九（世），九四變需。

經世之未二千二百四十（世）。

經世之申二千二百四十一（世），九五變大壯。

經世之酉二千二百四十二（世）。

經世之戌二千二百四十三（世），上六變乾。

經世之亥二千二百四十四（世）。

甲子 大過 宣帝五年太守韓延壽棄市	甲戌 解 盜殺蕭望之	甲申 艮 殺魏郡守京房
乙丑 鼎	乙亥 渙	乙酉 謙 匡衡為相
丙寅 恒 丞相丙吉卒	丙子 蒙	丙戌 否
丁卯 巽 宣帝五四年平遙侯楊惲棄市	丁丑 師	丁亥 萃
戊辰 井	戊寅 遯	戊子 晉 元帝崩太子驁踐
己巳 蠱	己卯 咸 趙充國平四羌	己丑 豫 崇安成侯賜譚商立根爵關內
庚午 升 呼韓邪單于來朝	庚辰 旅	庚寅 觀
辛未 訟	辛巳 小過	辛卯 比 王商止訛
壬申 困 宣帝崩薨踐謂孝元皇帝	壬午 漸	壬辰 剝 王商為相
癸酉 未濟	癸未 蹇	癸巳 復

經世之子二千二百三十三（世），夬初九變大過。

甲子，大過。

西元前57年。漢孝宣皇帝五鳳元年，民元前1968年。

漢孝宣皇帝十七年，改元五鳳。左馮翊太守韓延壽棄市。

韓延壽是個非常好的父母官，先任潁川太守，潁川豪傑好朋黨，太守趙廣漢，鼓勵大家互相糾舉告發，人多怨仇，致老百姓不敢為非，由是趙廣漢入為京兆尹。

韓延壽繼廣漢為太守，教民禮讓，黃霸為守用延壽法，在任八年，潁川大治，賜霸爵關內侯。延壽為東郡太守三歲，郡中無為歹作非者，牢獄為空，亦因而獲遷左馮翊。邑有兄弟爭田者，延壽深切自責思過，訟者聞知，至死不敢再為爭訟，郡中歙然，相勸為善，全郡二十四縣，無敢言興訟者。延年推恩信遍於二十四縣，而民不忍欺，令名、政績咸在前任蕭望之之上。蕭望之忌而害之，遂檢舉延壽任職東郡時，浪費公帑千餘萬，放送給其部屬，又於郡中大考時，大加裝飾考場，車服侍衛，「僭越逾制」。延壽亦令人查蕭望之任馮翊時，放散官錢數百萬。宣帝不直韓延壽，以棄市論處，刑時馮翊吏民數千人送至渭上，老少扶持車轂，爭進酒酪，百姓莫不流涕。

論者謂：宋之名相寇準，與韓延壽犯同樣的毛病，後人論說：寇準誠賢，無如其騃何（騃音俟，又音艾癡直之意）？蕭望之為相謀國，竟不能體諒延壽之騃，是十分為國可悲之事。

貶蕭望之為太子太傅，坐慢丞相丙吉也。

丞相丙吉年老，宣帝十分敬重之，蕭望之常輕吉，上不悅，亦有奏望之嘗令其吏為其家購物，由吏私人代付款項約十萬三千，請予法辦。詔遷望之太子太傅。

平通侯楊惲棄市，坐怨望也。

楊惲為司馬遷外孫，因檢舉霍光妻子謀反而封侯，為人廉潔、正直，惟頗自負其才能，對義利分判太清，遂多所結怨於朝，與太仆載長樂不協，樂嘗被人檢舉，

疑乃惲使人所為，因亦上書告惲。謂惲曾上書為韓延壽訟寃，郎中邱長問惲，韓馮翊是否能夠得救？惲謂：「談何容易，我且不能自保？像我這號小人物，如何能辨這等大事？不像老鼠把羅筐拖進洞穴一樣困難嗎？又告訴長樂，正月以天陰不雨，夏侯勝曾談過這個問題。」廷尉于定國奏惲大逆不道。有詔免惲、長樂皆為庶人。惲因與孫會宗書，有「田彼南山，蕪穢不治，種一頃豆，落而為萁」之句，謂其寓意怨望，因而棄市。

朱氏隱老論說：惲南山詩十六言，怨誹之意，固很明顯，不能無罪。但如果出自有唐一代，則不過斥之，謂「眯目聖神皇」五字而已。以之謂謗，似太為嚴重。如果遇到武則天，不過付之一笑而已。而漢宣以之大辟，尚以為不足，是漢家天子之量，反不及於一婦人，豈不令人感歎。

按：據司馬《通鑑》謂，惲以五鳳二年十二月，免為庶人，至四年乃死。百官表謂：惲於神爵元年為光祿勳，五年免。

《通鑑》論說：以漢宣帝之明，又有很能幹的好丞相如魏相、丙吉，一流的司法部長于定國（時謂於定國為廷尉，天下無寃獄。猶且如此，更遑論其他）。竟把千古難得的地方好官，如趙廣漢、蓋寬、楊惲（蓋寬、楊惲），皆將其寃死，天下咸以為不公而寃之。人謂宣帝刻薄寡恩，為漢朝政治史上極不光彩的汙點。

乙丑，鼎。

西元前56年。漢孝宣皇帝五鳳2年，民元前1967年。

丙寅，恒。

西元前55年。漢孝宣皇帝五鳳3年，民元前1966年。

丞相丙吉卒。黃霸為相。

五鳳三年正月，丞相丙吉病，宣帝問吉，誰可以繼任者？吉薦杜延年、于定國、陳萬年，後三人居位皆稱職，上稱吉為知人。吉卒，二月以黃霸為相。漢興以來，治民之吏以霸居首。

丁卯，巽。

西元前54年。漢孝宣皇帝五鳳4年，民元前1965年。

戊辰，井。

西元前53年。漢孝宣皇帝甘露元年，民元前1964年。

改元甘露。

己巳，蠱。

西元前52年。漢孝宣皇帝甘露2年，民元前1963年。

庚午，升。

西元前51年。漢孝宣皇帝甘露3年，民元前1962年。

呼韓邪單于來朝。于定國為相。

呼韓邪單于來朝，朱隱老以為，乃國削力弱，勢促而然。非慕仁向義而來，漢宣並未以之而心存自滿而有怠意，是宣宗所以中興者。或者以為：早時自烏孫以西至安息諸國，近匈奴者，皆畏匈奴而輕漢，自呼韓邪來朝後，咸尊漢矣！

于定國為相，後人對其評價，有稱譽，亦有持保留態度者。

譽者以為，于父嘗為獄吏，東海有孝婦，夫死不嫁以奉養其姑，姑不願以己老誤婦青春而妨婦嫁，遂自剄。其女以母死乃婦所逼，有司重繩其媳，定國父堅稱姑死與婦無關，力為其平反，上不聽，媳百口莫辯，竟誣死，東海枯旱三年。後太守來任，定國父為言其故，太守為祭孝婦之塚。謂于父治獄有陰德，故知其後必大昌，果然。

持相左看法者則謂：定國未為相之前，已經為廷尉、為御史大夫，並已獲得朝野高度評價，時人譽謂「張釋之為廷尉，天下無冤民；于定國為廷尉，民自以不冤」之高譽，宣帝時于定國，先為如今之司法總長，後為監察院長，對重大不平大案，毫無主持公道之意，就定國而論，其有令名，有言責，所謂應言，可言而不言，於其官守、言責，皆未底當。定國目視天下之大不平，亦明哲保身耶？依餒畏怯耶？猶視若罔睹，似乎不知從何說起？

司馬溫公論說：以孝宣之明，魏相、丙吉為丞相，于定國為廷尉，而趙、蓋、韓、楊之死，皆不厭眾心，其為善政之累大矣！以廣漢、延壽治民之能；寬饒、惲之賢，雖有死罪，猶將肴之，況罪不至於死乎？且延壽之犯上，乃望之激之使然，上之不察，不亦甚哉？

按：由宣帝主導之四大誅戮忠良，案由如下：

一、趙廣漢案：廣漢為京兆尹，京兆地區內偷雞摸狗小賊，廣漢皆知之，故宵小絕迹，所謂發奸擿伏如神，自漢興以來，京兆尹無能及者。然曾因私怨，論殺男子榮畜，又疑丞相夫人殺婢，拘審之，丞相上奏，下廣漢廷尉獄，吏民守闕號泣者數萬人，竟坐腰斬。廣漢廉明，威制豪強，小民皆安居樂業，百姓追思歌之。

二、蓋寬饒：剛直公清，每上奏書，皆不合上意。時宣帝尚刑用法，信用宦官，故寬饒奏說：當時聖道浸微，儒術不行。又引易傳：言五帝官天下，傳賢，以天下為公；夏、商、周三代，是家天下，傳子孫。書上宣帝震怒，交執金吾議處，以蓋寬饒議論國體，大逆不道。諫議大夫鄭昌，上書訟寬饒冤，說山有猛虎，便無人敢上山打柴，國有忠臣，奸邪不起，說饒進有憂國之忠，退有死節之義，直道而行，有司劾以大辟，我官伺諫議不敢不言，宣帝竟交司法審判，寬饒引佩刀，自刎北闕下。

三、韓延壽：為馮翊聲名在帝師蕭望之上，望之不爽，及為相，頗忌韓壽氏名

居其右，因檢舉韓延壽私用公帑達千萬之鉅。延壽亦舉發望之在翊亂用公帑數百萬，上不值延壽竟坐棄市，百姓莫不流涕。

四、即舉發霍氏陰謀叛亂之楊惲。

以上各案發生時，定國或為廷尉，或為諫官，竟無一言以主持公道，誠所謂可言而不言者，無論其官守與良知，似均皆有所慽然！朱氏隱老言謂：後元帝繼位，定國為相八年，周堪之獄，劉向、蕭望之之死，定國容默其間，不能有所救，丞相風骨，影響於後世者，是難以評估的。

辛未，訟。

西元前50年。漢孝宣皇帝甘露4年，民元前1961年。

壬申，困。

西元前49年。漢孝宣皇帝黃龍元年，民元前1960年。

改元黃龍。宣帝崩於未央宮。皇太子奭踐位，是謂孝元皇帝。

癸酉，未濟。

西元前48年。漢孝元皇帝初元元年，民元前1959年。

改元初元。葬中宗于杜陵。

甲戌，解。

西元前47年。漢孝元皇帝初元2年，民元前1958年。

冊皇子驁為皇太子。盜殺蕭望之。

宣帝臥病，對朝中人事，所作安排，以史高（為內戚，宣帝母史良娣家人）為大司馬、車騎將軍，蕭望之為前將軍，光祿勳周堪，為光祿大夫，受遺詔輔政，行尚書事。

宣帝崩，太子奭即位，是為元帝。蕭望之、周堪皆曾為帝師，為帝選拔宗室明經有行者，如劉更生（即劉向），侍中金敞，拾遺左右，共謀朝政。史高因被冷落不滿，遂與宦官弘恭、石顯勾結，謂望之等共為朋黨，欲以專擅權勢。請「召致廷尉」。元帝准奏。遂將蕭望之、周堪、劉更生等下獄。帝召望之，謂已下獄，帝大驚，因帝不知「召致廷尉」，即下獄之意。上令即釋出獄視事，史高謂如此皇帝會很沒面子，遂皆免其為庶人。

四月賜望之爵關內侯。秋七月，上復徵周堪、劉更生等，欲以為諫官，顯等反對不果。上器重蕭望之欲倚以為相，適望之子上書為其父訟前事，顯等謂望之教子上書，失大臣禮，大不敬，前因聖上開恩，不與連坐，且為賜爵邑，望之不但不悔過服罪，而心懷怨望，如果不讓其在獄中反省，以塞其怏怏之心，朝廷實在無法再賜恩給他，元帝雖不知這是石顯們的圈套，但亦擔心望之會走極端，顯等謂人命關天，蕭望之罪不至死，絕對不會走極端的。元帝同意了逮捕蕭望之的計劃，石顯

等卻急急如律令，大張旗鼓的，令執金吾車騎包圍蕭第，望之自以年已六旬，備位將相，臨老尚入獄而求苟活，不亦鄙乎？遂飲鴆自殺，終於滿足顯等的願望。元帝則十分震驚說：「果然殺我賢師。」為之「卻食涕泣」，傷心得食不下咽，哀動左右，責問顯等，則皆免冠叩謝。良久然後已。上念望之不已，每歲皆使人祭其塚，終帝之世。

論者以為，迫蕭望之自殺，為石顯等精心設計的策略，元帝、望之皆自墜其彀中而不悟，故說盜殺蕭望之。假如望之能忍辱不死，顯等必然十分顧忌，對朝廷自有其利。但如果深入探討，當時朝中諸公，似皆非顯等對手，從丞相于定國明哲保身的態度上，當可嗅出箇中氣息。

元帝不是壞人，但是個不辨椒麥，智商缺陷的人，宣帝自以強毅，將其十分健全的班底：如史高（大將軍大司馬）、弘恭（中書令），石顯（僕射，射音夜）等，「宮中之人無外黨」的好團隊，堪足托孤者，委以政事，何異於委魚肉於刀俎？漢室中衰自此始，元帝之不競，豈非漢宣不能識人有以致之？

乙亥，渙。

西元前46年。漢孝元皇帝初元3年，民元前1957年。

丙子，蒙。

西元前45年。漢孝元皇帝初元4年，民元前1956年。

丙子，幸河東。

西元前44年。漢孝元皇帝初元5年，民元前1955年。

丁丑，師。

西元前43年。漢孝元皇帝永光元年，民元前1954年。

戊寅，遯。

改元永光。

西元前42年。漢孝元皇帝永光2年，民元前1953年。

己卯，咸。

西羌叛。韋元成為相。

隴西羌彡姐（彡音栓；姐音紫。彡姐音栓紫。又，毛飾，羌族），遣右將軍馮奉世，將兵擊破之。奉世並奏羌在境內叛亂，以六萬人討之，十一月大破羌虜，斬首數千級。

庚辰，旅。

西元前41年。漢孝元皇帝永光3年，民元前1952年。
西羌平。
辛巳，小過。
西元前40年。漢孝元皇帝永光4年，民元前1951年。
壬午，漸。
西元前39年。漢孝元皇帝永光5年，民元前1950年。
癸未，蹇。
西元前38年。漢孝元皇帝建昭元年，民元前1949年。
改元建昭。
甲申，艮。
西元前37年。漢孝元皇帝建昭2年，民元前1948年。
乙酉，謙。
西元前36年。漢孝元皇帝建昭3年，民元前1947年。

匡衡為相。

丙戌，否。

西元前35年。漢孝元皇帝建昭4年，民元前1946年。

丁亥，萃。

西元前34年。漢孝元皇帝建昭5年，民元前1945年。

戊子，晉。

西元前33年。漢孝元皇帝竟甯元年，民元前1944年。

改元竟寧。帝崩。皇太子驁踐位，是謂孝成皇帝。葬高宗於渭陵。王鳳為大司馬、大將軍，專政。

竟甯元年五月，元帝崩。六月太子驁踐位。以元舅王鳳為大司馬、大將軍，領尚書事。元帝這個糊塗皇帝，終朝被宦官玩弄于股掌之上。及太子驁踐位，是謂漢成帝。不知何故，甫即位，即一頭栽進媽媽娘家的懷裏，受制于娘舅家而無以自拔，成為一個不折不扣的傀儡皇帝，弄得國已非國。父子二人，幾乎等於大漢王朝的終結者。

己丑，豫。

西元前32年。漢孝成皇帝建始元年，民元前1943年。

改元建始。

成帝即位，對罪大惡極的石顯，未加顯誅，只放其回老家算了，天懲惡人，病死于道路中。成帝娘舅王家，像是中了彩票，亙古未有的，連封六個侯爺。封舅王崇為安成侯（故城在河南汝甯），賜譚、商、立、根、逢時，爵關內侯。這是違背劉漢家非功不侯之祖制的（按：漢高入關與群臣約，非劉不王，非功不侯）。說也奇怪，四月即天變異常，黃霧四塞。帝詔問公卿，諫議大夫楊興等對謂，此乃陰盛侵陽之氣之故。高祖之約「非功臣不侯，今太后諸弟，皆以無功為侯，外戚未曾有也」。事皆不了了之。

庚寅，觀。

西元前31年。漢孝成皇帝建始2年，民元前1942年。

辛卯，比。

西元前30年。漢孝成皇帝建始3年，民元前1941年。

王商止訛。薛宣免相匡衡為庶人。

三年秋，關內大雨四十餘日，京師民相驚，言大水至，犇走相蹂躪，老弱呼

號，長安城中大亂，大將軍王鳳陰為皇上等備可乘船，吏民上城避水，左將軍王商說，一日之間那來的大水，一定是訛言，要百姓各自回家，有傾稍定，果為謠言。

按：水為陰柔之物，謠言大水至，可見朝中之陰氣太重。亦如明萬曆年間，百官無故上朝，同樣吊詭。

壬辰，剝。

西元前29年。漢孝成皇帝建始4年，民元前1940年。

河大決，王商為相。

斯年夏，河決東郡金堤，泛濫山東、濟南、兖、豫等四郡，三十二縣，十五萬餘頃，水深者且三丈餘。壞官亭室廬四萬所。先是清河都尉馮逡奏言，河道上游水土脆易傷，因未降大雨，尚無大害，上流有二道分水，現因一流阻塞未久，極易疏浚，費力少而效宏，如遇大雨，則二道分流，可保安全無虞，不然，如遇三五日豪雨，下流之一支，絕對不能承受而決，北決受害者四五郡，南決則受害十餘郡，朝議因用度不足而不果，未幾果然有此大決口之患。

癸巳，復。

西元前28年。漢孝成皇帝河平元年，民元前1939年。

改元河平。

甲午 頤 孝成帝六年封舅氏一日五侯	甲辰 家人	甲寅 兌 成帝崩哀帝太后臨朝稱制
乙未 屯	乙巳 豐 下劉輔獄封王莽新都侯	乙卯 履 傅喜為大司馬
丙申 益	丙午 革 大司馬車騎將軍王音卒	丙辰 泰 丁明復為大司馬王嘉為相
丁酉 震 下京兆尹王章獄殺之	丁未 同人 南昌尉梅福上書不報	丁巳 大畜 丞相平當卒上欲封當不受
戊戌 噬嗑 劉向上書諫賁	戊申 臨	戊午 需 下尚書仆射獄諫寵董賢故
己亥 隨 王鳳卒弟繼事	己酉 損	己未 小畜 下丞相王嘉獄死之
庚子 无妄 京兆尹前有張趙后有三王	庚戌 節	庚申 大壯 三公分職董賢孔光彭宣
辛丑 明夷 帝始為微行出入市里旁縣	辛亥 中孚 山崩江水竭	辛酉 大有 平帝即位
壬寅 賁 二年飛雉集未央宮	壬子 歸妹	壬戌 夬
癸卯 既濟	癸丑 睽	癸亥 姤

經世之丑二千二百三十四（世）。

甲午，頤。

西元前27年。漢孝成皇帝河平2年，民元前1938年。

漢孝成皇帝六年。

悉封舅氏匡等為列侯。王譚為平阿侯、商為成都侯、立為紅陽侯、根為曲陽侯、逢時為高平侯，五人同日封侯，故世謂之一日五侯。

丙申，益。

乙未，屯。

西元前26年。漢孝成皇帝河平3年，民元前1937年。

丁酉，震。

西元前24年。漢孝成皇帝陽朔元年，民元前1935年。

改元陽朔。京兆尹王章下獄死。張禹為相。

京兆尹王章，是個正直的人，雖然為大將軍王鳳所舉薦，卻不贊成王鳳不臣之表現，成帝非常感動，囑章代覓可代鳳為相之人，章奉命舉薦琅琊太守馮野王，成帝亦曾聞其名，欲以代鳳，鳳聞之即稱病請求辭職，成帝卻令尚書劾奏章大逆罪，竟死獄中，公卿對王鳳無不側目。

成帝聽說劉向的小兒子劉歆很有教養，成帝召見後很高興，成帝欲留其在左右服務，封其為中常侍，左右皆說不可，一定要稟告大將軍，成帝說這是小事，不必

知會？左右叩頭力爭，成帝自己告王鳳，鳳說不可，即於中止，可見一斑。

致堂胡氏論說：人君之於其臣，知其奸惡而不能去，切切要保持緘默，不宜對他人論說；知其忠義而不能用，則不若不知，如元帝之于京房，成帝之于王章，既嘉其忠，納其說，而石顯、王鳳未傷毫毛，京房、王章，不免於死，是二君者，究何居心？

帝為太子時從禹受《論語》，及即位，賜爵關內侯，拜光祿大夫、給事中，與鳳並領尚書，禹不自安，上書退避，上不許，遂以為相，封安昌侯。

戊戌，噬嗑。

西元前23年。漢孝成皇帝陽朔2年，民元前1934年。

王音為御史大夫。

上以王音為御史大夫，王氏愈盛，郡國守相刺史，皆出其門，五侯群弟，爭為驕奢，賂遺四至，皆好士養賢，傾財賜予，爭為名譽，以相高尚。

劉向上書極諫，謂王氏乘朱輪者二十三人，自大將軍一以權威是恃，五侯驕奢僭越，擅作威福，欲囚即囚，欲殺即殺，不論是非，只有好惡，行為卑污，卻以冠冕堂皇，光明正大的理由，去做偷雞摸狗的勾當，以東宮太后為靠山，以皇帝娘舅作幌子，為欺世盜名之工具。尚書、九卿、州牧、郡守，自朝堂至地方，皆出其門。稱譽者升官發財，忤恨者誅傷不遺，排斥宗室，孤弱公族。王氏安於下，劉氏

危於上，下有泰山之安，則上有累卵之危。陛下為人子孫，守持宗廟，而令國祚移于外戚，縱不為陛下計，其奈宗廟何？宜黜遠外戚，毋授以政。庶王氏永存，保其爵祿，劉氏長安，不失社稷，此子子孫孫無疆之計，不然田氏將復見於今（指三家刀分晉、田氏篡齊）……，書上，帝召向歎息悲愴，謂君且休，容吾思之。然終不能用其言。

己亥，隨。

西元前22年。漢孝成皇帝陽朔3年，民元前1933年。

大司馬王鳳卒，弟音繼事。

大司馬王鳳卒，縱弟之子音繼事。王音乃鳳縱弟之子。音之所以越譚而繼鳳，史謂音之於鳳，卑恭如父子，所以薦之。朱隱老以為：這是從見其貌，未察其情，不知其所以深相得之由，乃由於音殺王章有力之故，或者鳳因而薦之？

庚子，无妄。

西元前21年。漢孝成皇帝陽朔4年，民元前1932年。

辛丑，明夷。

西元前20年。漢孝成皇帝鴻嘉元年，民元前1931年。

改元鴻嘉。

壬寅，賁。

西元前19年。漢孝成皇帝鴻嘉2年，民元前1930年。

幸雲陽。

癸卯，既濟。

西元前18年。漢孝成皇帝鴻嘉3年，民元前1929年。

廢皇后許氏。

早時，許皇后與班倢伃皆有寵，後上微行，過河陽阿主家，悅歌舞者趙飛燕，召入宮大幸，有淖方成（淖音鬧）者唾曰，此禍水也，滅火必矣（漢為火，滅火，亡漢也）！

甲辰，家人。

西元前17年。漢孝成皇帝鴻嘉4年，民元前1928年。

乙巳，豐。

西元前16年。漢孝成皇帝永始元年，民元前1927年。

改元永始，封王莽新都侯。冊趙飛燕為皇后。

五月，封太后弟子莽，為新都侯（以上文字，何以不直接說封莽，而說封太后弟子莽，乃示意莽亂天下，太后纔是始作俑者的禍首罪魁）。太后兄弟八人，莽父蔓，早逝，不侯。莽少孤。五侯子皆侈靡、以輿馬、聲色、佚遊相尚。莽因折節為恭儉，勤身博學，內侍諸父，曲有禮，大將軍病，莽為親嘗湯藥，鳳將死，以莽托太后與帝，拜黃門郎，當時名士，亦盛謂莽賢，由是封為新都侯。

丙午，革。

西元前15年。漢孝成皇帝永始2年，民元前1926年。

大司馬王音卒。王商為大司馬，翟方進為相，孔光為御史大夫。

大司馬王音，在王氏人物中，唯音、尚數諫正諸王氏，有忠直節。二月以王商為大司馬、衛將軍（按：此王商，乃成都侯之王商，非與譚、立根同日封侯之王商，與長安大水止訛之王商，名姓同而人異），前曾以奢侈罪而欲誅之，而今乃繼王音，以見成帝用人之道，漢之所以速亡者之一、故歟？

翟方進自丙午、成帝永始二年為御史大夫，至甲寅前九年之間，從未見其上書言事，今又為相，反不如官卑職小的南昌尉，敢評擊外戚之權日益隆之言，方進對之，能不有所慼愧否乎？

孔光與夏侯勝，是兩個不同類型，奉公守法，盡忠職守的臣子，夏侯勝事漢宣

帝，常將宣帝的話說與人聽，大家對其皆有好感，因其從不輕言漫語，誠誠懇懇，大家以君子來看他。孔光對皇上有所詢問，依法據理而對，宮中之事，雖一草一木，片言隻字。對其家人，亦不絲毫吐露。平日所為文稿，事後悉即焚毀，不留片紙隻字。不免啟人以幽隱與遐思。但有一點可以肯定的是，當前時勢：「外戚如泰山壓頂，劉漢有磊卵之厄」，持國大臣，惟謹言語默而已，似乎還少些什麼。

丁未，同人。

戊申，臨。

西元前13年。漢孝成皇帝永始4年，民元前1924年。

大司馬王商免，王根為大司馬。

大司馬衛將軍商薨，依次紅陽侯立當輔政，因立于南郡占草墾田數百頃，超值貴售於官家，達一億萬以上。為吏舉發，由是廢立而用其弟根。

己酉，損。

西元前12年。漢孝成皇帝元延元年，民元前1923年。

改元元延。

庚戌，節。
辛亥，中孚。
壬子，歸妹。
癸丑，睽。
西元前8年。漢孝成皇帝綏和元年，民元前1919年。
改元綏和。
甲寅，兑。
西元前7年。漢孝成皇帝綏和2年，民元前1918年。
成帝崩。皇太子欣踐位，是謂孝哀皇帝，太后王氏臨朝稱制。
二月，天文出現熒惑守心，大凶之兆象，將有叛亂、賊寇、刀兵、或者國喪等情事發生。星象家以為大臣可以應沖。成帝便命尚書，送丞相方進美酒十石（稻米二鬥（即斗），得酒一鬥，為上尊酒，黍米為中尊，粟米為下尊），肥牛一頭，丞相方進知道成帝要其應沖，便飲酒自殺。方進死後，成帝十分保密的不使人知曉，以其印綬，把自己使用的古玩之類的器物，給方，數次前往祭弔，以見其心虛理虧。但很遺憾的是，畢竟方進的命太輕薄、太賤了，沒有皇帝的命貴重值錢，不能

應沖，三月成帝便應了閻羅天子的召喚，前往應命，無疾而終了。

司馬溫公論說：禍福是難以移轉的，不可能把自己的禍轉移於他人，把他人的福轉移于自己，成帝若以方進為無罪，或者有罪不至死而誅之，以應天變，則是欺天；皇帝毫無道理的把臣子殺死，還予以厚葬，而且還偷偷摸摸的去祭奠，所謂「隱其誅，而厚其葬」，是誣人也。成帝誣天欺人，僅四十四天，便一命嗚呼了，並未得到一點好處，而其臭事，則已「千古留芳」了，成帝真是一個不知命的糊塗皇帝。

大司馬王根專政，葬成帝於延陵，王根罪免。丁明為大司馬，孔光為丞相。

大司馬王根專政，司隸校尉解統奏，成帝喪期中，山陵未成，大司馬曲陽侯根，成都侯王況，即招聘女樂，置酒歌舞，無人臣禮、大不敬、不道。乃賜曲陽侯根遣就國，免成都侯王況為庶人。葬帝于延陵，王根罪免。

成帝崩，定陶恭王康之子欣嗣位，是謂孝哀皇帝，傅太后為王子欣祖母，急欲如王氏之掌權，為自己爭封號，免司空武，以師丹為大司空，丹數上書論時政，語多切直。傅太后縱弟子遷，在帝左右，十分傾邪，帝惡之，免歸故郡，太后大怒，上不得已復留遷。丞相光、大司空丹請遷去職而不得，以傅太后故復為侍中。為親人謀官爵，為權力而誅戮異己，不遺餘力。定陶共皇太后、共皇后，與太皇太后，皆同。二月立傅太后縱弟晏之女為后，以帝舅丁明為大司馬衛將軍，王莽再起再

出，傅氏王氏，各自為謀。
孔光為丞相。

乙卯，履。
西元前6年。漢孝哀皇帝建平元年，民元前1917年。
改元建平。冊傅氏為皇后。傅喜為大司馬，朱博為大司空。
獻媚者冷褒等奏言，定陶共皇太后（即傅太后），共皇后，皆不應再稱定陶共等號，應稱「太皇太后、皇太皇」。這是違背宗法原則的，哀帝劉欣本定陶王之子，因立為成帝太子，應是出繼（即過繼予人）其生身父母，不能取得承繼者之地位，是最明顯不過的，因之不能稱傅太后為太皇太后，傅太后要爭的就是「太皇太后」的稱謂，不喜歡被稱為「定陶共皇太后」。以傅喜為大司馬（即傅太后之縱弟）。策免大司空高樂侯丹為庶人，復賜爵關內侯（丹不贊成傅太后所作所為），朱博為大司空。

丙辰，泰。
西元前5年。漢孝哀帝建平2年，民元前1916年。
傅喜免。丁明復為大司馬，孔光免，朱博自殺。
成帝論立太子時，多數大臣皆贊成定陶王欣，惟孔光贊成立中山王興，蓋興為

成帝之胞弟，兄終弟及，名正言順。及定陶王欣立，傅太后欲入未央宮，孔光擔心傅太后藉以干政，主張另築新宮，未稱傅后之意；丁、傅宗族驕奢，皆嫉傅喜之恭儉；又傅太后欲求尊號與成帝母齊同，傅喜、師丹、孔光皆以為不可，連年不決，傅太后大怒，上遂策免丹，希望喜就範，喜終不移其初衷，上遂免喜。遣就國，丁明復為大司馬。孔光、關內侯師丹，皆免為庶人，以朱傅為丞相，未幾博亦自殺。

按：朱博為丞相，臨授證時，有大聲如鐘鳴殿中。詢之揚雄，謂為鼓妖。其故乃是由於人君昏闇，為眾所欺蒙，空名得進，則有聲無形，至於如何發生？則不得而知，最好使丞相辭職，以應天變。未幾朱博即以濫用職權，因皇上欲追究而自殺。

丁巳，大畜。

西元前4年。漢孝哀皇帝建平3年，民元前1915年。

相平當薨。王嘉為相。

上召當欲封之，當病篤不應詔，或謂當何不強起受詔，以為子孫？當曰：我居大位，已經是尸位素餐了，若受印而死，豈不死有餘罪？不受，即師所以為子孫，請求辭職不准，三月薨。

王嘉為相，薦儒者公孫光、滿昌及蕭咸等，帝納而用之。又諫帝擇賢、記善忘過，容忍臣子，俾好人得以出頭，此乃當務之急。

戊午，需。

西元前3年。漢孝哀帝建平4年，民元前1914年。

息夫躬下獄死。

息夫躬是個不安於分、居心叵測的人。只要對自己升官發財，可利用的人和事，都會巧妙運用，乃至揑造誣陷，亦所不顧。漢哀建平二年，山東東平縣「無鹽危山」，山土自然隆起，像一條新修馬路一樣，又於瓠山側，一石忽起，亦如「泰山石起」之說，東平王雲（成帝子）與后謁往祭，又於宮中複製狀而膜拜之。事為息夫躬獲悉，乃與孫寵密謀，認為此乃封侯大好機會，遂利用中常侍宋弘，向哀告變，奏東平王雲，有圖謀不軌意，咀咒帝早死，使己得立……，適哀帝患病，特別在意被人咀咒，遂使謁者治之，雲自殺、謁棄市。以楊寵為南陽太守，弘、躬皆為光祿大夫。

按：《通鑑》載己未丞相（嘉）、御史奏息夫躬、孫寵罪過，上乃免二人官，遣就國。

己未，小畜。

西元前2年。漢孝哀皇帝元壽元年，民元前1913年。

改元元壽。相王嘉下獄死。大司馬丁明免。

哀帝迷於男寵董賢，欲將其加封二千戶，自己不好開口，偽託傳太后臨終遺

詔。丞相嘉封還詔書，並諫哀帝，祿位乃國之名器，不可以隨意假人，尤其董賢這種佞臣，實在不宜寵之太過……。先是丞相嘉對東平王案之審詢，發現其中似有隱情，擬將案移至京師會審。哀帝以嘉心持兩端，有意將審訊時間，拖延至大赦，乃有意為東平開脫，認為嘉態度曖昧，初尚隱忍未發，及嘉封還詔書，在哀帝看來，已形如大逆，十分震怒，遂將丞相王嘉下獄審問。

嘉在此種情形下，就一般而言，所謂「大臣不對理陳冤」（理即獄，對理，即入獄之意），只有「引決自裁」四字，嘉之左右，已將毒藥送上，嘉揮之於地謂：「三公有罪，當明正典刑，丞相豈兒女子邪？」哀帝更為不高興。最後嘉謂身為宰相，不能進賢退不肖，故死有餘辜，吏問何者為賢，曰故丞相光，大司馬武，不肖為董賢。非常諷刺的，建議把王嘉送進大牢的，正是這位貌似忠厚的純純儒者孔光。嘉下獄不食二十餘日，嘔血死。

後人有論孔光說：好人一看就好，壞人也容易分別，有種看似好而實壞，看似壞而實好，這種人則無從捉摸，王嘉惡董賢而不能退，是矣！謂孔光、何武為賢，則是非參半，未必盡然。

大司馬丁明亦重王嘉，以其死而憐之，九月冊免明，使就第。

庚申，大壯。

西元前1年。漢孝哀皇帝元壽2年，民元前1912年。

三公分職，董賢為大司馬，孔光為大司徒，徙彭宣為大司空。帝崩。太皇太后王氏稱制，罷董賢大司馬，以王莽為大司馬，錄尚書事。廢太后趙氏，迎元帝庶孫、中山王衎立之，是謂平帝。莽葬哀帝於義陵。王莽專政。

漢哀帝可說是為董賢而生，什麼三公分職？無非為董賢製造機會而已。把一個不學無術的臭皮囊、草包，推到大漢王朝最高行政長的職位，便一命嗚呼了。好像哀帝只是為董賢而生。什麼天下蒼生？在哀帝眼中，全然不值一文，孔光、彭宣，甘於屈居董賢之下，而不以為恥，有漢末年之士風，蓋可知矣！

關於哀帝，司馬《通鑑》論說：哀帝目睹孝成之世，祿去王室，及即位。屢誅大臣，欲強主威，效法武、宣二帝作風，然而寵信讒諂，憎疾忠直，漢業遂衰。

傅氏死後，又一太后臨朝稱制，這一次，大漢天下真的是不絕如縷了，為太皇太后王氏所始料未及者矣！

六月，哀帝卒，太皇太后聞帝崩，即駕之未央宮，收取璽綬，召大司馬賢，詢以喪事調度，賢茫然不知所措，太后召王莽，莽收賢印綬，董賢與其妻皆自殺，家屬連夜將其埋葬，莽疑其詐死，發其棺檢視後，埋於獄中。沒收其家財四十三萬萬，賢父恭及家屬，徙廣東合浦（廣東雷州半島）。

太皇太后召集公卿，舉行了一次選舉大司馬的會議，孔光以下，皆舉王莽。獨何武、公孫祿以為：往時外戚幾乎把國家亡了，加以幾位皇帝皆無後，應選立近親幼主，不宜再以外戚特權。於是何武舉公孫祿，祿又舉武，太皇太后自用莽為司

馬，領尚書事。迎中山王箕子（中山王箕子，是年纔九歲，哀帝之弟）為嗣。王莽並同時展開了清除異己工作。

貶皇太后為孝成皇后，徙孝哀皇后于桂宮，追貶傅太后為定陶共王母，丁太后為丁姬。另方面，王莽並開始其人事布署，表面看，孔光有三朝宰相的虛名，實質上王莽早已看清孔光是最為投機取巧的馬屁精，故引光婿為侍中，核奏何武、公孫祿互相稱舉，同紅陽侯王立（立乃太后胞弟，莽忌其為太后耳目，必欲去之，太后不許），莽令孔光奏立罪惡，欺奏太皇太后，俱令就國。於是附順者拔擢，忤恨者誅滅，廢孝成、孝哀皇后，皆自殺，彭宣見機，自乞骸骨返里。

九月中山王箕子即位，太皇太后臨朝，大司馬王莽秉政，百官總己以聽（此四字，令人不寒而慄），開啟了王氏王朝之序幕。

辛酉，大有。

西元元年。漢孝平皇帝元始元年，民元前1911年。

改元元始。封大司馬王莽安漢公。

自古及今，無論賢愚，皆不喜受人欺，但古往今來，極少有不被自己欺騙的。而且所有失敗者，亦莫不是自己欺騙自己的結果。因為他們皆以為自己的眼睛是雪亮的，想法是完美的、行動方案是至當的。尤其從王氏到傅氏，從傅氏再回到王氏，元、成、哀、平、這一時段中的老太婆——太皇太后、太后、與其家人們，其

出發點無論是對漢家天下或自己家族，皆自以為是自家的百年大計，但卻皆不旋踵而春夢一場。就連這位王老太婆，一開始便相信自己的眼睛、自己的親姪子，安知早已進入所謂「安漢公」、袖裡乾坤而不自知，自己糊里糊塗做為人家的一顆棋子，還以為從此便可置漢室于衽席之安，天下太平，而躊躇滿志。劉甯知王氏安，則劉氏危矣，悲夫！

壬戌，夬。

癸亥，姤。

西元3年。漢孝平皇帝元始3年，民元前1909年。

甲子 革 孝平四年	甲戌 泰 莽改天鳳
乙丑 同人 莽弒帝立孺子	乙亥 大畜
丙寅 臨 莽改元居攝	丙子 需
丁卯 損 王莽稱假皇帝	丁丑 小畜
戊辰 節 莽改元初始	戊寅 大壯
己巳 中孚 莽篡改國號新	己卯 大有 校書郎揚雄卒
庚午 歸妹 雄投天祿閣	庚辰 夬
辛未 睽	辛巳 姤
壬申 兌	壬午 大過 劉玄劉秀起兵
癸酉 履	癸未 鼎

甲申	恒	亦殺孺子嬰
乙酉	巽	劉秀肇位於河朔
丙戌	井	赤眉焚長安
丁亥	蠱	赤眉降於宜陽
戊子	升	
己丑	訟	
庚寅	困	隗囂入蜀
辛卯	未濟	
壬辰	解	隗囂死
癸巳	渙	

經世之寅二千二百三十五（世），夬九二變澤火革。

甲子，革。
西元4年。漢孝平皇帝元始4年，民元前1908年。
漢孝平皇帝四年，王莽以女上皇后。
王莽與太后立中山王箕子為帝，為了製造假相，乃授意塞外蠻夷，獻白雉，用來欺騙王老太婆，莽白太后，薦予宗廟，使群臣盛陳王莽功德，宜賜號王莽為安漢公，莽故意表示自謙而不受，認為全是大臣孔光等之功，應受重賞，自己無功，不敢受賞，並以臥病表示其固讓姿態。太后乃詔孔光為太師、王舜為太保、甄豐為少傅……進而褒賞宗室群臣，群臣復上書，稱頌王莽功德，尤應勳賞，太后乃以莽為太傅安漢公。於是莽「不得已」而受之。又令人諷公卿上奏，太后春秋已高，不宜以小事煩太后，太后遂詔，朝事皆由安漢公評決，於是莽權與平帝相侔。

王莽為鞏固權位，乃以其女為平帝后。時帝甫十三歲，即以其女為后，其目的無非是搶地盤，運用策略，發起群眾運動，萬口一辭，謂天下女子之才行，唯莽女才德堪匹平帝，漢平非莽女不堪為后，所謂「上而公卿大夫，下而庶民儲生，無不守闕伏省戶下，願得公女為天下母」，於是莽進其女，為平帝后，真是「天下幸甚」！

太師孔光等盛稱王莽功比美周公。只有大司農孫寶批評孔光，所比不倫，司直陳崇劾奏寶，坐免，大夫龔勝、邴漢罷歸，《通鑑》稱其「勇退」、「知機」。

按：莽子宇與師吳章，假鬼神怪異諫莽，莽殺其子宇及章，名其徒為惡人黨，莽因是獄並其所惡者，悉藉機除之。紅陽侯立（太后親弟，不在位，莽之叔，恐其接近太后，故去之）、平阿侯仁，皆以太后詔，迫令自殺，滅吽山孝王后家有漢忠、直之臣如何武、鮑宣等，死者凡數百人，海內震驚。

乙丑，同人。

西元5年。漢孝平皇帝元始5年，民元前1907年。

王莽弒帝於未央宮，立元帝孫孺子嬰。

帝年已漸長，不滿莽殺其母家，王莽遂以臘祭機會，置毒酒中飲帝，帝崩，乃徵宣帝玄孫嬰，為皇太子，號曰孺子嬰（年甫兩歲），王莽居攝踐阼。

丙寅，臨。

西元6年。漢孺子嬰元年，民元前1906年。

王莽改元居攝。

莽為孝元皇后之姪，晏之子。初封新都侯，弒平帝，廢孺子嬰，篡漢，建國號曰新，僭位十八年，漢兵殺之。

夏四月安眾侯（安眾今河南南陽鎮平縣）劉崇，認為王莽必篡漢，劉氏宗親竟無人敢發難者，誠劉氏之恥，遂率先起義，從者百餘人，攻南陽不克。

五月，太后詔莽朝見，自稱假皇帝。

丁卯，損。

西元7年。漢孺子嬰2年，民元前1905年。

王莽稱假皇帝。翟義立嚴鄉侯信於東都，莽將王邑滅之。

九月東郡太守翟義（東郡今山東東昌府），起義討莽，立嚴鄉侯劉信為天子，義自號大將軍，眾十餘萬。三輔豪傑趙朋等聞義起兵，亦稱將軍眾十餘萬。莽惶懼不安。

戊辰，節。

西元8年。漢孺子嬰初始元年，民元前1904年。

王莽改元始初。

義軍不旋踵而滅，莽自謂其威德日盛，大得天人之助，乃以十二月朔，為始建國元年正月之朔，請璽綬，太后投之于地，我便要死了，但我知道你們兄弟，也不會得意多久了，我會看到你們兄弟亡家滅族的。

己巳，中孚。

西元9年。新莽始建國元年，民元前1903年。

王莽竊國，改國為新室，元日始建國。降孺子嬰為安定公。

這年正月，王莽竊國命，改為新。於是莽「新」，開始上演，廢孺子嬰為安定公，孝平皇后（王莽女）為安定太后。

王莽簒位後，行公田制，名天下之田為王田，禁止土地買賣，但人口未及八口，而有一井之田者，過一井部份，分予其九族。承認奴婢私有，但禁止其買賣。敢批評井田之制者，投諸四夷，以禦魑魅。

庚午，歸妹。

西元10年。新莽始建國2年，民元前1902年。

王莽大殺宗室。校書郎揚雄投天祿閣，不克死。

五月，莽廢孺子嬰為安定公，五威將帥七十二人，赴各地頒命，更印綬，還奏

諸王侯為公者，悉上璽綬為民，諸劉氏為吏者。獨故廣陽王嘉、曾獻符命，魯王閔以神書、中山王成都，以言莽功德，皆封列侯。

自王莽立後，莽女安定皇后，年未二十，謝絕任何公私宴會，莽欲令其改嫁，遂更號安定太后為黃王室主，莽令孫建世子盛飾往探，太后大怒，鞭笞侍者，莽遂罷。

按：莽恃府庫充足，遂多事四夷，立威匈奴，改匈奴單于為降奴服予。單于怒，諸部分道入塞，殺守尉，掠略吏民，莽遣孫建等十二將分道並出，從此四夷多事！

又：揚雄事應在戊寅。

辛未，睽。

西元11年。新莽始建國3年，民元前1901年。

壬申，兌。

西元12年。新莽始建國4年，民元前1900年。

癸酉，履。

西元13年。新莽始建國5年，民元前1899年。

甲戌，泰。
西元14年。新莽天鳳元年，民元前1898年。
王莽改元天鳳，四夷交侵中國。

乙亥，大畜。
西元15年。新莽天鳳2年，民元前1897年。

丙子，需。
西元16年。新莽天鳳3年，民元前1896年。

丁丑，小畜。
西元17年。新莽天鳳4年，民元前1895年。
群盜起。
莽法令嚴苛，所謂「民搖手觸禁」，不得耕桑。換言之即老百姓打個噴嚏也是犯法，於是民皆起而為盜。安征徽鳳陽、浙江會稽，新市（湖北孝感）王匡、王鳳兄弟有眾數百人，亡命者馬武、王匡、成丹等皆往從之，藏於湖北當陽之綠林山中，稱綠林兵，甫數月即至七八千人。

戊寅，大壯。

西元18年。新莽天鳳5年，民元前1894年。

按：鋼鑑書：春，莽大夫揚雄死戊寅。

己卯，大有。

西元19年。新莽天鳳6年，民元前1893年。

校書郎揚雄卒。

天鳳六年春，莽大夫揚雄死。揚雄以賦名家，漢成帝時，雄為給事黃門，與王莽、劉歆並列。哀帝時又與王莽、董賢為三公，權如人主，所薦莫不拔擢。及莽篡位，轉為大夫，恬于勢利。人皆忽之，惟桓譚以為其學絕倫。後因甄尋用雄所集古字作符命，「孝平皇后，當為尋妻」。莽怒，事涉及雄，乃使人往拘，雄遂投閣自殺，幾死。後來王莽查明了揚雄與甄尋事無關，乃下令不予追究。雄作法言，盛稱王莽功德，可比伊尹、周公，後又作「極秦、美新」文（說秦之暴至於極黏，新之德美比周公），故時頗卑雄之為人，甚或以二臣視雄。

琅琊樊崇起兵於莒（山東青州），相與為約，殺人者死，傷人者償創，為別於莽軍，乃以朱塗眉，故號赤眉。刁子都起兵于徐、泗等地。

庚辰，夬。

西元20年。新莽地皇元年，民元前1892年。
王莽改元地皇，兵起綠林。
按：綠林兵起于丁丑，藏於湖北當陽之綠林山中，故稱綠林兵。

辛巳，姤。
西元21年。新莽地皇2年，民元前1891年。

壬午，大過。
西元22年。新莽地皇3年，民元前1890年。
劉玄稱兵宛鄴，劉秀及兄伯升，稱兵春陵。
春陵戴侯曾孫劉玄，在平林兵中，號更始將軍，時漢兵已十餘萬，眾議立劉氏之後，以資號召，南陽豪傑欲立劉演為帝，新市、平林兵將，樂立劉玄懦弱，易於控制。故欲立劉玄。
按：二人同為漢景帝第十子長沙定王發之孫、節侯買之後。節侯買生春陵載侯熊渠、渠生考侯仁，仁徙南陽白水鄉，生子敞，莽時國除。少子外，為郁林太守、外生鉅鹿都尉回，回生南頓令欽，欽生演、仲、秀三兄弟。
玄為節侯買之曾孫，諸將立以為帝，在位二年，降於赤眉，尋被殺。及光武即

位，詔封為淮陽王。

癸未，鼎。

西元23年。淮陽王更始元年，民元前1989年。

劉玄稱帝，元曰更始，以伯升為司徒，劉秀為太常偏將軍。是年大破莽將王尋、王邑於昆陽。三輔遂滅莽於漸台，劉玄拜劉秀破虜大將軍，行大司馬事，使持節巡撫河北。王郎以王子林稱帝邯鄲。

西元二十三年二月。新市、平林諸將，立劉玄為帝，以伯升為司徒，劉秀為太常偏將軍，三月劉秀攻下昆陽（河南葉縣）、定陵（河南舞陽）、郾城（河南郾城開封附近）。王莽見劉氏來勢洶洶，與義軍之壓力，遂派其司徒王尋、司空王邑，大發兵，而且連猛虎犀象之屬，亦納入莽軍戰鬥序列，史謂自秦漢出師之盛，未嘗有如此之盛者也，與嚴尤、陳茂合軍，五月包圍昆陽。劉秀以六七千人，大破莽軍王尋，王邑四十餘萬（號稱百萬）大軍於昆陽。莽軍全部瓦解，時滍水瀑漲，莽軍溺死者萬數，滍水幾為之不流，尋、邑抱死人逃去，盡獲其軍實輜重，關中震恐，於是海內豪傑翕然回應，皆殺其守，用漢年號，以待詔。秀又徇定、潁川，馮異以五城來歸。

更始與新市平林諸將，見伯升兄弟盛名日高，勸更始早日除演，更始遂殺伯升。劉秀聞知，不但不敢為其兄伯升發喪，且飲食言笑一如常，未嘗自伐昆陽之

功，不敢稍露絲毫不滿之情。更始以是慚，拜劉秀為破虜大將軍，封武信侯。然秀自演死，獨居時不進酒肉，枕席每有涕痕。

道士西門君惠謂王涉，讖文說劉氏當復興，應國師劉向，擬劫莽降漢。謀泄皆自殺。時莽以軍師敗于外，大臣叛于內，左右無一可信之人，連兒子女兒也或叛或離，遂憂懣不能食，從此不能就枕，關中莽軍，皆起而應漢，漢軍攻至，宮中火起，莽女黃皇室主歎說，何面目復見漢家？遂赴火而死。群臣扶莽之漸台，兵士上臺，節解莽身而臠分之。傳首南陽，新莽於焉告終。

王莽時長安有自稱成帝子名子輿者，莽殺之，邯鄲賣卜者王郎，遂亦對外詐其為真子輿，漢宗室劉林等信之，與趙國、李育等入邯鄲，立王郎為天子，州郡應之。

更始北都洛陽。以劉秀行大司馬事，遣徇河北，秀至河北，除莽苛政，復漢官名，老吏泣謂復見漢家衣冠，爭以牛酒迎勞，秀不受。南陽鄧禹。少年耿弇（時二十一歲）皆來歸，勸秀經營河北，為根據地，機不可失。劉秀官屬，皆欲南歸，士氣不振，又河北復叛、歸王郎者，唯信都太守任光、和戎太守邳（音批）、肜（音容）不叛。

甲申，恒。

西元24年。淮陽王更始2年，民元前1888年。

劉玄西入長安，殺漢孺子嬰。

二月申屠建等迎更始遷都長安，居長樂宮，更始升殿，郎吏依次羅列，更始羞怍，不敢仰視，諸將後至者，更始問虜掠得幾何。眾驚視之。

大將軍劉秀北徇薊，還拔邯鄲、誅王郎。受玄封蕭王，又敗銅馬賊於鄡，又敗赤眉於射大。赤眉西攻長安，劉永擅命睢陽；公孫述稱王巴蜀；李憲稱王淮南；秦封稱王黎丘；張步稱兵琅琊；董憲稱兵東海；延岑稱兵漢中；田榮稱兵夷陵。

劉秀官屬諸將，以王郎勢為大，皆思南歸。邳彤為（邳音批，彤音容）：王郎乃作稱漢裔，其實毫無根底，集中我們兩郡兵力，擊敗王郎，應無問題，但如果去此一步，則不但河北盡失，即將軍之盛名，群眾之士氣，必受嚴重打擊，信都之兵，亦恐難來會。無異於助長邯鄲，屆時河北所從諸部，不可能別鄉土、棄父母，追隨將軍於千里了。秀從彤議，五月即破邯鄲斬王郎。更始立大司馬秀為蕭王。並令其罷兵。

耿弇說劉秀，王郎雖破，不但不可以為天下從此太平，蒼生得以休養生息了，反而是大動亂的開始，更始令罷兵，絕不可從，且銅馬、赤眉等分處各地，兵眾不下數十、百萬，所向無敵。更始不但無力應付，退而自保，力猶未逮，覆亡在即，更始的時日不多了。從百姓之痛苦看，尤甚於莽時，人民所寄望之劉氏，猶且不如王莽，故知更始必亡，天下至重者也，茲已到了關鍵時刻。蕭王遂辭更始，謂「河

北未定，不能回師」，與更始分道揚鑣，不再從其號令了。

銅馬等賊，合數百萬眾，日唯寇擄百姓為事，儼然盜匪。光武擊銅馬於鄡（音鼓。今河北鉅鹿），破高湖、重連等眾數十萬，又破赤眉別帥、江大彤等十餘萬，收其眾降之。南徇河內，太守韓歆降，更北徇燕趙。赤眉西攻長安，蕭王遣鄧禹以二萬人入關，瞻其情況。

梁王劉永起兵睢陽（河南商邱及江蘇徐州等地），攻下濟陰、山陽、沛、楚等二十八城。並收容大盜東海董憲、琅琊張步等，以為將軍，督青、徐二州，與永連兵，遂專據東方；公孫述稱王於蜀，都成都；秦封自號楚黎王……。

乙酉，巽。

西元25年。世祖光武皇帝建武元年，民元前1887年。

蕭王肇帝位於河溯之鄗，國曰漢，元曰建武，南拔洛陽都之。

西元25年。劉秀即帝位于鄗（河北真定），是謂世祖光武皇帝，號曰建武。

赤眉陷長安，稱帝，殺劉玄。

赤眉擁百萬之眾而向無稱號，呼曰群賊，進至華陰，將入長安，自慼師出無名，無可對外號召者，適有齊巫狂言，朱虛侯劉章顯聖，訓斥赤眉沒出息，要當便當皇上，幹嘛要做土匪？因共議覓立漢宗室以資號召，所謂「挾義誅伐，以此號令，誰敢不從？」查軍中侯王之子七十餘人，初掠得式侯劉萌之子劉盆子等兄弟三

人，血緣較近，在軍中牧牛，由三人抽籤決定，劉盆子年最幼最後中籤，遂立為大將軍（當時皇帝的代稱）。盆子年方十五，披髮、赤足、衣服襤褸，擁之上臺，見眾將膜拜稱臣，嚇得手足無措，冷汗直流，幾乎要哭出來。

九月赤眉入長安，更始單騎逃走，諸將皆降，獨丞相曹竟不肯降，空手格劍而死。更始部將王匡、張卬建議更始，重新回復以往劫擄流竄的生活，更始不同意，遂與王匡，張卬連戰月餘，匡、卬等敗，更始復入長安。八月更始降於赤眉，赤眉封更始長沙王，光武封更始淮陰王，十二月更始被赤眉所殺。

公孫述稱帝成都，元曰龍興。

公孫述初稱蜀王，李熊說述稱天子，乃稱帝于成都，號曰成家，元曰龍興。李熊為大司徒，述弟光為大司馬，恢為大司空。

劉永稱帝睢陽。

劉永稱帝睢陽，初更始封永為梁王，至是永稱帝睢陽。

隗囂兵隴右。

隗囂（囂音嚚）聞光武即位河北，勸更始歸政於帝，更始不聽，隗囂擬與張卬劫更始歸南陽，更始不從，反使人包圍囂第，囂潰圍走歸天水。十二月隗囂據天水，自稱西州上將軍。招賢納士，中原豪傑多歸之。

盧芳稱兵安定。

安定盧芳（安定在今甘肅，即古定西），居左谷中，詐稱武帝曾孫劉文伯，自

立為上將軍西平王，使與南單于結和親，單于迎之，立為漢帝，以弟程為中郎將，將胡騎還入安定。

彭寵稱兵薊門。

初光武封彭寵為建忠侯，光武稱帝，其屬吳漢、王梁位皆三公，寵望封王，乃僅封侯，頗不自適，以為光武將其遺忘，當時天下疲弊，惟漁陽完好，有舊鹽鐵官，寵因以貿穀，積珍寶而大富強。

按：河北順天府，亦稱冀州、幽州、上谷、漁陽、范陽、燕山、北平。大興縣亦稱薊縣。宛平縣，亦稱幽都。良鄉縣亦稱燕國、中都。

丙戌，井。

西元26年。世祖光武皇帝建武2年，民元前1886年。

赤眉焚長安宮室、陵寢，銅馬赤犢尤來，立孫登為帝於上郡，其將樂方殺之。

赤眉稱帝二年，盆子之兄劉恭，知赤眉必敗，因教其弟盆子學習辭讓之道，並代其弟辭謝天子之位，不獲赤眉允諾，盆子自解印綬，向大家哀訴，說自己實在沒有這個能力領導赤眉，並痛哭求大家體諒，赤眉相約不再打家劫舍，二十日後，故態復萌，長安糧盡，赤眉收珍寶，燒宮室，恣殺戮，發掘諸陵墳墓，取其寶貨，凡以玉匣殮者，率皆如生，遂淫呂后屍，鄧禹擊之，反被所敗，復入長安。赤眉與

延岑戰，敗死十餘萬人，廖湛將十餘萬人攻漢中王嘉，嘉大破之，手斬湛，三輔大饑，人相食，赤眉東歸，尚二十餘萬，光武遣侯進等屯新安，耿弇等屯宜陽，令諸將賊東走，可引宜陽兵會新安，南走可引新安兵會宜陽，馮異遇赤眉於華陰，相拒四十餘日，降異者五千餘人。

丁亥，蠱。

西元27年。世祖光武皇帝建武3年，民元前1885年。

赤眉降漢於宜陽，長安平。蓋延平劉永于睢陽，隗囂以西州格命，李憲稱帝淮南。

赤眉數敗鄧禹，禹邀馮異共戰赤眉，異以士兵乏食，暫且休兵，禹不聽，復戰大敗，號以二十四騎逃歸宜陽，異棄軍走歸營，復與赤眉約期會戰，大破赤眉於崤底，賊眾東走遇光武之師降之。賜崇等洛陽田宅，光武憐盆子遭遇，以為趙王郎中，後食滎陽官地稅終身。

長安古稱天府、帝王之都，然自王莽起，更始申徒建取之；赤眉樊崇又取之，之後赤眉樊崇疊出疊入，如入無人之境，使聖佳之地蒙羞，可堪慨歎！茲群魔授首，長安得重見天日，漸復往日之尊嚴。

劉永立董憲為海西王，立張步為齊王，伏隆代表光武往說張步，謂封王有其難處，封十萬戶侯，應不是問題，曉譬之（開導之意），步不聽，隆上書言狀，步殺

隆而反。吳漢圍永將蘇茂於廣樂大破之。睢陽人迎劉永，蓋延圍之百日，劉永、蘇茂突圍走，延追擊之急，永將慶吾斬永首降。

帝以隴西道遠，拿不定主意處理隗囂問題，大中大夫來歙，願銜命前往，著朝廷對隴西隗囂的許諾，帝命來歙往，並謂隗囂如能內向，則公孫述便成了一隻孤鳥，早晚要自生自滅，隗囂的親信皆以為應與漢通好，囂本與漢有良好的關係，便接受了來歙的意見，親自來朝，光武賜以殊禮，言談之間稱字而不稱名，使用接待國君的禮儀，盛大歡迎隗囂。

淮南李憲，十一月稱帝於廬江，置百官，擁九城，眾十餘萬。

按：李憲於此天下事大定之時，而稱帝於廬江，較公孫述更等而下之，不識時務了。馬援謂公孫述為井底之蛙，李憲較公孫述之井底蛙，豈非又等而下之？

戊子，升。

西元28年。世祖光武皇帝建武4年，民元前1884年。

己丑，訟。

西元29年。世祖光武皇帝建武5年，民元前1883年。

彭寵為家奴所殺，來降，封不義侯，薊門平。

二年光武徵寵（召見述職之意），寵舉兵反。

彭寵在光武諸將中，乃最為得不償失者，光武之所以平王郎，無論兵力、糧秣等，寵之支援，無不盡心竭力，可說厥功甚偉。因之對光武希冀，亦逾奢。朝廷苟稍未如其願，則憤懣之情，即時爆發，遂以身家性命作賭注，不惜作乾坤之一擲，其為計之拙，遂至身死國滅，豈不可惜！幽州牧朱浮與寵書謂：遼東有豕，生子白頭，將獻之，中途見人豬皆白，始知自己的小白豬，並非如麒麟鳳凰之可貴。說寵的功勞，與朝中諸將相較而言，不過遼東之豕而已，怎可以漁陽一偶之地，與朝廷結怨？無異於捧土以堵孟津？彭寵聽不進朱浮的忠言，而反以浮為仇己，遂發兵攻浮。竟被其家奴子密，將其全家，無問男女老幼，悉皆殺死。一代英雄人物，竟如此難堪的草草收場，豈不令人慨歎！光武封密為不義侯。

公孫丑問孟子說，夫子最大的優點是什麼？孟子答說：「我知言，我善養吾浩然之氣。」「知言」，乃人生之大學問。

朱祜平秦豐于黎邱。

秦豐起兵于黎邱（湖襄陽宜城縣），攻得邔（音其或忌）、宜城等十餘縣，有眾萬人，自號楚黎王。漢朱祜平之。

滅張步於臨淄。

耿弇拔臨菑，張步率二萬眾，將攻弇，弇上書謂己以逸待勞，以實擊虛，不出十日可獲步首，光武親來助，未至弇即破步於臨菑東城下。其功勞意義，可比韓信，其難度尤逾於信。步敗退弇追步，蘇茂來救，光武言步、茂二人，誰先斬對方

來降，封列侯。步道斬茂來降，封安邱侯。

盧芳稱帝五原。

盧芳詐稱武帝曾孫劉文伯，自立為上將軍西平王，使使與南匈奴若提單于和親，單于以數千騎，迎芳與兄禽、弟程俱入匈奴，匈奴立芳為漢帝。以程為郎將，將胡騎返安定稱帝，將胡騎返安定。光武帝建武五年，李興、閔堪等，引兵至單于迎芳，十二月入塞，都九原縣，掠有五原、朔方、雲中、定襄、雁門五郡並置守，匈奴通兵，侵掠北邊。

建武六年，詔馮異進軍義渠，擊破盧芳將賈覽、匈奴奧鞬日逐王（奧鞬音鬱建），北地、上郡，安定皆降。

按：安定，甘肅舊平涼府及固原、涇州、甘肅鎮原縣南。五原，今綏遠。朔方：綏遠南及內蒙鄂爾多斯。雲中：戰國趙地，今山西懷仁、左雲、右玉之地。定襄：山西右玉至綏遠，北至燕代，西至雲中、九原等地。雁門：戰國趙置，今山西代州、甯武之北、朔平南部、大同在北，皆其境。

稱帝四年十二月盧芳迎芳至匈奴。

帝徵嚴光不起。

嚴光少與光武同遊學，光武即位四處尋訪，得於齊國，幾經敦邀乃至。拜諫議大夫，不受。遂耕釣于富春山中，壽終於家。

按：《地理志》富春縣屬會稽郡。或謂今杭州富陽縣，本漢富春縣，避晉文帝

太后諱，胥曰富陽。

庚寅，困。

西元30年。世祖光武皇帝建武6年，民元前1882年。

馬成平李憲於淮南。

淮南李憲，稱帝四年，自前歲被馬成包圍年餘，至正月拔之，憲亡走，其軍士帛意，斬憲降，妻子皆誅，封帛意漁浦侯。

吳漢平董憲於東海。

光武建武六年春，吳漢等拔朐，斬董憲、龐萌，江淮、山東悉平。

隗囂以西州入於蜀。

光武改用使囂攻述策略，隗囂（隗音偉，姓氏，又古國名，今湖北省境內）只推拖、搪塞，不見行動。光武又使來歙持書說囂，隗囂依然不著邊際的虛與應付，囂知光武洞悉其了無誠意，甘脆投靠了四川公孫述，期延旦夕之命，述封囂為朔甯王，遣兵往來，為之援勢（造成形勢，互以為援）。

辛卯，未濟。

西元31年。世祖光武皇帝建武7年，民元前1881年。

壬辰，解。

西元32年。世祖光武皇帝建武8年，民元前1880年。

西征，馮異、竇融，破隗囂於隴。

建武八年，中郎將來歙，將二千餘人伐隗囂，伐山開道，從番須回中，徑襲略陽，斬其守將金梁，隗囂率大軍圍略陽，公孫述來救，激水灌城，歙固死堅守。四月帝自將征囂，囂眾皆降。囂奔西城，吳漢引兵圍之。帝問馬援，援積米為山，指劃形勢，開示道徑，即進軍至高平第一，融率五郡太守及西羌小月氏步騎數萬、輜重五千餘輛來會，囂大將十三人縣十六眾十餘萬皆降，囂攜妻子奔西城，囂終不降，使吳漢岑彭圍西城，耿弇、蓋延圍上邽，公孫述派兵救囂，漢軍小挫。於是安定北地天水隴西復反為囂。

癸巳，渙。

西元33年。世祖光武皇帝建武9年，民元前1879年。

隗囂死。子純立。來歙，馮異伐蜀，入天水。

建武九年，隗囂病且餓憤恚死，諸將立囂子純為王，帝使馮異系之。秋八月，來歙率馮異等五將軍，討純於天水。

甲午 蒙 光武十年 滅囂	乙未 師 破蜀軍於 荊門	丙申 遯 吳漢拔都 誅公孫	丁酉 咸 盧芳入匈奴	戊戌 旅 天下平	己亥 小過 大司徒載涉下 獄死融亦免	庚子 漸	辛丑 蹇	壬寅 艮	癸卯 謙
甲辰 否 大司徒徒 歙下獄死	乙巳 萃	丙午 晉	丁未 豫	戊申 觀	己酉 比 馬援平交趾	庚戌 剝	辛亥 復	壬子 頤	癸丑 屯
甲寅 益	乙卯 震	丙辰 噬嗑 封泰山禪 梁甫	丁巳 隨 帝崩太子莊 嗣是為明帝	戊午 无妄 東海王彊 薨	己未 明夷	庚申 賁	辛酉 既濟	壬戌 家人	癸亥 豐

經世之卯二千二百三十六（世）。

甲午，蒙。

西元34年。世祖光武皇帝建武10年，民元前1878年。

漢光武皇帝十年，西征，滅隗囂於隴右。

十年八月，光武幸長安。隗囂將安定高峻，據高平第一（甘肅固原縣有高平第一城），耿弇等圍攻一歲不拔，光武自將征之，因於八月幸長安。

乙未，師。

西元35年。世祖光武皇帝建武11年，民元前1877年。

西征蜀至於南陽（南陽或云江關）。吳漢、岑彭，大破蜀軍於荊門。

建武十一年春，遣吳漢、岑彭攻蜀。漢軍逆流而上，焚其浮橋，蜀軍大敗。溺死者以千計，遂入江關。又大破侯丹，又晨夜兼行二千餘里，逕拔武陽，所謂勢若風雨，所至之處，述軍皆奔散，及彭軍至陽武、平曲，出述軍後，述以杖擊地，驚其神速之不可思議。

漢軍晨夜進兵。多張旗幟，登山鼓噪，右步左騎，呼聲動山谷，述軍大震恐，延岑不意漢軍卒至，大為震恐，漢軍縱擊大破之，斬首溺死者萬餘，延岑奔成都。盡獲其兵馬珍寶，降者以十萬數，光武賜述書，述拒不降，並派刺客刺殺岑彭，彭持軍秋毫無犯，蜀人立廟祀之。

十二月吳漢伐公孫述。

丙申，遯。

西元36年。世祖光武皇帝建武12年，民元前1876年。

吳漢拔成都。誅公孫述及將田戎、岑延。

建武十二年，命吳漢伐蜀，吳漢進軍廣都，據述心腹，述將帥恐懼，日夜叛離，述雖途窮路絕，而仍不降。帝戒吳漢，成都十餘萬眾，不可輕敵，宜集中兵

力，待其來攻，勿與爭鋒，乘其疲而擊之，遂集中兵力，吳漢與述戰于廣都、成都之間，八戰八勝，公孫述困急，乃散金帛，募死士五千餘人，出奇兵吳漢軍後，漢大敗墮水，緣馬尾得出。加以軍糧將盡，暗作撤退計畫，蜀郡太守張堪往見漢，說述必敗，不宜退師之策，漢從之，示弱以欺敵，吳分兵兩路，臧宮軍咸陽門，公孫述使其將延岑拒臧宮，自將數萬人攻吳漢，岑軍三合三勝，自晨至午，岑軍不得食，疲餒交加，漢軍精銳盡出，述兵大亂，漢將高武刺述，洞穿其胸，述死，延岑以軍降，蜀平。

述未敗時，徵廣漢李業為博士，業稱病不起；又聘巴郡譙玄，亦不至；蜀郡王皓、王嘉，先囚其妻子等，皓先自刎，以首付使者。費貽漆身為癩，任永、馮信偽為盲人，皆不就，述老羞成怒，或賜毒，或賜劍、或手刃……，可為王莽，赤眉之亞，其如行屍走肉而已。

丁酉，咸。

西元37年。世祖光武皇帝建武13年，民元前1875年。

盧芳自五原亡入匈奴。

詐稱武帝曾孫劉文伯的盧芳，在匈奴卵翼之下稱帝，為害於邊境者十餘年，芳攻雲中久不下，其將隨昱，欲脅芳降，芳知之，與十餘騎亡入匈奴，其眾盡歸隨昱，昱詣闕降。

戊戌，旅。

西元38年。世祖光武皇帝建武14年，民元前1874年。

天下平。

天下平定，匈奴、沙車、鄯善皆遣使入獻。

己亥，小過。

西元39年。世祖光武皇帝建武15年，民元前1873年。

大司徒歐陽歙下獄死。

大亂之後，天下初定，州郡長吏，輒有利用職權，侵吞自肥者，大司徒歙，亦因于汝南太守任內，度田不實，贓罪千餘萬下獄。歙家八世皆以授尚書為博士，是伏生之後，傳授《尚書》唯一的傳人，千餘人上書為大司徒求免，甚切有自願代之受死者，帝竟不赦，歙卒死獄中。

庚子，漸。

西元40年。世祖光武皇帝建武16年，民元前1872年。

交址女子徵側叛。青、徐、幽、冀盜起。

交趾麊泠縣（麊泠音糜零。《水經注》作糜，越南地名）、雒將女子徵側（以雒田為生者為雒民，雒田即隨海水出沒之海灘地，今稱海浦地，民墾食其田，為之

雒民，一如台灣台南布袋、東石，以養蚵為生之蚵民，此應泛指沿海之居民而言。雒設雒王、雒侯管其郡縣，其將稱雒將）十分驍勇，犯法，交趾太守蘇定繩之，徵側忿怨與其妹徵貳反。九真、日南、合浦、蠻俚，群起應之，凡略六十五城，自立為王。交趾刺史及諸太守，僅足自保。適青、徐、幽、冀郡國盜賊並起，郡縣征討，則兵來賊走，兵去賊來，不勝其擾，朝廷採以盜捕盜策略，凡六盜捕一盜者，即予重賞，官兵不負捕盜之責，即城池淪賊，或境內盜匪出沒，亦不加罪，唯窩藏掩蔽者始罪之，以盜捕盜之多寡論賞。於是諸盜更相追捕，盜賊自行解散，並將盜魁徙於他縣，發給其生活費，使安生業，由而至於牛馬放牧，任其自由，勿須看管，邑門不閉。

辛丑，蹇。

西元41年。世祖光武皇帝建武17年，民元前1871年。

南巡，廢皇后郭氏為中山太后。冊貴人陰氏為皇后。

夏四月帝南巡狩，皇太子及諸公（各皇子皆封為公）從幸潁川，帝進幸章陵（光武帝祖陵，位湖北棗陽縣東北）。郭皇后寵衰，數懷怨懟，冬十月，廢皇后郭氏，立貴人陰氏為皇后。

壬寅，艮。

西元42年。世祖光武皇帝建武18年，民元前1870年。

西巡。史歆以成都叛，吳漢復平之。馬援伐交址，幸長安。

建武十八年蜀郡守將史歆反，攻太守張穆，穆踰城逃，宕渠陽偉等起兵應之（宕音擋，四渠州流，車渠城），吳漢討平之。

徵側姐妹，寇亂連年，以馬援為伏波將軍討交趾。伏波緣海而進，隨山開路千餘里，至浪泊（今越南河內即紅河蘇瀝江之間）與徵側戰大破之，追至禁溪，徵側、徵貳逃入金溪究（《水經注》，金溪，其地在麊泠縣西南），三年後始得之。

癸卯，謙。

西元43年。世祖光武皇帝建武19年，民元前1869年。

南巡，馬援平交趾，封新息侯。廢皇太子疆為東海王。以東海王陽為皇太子，改名莊。

四月，光武南巡至河內。馬援封新息侯。

郭皇后失寵被廢，貴人陰氏立以為后，依子以母貴常例，郭后之子強太子之地位，自然見危。加以陰后子陽，智慧奇高，幾于天才，光武自然特為寵愛，子以母貴，廢立太子，似成定局。

按：某次，陳留郡守派官吏，向光武面報時，卷內有一則「穎川，弘農可問；河南，南陽不可問」字樣。帝問吏，何意？吏不敢答，上怒。東海公陽（帝子），

年十二，在布幔後說：「郡守有關穎川之墾田方式，欲比照他郡辦理。」光武謂：「為什麼河南、南陽不可問呢？」對曰：「河南帝城多近臣，田宅多逾越國家規定，這種特殊情形，是不能比照的。」武令虎賁將逼問該吏，吏供果如陽言。上由是益奇愛陽。

又，妖賊單臣、傅鎮等，聚眾佔領河南原武城，自稱將軍，官兵圍攻，久不能下，光武召集大臣，共議破賊策略。眾說紛云，莫衷一是，東海王陽獨說：妖巫相聚，各懷鬼胎，勢無久立，其間必有悔欲逃者，但由於被包圍得太緊嚴，而無法脫逃，應將包圍稍為放鬆，予一逃亡之隙，勿需官兵，即一小小亭長，亦可將其解決，卒果如東海之計。

光武已深知東海王陽的智慧逾越等倫，適郭后被廢（太子生母），太子之處境，更加了一層陰影，東海王陽，雖不欲為太子，恐亦由不得自己了，況其生母貴為皇后？

郭后既廢，太子強意不自安，郅惲說太子，皇后既廢，於其長處危疑之地，不如辭位以奉養母氏，太子使人多方面具疏向帝抒其至情，光武乃立陽為太子，以強為東海王。

廢謫，畢竟是傾動國本的大事，光武幾經過長期的內心掙扎，但在情感與理智，接近於無法分別辨時，最後還是走上廢太子之途，所幸皇太子能夠瞭解時勢，以謙退為懷，自願降於藩臣之位，「太子被廢」之事，雖謂謙退，然太子無過。仍

難為史家所認同。

甲辰，否。

西元44年。世祖光武皇帝建武20年，民元前1868年。

大司徒戴涉下獄死。

大司徒戴涉，以故陷太倉令奚涉於罪下獄死，以三公連職故（三公連坐），大司空竇融亦因而免。論者以為光武即位以來，殺了三位大司徒，載涉以瀆法，歐陽歙以贓，雖罪有應得，然亦不免予人以「用之草率，而殺之輕易」之感，尤有甚者，韓歆以諫而死，不無予世人以天子之眚。

乙巳，萃。

西元45年。世祖光武皇帝建武21年，民元前1867年。

丙午，晉。

西元46年。世祖光武皇帝建武22年，民元前1866年。

丁未，豫。

西元47年。世祖光武皇帝建武23年，民元前1865年。

戊申，觀。

西元48年。世祖光武皇帝建武24年，民元前1864年。

己酉，比。

西元49年。世祖光武皇帝建武25年，民元前1863年。

馬援破武陵蠻。

建武二十三年，武陵蠻渠帥精夫，其相單程等反（武陵蠻，在湖南常德界）。劉尚發兵萬人，入武溪擊之，因輕敵入險，山深水疾，舟不得上，蠻緣路激戰，遂致全軍覆沒。

建武二十四年七月，武陵蠻復寇臨沅（臨沅，漢置，隋改武陵，在今武陵縣西），討之不克。馬援率馬武、耿舒等往征之。

援謂其友杜愔，輒以未能戰死沙場以報國為憾，今得往征五溪蠻（雄溪、樠溪、酉溪、潕溪、辰溪），足償心願，惟所不安者，但畏貴戚子弟隨左右，難與調處耳。後援嘗有疾，虎賁中郎將梁松（帝女駙馬）拜援於床下，援不為禮，松意不平（援與松父為故交，且深知松之為人，故每欲拆其圭角，抑另有原故？援明知松為帝婿，官拜虎賁中郎將而不為禮，有違常情），卒因其征交趾時之一紙家書，被梁仇家利用，幾招滅門之禍，非叨貴戚子弟之賜者何？

按：光武二年十月，匈奴寇天水、扶風、上黨，馬援自請擊匈奴，光武許之，

並詔百官祖道，援即謂黃門侍郎梁松竇固說：「凡人富貴，當可使復賤也，如卿等欲不可復賤，居高堅自持，勉思鄙言。」說人生貴賤無常，如欲長保富貴，即當堅守原則，且勿忘鄙人今日之言。

援征南蠻，初頗順利，後以時逢溽暑，士兵多染疾疫，死者甚眾，援亦中疫身亡，戰事遂遭困滯。松與耿舒即構諂援，光武大怒，收回馬援新息侯印綬及其所有封賞。又以援征交趾回，載來苡薏一車，亦被誣為「明珠，文犀」。光武益怒。援妻孥惶懼，不敢葬援，因以蒿薦裹埋亂葬塋。援家上書訴冤，前後六上，辭甚哀切……未能動帝。卒賴前雲陽令朱勃詣闕上書，為援申辯，上意始稍解。

朱氏隱老以為：馬援視當時光武極為頭疼的隗囂、公孫述，直如一小毒草而已，自然不會把帝婿梁松當成一號人物看待，何況松乃援故人之子？這就應了「小鬼難與」的古諺，因為小人敢無所不用其極，自非君子所能當。惟令人遺憾者，以光武之明，竟相信其頗有前科之遊滑少年梁松（可以想見，梁松之得為帝婿，或將為一油頭粉面，巧嘴滑舌之徒，以馬援之謹，對一般達禮之士，亦不至如此居傲，何況帝婿），而摧折其出生入死，屢建大功的開國老將，干城之具，何竟毫不容情，而摧折打擊之？寡恩如此?!

按：

馬援兄子嚴、敦，喜評論時政、月旦人物，援平交趾時，曾為書誡之。囑其聞人之過，如聞父母之名，耳可得而聞，口不可得而言。並謂其平生最深惡痛絕於

子弟論人長短，評議時政。並舉龍伯高、杜季良為例，謂伯高「敦厚周慎，謙約節儉，余愛之重之，希其姪效之。」謂杜季良，豪俠尚義，能憂人之憂，樂人之樂，父喪弔唁賓客，數郡畢至，援謂我也十分敬愛尊重他，但卻不喜歡你們效法……，以免畫虎不成反類犬。季良即越騎司馬杜保。

馬援南征時，杜保仇家上書，檢舉保行為浮薄，將擾亂社會治安，並以伏波將軍征交趾時，戒子弟書為證，而尉馬梁松，卻與杜固交結，恐怕長久之後，會出亂子。光武痛責松，並示援書，松等叩頭流血，始免於罪，罷杜保官。松遂懷恨在心，及援病死，松遂與耿舒（耿弇之弟）誣陷援用兵不當，耿舒亦與兄弇書，耿弇向光武指責馬援不當，致兵士死傷甚眾，光武帝十分震怒，因派梁松為監軍，徹查馬援失利之罪。松因揑造事實，陷害馬援，光武震怒，收回馬援一切封號，竟使其死無葬身之地。

又援前征交趾時，常食薏苡，以輕身去瘴，載回一車，以推廣種植，援死後，亦被誣為明珠、文犀，帝更為惱怒，援妻惶懼，便以稻草裹援屍，埋於亂喪崗，不敢入祖墳，援家訴冤，前後六上，辭甚哀切……帝不為所動。

前雲陽令扶風朱勃，詣闕上書，謂援當間關險難，觸明萬死，經營隴、冀，南征北戰，事朝廷二十二年，「兵動有功，師出輒克，誅鋤先零，飛矢貫脛，出征交趾，與妻永訣，北出漠北，南渡江海，觸冒害氣，僵死軍事，名滅爵絕，海內不知其過，眾庶未聞其毀，家屬杜門，葬不歸墓，怨隙並興，宗親怖慄，死者不能自

列，生者莫為之訟，臣竊傷之。願下公卿平援功罪，宜絕宜續，以厭海內之望。」帝意稍解。

馬援之與光武，近乎友、臣之間，可謂胸懷朗朗，無絲毫偏頗之處，光武對於大有功於天下之故人，家人所受枉有冤者如馬援，亦難能作到「平頗」，求一公平而不可得，可謂光武意氣之至，千秋之眚！援家人訴冤，書六上而帝不省，卒賴前雲陽令朱勃上書，帝意始稍緩，此為帝王家之本色，抑因私情所蔽？就不得而知了。

韓非子說：「凡說（說，唸稅。下同）之難，在知『飾』所者之心，可以吾說當之。」無論忠奸、明暗，這是千古的共同法則，君子用之以為善，小人用之以為惡，尤其小人（佞臣、大部分宦官），皆以能飾所說者之心。可以吾說「當之」。明君竟何以如此？

韓非又說：龍可以騎，可以玩，但不能觸其逆鱗，觸之則必殺人。人主亦無不有其逆鱗，如觸其逆鱗，則必殺人，馬援其觸光武之逆鱗乎？然其逆鱗為何？則不可知也！

庚戌，剝。

西元50年。世祖光武皇帝建武26年，民元前1862年。

作壽陵。

用地不過二、三頃，無山陵陂池，一般而言，尚稱儉約。

辛亥，復。

西元51年。世祖光武皇帝建武27年，民元前1861年。

壬子，頤。

西元52年。世祖光武皇帝建武28年，民元前1860年。

癸丑，屯。

西元53年。世祖光武皇帝建武29年，民元前1859年。

甲寅，益。

西元54年。世祖光武皇帝建武30年，民元前1858年。

東巡狩。

車駕東巡。群上書謂帝即位三十年，宜封禪泰山。

乙卯，震。

西元55年。世祖光武皇帝建武31年，民元前1857年。

丙辰，噬嗑。

西元56年。世祖光武皇帝建武中元元年，民元前1856年。

東封泰山。禪梁甫。改元中元。西幸長安。馮魴為司空。

漢光武皇帝「建武」國號，據《祭祀志》載，光武封禪後，赦天下詔言：「改建武三十二年為建武中元年。」司馬溫公從之。

帝讀《河圖會昌符》：「赤劉之九，會命岱宗。」說應封禪者數十事，光武乃于建武中元元年，封禪泰山。二月己卯幸魯，進幸泰山，辛卯晨燎，祭天于泰山下南方，光武乘帝輦登山，夜半始下山。甲午，禪祭地于梁陰，四月癸酉還宮，赦天下。

按：所謂封泰山，乃于泰山上築土為壇以祭天，報天之功，故曰封。于泰山下之小山上，整理土地，舉行祭典，報地之功，故曰禪。合而言之曰封禪。祭地于梁父之陰，故曰禪梁父。

上行幸長安，五月乙丑還宮。六月辛卯，太僕馮魴為司空。

丁巳，隨。

西元57年。世祖光武皇帝建武中元2年，民元前1855年。

帝崩。皇太子莊踐位，是謂孝明皇帝。葬世祖于原陵。

二月戊戌，帝崩于南宮前殿，年六十二。太子莊即位，是為孝明皇帝。光武每

日清晨上朝，過午始罷；常與公卿、郎將，講論經理，每至夜半乃止。

論者以為：光武之所以得成東漢二百年之基業者，首先是能選拔優秀的行政官吏，興辦教育，重儒術，重氣節（如禮遇嚴光）等。其美中不足者：如封子密（子密弒彭寵全家來降，光武封不義侯）；廢郭氏（為立陰氏而廢郭后，並廢太子。廢太子這是傾動朝野的大事，歷代皆重之，甚之傷及國本，而釀成動亂）；移太子；殺韓歆（大司徒韓歆好直言無諱，嘗于光武帝前，謂天下將饑凶，指天劃地，言甚剛切。故免官歸田里，光武心中猶未平，復宣詔責之，歆與子嬰皆自殺。天下惜之）；斥桓譚（帝深信圖讖決事，桓譚諫帝宜屏群小之曲，槌五經之正義，帝大怒欲斬之，良久得解，下放為六安承，道死）；貶馬援（貶馬援更無道理了，因受駙馬梁松之讒故）；信圖讖；行封禪；黜呂太后；莫非其仁明之累矣！

按：司馬溫公論說：切直之言，非人臣之利，乃國家之福，是以人君日夜求之，猶恐不得。然而光武之世，韓歆竟以直諫而死，桓譚亦以諫而被逐，實光武聖治之玷。

戊午，无妄。

西元58年。顯宗孝明皇帝永平元年，民元前1854年。

改元永平。

己未，明夷。
西元59年。顯宗孝明皇帝永平2年，民元前1853年。

庚申，賁。
西元60年。顯宗孝明皇帝永平3年，民元前1852年。

辛酉，既濟。
西元61年。顯宗孝明皇帝永平4年，民元前1851年。
按：陵鄉侯梁松下獄死。
光武之駙馬公陵鄉侯梁松（松嗣其父統爵為陵鄉侯），因以私函請託於郡縣，被免官三年，心懷怨望，乃懸飛書謗，下獄死。松之結局，馬援似早已預見，因其乃友統之子，不忍見其覆亡，因思所以救之，故數拆之而不為禮，然而松非但不悟，且以仇視援，陷援不遺餘力。松之結局，莫非光武之優容以之。
古諺云：行必履正，勿懷徼倖。明帝為太子時，聞知鄭眾經學很有成就，太子及山陽王荊，欲因梁松與之交往，鄭眾以太子不得與外交通，乃法所明禁，故為眾所拒。松以太子命不可違。眾謂與其犯罪觸禁，不如守正而死。後松果敗。
按眾亦應心知松、荊皆傾側之人，故眾拒與交住。
註：飛章、飛書。有匿名、誣陷等義。如東漢史弼傳，弼遷河東太守，十常侍

侯覽詐作飛章，下司隸獄，誹謗誣弼。又：南齊書館侍郎沈熔，為飛書所謗。

壬戌，家人。

西元62年。顯宗孝明皇帝永平5年，民元前1850年。

北巡至於鄴。

癸亥，豐。

西元63年。顯宗孝明皇帝永平6年，民元前1849年。

東巡至於岱。

甲子兌 孝明皇帝七年	甲戌 大過
乙丑 履	乙亥 鼎 帝崩太子炟踐位
丙寅 泰	丙子 恒
丁卯 大畜 南巡狩	丁丑 巽
戊辰 需	戊寅 井
己巳 小畜	己卯 蠱 帝詔論五經異同
庚午 大壯	庚辰 升
辛未 大有	辛巳 訟
壬申 夬	壬午 困 太子慶冊肇
癸酉 姤 駙馬韓光下獄死	癸未 未濟

甲申	解 改元元和
乙酉	渙
丙戌	蒙
丁亥	師
戊子	遯 帝崩太子肇 嗣竇太后臨 制
己丑	咸
庚寅	旅
辛卯	小過
壬辰	漸 竇憲作逆事 覺伏誅
癸巳	蹇

經世之辰二千二百三十七（世），夬九三變兌為澤。

甲子，兌。

西元64年。顯宗孝明皇帝永平7年，民元前1848年。

漢孝明皇帝七年。

乙丑，履。

西元65年。顯宗孝明皇帝永平8年，民元前1847年。

丙寅，泰。

西元66年。顯宗孝明皇帝永平9年，民元前1846年。

丁卯，大畜。
西元67年。顯宗孝明皇帝永平10年，民元前1845年。
南巡狩。
南巡，即皇帝還鄉，自有一番盛況，由生員子弟，開音樂會歡迎助興，帝親為吹奏塤（音勳，土做的樂器）篪（音赤，竹子做的樂器）。兩種樂器聲音相和，有喻兄弟和睦之意。

戊辰，需。
西元68年。顯宗孝明皇帝永平11年，民元前1844年。

己巳，小畜。
西元69年。顯宗孝明皇帝永平12年，民元前1843年。
牟融為司空。
史以融明經、高才，善議論，然而考其行事，則乏建樹。

庚午，大壯。
西元70年。顯宗孝明皇帝永平13年，民元前1842年。
河大決。

辛未，大有。
西元71年。顯宗孝明皇帝永平14年，民元前1841年。
壬申，夬。
西元72年。顯宗孝明皇帝永平15年，民元前1840年。
東巡狩。
癸酉，姤。
西元73年。顯宗孝明皇帝永平16年，民元前1839年。
司徒邢穆，駙馬都尉韓光，下獄死。
淮陽王延是個十分驕奢、狂悖，御下酷烈之人，因與謝弇（延王姬之兄）、韓光（延姊館陶公主駙馬）及司徒邢穆等，共招奸猾，作圖讖（讖音趁，即一種預兆），祠祀咒詛等，被仇者舉發，王、光、弇及刑穆等，皆下獄死，誅連甚廣。
甲戌，大過。
西元74年。顯宗孝明皇帝永平17年，民元前1838年。
乙亥，鼎。

西元75年。顯宗孝明皇帝永平18年，民元前1837年。

帝崩。太子炟踐位。是謂孝章皇帝，葬顯宗於節陵。

按：炟，當割切。司馬《通鑑》註讀著。炟顯宗第五子，生母賈貴人，以馬皇后為母養之，立為太子。納竇勳女為貴人，母即東海恭王女沘陽公主，得幸，為后。

丙子，恒。

西元76年。肅宗孝章皇帝建初元年，民元前1836年。

改元建初。

丁丑，巽。

西元77年。肅宗孝章皇帝建初2年，民元前1835年。

戊寅，井。

西元78年。肅宗孝章皇帝建初3年，民元前1834年。

己卯，蠱。

西元79年。肅宗孝章皇帝建初4年，民元前1833年。

鮑昱為太尉；桓虞為司徒，詔于白虎觀，議五經異同。

校書郎揚雄建言，仿石渠故事議訂五經：帝詔太常、大夫（光祿、太中、諫議大夫等）、博士（五經博士）、郎官（五署郎及尚書郎、東觀校書郎等）及諸儒，會白虎觀（在北宮），議五經異同。

庚辰，升。

西元80年。肅宗孝章皇帝建初5年，民元前1832年。

辛巳，訟。

西元81年。肅宗孝章皇帝建初6年，民元前1831年。

壬午，困。

西元82年。肅宗孝章皇帝建初7年，民元前1830年。

廢皇太子慶為清河王。冊皇子肇為皇太子。北幸鄴，西幸長安。

廢慶立肇，漢宮雖未至流血，但卻頗有一番風波。

早時，太后為帝納扶風宋、楊二女為貴人。大貴人生太子慶。梁、竦二女亦為貴人，小貴人生皇子肇，竇皇后養肇為子，馬太后崩，竇太后寵盛與其母沘陽公主欲陷宋、楊二貴人，誣其為厭勝之術，二貴人自殺，遂廢太子，改以肇為皇太子。

慶、梁竦二貴人方自欣慶，諸竇聞而惡之，必欲除之而後快，數譖之於帝，並作飛書陷竦，竦死獄中，家屬徙九真（在嶺南交趾），二貴人以憂死，並連及梁松妻舞陽公主，被徙新城（今河南洛陽龍門以南，今名辛店）。

於是竇氏獨擁後宮，權力所及之一切合法、非法之榮寵、利益。竇后兄憲，恃后聲勢，竟至連沁水公主之田園，亦予霸佔，可見一斑。後經帝察覺，亦僅申斥了事。司馬溫公以為，人主對臣下之為姦，知而不能去，等於為其所作之惡背書，無異於助長其惡行，還不如不知為好。

癸未，未濟。

西元83年。肅宗孝章皇帝建初8年，民元前1829年。

東巡狩。

甲申，解。

西元84年。肅宗孝章皇帝元和元年，民元前1828年。

改元元和，南巡狩，鄭弘為太尉。

章帝南巡，令地方不得接待，乃至修橋鋪路，亦不勞動民力。帝南巡幸宛，聞前臨淮太守朱暉，治績甚佳，時人嘔歌暉謂「吏畏其威，民懷其惠」。上召而用之，擢為尚書僕射，因反對均輸法，與帝意相左，乃自囚待罪，後經帝疏說而罷。

按：均輸法，行於漢武帝時，大意即各地方每年繳糧賦於京師者，包括運費，均折合現金，再由官吏在當地採購運京。朱暉反對朝廷以做買賣的方式處理問題。帝甚怒，暉等自繫獄，帝自知處置不妥，遂重重賞賜暉。

乙酉，渙。
西元85年。肅宗孝章皇帝元和2年，民元前1827年。
東巡狩。

丙戌，蒙。
西元86年。肅宗孝章皇帝元和3年，民元前1826年。
北巡狩。

丁亥，師。
西元87年。肅宗孝章皇帝章和元年，民元前1825年。
改元章和，南巡狩。

戊子，遯。
西元88年。肅宗孝章皇帝章和2年，民元前1824年。

帝崩。皇太子肇踐位，是謂孝和皇帝。太后竇氏，臨朝稱制。竇憲為車騎將軍，專政。葬肅宗於敬陵，鄧彪為太尉，錄尚書事。

章帝駕崩，太子甫十歲，對深受權利欲望薰灼的竇氏家族而言，真是天賜良機，竇太后「臨朝稱制」，順利做了比皇帝更皇帝的代皇帝。全家族包辦了朝中的一切。弟憲以侍中內干機密，出宣誥命，弟篤為虎賁中郎將，篤弟景、環皆為中常侍，兄弟五人皆居機要之地。憲客崔駰以書戒憲說：「生而富者驕，學而貴者傲，生富貴而能不驕傲者，未之有也，……之所以然者，位有餘，而仁不足也。自漢興至哀、平，外家二十，保族全身者，四人而已，可不慎哉？」憲終不悟。

按：四家為文帝薄太后、竇后；景帝王后；卬成王后，四人而已。（卬音昂，漢宣帝王皇后為卬成太后。）

己丑，咸。

西元89年。孝和皇帝永元元年，民元前1823年。

改元永元。竇憲敗匈奴於稽落，勒功燕然，還為大將軍。

庚寅，旅。

西元90年。孝和皇帝永元二年，民元前1822年。

辛卯，小過。

西元91年。孝和皇帝永元三年，民元前1821年。

帝加元服。班超平西域。

按：元服：元為頭，服，衣服。元服，即頭的衣服，亦即所謂的冠禮，即加冠之意。

以班超為西域都護騎都尉，移鎮龜茲（龜音邱），長史徐幹屯疏勒。

壬辰，漸。

西元92年。孝和皇帝永元4年，民元前1820年。

竇憲作逆事覺，伏誅，帝始親萬機。

竇氏子兄弟並為卿、校尉，充滿朝廷，穰侯鄧疊，疊弟磊為步兵校尉，及母元、憲婿郭舉、舉父長樂少府璜，並出入禁中，舉得幸太后，因謀弒逆。帝陰知其謀，然以竇氏勢大，朝臣莫敢不附，遂使千乘王伉，私納清河王慶入宮，與宦者鄭眾，勒兵閉城門，收捕郭璜、郭舉，鄧疊、鄧磊皆下獄死，收憲大將軍印綬，改封為冠軍侯，令與篤、景、環皆就國（即驅出京城，回其封地），回封地後，皆迫令自殺。於此，帝始親政。

按：時帝年甫十四歲，即能發知竇氏謀逆，而勒兵南北宮，閉城門，收大將軍印綬，迫令竇氏皆就國，竇氏賓客為官者，皆免歸故郡。班固以其奴醉罵洛陽令

種競，種因捕竇氏賓客，捕固死獄中，時班固著《漢書》未竟，詔固女弟班昭繼成之。

班固是位具有卓識的史學家、文學家。班氏嘗批評司馬遷《史記》，在立論上頗崇黃老而薄六經，輕仁義而賤守節；對殺身成仁，守死善道者之推崇，未能特予標榜，是所難以令人苟同者。

但亦有人以為：班固之史筆，自司馬遷而後，誠無出其右者。諸如對古人行事得失之迹的分析，所見十分淵博；其所著《漢書・人物志》，賢愚不肖之分為九等，十分詳盡；更如外戚之禍敗，猶固所目見，而自己卻反為竇氏賓客，而卒被殺。論者以為班固乃是「短於議，而長於文；輕於德，而急於進」者。自古文人才士，類皆如此，然而鮮有不敗者。

癸巳，蹇。

西元93年。孝和皇帝永元5年，民元前1819年。

甲午	艮	孝和皇帝六年
乙未	謙	
丙申	否	
丁酉	萃	司徒劉方自殺
戊戌	晉	
己亥	豫	禹為太尉
庚子	觀	
辛丑	比	
壬寅	剝	廢皇后陰氏
癸卯	復	

甲辰 頤	甲寅 家人
乙巳 屯 鄧太后臨朝稱制	乙卯 豐
丙午 益	丙辰 革
丁未 震	丁巳 同人
戊申 噬嗑	戊午 臨
己酉 隨	己未 損
庚戌 无妄	庚申 節
辛亥 明夷	辛酉 中孚
壬子 賁	壬戌 歸妹
癸丑 既濟	癸亥 睽

經世之巳二千二百三十八（世）。

甲午，艮。

西元94年。孝和皇帝永元6年，民元前1818年。

漢孝和皇帝六年。

乙未，謙。

西元95年。孝和皇帝永元7年，民元前1817年。

丙申，否。

西元96年。孝和皇帝永元8年，民元前1816年。

丁酉，萃。
西元97年。孝和皇帝永元9年，民元前1815年。
司徒劉方有罪，自殺。

戊戌，晉。
西元98年。孝和皇帝永元10年，民元前1814年。

己亥，豫。
西元99年。孝和皇帝永元11年，民元前1813年。

庚子，觀。
西元100年。孝和皇帝永元12，民元前1812年。
張酺罷太尉，張禹為太尉。

辛丑，比。
西元101年。孝和皇帝永元13年，民元前1811年。
魯恭為司徒。

壬寅，剝。

西元102年。孝和皇帝永元14年，民元前1810年。

廢皇后陰氏，冊貴人鄧氏為皇后，徐防為司空。

皇后陰氏以妒忌恚恨、外母鄧朱，出入宮掖不禁，或謂后與朱為巫蠱之道，因被廢，遷之桐宮，以憂死。立貴人鄧氏為后。

按：斯年，徵班超還京師，班超以年老乞歸，上書言：「臣不敢望到酒泉郡（甘肅肅州），但願生入玉門關（今甘肅晉昌即玉車縣）。」超妹曹大家（家，唸姑）上書，謂「超年已老大，遇事多力不從心，如遇倉卒之變，則不但其前功盡棄，且毀其一生英名，如能選人接替，令超得還，不但使國家無勞遠之慮，西域亦無倉卒之憂。」乃徵超還京師。超八月至雒陽，拜射聲校尉，九月薨。超與蘇武皆立功絕域而卒未獲封侯。較之外戚繈褓封侯者，帝王家視名器如玩物，靳之與濫，就國家言，小之足以佈怨，甚之足以敗亡，就個人言，所謂「馮唐易老，李廣難封」，遇不遇，幸不幸而已！

癸卯，復。

西元103年。孝和皇帝永元15年，民元前1809年。

南巡。

甲辰，頤。
西元104年。孝和皇帝永元16年，民元前1808年。
司徒魯恭罷，免徐防為司徒，陳寵為司空。

乙巳，屯。
西元105年。孝和皇帝元興元年，民元前1807年。
改元元興。帝崩，皇子隆立，是謂殤帝，太后鄧氏臨朝稱制。車騎將軍鄧騭專政。

和帝名肇，章帝第四子，在位十七年，十二月辛未崩，壽二十七。鄧后皇子隆即位（始生百餘日，為鄧后所養），尊皇后曰皇太后，太后臨朝。

論者以為，和帝是一位頗有作為的皇帝，十四歲即識破竇憲陰謀，平竇氏之亂，尊信儒術，友愛兄弟，禮賢納諫，綏靖國家，其貢獻過章帝遠甚。帝崩子少，如能選立章帝他子（如清河王慶，初曾立為太子，以竇太后意廢之）而立之，則後漢或可因而安定，叵奈太后利於沖幼臨朝而生異心，為無可如何之事，豈不可惜？然亦有持保留看法者（如朱氏隱老）。論者以為，漢室之禍，肇於章帝而成於和帝，世咸以為和帝十四歲，即能發竇氏叛國之謀而弭平之，已明其智優於章帝，論者以為，斷（策略）之高下，取決於其完美而無瑕疵，亦即其周衍性如何，處斷於不善之人，因而衍生之問題，和帝之斷取決於宦官鄭眾之力，其實宦官與外戚，了

無分別，同為朝廷之毒草、毒瘤，其為害可說無分軒輊。宦官之為禍，自鄭眾始，當時朝中大臣，三公有袁安、任隗，尚書有何敞、樂恢，如能合此四人之力，一紙詔書，即可弭禍於無形，而不至委於宦官，以收一時之利。用鄭眾是一個最壞的示範，終致東漢之所以亡。猶如太后臨朝，為後世野心女后，以最壞的口實和啟示，宦官與女后干政，可謂東漢之所以亡之摧命符。

以虎賁中郎將鄧隲為車騎將軍，居禁中，每朝見，與三公絕席（言其地位超於三公，三公不得與其同列）。以太常尹勤為司空。

丙午，益。

西元106年。孝殤皇帝延平元年，民元前1806年。

改元延平，葬穆宗於慎陵。帝又崩。鄧隲迎章帝孫祜立之，是謂孝安皇帝。葬殤帝于康陵。尹勤為司空。

按：殤帝名隆，和帝少子，在位一年，壽兩歲。

春正月，以張禹為太傅，徐防為太尉錄尚書事。

三月甲申，葬孝和皇帝於慎陵，廟號穆宗。命騭居禁內，每特見，與三公絕席。

夏四月，以鄧隲為車騎將軍，議同三司（三司即三公，乃歷代所公認之行政首長，言騭位同三公）。秋八月，帝又崩，太后迎清河王子祜入即位，時帝年已十

三，太后猶臨朝。（史家以一個「猶」字，已概括了鄧氏的一切。）

按：迄辛酉建光元年，鄧太后崩，帝始親政，時帝已二十七歲，鄧后仍不歸政，直至其駕崩。

秋九月，六州三十七處大水，十月四州大水、雨雹。

十二月，清河王慶卒。

丁未，震。

西元107年。孝安皇帝永初元年，民元前1805年。

改元永初，魯恭為司徒；張禹為太尉；張敏為司空，周章謀廢立，不克，自殺。

夏四月，封鄧騭及弟悝、弘、閶，皆為列侯。騭辭不受。

秋九月以盜賊雨水，策免太尉防（徐防），司空勤（尹勤）。三公以災異免，自此始。

東漢自中頁以來，寇賊災異，輒策免三公，於情、於理，難圓其說。因後漢之三公，皆具位之臣，與所謂災異之變，盜賊之亂，可說風馬牛不相及。何況就當時而言，所有行政權力，皆集於鄧氏一族，外人莫能過問。所有恩澤雨露，寵被近習小人，親其黨類，用其私人，自京師至州郡，作威作福，戕害於人民者，無所不至。遂致天怒人怨，陰陽失和，皆戚、宦之所為，朝廷則歸責三公，謂其行事有干

天和，致使天地震怒，降禍於黎民云云者，不知從何說起，竟將三公或罷黜，或誅殺，極為悖情乖理。

仲長統以為：光武因前漢大臣竊權，矯枉過直，雖置三公，而政歸尚書，三公備員而已。但國家社會發生動亂與災難時，又為代罪之羔羊，但從另方面看，或以為「三公」之責，既在於：上佐天子、理陰陽，下正百官。居其位、食其祿而不能盡其責時，則去之，無所謂當或不當。孟子所謂：「有官守者，不得其職則去；有言責者，不得其言則去。」三公既不得盡其言責、職守，便當自動去位，不可尸位素餐。所以說：罷之，並不乖理，無所謂當或不當。

戊申，噬嗑

西元108年。孝安皇帝永初2年，民元前1804年。

鄧隲為大將軍。

徵鄧隲為大將軍，頗能引進賢達之士，如弘農（河南靈寶）楊震、巴郡陳禪等，或列於朝廷，或置之幕府。獲時清望。

己酉，隨。

西元109年。孝安皇帝永初3年，民元前1803年。

帝加元服。

帝冠，赦天下。京師大饑，民相食。

司徒魯恭，數居三公之位，所選拔為列卿、太守者數十人，其門下耆生，不蒙薦舉，頗有怨望。恭以為：一個人只怕學術不能成，不怕沒人賞識，而被社會遺忘的。

庚戌，无妄。

西元110年。孝安皇帝永初4年，民元前1802年。

海寇亂。

夫餘王寇樂浪；高句麗王宮與濊貊，寇玄菟。

海賊張伯路寇東萊，青州刺史擊破之，餘眾遼人李久等共斬之。

辛亥，明夷。

西元111年。孝安皇帝永初5年，民元前1801年。

西羌入寇。張禹免太尉。

壬子，賁。

西元112年。孝安皇帝永初6年，民元前1800年。

太后鄧氏，有事於太廟。劉愷為司空。

論者以為有事宗廟，無異於對宗祧、祖考之褻瀆與大不敬。大違禮法，有失婦道，為後人做了很壞的示範。

癸丑，既濟。

西元113年。孝安皇帝永初7年，民元前1799年。

甲寅，家人。

西元114年。孝安皇帝元初元年，民元前1798年。

改元元初。司馬苞為太尉。

按：宦者蔡倫始造紙。

乙卯，豐。

西元115年。孝安皇帝元初2年，民元前1797年。

冊閻氏為后，劉愷為司徒，袁敞為司空。

夏四月，冊立貴人閻氏為皇后。（閻后之母，因與大將軍虎賁中郎將鄧弘妻同產，因而得立。）后性妒忌，後宮李氏生皇子保（保後立，是為順帝），后鴆殺李氏。

以司空劉愷為司徒，袁敞為司空，敞，袁安之子。

前虎賁中郎將鄧弘卒。弘性儉素，治歐陽尚書，授帝於禁中。

丙辰，革。
西元116年。孝安皇帝元初3年，民元前1796年。
李咸為司空。

丁巳，同人。
西元117年。孝安皇帝元初4年，民元前1795年。
按：夏四月，策免司空袁敞，敞自殺。
敞為袁安之子，袁安為三公，乃不阿於竇氏者；敞有父風、廉勁，不阿權貴，失鄧氏意，論者謂乃其父子一脈相傳之家風云。尚書郎張俊有私書與敞子，被俊仇家密報，敞因被策免，自殺。

戊午，臨。
西元118年。孝安皇帝元初5年，民元前1794年。

己未，損。
西元119年。孝安皇帝元初6年，民元前1793年。

庚申，節。

西元120年。孝安皇帝永甯元年，民元前1792年。

改元永甯，楊震為司徒。

辛酉，中孚。

西元121年。孝安皇帝建光元年，民元前1791年。

改元建光。太后鄧氏崩，帝始親政事。特進鄧隲、度僚將軍鄧遵下獄死。

鄧太后自臨朝以來，水旱十載，四夷外侵，盜賊內起，每聞民饑，或達旦不寐，或減膳撤樂（食時撤除奏樂），以救災厄，是太后眷念黎民之心。然於朝臣諫其還政者，皆深惡痛絕，或打殺如杜根、或罷黜如成翊世，大有除殺務盡之勢。然亦頗能起用人才，如聞虞詡有將略，即令其為武都太守，詡擊退羌眾，開闢土地，蕃庶人口，進而貨暢其流，平抑物價，使民生樂，一郡安庶。

鄧后未崩時，以安帝乳母王聖為中心的反鄧勢力，已暗中與中黃門李閏、江京等相結合，祕密佈署，醞釀奪權，京等環伺安帝左右，日以離間后帝感情，製造矛盾，及鄧后崩，即誣告太后兄弟悝、弘、閶等，謀立平原王。帝遂盡廢鄧氏諸侯為庶人，隲雖不與謀，然亦免其特進、徙封羅侯，沒收其貲財，遣就國。隲與子鳳，皆不食死。隲從弟河南尹豹、度遼將軍舞陽侯遵，將作大臣暢，並下獄死。後世對

每以謙退為懷之鄧騭，莫不傷之，然騭一再謙退，亦明知其結果必將以悲劇終，然以鄧太后故，遷延因循，未能遽去。《繫辭下》曰：「見機而作，勿恃終日。」非真智者，難能果決。

按：史載，安帝少時，號為聰明，故太后立之，及長，其生活行為，諸多不堪，太后十分懊惱。

鄧騭祖為東漢開國元勲鄧禹之後。

壬戌，歸妹。

西元122年。孝安皇帝延光元年，民元前1790年。

改元延光。

癸亥，睽。

西元123年。孝安皇帝延光2年，民元前1789年。

司徒楊震為太尉。

朝野方深惡痛絕於鄧氏之把持朝廷，不肯歸政，杜根冒死諫，太后不但不為所動，竟以錦囊扼殺之。鄧太后崩後，朝中反鄧勢力擡頭，遂誣告太后兄弟，陰謀廢立。安帝即以大逆不道罪，無論賢愚，廢鄧氏等皆為庶人，鄧騭徙封羅侯、騭絕食而死（騭乃朝中之長者，太后屢拔擢高位皆辭不就，處事正直，頗能引進有道之

士如楊震等），宗族免官歸故郡，沒入貲財，自隳而下，死者之眾，《綱鑑》不忍卒書。清除了朝中的鄧氏勢力，代之而起者，乃蛇鼠為倀，幾可以「男盜女娼」類之。耿貴人之兄寶、閻皇后兄弟典禁軍、宦官江京、李閏皆封侯……與中常侍樊封、劉安、帝乳母王聖、聖女伯榮，搧動內外，競為奢虐；出入禁門，傳通姦賂，不一而足……司徒楊震、尚書翟酺極諫。上書謂：「祿去公室，政移私門，斂天下之財，積無功之家，又強佔街坊民，為其興舍第……攻山採石，為費巨億，各宦官亦借機，魚目混珠，各造私第，依倚近倖姦佞，與之分威共權，傾動大臣，宰司辟召，承望旨意，招徠海內貪佞之人，受其貨賂……，願陛下勉求忠貞，誅遠佞陷……」。不知此等群佞，正昏君所以荒淫穢亂之源頭，豈肯遠聽？昏君佞臣，混為一體，其為禍之烈，較鄧氏專權之害，誠不可以道里計。

按：鄧后每聞民饑，或達旦不寐，或減膳撤樂（食時撤除奏樂），以救災厄，是太后眷念黎民之心。較之閻氏、漢安之與諸宦豎，偽造詔命，自國庫撥款為帝乳母及諸無關宦豎，營造私第，有關郡縣宦仰承鼻息，假公濟私者，固不可同日而語矣。

甲子	需	廢太子罷楊震
乙丑	小畜	孝順帝立
丙寅	大壯	
丁卯	大有	
戊辰	夬	
己巳	姤	
庚午	大過	班始棄市
辛未	鼎	
壬申	恒	冊立梁氏為后
癸酉	巽	

經世之午二千二百三十九（世），夬九四變水天需。

甲戌	井	甲申	遯 沖帝
乙亥	蠱	乙酉	咸
丙子	升	丙戌	旅
丁丑	訟	丁亥	小過
戊寅	困	戊子	漸
己卯	未濟	己丑	蹇
庚辰	解	庚寅	艮
辛巳	渙 梁冀為大將軍	辛卯	謙
壬午	蒙	壬辰	否
癸未	師	癸巳	萃

甲子，需。

西元124年。孝安皇帝延光3年，民元前1788年。

漢孝安皇帝十八年，東巡。廢太子保為濟陰王，楊震罷太尉。馮石為太尉。

論者謂安帝三公，無出楊震之右者，然震徒有報國安民之心，雖披肝瀝膽，掬盡忠言，初為司徒，奏劾一賤微嬖幸之老乳媼，帝不之理，是三公之位，在安帝心目中，尚不如一乳媼，似可以去矣而不去！再三年為太尉，復劾乳媼王聖、謝惲等諸佞，又不納，更可以去矣！再一年，彈劾近幸驕溢逾法，霸佔街坊，侵佔民居，反被譖訴，而致殺身。震位居三公，兩奏一乳媼老婦而不能動，朝中事尚有大此者？再諫、三諫，而帝均不睬，震之三公，復有何趣？誠當去矣！而不去！適有河

間趙姓男子上書，批評朝政，帝震怒，將之下獄，楊震上疏救之，帝不懌，竟斬於市。樊豐等即上書謂楊震以趙騰故，而心懷怨望。諸豎進而讒震，為鄧氏故吏，對帝生恚恨之心……。於是帝東巡還，未入宮。即策收太尉楊震印綬，遣返故郡，震自殺。

安帝三公，固無出震之右者，然人臣以道事君，合則留，違則去，或謂仁者度君而後事（先要瞭解這個皇帝值不值得追隨），不事君而後度也（不是先共事之後，再決定去留）。燭理必明，處義必精也。震極諫而取殺身之禍，忠則忠矣，然燭理不明，而處事不精也。震知諫而不知去，是十分可惜的事。或者其守死善道之志也！

楊震罷去，以馮石為太尉。馮石為何許人？石為衛尉時，帝即留飲其府達十日之久，朱隱老謂其「便僻側娟，要寵於上」（投機取巧，不守禮法，陷膩以討好于主上者），石能取悅當世，故為帝所寵。

按：曩曾聘汝南周燮、南陽馮良皆不至。族人皆謂，修德力行，所以為國，朝廷聘而不行，是何道理？燮曰：修道者要度時而動，動而不時，會是什麼好結果呢？楊震於安帝而言，還能寄予什麼希望呢？

乙丑，小畜。
西元125年。孝安皇帝延光4年，民元前1787年。

帝南巡崩于葉，太后閻氏臨朝稱制。閻顯為車騎將軍專政，立章帝玄孫北鄉侯懿，誅大將軍耿寶。

春二月甲辰，安帝南巡，至南陽發病，至葉而崩，大將軍閻顯與皇后閻氏、宦者江京等，祕不發喪，至洛始發喪。太后閻氏臨朝稱制，閻顯為車騎將軍，立章帝孫北鄉侯懿為帝（利其愚弱而稱制），同時並清除政敵耿氏、樊豐、謝惲、王廣等皆下獄死，乳嫗王勝及女伯榮徙雁門。

按：或謂自安帝即位至埋葬，大書一百七十七事，外狄內侵及盜賊五十六件，災變七十件，其世道可知矣！觀其狎佞，厚佞，疾忠賢之狀，冀其弭災靖亂，其可得乎？

葬恭宗於茶陵。懿又卒。車騎將軍閻顯，及大長秋江京，閉宮門擇立他子。中黃門孫程等十九人，殺江京，迎濟陰王立之，是謂孝順皇帝。顯兵入北宮不勝，孫程取閻顯及江京之黨殺之，亂乃定。以王禮葬北鄉侯。馮石為太傅，李郃為司徒。

北鄉侯無天子命，即位未數月即駕崩，閻氏密不發喪，閉宮門，屯兵自守。時中常侍孫程與濟陰王謁者長興渠（謁者猶今之祕書長）、南陽王康（曾為濟陰王府吏）、王國，與中黃門黃龍等十九人，共斬宦官江京、劉安等，迎安帝子濟陰王即皇帝位，是為順帝（時帝年十一歲）。

按：先時閻顯以崔駰子瑗為吏，瑗知顯將敗，欲說顯收江京立濟陰王，顯終日沈醉不得見，會顯敗，瑗被斥，門生欲上書言狀，瑗止之，遂辭歸，不復出。

以馮石為太傅，劉熹為太尉。李郃為司徒。

丙寅，大壯。

西元126年。孝順安皇帝永建元年，民元前1786年。

順帝諱保，安帝太子，在位十九年，壽三十一。

改元永建，皇太后閻氏崩，桓焉為太傅，朱寵為太尉，朱倀為司徒。

順帝即位，朝臣以為安帝非閻氏所生，與帝無母子恩，應移之別宮。周舉以為不妥，如因而致太后鬱抑而終，會造成歷史的遺憾，對天下後世無法交待，況且歷史上如大舜失歡於其父，秦始皇、晉莊公失歡於其母等，都曾遭遇過同樣的問題，因有大臣如穎考叔等調和，皆以完滿收場，為歷史佳話，於是帝率百官，朝太后，太后大喜，未及一月，太后閻氏即崩逝。

以桓焉為太傅、大鴻臚朱寵為太尉。司隸校尉虞詡，到官數月，即劾奏馮石、劉熹，阿附權貴免之。又劾奏中常侍程璜、陳秉、孟生、李閏等，百官側目，號為苛刻，於是三公聯名劾詡「盛夏拘繫無辜」罪。將詡下獄。詡上書自訴謂：法律似堤防，用以約束人民作奸犯科，刑罰如銜轡，強制禁止人民不得越軌，而目前一般官吏，多以玩法表示寬大為懷，以博賢吏之名，相反的，對奉公守法者，則認為愚不可及，我所舉發者，無不罪證確鑿，三公之所以劾奏我，擔心他們的犯行被我舉發，務期除之而後快。帝遂釋詡。

丁卯，大有。
西元127年。孝順皇帝永建2年，民元前1785年。

戊辰，夬。
西元128年。孝順皇帝永建3年，民元前1784年。

己巳，姤。
西元129年。孝順皇帝永建4年，民元前1783年。
帝加元服，龐參為太尉，王龔為司空，劉俊為司徒。

庚午，大過。
西元130年。孝順皇帝永建5年，民元前1782年。
班勇棄市（按：勇，應為始）。
定遠侯班超之孫班始，尚帝姑陰城公主，公主驕淫無道，始積忿難忍，遂殺主，卒被腰斬，兄弟皆棄市。

辛未，鼎。
西元131年。孝順皇帝永建6年，民元前1781年。

壬申，恒。
西元132年。孝順皇帝陽嘉元年，民元前1780年。
改元陽嘉，冊梁氏為皇后。
改元陽嘉。
順帝欲立皇后，四位貴人，皆其帝所愛，難以取捨，擬用抽籤決定。大臣諫從其德行、年齡上等來選，較恃諸鬼神為好，遂立梁氏為后。

癸酉，巽。
西元133年。孝順皇帝陽嘉2年，民元前1779年。
施延為太尉。
太尉龐參，在三公中最為忠直，然常被其左右所誣陷，又因舉人不合帝意而被參，廣漢上疏謂：「參竭忠盡節，孤立群邪之間，處中傷之地，天下傷之。」帝悟，後雒陽令復陷之，竟以災異免。以大鴻臚施延為太尉。

甲戌，井。
西元134年。孝順皇帝陽嘉3年，民元前1778年。
黃尚為司徒，王卓為司空。
張衡以為：時下學者風尚，類喜圖讖之學，熒惑人心，欺人斂財，亟應糾戒禁

絕。衡作渾天儀，以觀測天象。用周舉建言。免司徒劉崎，司空孔扶。以大司馬黃尚為司徒，光祿勳王卓為司空。

乙亥，蠱。

西元135年。孝順皇帝陽嘉4年，民元前1777年。

丙子，升。

西元136年。孝順皇帝永和元年，民元前1776年。

改元永和，王龔為太尉。

所謂好人，乍看似乎是人生的好榜樣，事實並不盡然。如漢順帝時之大將軍梁商，少通經史，謙恭好士，為朝廷舉薦不少人才，名高位重，深獲朝廷信任，朝廷所賜封賞，均謝絕不受，十分清高。李固為從事中郎，楊倫為長史，皆其舉薦。太尉王龔，因疾惡宦官，受到宦官排擠與誣陷，李固求救於商，乃得獲解。固因上疏於商，希其能「整王綱，立道行，遮可踵伯成之高，全不朽之譽」（伯成子高，唐虞時之諸侯，至禹時，遂辭官為農），為椒房外戚者，其可同日而論哉？商不能用。一言而致國家、萬民於衽席之安，可謂能為而不為，有逆子而不教，任其子女為禍朝廷，遂有異日篡弒之誅。

丁丑，訟。

西元137年。孝順皇帝永和2年，民元前1775年。

郭虔為司空。

戊寅，困。

西元138年。孝順皇帝永和3年，民元前1774年。

劉壽為司徒。

己卯，未濟。

西元139年。孝順皇帝永和4年，民元前1773年。

誅中常侍張逵。

小黃門曹節等用事於中（進入政治核心），大將軍商遣其子冀、不疑等，與之交往，遭宦官張逵等之忌，因誣曹騰、孟賁等欲廢立，並假傳聖旨，收押騰、賁。帝大怒，謂其造謠生事，遂收逵下獄殺之。

大將軍商澹泊名利，處處顯示其謙退之風，而卻令其子與宦者交遊，豈不有損風骨？而商衷心為之，似頗有深意在？

庚辰，解。

西元140年。孝順皇帝永和5年，民元前1772年。

辛巳，渙。

西元141年。孝順皇帝永和6年，民元前1771年。

趙戒為司空。梁冀為大將軍。

司馬溫公論曰：順帝將國之大柄，交后族手中，而梁冀又是朝野皆知，極其殘暴兇狠、頑劣不仁之徒，而竟使其子繼父職，終於悖逆、蕩覆漢室，較之漢成之愚，更等而下之了。

壬午，蒙。

西元142年。孝順皇帝漢安元年，民元前1770年。

改元漢安，遣張綱等八使，持節巡行天下。廣陵寇亂，趙峻為太尉，胡廣為司徒。

朝廷遣杜喬、周舉、張綱等八使，分行州郡，以表賢良、顯忠勤，其貪汙不法者，刺史與二千石之官吏，驛馬上報（即專案呈報），縣令、長史，可立予收舉，就地懲辦。喬等皆受命而往，張綱則埋其車輪於洛陽都亭，謂「豺狼當道，安問狐狸」！即劾奏大將軍冀，河南尹不疑等，外蒙外戚之恩，居崇極之位，專肆貪瀆不法，而無厭止，並列其目無君心之重大罪證十五事上奏，順帝雖知其所陳均屬實

情，然以梁后恩寵方盛，梁氏姻親遍佈朝堂，也就不了了之。

八使所劾奏，類多梁冀與宦官親黨之不法事實，以該等相互迴護，均不了了之。雖經侍御史種暠、廷尉吳雄之上奏，其結果卒如秋風乍拂，無所痛癢，了無跡痕。而梁冀恨張綱如不共戴天，必欲置之死地而後已，因廣陵賊張嬰，橫行揚徐一帶十餘年，官家無可奈何。已往派往廣陵之太守，必有重兵隨護，綱則僅有單車匹馬，赴廣陵上任。綱至廣陵，即隻身赴嬰壁壘，嬰不敢置信其所見為事實，經綱曉以大義，嬰即與妻子率其部面縛歸降。綱為其卜居宅，相田疇，子弟願為吏者，皆予推舉，於是廣陵大治，朝廷特別為綱論功行賞，冀梗阻之，在職一年卒。

太尉桓焉、司徒劉壽免。以司隸校尉趙峻為太尉，大司農胡廣為司徒。

癸未，師。

西元143年。孝順皇帝漢安2年，民元前1769年。

彭門寇亂。

甲申，遯。

西元144年。孝順皇帝建康元年，民元前1768年。

改元建康，帝崩。皇太子炳踐位，是謂沖帝。太后梁氏臨朝稱制，大將軍梁冀專政，葬敬宗於憲陵，盜發憲陵，免尚書欒巴為庶人。

順帝崩，子炳踐位，是為沖帝，纔兩歲，太后梁氏臨朝，大將軍梁冀專政，憲陵被盜，免尚書欒巴為庶人。或謂帝王陵寢，類多毀人墳塋，被毀者為報復而盜陵洩憤，亦未可知。

乙酉，咸。

西元145年。孝沖皇帝永嘉元年，民元前1767年。

改元永嘉，帝崩，太后梁氏、大將軍梁冀，迎肅宗孫纘立之，是謂質帝，葬沖帝懷陵，江淮寇亂，九江賊稱黃帝，歷陽賊稱黑帝。

永嘉元年正月，沖帝崩，徵清河王蒜及勃海孝王鴻之子纘至京師，蒜為人嚴重，動止有法；纘年纔八歲，李固與朝臣議，皆主立帝宜長而有德、任親政事者為宜，冀不從，與太后密議立纘為帝。

丙戌，旅。

西元146年。孝質皇帝本初元年，民元前1766年。

按：質帝諱纘，章帝曾孫樂安王鴻子，八歲即位，一年而崩。

改元本初，梁冀弒帝，迎肅宗曾孫志立之，是謂桓帝。李固罷免，梁冀專政。

閏六月，梁冀弒帝，與太后先免太尉李固，迎蠡吾侯志入即位，太后臨朝。

帝少而聰慧，朝會見梁冀，即謂冀為跋扈將軍，冀聞而惡之，使左右以毒餅食帝，而崩。固親聞帝言「食餅中悶，得水可活」，冀不予水等情，為固所親見，當立請太后大臣使尚食追查，可立將罪人，交付廷尉，天下事清濁立現，弒君之罪，倉促之間，冀縱握兵權，亦不敢冒天下之大不諱，則除奸必矣！不務乎此，乃復議立嗣，過此冀已有備而事不可為矣！立長立幼爭論不休，冀說太后，免李固，即迎立蠡吾侯為嗣君，時蠡侯已十五歲，太后依然臨朝。看來這位女人，作代皇帝上了癮，已失去了其昔日謙讓不爭的美德，不知不覺間，作了其兄梁冀篡弒的幫凶。

按：梁太后為貴人時，頗能謙恭讓人，從不自私貪婪，當其代理皇帝上癮後，便再也放不下了，不知自己只是為虎作倀，作了竊國賊的幫凶而已。梁氏滿足了其豺狼的無饜之慾，其所付出的代價，乃是漢家天下和自己的千載臭名，與梁氏闔族的項上人頭。

丁亥，小過。

西元147年。孝桓皇帝建和元年，民元前1765年。

改元建和，梁冀以女上皇后，杜喬為太尉。胡廣罷，免李固，杜喬下獄死。

按：孝桓皇帝，諱志，肅宗曾孫，在位二十一年，壽三十六。

梁氏兄妹，清除了朝中異己分子如李固等，便把大漢天下，玩弄於股掌之中，

李固被廢，朝野喪氣，只有杜喬一人，還在苦撐。朝堂則以「定策功」（主張立蠡吾侯者），大封功臣，增封梁冀萬三千石，梁冀二弟及其子三人皆為侯，胡廣、趙戒、袁湯亦皆封侯，宦官封七侯，美其名曰「定策功」。杜喬進諫說：古之明君，皆以用賢與賞罰為重，失國之主則得賢不用其謀，聞善不徙其義，聽讒不審其理，陛下即位，不急忠賢之禮，而先左右之封，梁氏一門，宦者微孽，並帶無功之紱，裂功臣之士，何其乖濫？朝廷果使為善失其望，為惡肆其凶，豈止敗政、為亂，亡國之尤者。上不省。

冀因誣李固、杜喬，與盜匪交通而下獄，冀長史吳祐亦爭之，冀不從，時馬融亦在坐，祐謂馬融：「李公之罪，成於卿手，李公若誅，卿何面目視天下人？」冀怒入室，祐亦徑去。固竟死獄中。冀並暴固、喬屍於城北四衢之地，令有敢臨哭引祭者，加重其罪，固弟子汝南郭亮尚未成年，與南陽董斑，俱往臨哭，守者欲殺之，太后皆赦之，楊匡守屍十餘日，詣闕上書，請收二公屍，太后許之。

馬融安帝時為校書郎，後為梁冀作章表，梁冀欲誣殺李固時，馬融為作書記，曾無片言以緩之，或者助冀羅織固罪，故祐斥責之。吾人雖不敢逕謂融即為冀之幫凶、助冀成固之罪者，但較之梁冀長史朱穆、吳祐，則其人格與志節，實相去霄壤矣！而後人竟稱其賢，謂融「才高博洽，著述甚富，為世通儒，生徒數千人，坐高堂，施絳帳，前授生徒，後列女樂……」，可謂風流瀟灑之至。盧植、鄭玄，皆出其門。未審融所授者為詩道也？書道也？抑《春秋》之道也？謂若今日之無恥文

人，或謂貶之較過，謂鄉愿可也。

亦有謂李、杜誠忠於漢，然忠則忠矣！竟不能聲冀弒逆之罪，卒隱忍而死，其於大臣之義，謂為美中未足者也！（吾人似不宜厚責賢者，試問，李、杜在如此情形下，何繇而不聲冀弒逆之罪？謬矣。）

戊子，漸。

西元148年。孝桓皇帝建和2年，民元前1764年。

帝加元服，趙戒為太尉，袁湯為司徒。

或者以為，以其行事觀之，趙戒與胡廣，可謂孿生兄弟。何以言之？當李固、杜喬，被梁冀陷害，戒與廣並為三公，莫能出一言以救，戒得固書，不過悲慘而已。然其坐視賢不肖之存亡，曾不能出一語以正之，此無他，勇不足也，世必有大勇者，始能當天下之大任，不爾，則鮮有不敗者矣！

己丑，蹇。

西元149年。孝桓皇帝建和3年，民元前1763年。

庚寅，艮。

西元150年。孝桓皇帝和平元年，民元前1762年。

改元和平，太后梁氏崩。

梁太后可謂死而未槁之人，似尚有一丁點人性未泯，冀欲殺之大臣，后偶或釋赦之，然亦未能飭冀、禁其濫殺忠良與為惡。后崩，冀如脫繮之馬，所慾無不遂，與妻壽競為驕奢無道，窮極土木苑林之勝，又使人赴各州縣，訪其富有者，誣之下獄，令出貲自贖。有冀以一瘐老馬，向富豪孫奮貸五千萬，孫意予三千萬，冀怒，收奮兄弟入獄，皆死獄中，盡沒其財，達億七千餘萬。

辛卯，謙。

西元151年。孝桓皇帝元嘉元年，民元前1761年。

改元元嘉，黃瓊為司空，尋罷免。

元旦群臣朝賀，冀帶劍入朝，尚書蜀郡張陵呵叱令出，並敕虎賁、羽林奪冀劍，交廷尉論議其罪，詔以罰俸一年（何不殺之？）

河南尹梁不疑好經書，喜與士人交往，其兄梁冀，甚為不悅，遂改任為光祿勳，以其十六歲子胤、接掌河南尹。然胤容貌醜陋，不勝冠帶，見者莫不嗤笑。不疑自恥兄弟不睦，遂與弟蒙閉門自守，冀令人暗記與之來往者，如南陽太守馬融、江夏太守田明初任職，前往拜訪，冀使人陷之，二人皆被髡笞（剃去頭髮，打大板），馬融自殺未死（當死而不死），明則死於道路。

帝擬加大將軍殊禮，司空黃瓊，謂冀親迎之功，可比鄧禹，增邑為萬三千戶。

有司奏冀：入朝不趨、劍履上殿、謁贊不名，禮儀比蕭何、增封四縣如鄧禹、賞甲第比霍光、朝會與三公絕席、十日一入、平尚書事，冀猶以禮薄，不悅。

或謂黃瓊之所為，較陳龜遠矣！

壬辰，否。

西元152年。孝桓皇帝元嘉2年，民元前1760年。

癸巳，萃。

西元153年。孝桓皇帝永興元年，民元前1759年。

改元永興，袁成、逢、隗為三公。

按：永興元年，胡廣為太尉、黃瓊為司徒、房植為司空，其三公非「成、逢、隗」（三人皆袁湯之子），書言袁成、逢、隗為三公，是否誤判？

甲午	晉	孝桓八年盜起天下亂
乙未	豫	改元永壽
丙申	觀	
丁酉	比	
戊戌	剝	
己亥	復	梁后崩冀謀逆夷三族
庚子	頤	白馬令直諫死於獄
辛丑	屯	
壬寅	益	
癸卯	震	

甲辰 噬嗑 南巡	甲寅 臨
乙巳 隨 廢鄧后竇武為大將軍蕃尉	乙卯 損 五經文于石於太學
丙午 无妄 黨錮起膺三百下獄	丙辰 節 劉寬為太尉
丁未 明夷 靈帝立誅宦氏不克	丁巳 中孚
戊申 賁	戊午 歸妹 大鬻爵自三公
己酉 既濟 朋黨起殺李膺百人	己未 睽 諸貴臣下獄死者相繼
庚戌 家人	庚申 兌
辛亥 豐 冊宋氏為皇后	辛酉 履 作宮市
壬子 革	壬戌 泰
癸丑 同人 段穎為太尉	癸亥 大畜

經世之末二千二百四十（世）。

甲午，晉。

西元154年。孝桓皇帝永興2年，民元前1758年。

漢孝桓帝八年，黃瓊為太尉，尹頌為司徒。

封帝乳母之子初為列侯，以見其官爵之濫。泰山、琅琊賊公孫舉、東郭竇反，殺長史。盜賊殺地方官。為東漢大亂之始。

朱隱老以為黃瓊不若陳龜，因陳龜奏請除梁冀，瓊則諛冀，稱冀勳比鄧禹，對謬稱冀者，曾未駁斥，故朱謂其曾不陳龜若。黃氏是一善運用人事關係的人，吹拍逢迎，各具其長，似乎中庸，如朝廷議加梁冀制禮，胡廣等以為應比周公，十分肉

麻、不倫不類，瓊則以為可比鄧禹，看似尚可，而其肉麻在肌理，而人不以為過，故胡廣免而瓊得高位。

乙未，豫。

西元155年。孝桓皇帝永壽元年，民元前1757年。

改元永壽，韓縯為司空。

司空房植免，乙太常韓縯為司空（縯音顏）。

南匈奴臺耆、且渠伯得等反（且渠，音咀），東羌等復舉族應之。其新任守將張奐（安定屬國都尉）甫行到職，軍士僅有兩百餘人，即率軍進剿，因與敵兵力懸殊，其屬極力諫阻，奐不聽，進屯長城，一方面收集士兵，一方面招誘東羌來降，羌人勢孤，遂降，郡界以寧。羌人送奐馬二十匹，金鐻八枚，奐遂招集諸羌，以酒酹地謂：「使馬如羊，不以入廄；金如粟，不以入懷。」說縱使你們送我馬如羊群之多，也不會有一匹馬，出現在我的馬圈裡；縱使黃金多如米麥，也不會有一粒進我的口袋。把羌人所送馬與黃金，悉數退還，羌人萬分感激，以前都尉，皆貪財貨，為羌人所苦，從此威化大行。

丙申，觀。

西元156年。孝桓皇帝永壽2年，民元前1756年。

丁酉，比。
西元157年。孝桓皇帝永壽3年，民元前1755年。

戊戌，剝。
西元158年。孝桓皇帝延熹元年，民元前1754年。
改元延熹。

己亥，復。
西元159年。孝桓皇帝延熹2年，民元前1753年。
皇后梁氏崩，大將軍梁冀謀逆，事覺，夷三族。黃門單超擅命，胡廣、韓縯減死。

西元一四一年八月，大將軍梁商薨，其子梁冀為大將軍，冀是一個不學無術，暴虐狠毒，貪贖無既，窮凶極惡，連皇帝都向其拱手的人，其威權勢力，可想而知。梁氏一門，前後七侯、三皇后、六貴人、二大將軍、婦女食邑稱君者七、尚公主者三……，冀秉政幾二十年，天子拱手，不得有所親與（即皇帝未經冀允可，帝亦不得有所親惡）。

梁冀欲徹底控制朝廷，便收鄧貴人為女。欲殺貴人母宣不得，帝怒，乃與小黃門唐衡、中常侍單超等，圍冀第，收大將軍印綬，冀與妻皆自殺，梁氏無分少長皆

棄市，故吏賓客免者三百餘人，朝中為之一空。

庚子，頤。

西元160年。孝桓皇帝延熹3年，民元前1752年。

白馬令李雲直諫，死於獄。太山及長沙寇亂。

梁冀被誅後，不少人認為天下將可太平了，詎知代之而起的惡勢力，竟是桓帝自己與誅冀之宦官群，連桓帝也被解放了，封爵其故舊恩私，追封后父大將軍、安陽侯，后母為安陽君，兄子康、秉皆為列侯，宗族皆列校、郎、將，賞賜以巨萬計。小黃門劉普等八人為鄉侯，五侯貪縱，虐流天下。白馬令李雲露佈上書諫「官位錯亂，小人諂進；財貨公行，政化日損。」帝震怒，下雲獄。弘農五官椽杜眾，傷雲以忠罪上書願與雲同死。大鴻臚陳蕃、太常楊秉、洛陽市長沐茂、郎中上官資，並上書救雲，帝逾震怒。太尉黃瓊自度無力救時，因稱病上書諫，仍不納，雲、杜死獄中，諫者或罷或免，嬖寵益橫。

辛丑，屯。

西元161年。孝桓皇帝延熹4年，民元前1751年。

武庫火。

按：南宮嘉德殿火、丙署火（宦官辦公之處）、武庫火。三月，太尉黃瓊免。

壬寅，益。

西元162年。孝桓皇帝延熹5年，民元前1750年。

癸卯，震。

西元163年。孝桓皇帝延熹6年，民元前1749年。

甲辰，噬嗑。

西元164年。孝桓皇帝延熹7年，民元前1748年。

南巡，楊秉為太尉。

黃瓊卒，以楊秉為大尉。

瓊薨。四方名士會葬者六七千人。初瓊教授於家，徐穉從之諮訪大義。瓊薨徐穉來弔，所謂「衣䴥薄而哭之哀」。眾疑為徐穉，陳留茅容輕騎追之，問國家事，穉不答，更問稼穡，乃告之。論者謂穉，「智可及，愚不可及」也。可知智易而愚難。隱老謂瓊未及陳龜（陳龜因不滿冀而死），或於瓊有所未解之處。時瓊已非太尉，觀瓊會葬者之眾，其所謂「可比鄧禹」之言，為刺阿諛，似唯瓊自知，或者亦如徐穉之「愚不可及」也？

乙巳，隨。

西元165年。孝桓皇帝延熹8年，民元前1747年。

廢皇后鄧氏。冊貴人竇氏為皇后。陳蕃為太尉，竇武為大將軍。

帝多內寵，宮女多至六七千人，為服役者倍之，鄧后恃尊驕忌，與帝所幸郭貴人，更相譖訴，送鄧后暴室，以憂死。兄弟河南尹鄧萬世、虎賁中郎將鄧會，皆下獄死。

秋七月，乙太中大夫陳蕃為太尉，蕃讓於太動常胡廣、議郎王暢、請釋刑徒李膺等，帝不許。

采女田聖，有寵於帝，將立為后。眾臣以田氏出身卑微，力爭之，帝不得已，立竇貴人為后，拜竇武為特進、槐里侯。

丙午，无妄。

西元166年。孝桓皇帝延熹9年，民元前1746年。

黨錮事起，司隸李膺等三百人下獄。

黨錮之禍，是東漢末年的政治，已腐敗至無可言喻之地步，其禍根亂源，則在於貪贓枉法之宦官。於是社會上憂心治亂，熱愛朝廷的忠義之士，思以一己之力，與貪贓枉法，殘民以逞，禍國殃民的宦官及其爪牙們，展開了殊死鬥爭。桓帝竟不明是非，不辨皂白，聽信宦官的讒言，竟將天下數百精英，一時人傑（上自國之三公、太守，下至平民士子二百餘人，其間有聞聲而逃者，亦有聞風自行入獄，與忠

良同死者）數百人，悉行關入天牢。造成漢末國家綱常絕滅，時代精英，摧殘殆盡，卒致生靈塗炭，漢室傾覆，即史所謂之黨錮之禍。

按：黨錮之禍的星星之火，緣起於河內術士張成，成善風角，推知國家將大赦，遂使其子殺人（或係預先買通宦官使國大赦，以炫其術，亦未可知）。司隸李膺聞之，將其收押，不久果遇赦。膺監其預知赦而故殺人，如任其以術遊走於國法之外，必將禍害無窮，遂於赦後將之正法。

南陽太守成瑨，以富商張汎、恃宦官勢力、橫行鄉里，亦於赦後殺之。

小黃門晉陽趙津貪橫，太原太守劉瓆，亦於赦後殺之，侯覽唆汎妻上書訟寃，宦官因譖瑨、瓆等，將之下獄，有司奏當棄市。

山陽太守翟超，因宦官侯覽大起塚塋而奏覽，超破其塚塋，籍沒其貨財。

宦官徐橫之姪宣，為下邳令，求故太守李暠女不得，遂率部至太守家，搶其女歸而射殺之，東海相黃浮，收宦官徐宣家屬悉棄市。宦官訴寃；超、浮並處以髡鉗輸作。

陳蕃與侍中空劉茂共諫，為四人請罪，上不悅。蕃獨上奏大意謂內政不理，乃心腹之患，必當斥黜佞邪，則天和地洽矣！帝不納，宦官更加深對陳蕃的敵意與仇恨。竟殺南陽太守張成、太原太守劉瓆、司隸校尉李膺、太僕杜密等，部黨二百餘人下獄，並策免太尉蕃，連及太尉也罷了官，可說宦官大獲全勝。而大漢天下，又向覆亡之路跨進了一大步。

丁未，明夷。

西元167年。孝桓皇帝永康元年，民元前1745年。

改元永康。帝崩，太后竇氏臨朝稱制。

按：二月帝崩，無子，立解瀆亭侯宏，是謂靈帝。

又是一個無知的老太婆，與大將軍竇武之愚蠢惹的禍。選皇帝比選秀才還輕鬆，天下事還有希望嗎？

靈帝之立，是大將軍竇武、詢侍御劉儵，宗室中之「賢」者，儵稱解瀆亭侯宏，武稟太后，與中常侍曹節，共往迎，時年十二歲。《通鑑》如此記載，時宏年方十二歲，劉儵何以知其賢？且桓帝已把天下搞到如此程度，理應選個年長（成人）而好的皇帝，豈可憑劉儵一言而定，是否太輕率了？否則便是別有用心，當時朝中宦官與正義之士，早已冰炭難容，勢同水火，大將軍竟不乘勢而誅宦官，以見其識謀之未逮。過此而草草上書請誅宦官，非兒戲而何？卒致其謀泄敗。

解瀆亭侯宏十二年歲即位，在位二十二年，壽三十四。

戊申，賁。

西元168年。孝靈桓皇帝建寧元年，民元前1744年。

竇氏迎肅宗玄孫解瀆亭侯宏立之，是謂靈帝。竇武錄尚書事，專政。改元建寧，葬威宗于宣陵。中常侍曹節、王甫，殺太傅陳蕃、大將軍竇武及尚

書尹勳、侍中劉瑜、屯騎校尉馮述，夷其族。徙太后竇氏于南宮，謀誅宦氏不克故也。胡廣為太尉，劉寵為司徒。

朝中有正人君子在，宦豎即寢食難安，何況雙方壁壘分明，已到你死我活的生死關頭，只待何時發動而已？兵法云「謀定而動者勝」。

再者，天下事，除了極少數者外，謀諸婦人，鮮有不敗者。陳蕃雖君子而乏謀略，竇武善良而不知機變，面對日獻殷勤於太后之側，無孔不入，與嗜血活命之閹豎角，勝負之數，無待蓍龜，其末立見矣！可笑武、蕃竟上書請命太后以誅宦閹，不知太后宮中，猶宦官之情報站，武等一舉一動，皆不出宦者耳目，上太后請誅之奏，何異向宦官自首，而委羊虎吻？而尤為莫名其妙者，武所統即有數千官兵，即不能誅宦官，亦可自保，以待天下之勤王，而太傅陳蕃、大將軍竇武，及尚書尹勳、侍中劉瑜、屯騎校尉馮述等，竟一夕之間，悉行受首而族滅！所謂「庸臣誤國」，卒譜下「忠貞受首，劉漢覆亡」之哀曲。

論者謂武與蕃，忠有餘而謀不足，一敗塗地，漢亦以亡。後人悲將相大臣之合力，而不能去刀鋸之餘之賤，孔子所謂「機事不密，則害成」，謂不能慎其微之故。忠臣謀國，力微謀大，不成以身徇，非徒無益，而實害之。張奐以功當封侯，奐力辭，為恐被曹節所賣，武、蕃似不如張奐慮之之深也。

己酉，既濟。

西元169年。孝靈皇帝建寧2年，民元前1743年。

朋黨事復起，殺李膺等百人。

李膺等被禁錮後，引起了社會極大的反響，天下士大夫皆高尚其行，四海嘔歌，而評擊朝廷成風，竇武、陳蕃、劉淑為三君（君即當世所宗之意）；稱李膺、荀翌等為八俊，俊為「人之英」之意；讚郭泰、范滂為八顧，即能以德行引人之意；此外尚有八及，能引導人追宗之意。宦官十分忌恨李膺等，乃下州郡考治，有人告知李膺，狀況不利，建議李膺早日逃避，李膺說：「事不辭難，罪不逃刑，臣之節也，死生有命，去將安之？」（《左傳》羊舌赤言：「事君不辭難，有罪不逃刑。」—）逃到天涯海角，也躲不過。乃主動入獄，卒拷死。范母謂滂今與李（膺）杜（密）齊名，死亦何恨？黨人死者百餘人，妻子皆徙邊，天下豪傑及儒學、有行義者等，宦官一切指為黨人，或有怨隙相害，睚眥之忿者，任意誣為黨人，或死、徙、廢、禁者，又六七百人。

司馬溫公論說：「天下有道，君子揚于王廷，小人莫敢不服。天下無道，君子囊括不言，以避小人之禍。黨人生亂世，不在其位，而欲以口舌救之，臧否人物，激清揚濁，撩虺蛇之頭，虎狼之尾，以致身被淫刑，禍及朋友，士類殲滅，而國遂以亡，不亦悲乎？」

庚戌，家人。

西元170年。孝靈皇帝建寧3年，民元前1742年。

辛亥，豐。

西元171年。孝靈皇帝建寧4年，民元前1741年。

帝加元服，冊宋氏為皇后。

壬子，革。

西元172年。孝靈皇帝熹平元年，民元前1740年。

改元熹平，太后竇氏崩，誣搆事大起。

癸丑，同人。

西元173年。孝靈皇帝熹平2年，民元前1739年。

段熲為太尉，楊賜為司空。

按：段熲為人（熲音炯），頗有不可思議處者，在邊十餘年，未曾一日安於枕蓆，與士兵共甘苦，甚受士兵愛戴。初為御史中丞，即為宦官追捕不滿份子達千餘人，又欲逐張奐而殺之，又是一付嘴臉，一如曹節、王甫諸宦官之鷹犬。並以捐輸而為太尉。（即用錢買的，其人格或係一投機取巧、利慾薰心之人，又或者與宦者有其秘密關係，又或為一雙重人格之人，又或者乃受宦官威脅而然？）

甲寅，臨。
西元174年。孝靈皇帝熹平3年，民元前1738年。
李咸為太尉。

乙卯，損。
西元175年。孝靈皇帝熹平4年，民元前1737年。
五經文皆刻石於太學，袁隗為司徒。

丙辰，節。
西元176年。孝靈皇帝熹平5年，民元前1736年。
劉寬為太尉，楊賜為司徒。

丁巳，中孚。
西元177年。孝靈皇帝熹平6年，民元前1735年。
大伐鮮卑，孟柀為太尉，陳耽為司空。
護烏桓校尉夏育，上書伐烏桓，護羌校尉田晏因罪，欲立功自效，向宦官王甫買了個將軍，宦官王甫建議夏育、田晏並力討賊。朝皆以為無勝算把握，不妥。帝不聽，遂命夏育、田晏、匈奴中郎將，各率萬騎前往，卒皆全軍盡墨，各僅數十騎

逃回。

乙太常河南孟毓為太尉（孟毓或作孟鬱，或許毓），楊賜為司徒。

戊午，歸妹。

西元178年。孝靈皇帝光和元年，民元前1734年。

改元光和，合浦、交阯內寇。廢皇后宋氏。大鬻爵至三公，袁滂為司徒。

東漢至桓、靈二帝，上自天子，下至縣令、亭長，幾乎悉為社會之蠹。當了皇帝，還缺錢吃喝玩樂。皇帝患窮，開始賣官鬻爵，以貼補私用，以官品高低肥脊，各定價有差，二千石，售兩千萬，四百石，價百萬，如果品德好的，還可打對折，富有之縣，價高付現金。貧縣可賒欠，到職後加倍償付，又私令左右賣公卿，公千萬，卿五百萬。因帝為侯時，常常苦窮，現在賣官有了收入，十分得意，笑桓帝不懂弄錢，不懂生財之道，沒有私房錢。

漢朝賣官案無獨有偶，漢文帝亦曾賣官，文帝所鬻者，其初入粟塞下，其次入粟郡縣，最後國用富足，國家免糧賦租收稅十二年之久，與靈帝自三公而賣之，所值為皇帝自家私房錢者，大異其趣。

己未，睽。

西元179年。孝靈皇帝光和2年，民元前1733年。
諸貴臣下獄死者相繼，宦氏誣故也。劉郃為司徒，段熲為太尉，張濟為司空。
王甫、曹節姦虐弄權，搧動內外，太尉段熲阿附之，其父子兄弟，為卿校牧守等遍天下，所在貪暴。甫養子吉尤殘酷，其殺人是遊走車上，故意招搖過市，一刀一刀慢慢切割，以割至於死，以宣示其屬縣（展示其慘狀），任屍腐爛惡臭，殘忍之極，見者無不駭懼，所殺萬餘。

庚申，兑。
西元180年。孝靈皇帝光和3年，民元前1732年。
陳耽為司徒，冊何氏為皇后。

辛酉，履。
西元181年。孝靈皇帝光和4年，民元前1731年。
作宮市，帝遊以驢為駕。
又開市於後宮，使宮中采女主販賣，更相爭鬥盜竊，靈帝自己著商人服，飲宴取樂於其中。又於四園弄狗，使狗穿著文官冠載（蟒袍玉帶、峨冠長紳），更使便嬖子弟相援引，賣侯，價五百萬，與狗官相映成趣。靈帝自己駕著四驢車，於肆中

驅馳周施，京師互相倣效，致驢價遂與馬齊。

壬戌，泰。

西元182年。孝靈皇帝光和5年，民元前1730年。

癸亥，大畜。

西元183年。孝靈皇帝光和6年，民元前1729年。

甲子 大壯 漢靈帝一七年黃巾賊起	甲戌 升 改元中平
乙丑 大有 三輔寇亂陳耽劉陶直言死	乙亥 訟 李傕郭汜相攻
丙寅 夬 前太尉張延下獄死	丙子 困 帝還洛改元建安操徙帝於許
丁卯 姤 賣官至關內侯三輔盜起	丁丑 未濟 袁術稱帝九江
戊辰 大過 天下盜起置八校捕盜	戊寅 解 曹操平呂布下邳兼有徐州
己巳 鼎 子辨即位何進專政	己卯 渙 袁術死
庚午 恆 董卓廢辯立協為孝獻帝	庚辰 蒙 操敗紹於官渡
辛未 巽 卓焚洛陽脅洛民三百萬徙長安	辛巳 師
壬申 井 王允呂布誅卓於長安	壬午 遯
癸酉 蠱 李傕郭汜屠三輔	癸未 咸

甲申	旅	
乙酉	小過	
丙戌	漸	
丁亥	蹇	
戊子	艮	操殺太中大夫孔融
己丑	謙	孫權會劉備於京口
庚寅	否	操起銅雀臺於鄴
辛卯	萃	
壬辰	晉	
癸巳	豫	操稱魏國公加九錫

經世之申二千二百四十一（世），夬九五變雷天大壯。

甲子，大壯。

西元184年。孝靈皇帝中平元年，民元前1728年。

改元中平。漢孝靈皇帝十七年黃巾寇起。鄧盛為太尉，張溫為司空。侍中向栩、張鈞下獄死。閹人大起，誣搆黃巾平。

早時鉅鹿人張角，奉事黃老，以妖術教授，號太平道，以咒符水為人療病，十餘年間，徒眾數十萬，遍及青、徐、幽、冀，荊、揚、兗、豫八郡，所至之處，萬人空巷，州郡不解其意謂其以善道教化。太尉楊賜、司徒椽劉陶均上書，為言問題之嚴重，與處理方策，帝殊不為意，角訛言：「蒼天已死，黃天當立，歲在甲子，天下大吉」。並書於京城官府大門上。角置三十六方（方乃將軍之意），大方萬人，小方六七千人不等。

大方馬元義等，先收荊揚數萬人，以中常侍封諝、徐奉為內應，二月五日，

內外皆起。適角弟子用告密，通令州縣殺其弟子數千人，角知事情敗露，遂馳令諸方，一時並起。皆著黃巾為識，故稱黃巾賊。所到之處，搶劫燒殺，官吏潛逃，旬月之間，天下響應。

以后兄何進為大將軍，保衛京畿。中常侍呂強建言：黨人禁錮已久，積怨甚深，如不赦宥，苟與黃巾合謀，局勢不堪想像，所以首應先將左右貪濁不法之輩誅去，並解除黨禁，以中郎將盧植討張角，皇甫嵩、朱儁討潁川黃巾。

漢靈帝常公然稱宦官張讓為阿父，趙忠為我母外。皇帝稱閹豎為阿爸阿母的，可說是千古一帝，萬古綱常，朝廷法紀，盡於「阿爸、阿母」一唸。中常侍呂強諫任賢良（強為宦官），除貪豎。趙忠、夏惲共譖強與黨人共議朝政，上使捕強，強自殺；侍中向栩上書議時（栩音許，亦為宦官），張讓誣其為張角內應，殺之；郎中張鈞上書謂黃巾之亂，萬民樂附之故，十常侍宗親賓客，為地方官吏，侵掠百姓，冤無所訴之故，請斬十常侍，以謝百姓，大寇自消。帝以鈞書示彼等，盡眾皆謝罪就獄，並出財助軍費，詔皆冠履視如故，怒鈞狂生，遂誣鈞學黃巾道，掠死獄中。

乙丑，大有。

西元185年。孝靈皇帝中平2年，民元前1727年。

黑山賊起，崔烈為司徒，張延為太尉，許相為司空。三輔寇亂，陳耽、劉陶坐直言死。

自張角之亂，天下盜賊並起，如博陵張牛角、常山褚飛燕，以及黃龍左校、張白起等……，不可勝數，大者二三萬人，小者六七千人。張牛角死，以其眾歸褚飛燕，飛燕改姓，名張飛燕，山谷寇賊多附之，部眾殆至百萬，號黑山賊。朝廷不能討，後歸降朝廷，遂拜燕為平難中郎將，使領河北諸山谷事。

崔烈本河北名士（為崔寔堂兄弟），當時要當太尉的，不但有其價碼，還要一定的管道——首先要經宦官常侍的提名，再向阿保付款（阿保，皇帝之奶媽），由阿保存入西園（皇帝私人賬戶），價款付清後，始可走馬上任。過去段熲、張溫等，雖有很大功勳名譽，但亦須付齊貨款，始得赴任。烈因宮中程夫人，為其付款五百萬，始行得為太尉，靈帝還十分後悔（沒有開價一千萬），消息傳出後，崔烈的聞人清譽，受到社會極大質疑。

諫議大夫劉陶上書，言天下大亂，皆由宦官所致。宦官誣陶與賊通情，下獄死；前司徒陳耽，為人忠正，宦官怨之，亦誣陷死獄中。

丙寅，夬。

西元186年。孝靈皇帝中平3年，民元前1726年。

張溫為太尉，江夏兵起，前太尉張延下獄死。

太尉張延罷，遣使者持節至長安，拜張溫為太尉（時溫為陝西作戰指揮官），三公在外始於溫。

江夏兵趙慈反，殺南陽太守秦頡。六月荊州刺史王敏，討趙慈斬之。前太尉張延為宦官所譖，下獄死。徵張溫還京。

丁卯，姤。

西元187年。孝靈皇帝中平4年，民元前1725年。

賣官至關內侯，曹嵩為太尉，三輔盜起，漁陽賊稱帝。

賣關內侯，定價五百萬。

太尉張溫以寇賊未平，免。以司徒崔烈為太尉。

十一月太尉崔烈罷，以大司農曹嵩為太尉。

韓遂擁兵十餘萬，進圍隴西，刺史耿鄙。不採納傅燮建議，兵敗身死，賊進圍漢陽，隨攻郡之胡騎數千人，皆夙懷太守傅燮之恩，群向城中哭拜，送燮返鄉，燮子十三歲，言於燮，謂大人時不我予，亦勸燮返原居休養，燮堅決與城共存亡，謂吾行何之？遂死之。

早時張溫討涼州時，漁陽張純請為將，張溫未予同意，而以公孫瓚為將。張純心中氣惱自己不能為將，乃與前泰山太守張舉及烏桓聯盟，劫掠薊中，殺護烏桓校尉，右北平及遼東太守，眾至十餘萬，舉稱天子，自云當代天子。純稱彌天將軍、安定王。長沙賊區星，眾萬餘人反，長沙太守孫堅討平之。

戊辰，大過。

西元188年。孝靈皇帝中平5年，民元前1724年。

天下群盜起，黃巾賊復寇郡國稱帝，置八校尉，以捕天下群盜。馬日磾為太尉，曹操為典軍校尉，袁紹為中軍校尉，董重為驃騎將軍。

二月，屠格胡寇西河，殺郡守邢紀。

黃巾賊餘眾郭大等，寇太原、河東。

三月屠格胡寇蔡州，殺刺史張懿。

太常江夏劉焉，欲藉機獲方面大任，乃建議謂：天下之所以大亂，乃是由於刺史權力太小，不能有所作為，應擴大地方行政區域，加重其職責，以消除目前之亂象（似乎言之有理，但為徒托空言，不切實際）。劉焉很聰明，不說宦官貪贓枉法，迫害忠良，使民不聊生，致民怨沸騰，盜賊蜂起。大區域擁兵之勢，業已形成。於是以劉焉為益州。

以射聲校尉馬日磾為太尉（磾音砥，乃馬融之族孫）。

八月，初置西園八校尉：以小黃門蹇碩為上軍校尉、袁紹為中軍校尉、鮑鴻為下軍校尉、議郎曹操為典軍校尉、趙融、馮芳、夏牟、淳于瓊等……。皆統於蹇碩，以捕天下群盜。

條侯董重為驃騎將軍，重，永樂太后兄子也。

十月青、徐黃巾復起，寇郡縣。

八校尉之置，能擋盜嗎？明眼人皆可預見，八校之中有大盜如曹操、袁紹，董重雖不為盜，而盜因彼而起，弭盜適足以資盜，豈不可嘆！

己巳，鼎。

西元189年。孝靈皇帝中平6年，民元前1723年。

帝崩，皇太子辯踐位，皇太后何氏，臨朝稱制，大將軍何進專政，改元光熹。封皇弟協為勃海王，殺上軍校尉蹇碩。驃騎將軍董重，及太皇太后董氏，議立協故也。

靈帝有皇子二人，何后生皇子辯，養于道士史子眇家，號史侯；王美人生子協，養于董太后，號董侯，董侯欲依重參干政事，中官挾重以為助。帝託協於蹇碩，碩擬殺進而後立，事被何進聞知，遂先殺碩而立辯。辯立，遷董后於河間，驃騎將軍董重自殺，六月董太后暴崩。

徙協為陳留王，中常侍張讓、段珪，殺大將軍何進。

秋七月，大將軍何進，召董卓將兵詣京師，欲誅宦官，侍御史鄭泰謂：「董卓強忍寡義，志欲無厭……，如授以大事，將恣凶欲，必危朝廷。（說董卓是個極其殘酷不仁、貪狠無饜、寡義無信之人）」尚書盧植亦言不宜召卓。進皆不從。泰乃棄官去。謂荀攸曰：「何公未易輔也。」

董卓聞召，立即上道，並上書謂己欲「鳴鐘鼓入洛陽，以清姦穢」，卓軍至澠

池，何進才始感到不安，令卓停止前進，卓有不受命意。況太后也不同意殺宦者，太后之母與弟苗皆受宦者賄，亦一再向太后進言，故太后一再反對，進不能違太后之意，進骨子裡對宦官頗有憚怯之心，卒以外慕大名，內不能斷，故久不能決。

中郎袁術，以兵攻東宮，張讓、段珪，以帝及陳留王走北宮，何苗攻北宮，司隸校尉袁紹兵入，大殺閹豎，讓、珪以帝及陳留王，出走小平津，尚書盧植兵追及之，讓、珪投於河死，盧植以帝及陳留王還宮，改元昭寧。

唯恐天下不亂的袁紹，不斷向進使加壓力，要盡速決定，進遂以紹為司隸校尉，特別予偶以獨斷專行之權。紹召董卓以逼太后，太后始勉強同意宦者離宮歸里。進復入宮，請求太后盡誅諸常侍。事被張讓等竊悉，乃以其黨數十人，俘進數而殺之。袁術與進部將匡，欲斫宮門而入，適日暮，因燒南宮青鎖門，宮中官屬，從複道走北宮。進部相攻殺苗（如進弟何苗，因受宦者賄，故有必殺宦者之決心）。袁紹閉北宮門，勒兵捕諸宦者無少長，悉殺之，凡二千餘人，欲進攻內宮，讓、珪等困迫，遂將太后、少帝與陳留王等數十人，連夜逃出宮去，公卿無得隨者。惟尚書盧植、河南中部椽閔貢，夜至河上，貢大聲斥責讓等，讓、珪赴河死，植、貢護帝返宮。改元昭寧。

論者謂張讓、段珪之殺進，有其巧妙之連環扣：一者，大將軍進稱疾不臨靈帝喪，今欻（音忽，掩忽不定意）入省，此則疑之之辭也；使潛聽而盡聞其謀；所謂察之之事也；乃率其黨斬進，則斷之以謀也。其機如轉丸，鋒不留刃，何其神哉？

董卓自太原入，廢帝為弘農王，立陳留王協，是為獻帝，徙太后何氏于永安宮，改元永漢。

卓弒太后何氏及弘農王辯于永安宮，稱相國專制。

騎都尉鮑信適至，說紹曰：「董卓必反，如不早圖，必為所制，因其新至疲勞，可襲而禽之。」紹畏卓，不敢發，信乃引兵還太山。

董卓以不足三千兵馬入洛陽，後來使呂布殺了丁原，併其部屬，又收拾了何進兄弟部屬，聲勢稍壯，辟蔡邕。欲廢獻帝，紹謂廢嫡立庶，恐眾不從。卓按劍叱紹，你敢如此對我說話？天下事由我，誰敢不從？袁紹遭遇到他從沒有想像過如此不堪的叱責，竟為董卓的淫威所懾，遂懸節於上東門，連夜逃奔冀州去了，結束貴家公子不學無術，任性而為，誤國殃民的悲劇。

卓又會群僚，廢帝為弘農王，立陳留王協為帝，是為獻帝。徙太后于永安宮，改元永漢並酖殺之。又破何苗棺，出其屍，支解節斷之，棄諸道旁；又殺苗母，棄屍於道路。

卓稱相國專制。自為太尉、領前將軍、加節傳、斧鉞、虎賁，更自封郿侯。

黃琬為太尉、楊彪為司徒，荀爽為司空。

尚書周毖，城門校尉伍瓊說董卓，擢用天下名士，以收眾望，於是徵荀爽、申屠蟠，爽等畏卓暴，無敢不至，獨申屠蟠不至，以黃琬為太尉、楊彪為司徒，荀爽為司空。

袁紹入冀州。

袁紹逃命冀州？卓之進京紹實召之者。袁紹之所以不顧眾人之議，而熱中於卓，是否有示惠之意，主簿陳琳早已言之：「大兵聚會，強者為雄」，而紹與進恍然未識，其敗也固宜。

袁紹之謀卓，非不可為，如紹果能悟鮑信之言，合王允，丁原，收拾何進兄弟之部，足可制卓而有餘，乃紹不此之圖，遠走冀州，雖有其顯赫門第，終難經現實之考驗。

白波賊寇河東。匈奴傳南單于「於扶羅」（前趙劉淵之族）立，國人殺其父另立須卜骨都侯為單于。於扶羅前來，漢靈帝為主持公道，不知靈帝駕崩，扶羅數千騎與白波賊合兵寇河東，董卓遣牛輔擊之。

庚午，恒。

西元190年。孝獻皇帝初平元年，民元前1722年。

改元初平，天下兵起，群校尉推袁紹為主，同攻董卓。卓大殺宗室及官屬，遷帝西都長安。孫堅兵起荊州。白波賊寇東都。劉虞為太傅，種拂為司空。

袁紹引來董卓，卓弒帝、弒太后，開棺戮何進、何苗屍，暴（唸普）諸街頭，令人目不忍睹，及至放縱士兵於洛陽城內，突入人宅，掠劫財物，掠人婦女，不分

貴賤，人情崩恐，不保朝夕。皆叨袁氏無識之賜，海內對卓之行為無不髮指，於是天下兵起，共推袁紹為盟主以討卓，紹自號車騎將軍，與河內太守王匡等關東十餘諸侯，各數萬人，其間除鮑信對操有堅決信心外，餘則皆信服於袁氏。

卓使郎中令李儒酖殺弘農王辯。

董卓自知難與關東諸侯為敵，遂欲劫帝遷都長安。朝中上下，皆不之然，卓因先罷除太尉黃琬、司徒楊彪，以王允為司徒，伍瓊、周毖固諫，皆斬之。

卓軍至陽城，恰遇鄉民春社日，卓驅軍兵悉予斬殺。車上懸掛人頭，載其婦女，高歌入洛。如蔡文姬詩所謂：「馬前載婦女，馬後懸人頭。」謂為剿匪盜之戰利品。

按：立春後第五個戊日為春社，亦為掃墓日（河南仍以春社為掃暮日，他則多用清明為掃墓日），於時農民以為農事將始，或有戲曲表演、農家耕具、六畜用品之銷售買賣，春天農民的活動多稱春社。

車駕西遷，董卓收洛陽諸富室，以罪誅之，沒入其財物，死者不可勝計，盡驅迫餘民數百萬口，徙於長安，步騎驅迫，車馬踐踏，饑餓寇掠，積屍盈途；悉燒洛陽宮廟、官府、村落民家，二百里內，室屋蕩盡，不見雞犬；又使呂布掘諸帝陵及公卿以下塚墓，收其珍寶。諸侯官兵被俘者，卓以豬油塗布，纏其身，從足下燒起，俗之放天燈。董卓可謂我國歷史上暴君之尤，堪與比美者，古今一二人而已。惟可怪者，卓之罪固昭若日月，促迎董卓入洛之始作俑者之袁紹，則未有疵議其罪

者！

卓以袁紹故，族太傅袁隗（音偉）、太僕袁基家，尺口（指嬰兒）以上五十餘口。

關東諸侯，惟曹操與卓兵戰於滎陽，不利，負創走，袁紹等皆畏卓，莫敢先進，諸軍十餘萬，日置酒高會，不圖進取；操為諸侯共謀所以擊卓之策，眾不能用，操遂屯河內。孫堅擊卓，四月，以幽州牧劉虞為太傅。

六月，以光祿大夫種拂為司空。

按：以上四、六兩則，《資治通鑑》載庚午年。

辛未，巽。

西元191年。孝獻皇帝初平2年，民元前1721年。

董卓稱太師，大焚洛陽宮闕，及徙居民于長安，孫堅敗董卓於陽人，入洛陽，修完諸帝陵寢，引軍還魯陽。黑山賊寇常山，黃巾賊擾太山。

二月卓為太師，位居王侯上。

孫堅屯梁東，策收散卒進屯陽人（今河南汝州，陽人聚故城），卓遣東郡太守胡軫，將步騎五千擊之，以呂布為騎督，軫與布不相得，堅出擊破之。卓敗走澠池。堅進至洛陽擊呂布，復破走，堅乃掃除宗廟，祀乙太牢，得傳國璽于官井中。分兵出新安、澠池以要卓，卓引兵還長安。堅修塞諸陵，引軍還魯陽。

青州黃巾寇勃海，眾三十萬，欲與黑山賊合。公孫瓚以步騎兩萬與戰，斬首三萬，又半渡而擊之，丹水為赤，獲生口七萬餘，車甲輜重無數，威名大震。

袁術使孫堅擊劉表，表遣其將黃祖，與之戰，堅擊破之。祖敗走，堅連夜追之，被祖部射殺之。

壬申，井。

西元192年。孝獻皇帝初平3年，民元前1720年。

董卓將王允、呂布，誅卓于長安，夷三族。卓將李傕、郭汜陷長安，殺王允。呂布走袁紹。傕、汜擅政，以皇甫嵩為太尉，淳于嘉為司徒，曹操破黃巾於壽張。孫堅卒，子策代總其眾。

董卓嗜殺成性，諸將言偶有不如其意者，立即殺之，人不聊生，司徒王允、與司隸校尉黃宛、僕射士孫瑞，密謀誅卓。中郎將呂布膂力過人，卓愛信之，誓為父子，偶小失卓意，卓以手戟擲之，布身捷避之，乃與布約共誅卓。卓上朝，布乘機刺殺之。夷三族。卓將李傕、郭汜求赦，允不許，二人遂陷長安，殺允、擅政，以皇甫嵩為太尉、淳于嘉為司徒。呂布奔南陽走袁術，術待之甚厚，布自恃有功于袁氏，放縱士兵，恣意抄掠，術患之，布不自安，去從張揚，傕等追布急，又逃歸袁紹。

七月以太尉馬日磾為太傅。

八月以皇甫嵩為太尉。

九月以司空淳于嘉為司徒，光祿大夫楊彪為司空。

論者以為王允之誅董卓，為其莫大之貢獻，苟能有效運用董卓所遺留之兵力與積財，則自可呼風喚雨，應付關東野心份子有餘。為允之計，宜急召朱儁、皇甫嵩等誠心忠於朝廷者，分領卓兵，採納眾議，以衛京師，逐漸削除野心諸侯，海內當可漸底安定，庶不至為大盜餘孽所戕矣！觀其殺蔡邕，可知其方寸已亂，是勝利沖昏了頭，躊躇滿志之狂妄行為？抑往日強忍為奸作奴，所鬱結之積憤一旦崩潰，自己亂了方寸而無所忌憚，下意識之直覺反應，盲無理性的威權行為？

青州黃巾寇兗州，劉岱為賊所殺。曹將陳宮說曹，青州今無主，朝廷鞭長莫及，收其眾，得其土，可成霸王之業，因往說其以曹為主，眾皆悅服，遂迎操為兗刺史，操擊黃巾悉破之，得其眾三十餘萬，收其精銳，號青州兵。

孫堅卒，子策代領其眾，頗得眾心。

揚州刺史汝南陳溫卒，袁紹使袁遺領揚州，袁術擊破之，遺走至沛為亂兵所殺，術以下沛陳瑀為揚州刺史。

癸酉，蠱。

西元193年。孝獻皇帝初平4年，民元前1719年。

李傕、郭汜屠三輔。朱儁為太尉。趙溫為司空。袁紹、袁術交兵東方。

或謂傕、汜非能屠三輔者，但劫掠之而已，劫掠之餘，加之以饑饉，則遂有人相食之患，象徵漢祚將盡，而人民首先罹其害，譬之水涸，則魚鱉枯；山林焚，則野獸焦，國家混亂，老百姓欲避免其災難，是十分困難的啊！

司空楊彪免，太常趙溫為司空。

袁術為劉表所逼，引兵屯封丘，曹操圍封丘，黑山別部及匈奴「於扶羅」皆附之，操圍封丘，術走襄邑，又走寧陵，操追及，連破之，術走九江，揚州刺史陳瑀拒術不納，術復進壽春，瑀懼，走下邳，術遂領其州。

甲戌，升。

西元194年。孝獻皇帝興平元年，民元前1718年。

改元興平。帝加元服。楊彪為太尉。孫策據有江南。

孫策於此，僅能得其父之餘眾，尚未能據有江南。

五月郭汜樊稠，自開府如三公，竝參選舉（似兩個行政院，雙頭馬車）。

七月太尉朱儁免，太常楊彪為太尉，錄尚書事。

乙亥，訟。

西元195年。孝獻皇帝興平2年，民元前1717年。

李傕、郭汜爭權相攻于長安。楊定、楊奉、董承以帝東還。曹操破呂布

于定陶，遂有兗州。布走劉備。

董卓初死，三輔居民，尚有數十萬戶，李傕等放兵劫掠，加以饑饉，二年民相食略盡，李傕、郭汜，相與矜功爭權，兩家夥火拼，如箭在弦上，賈詡每以大體相責相勸，尚能維持表面，某次稠擊馬騰、韓遂，稠部李利，作戰不力，受稠斥責。稠與馬騰乃是同鄉，遂併馬而行，謂騰等大家所爭乃國家事，非私人恩怨之私利，即告傕、稠與騰等密語，不知所云等情。傕本忌稠之勇而得眾。稠欲將兵東出關，從傕請兵，二月傕請樊稠會議而殺之，由是諸將之間，疑貳遂生。

傕時請汜飲，或經夜不歸，汜妻疑汜與傕婢有染，因而離間傕、汜，汜過傕飲大醉，因和糞飲之，原本杯弓蛇影之事，而今已是步步殺機矣！終至短兵相接，傕先劫帝於府，群臣徒步而隨，傕兵入殿，將宮中人、物掠奪一空，又徙御府金帛於傕府，遂放火燒宮殿，民居亦隨之而盡，傕並劫掠朝臣為質，朱儁憤懣而死。

傕汜相攻不已，均欲劫帝入其營。楊定、楊奉、董承幾經殺傷、死亡、饑餓，最後以十數人脫困以帝東還。

丙子，困。

西元196年。孝獻皇帝建安元年，民元前1716年。

帝還洛陽，改元建安。曹操徙帝都許昌。

楊奉、張楊，親奉大駕，出狼口還洛陽，九死一生，然而帝還洛陽，何曾逆料

卻是纔出狼口，復入虎吻，漢室氣數已至盡頭，看來弘農王辯，雖被董卓酖死，然較其弟協，免受曹操幾多侮辱與折磨，還算是幸運的啊！

是時，宮室燒盡，百官依委牆壁間，群僚饑乏，或餓死或為士兵所殺食，諸侯之間各保實力，無有肯委輸者。

曹操在許謀迎天子，眾以謂不妥，獨荀彧以為：天子歷劫歸來，京師殘破，正「義士有存本之思，兆民懷感舊之哀」！能於此時，奉主上以存人望；秉至公以服天下；扶弘義以致英俊，誠大順、大略、大德之事，乃千載之良機，於是操乃迎帝於許，詎帝一入曹操牢籠，而竟不得復出矣！

丁丑，未濟。

西元197年。孝獻皇帝建安2年，民元前1715年。

袁術稱帝九江，拜袁紹大將軍，曹操破術於揚州，呂布襲劉備於下邳，劉備走曹操。

袁術除了擁有「貴冑子弟」頭銜外（術為袁氏九世三公之後），殘暴荒淫，窮奢極慾，一無是處，軍至之處，無不劫掠待盡，以供自己享受揮霍，其所治下，則無非民不聊生，猶不滿足，妄想嚐嚐九五至尊的味道，適因「代漢者，當塗高」一句毫無緣由的流言，便以為天命在孤，應在自己身上（袁術志公路），又以袁氏出於陳，自以為乃夏禹之後，又聞孫堅得傳國璽，便拘堅妻而奪之，以袁紹為大將

軍，置百官、祭天地，煞有介事。遂遣使者告呂布，並為其子迎婦，布拒之。堅派七路大軍攻布，卒大敗而歸，操大軍又來，破術於揚州，術幾全軍覆沒。

戊寅，解。

西元198年。孝獻皇帝建安3年，民元前1714年。

曹操平呂布於下邳，兼有徐州。

呂布又與袁術通，操擊之，布降於操，操兼有徐州。

己卯，渙。

西元199年。孝獻皇帝建安4年，民元前1713年。

袁術死，袁紹破曹操將公孫瓚于易水。孫策破劉勳于廬江。

建安四年夏，術以淫侈無度，不能自立，乃歸帝號于紹，袁譚自青州迎術，道徑下邳，劉備及清河朱靈邀之，不得過。復走壽春，至江亭而嘆曰：「袁術乃至是乎！」憤慨而病，嘔血死。故廣陵太守徐璆，得傳國璽獻之。

袁紹連年攻公孫瓚不能克，建安四年春，紹予瓚書，欲與其釋憾修好，瓚不理會紹，增加守備不懈，自以為萬全不敗之策。瓚對用兵，有個似是而非的心態，就是當屬軍作戰危急時，其他部隊不可馳往救援，以激勵其自力戰鬥意識，怯除其依賴心理，因之當其被袁紹包圍時，其部屬亦不來救援，於是軍心渙散，人無鬥志，

自知必無倖理，因先縊殺其妻子、姐、妹，然後引火自焚，未及，紹使人斬之。

庚辰，蒙。

西元200年。孝獻皇帝建安5年，民元前1712年。

曹操大破袁紹於官渡。劉備去曹操，奔劉表於荊州。

秋九月，袁紹攻曹操於官渡，曹堅壁以待之，焚紹糧草數千乘，十月袁復運糧穀，操俱焚之。紹軍大潰，大破之，紹以八百騎渡河，操追之不及，盡收其輜重圖書珍寶。紹攻官渡，田豐諫不聽，既敗，殺田豐（因其智在紹上故）。或以紹之為人，喜怒不形於色，性矜愎自高，短於從善，故至於敗。

操擊劉備於汝南，備奔荊州劉表，表以上賓禮待之，使屯新野。

辛巳，師。

西元201年。孝獻皇帝建安6年，民元前1711年。

壬午，遯。

西元202年。孝獻皇帝建安7年，民元前1710年。

袁紹卒，子尚繼事，以弟譚為將軍。

袁紹自軍敗，慚憤，發病嘔血，五月薨，紹有三子，幼子尚，後妻劉氏生，袁

心欲立之而未言，遂出譚為青刺史，及紹薨，審配矯紹遺命，以尚為嗣。譚至，不得立，自稱車騎將軍屯黎陽，尚少予之兵，而使逄紀隨之（有監視之意），譚求益兵，審配不給，譚怒殺逄紀。九月，操攻譚，尚以審配守鄴，自將來救，二人皆連敗於操，退而自守。

癸未，咸。

西元203年。孝獻皇帝建安8年，民元前1709年。

袁尚、袁譚相攻，譚敗奔曹操。

春二月，操攻黎陽，譚、尚敗還鄴，操追至鄴，操置守黎陽而還。袁譚以為操以人心懷歸而退，機不可失，當其未渡黃河而擊之，操必大潰，並認為是不可失之千載良機，尚以為不妥，譚大怒攻尚，譚敗，別駕王修自青州來救，譚欲馬上回軍攻尚，修勸以兄弟如左右手，今與人搏鬥，而斷其右手，說自己必勝，可以嗎？況如兄弟親睦，可橫行天下，譚不從。八月曹操擊劉表，尚攻譚大破之，譚投曹操。

甲申，旅。

西元204年。孝獻皇帝建安9年，民元前1708年。

曹操破袁尚於鄴，兼有冀州，尚走青州，譚復奔尚。

春二月袁尚復攻譚，四月曹操攻鄴，尚敗走幽州，操遂入鄴，自領冀州牧。冬

十二月曹操攻平原拔之，袁譚走南皮。

乙酉，小過。

西元205年。孝獻皇帝建安10年，民元前1707年。

曹操滅袁氏於青州，譚死，尚走烏丸。

春正月，曹操攻南皮，袁譚出戰，士卒多死。操克南皮，譚出走，操追斬之。袁熙為其將焦觸等所攻，與尚俱奔遼西烏桓。

冬十月，高幹聞曹操討烏丸，遂復以並州叛，守壺關口。操遣其將樂進、李典擊之。河內張晟眾萬餘人，寇崤、澠間，弘農張琰起兵應之。操使西平太守京兆杜畿、河東太守畿隻身前往，適白騎賊攻東垣，畿單數十騎往，十數日之間得四千餘人，固與高幹、張晟共攻畿，無所得。操徵關中馬騰諸將等，會擊晟等破之，斬固琰等首，其餘黨從皆赦之。

丙戌，漸。

西元206年。孝獻皇帝建安11年，民元前1706年。

曹操破高幹於太原，幹走荊州。

曹操留其子曹丕守鄴，自將擊高幹于太原，曹圍壺關月餘，壺關降，高幹入匈奴求救，單于不受，幹獨與數騎，欲南奔荊州，上洛都尉王琰捕斬之。並州悉平。

丁亥，蹇。

西元207年。孝獻皇帝建安12年，民元前1705年。

曹操破烏丸於聊城，袁尚走遼東死。

烏桓乘天下大亂，脅漢民十餘萬戶，袁紹立其酋豪為單于，並以其家人子為已女妻之，遼西烏桓蹋頓尤強，為紹所厚，故尚兄弟歸之。

操欲擊烏桓，或以為袁尚已是窮途末路，似不必勞師動眾，深入烏桓，如劉備乘其後而攻許，會造成我們極大困擾。郭嘉以為劉表只會吹牛（郭喜稱表為坐談客），不知用兵，對劉備重用之，則恐其尾大不掉，輕用，則劉備無著力處，故雖空國而出，亦無後顧之憂，操乃決計伐烏桓，選了一條無人通行的廢道，進行奇襲，迨將近烏丸時，烏桓乃始覺悉，尚、熙與蹋頓迎戰，操斬蹋頓，降者二十餘萬，尚、熙奔遼東，公孫康斬二人首送操。

戊子，艮。

西元208年。孝獻皇帝建安13年，民元前1704年。

曹操殺大中大夫孔融，遂領丞相。荊州劉表卒，子琮繼事。劉備起諸葛亮于南陽，亮以吳周瑜兵，大破曹操於赤壁。遂有荊州，稱牧、治公安。

孔融四歲讓梨，可說是天才兒童，曹丕〈論文〉說北海孔融文舉，為建安七子之首，對事情自有其看法，對曹操當然十分不滿的（時人皆知操為漢賊），對朝

政問題，常傷曹操面子，甚或使操難堪（史書謂融恃其才望，數戲侮操），於是曹操看在眼中、聽在耳中、怒在心中！況當時曹操在朝，乃至於天下，已非一人之下（漢獻帝連傀儡亦不如），一呼百諾、千諾，無人膽敢膺其逆鱗者。有孔融理在，曹氏的一言堂便有缺口，自是曹操眼中之釘，但操又沒有光明正大的理由，理直氣壯的事實，堂而皇之的定孔融之罪，於是乃使小人郗慮，偽造罪名誣融，而殺了孔融全家，即其幼子，亦不放過。可見操恨融之深，更有甚於禰衡（二者在時空上，頗不相同，衡時操尚故作大肚狀，偽示人以容物之雅量，今則居萬人之上，而唯我獨尊矣）！使衡處融之時，必當與融同其命運而無異！

或謂當時，曹操挾君自重，征討四克，羽翼已張，而融徒以口舌伐之，有是理耶？（口舌以伐不臣，雖有斯理，然對其言者本人，則必然是毀滅性的結局。）蘇氏東坡謂：「文舉與操，勢不兩立，非公誅操（除以口誅筆伐外，誅操已無其可能），則操害公（害融易如反掌），此理之常（乃勢之使然，而非理之當然）。」蘇氏反對前人對孔文舉「負其高氣，志在靖難，而才疏意廣，迄無成功」的批評。

曹操殺孔文舉，自封為丞相。總領獻帝朝之一切一切。

荊州劉表卒，表妻弟蔡瑁，外甥張允，以次子劉琮繼事。章陵太守蒯越等，勸劉琮降曹操。

劉備在荊州，訪士於襄陽司馬徽，徽謂此間有伏龍、鳳雛（即諸葛亮與龐士元），二人得一，有天下之份，二人皆為備所得，庶因操拘其母，遂去備歸曹，終

生不為曹獻一言，鳳雛歸劉備戰死，遂三訪諸葛於南陽，三往始見亮，亮為分析天下大勢，定聯吳拒曹。所謂北拒曹操；東和孫權；南撫夷越；西取巴蜀之隆中對策。三大方案，亦即劉備未來之進圖方略。

劉備初得諸葛，方將籌謀，忽然發生驚天遽變，即劉琮的遽然降曹。操大軍已壓境，不得不倉促出奔，於是有當陽長阪坡之敗。

劉表薨，蔡瑁、張允擁表子琮嗣，章陵太守蒯越勸琮降操，九月操至新野，琮舉州降迎操。及劉備得知操已至宛，琮之左右及荊州人士，多歸之。

江東孫權聞劉表卒，即使魯肅以弔問表二子，赴荊州觀察情勢。始悉操已據有荊州，乃逕與劉備共議聯合抗操，乃使諸葛與魯肅過江，與孫權、周瑜擊操於赤壁，曹操大敗而歸。備遂有荊州。

己丑，謙。

西元209年。孝獻皇帝建安14年，民元前1703年。

孫權會劉備於京口。劉備表孫權為徐州牧，孫權表劉備為荊州牧。

獻帝建安十四年二月，劉備上表建議孫權行車騎將軍，領徐州牧。適劉琦卒，孫權以劉備為荊州牧。周瑜亦分南岸地給備。權以妹歸備。

庚寅，否。

西元210年。孝獻皇帝建安15年，民元前1702年。

曹操起銅雀臺於鄴。孫權南牧交州。

冬十二月，曹操築銅雀臺於鄴（河南彰德府，在河南省東部）高十丈，供其秋夏讀書，冬春射獵，養老之用。

蒼梧士燮為交趾太守，雄長一州，處中原偏遠萬里，而威儀無上，中國士大夫，多往依之。孫權以番陽太守步騭為交州刺史，士燮兄弟奉承其節度，燮並遣子入質，由是嶺南始服屬於權。

辛卯，萃。

西元211年。孝獻皇帝建安16年，民元前1701年。

曹操平關中、益州，劉備會劉璋於葭萌。孫權自京口徙治秣陵。

三月操遣鍾繇討張魯（河西漢中府），又使夏侯淵出河東與繇會（山西平陽府），對關中形成鉗形攻勢，韓遂、馬騰等等已心知肚明曹操的目標，不在張魯，正是馬騰、遂自己。騰、遂等不得不反了，曹操遂一舉而破之（也可能為操的佈局，故意逼反遂、騰，而消滅之。遂、騰果上當）。遂、超奔涼州。乃留夏侯淵屯長安，以張既為京兆尹，招懷流民興復縣邑。

劉璋在才能上，尤次於劉表，有人才而不能用，反而被人所用。先使張松，出使曹操，操見松其貌不揚，不予為禮。松走劉備，諸葛謂備當待之以禮。法正為

璋軍議校尉，亦不得志，迨曹操進入關中，璋始感到受到壓力，二人遂勸璋連結劉備，以對操，璋乃不顧群下反對，遂派法正往迎備，備率步兵三萬，與璋會於葭萌，劉璋更增加劉備兵力，慰勞三軍，重加賞賜，欲備往擊張魯。又令督白水軍，勸飲百日，璋還成都。巴郡太守嚴顏嘆說，劉璋所為，誠所謂「獨坐窮山，放虎自衛者也」，備亦厚樹恩德，以收眾心。

孫權徒治見下節。

壬辰，晉。

西元212年。孝獻皇帝建安17年，民元前1700年。

曹操割河以北屬鄴。孫權城石頭，改秣陵為建業。

秋七月，孫權徒建業。初張紘以秣陵山川形勢甚佳、甚勝，勸孫權以為治所，劉亦勸權居之，權於是作石頭城，徒至秣陵，改號建業。

冬十月，操擊孫權至濡須。

癸巳，豫。

西元213年。孝獻皇帝建安18年，民元前1699年。

曹操以冀之十郡稱魏國公，加九錫。劉備攻劉璋于成都。孫權捍曹操於濡須。

曹操進軍濡須，號四十萬，權率眾七萬禦之，相守月餘。曹見其舟船器杖，軍伍整肅，歎曰：「生子當如孫仲謀，如劉景升子，則豚犬耳。」正月遂撤軍還。

甲午 觀 操弒皇伏 后及子	甲辰 无妄 魏伐吳	甲寅 節 南伐吳
乙未 比 操以女 上皇后	乙巳 明夷 魏治兵 廣陵	乙卯 中孚 魏大起 宮室
丙申 剝 操為魏王	丙午 賁 魏帝丕終 叡嗣	丙辰 歸妹
丁酉 復 操用天 子服器	丁未 既濟 有事南 郊	丁巳 睽 魏改元 景初
戊戌 頤 耿紀韓晃 殺操敗	戊申 家人 諸葛圍陳 倉	戊午 兌 司馬懿平 遼東
己亥 屯 備取漢中 稱王	己酉 豐 攻武都陰 平	己未 履 魏明帝卒 子芳繼
庚子 益 操卒子 丕繼	庚戌 革 魏蜀假 司馬黃 鉞	庚申 泰 魏改元 正始
辛丑 震 魏郊天 地備稱 帝	辛亥 同人 蜀圍魏 岐山	辛酉 大畜 吳全琮 伐魏
壬寅 噬嗑 蜀吳伐敗猇 亭	壬子 臨 蜀息軍黃沙	壬戌 需 蜀姜維伐魏
癸卯 隨 備卒子 禪繼	癸丑 損 蜀伐魏 出褒斜	癸亥 小畜 司馬懿 伐吳

經世之酉二千二百四十二（世）。

甲午，觀。

西元214年。孝獻皇帝建安19年，民元前1698年。

漢獻帝二十六年，曹操弒皇后伏氏，及二皇子。又破張魯米賊於漢中。劉備克成都，據有巴蜀。孫權取劉備三郡。

三月曹操自封為王，權臣篡位之三步曲：金璽、赤紱、贊拜不名等，操自不例外，並使華歆弒后及后二子，后之家人，死者無數。破米賊張魯於漢中。

劉備克成都，據有巴蜀，遷劉璋於公安，盡歸其財物，使仍佩振威將軍印綬（為曹操所加）。

乙未，比。

西元215年。孝獻皇帝建安20年，民元前1697年。

曹操以女上皇后，又平張魯於漢中。孫權、劉備連兵攻曹操。

春二月之操女為皇后，平張於漢中。備聞曹將攻漢中，求和於孫權，權遂分荊州，以湘水為界，長沙、江夏、桂陽以東屬權；以南郡、零陵、武陵以西屬劉備。八月孫權攻合肥，大敗而還。

丙申，剝。

西元216年。孝獻皇帝建安21年，民元前1696年。

曹操進爵為漢王，南伐吳。

操自封為漢王。曹操治兵擊孫權，十一月至譙，二月攻濡須，三月操留夏侯

惇、曹仁、張遼等屯居巢，權令都尉徐詳詣操請降。

當一個人躊躇滿志的時侯，理智常被情緒因素所左右，以操之英明，亦不例外。當操除宦官、掃黃巾、戰袁紹之時，豈非清明在躬，算無遺策。但至赤壁鏖兵時，視天下已入囊中，而卻敗得如此之慘，之後又逼死其詡為張子房的荀彧（荀彧初見操，操譽之謂彼之張子房，荀彧因諫其稱帝步驟放慢一點，不合操意，操即逼其自盡），茲又殺琰與毛玠。可見一斑。

按：事情的發生，是崔琰薦楊訓予操，操禮用之，後操進爵稱王，訓上表稱頌。有人譏諷訓逢迎拍馬，謂為希世俘偽，並譏刺崔琰薦人不當，琰取表視之，便寫信給訓，謂訓做的很對，表亦寫得很好，很合時宜，可能還會有更大的好消息呢。琰的本意，是針對批評者，借題發揮的毫無道理。與琰有過節的人，便又向曹密報，操遂要將崔琰殺死。毛玠很為崔琰抱不平，也被仇家告密，操便也把毛玠下獄，桓階、和洽二人看不過去，便向操建議說：「毛玠從公，極受信寵，剛直忠公，為眾所懼，而竟至如此，當然，誰也不敢保證人不會變，不過總要派人調查清楚，如所舉屬實，殺頭自是應該，如非事實而是遭人誣陷，亦當還其清白，並治陷告忠臣之罪。」操雖未殺毛玠，但亦不肯追究告密、誣諂之罪，毛玠則終老在家。語云：絕對的權力，會使人腐化和昏昧，信哉！此操所為「剝」之始？

丁酉，復。

西元217年。孝獻皇帝建安22年，民元前1695年。

曹操用天子服器。孫權稱表降，曹操報以婚禮。

春正月，操軍居巢。孫權保濡須，二月操攻之，三月權降，操軍還。

四月操設天子旌旗，出入稱警蹕。冕十有二旒，乘金根車（皇帝所乘車，其輪、軸、轂之其製造皆彩繪，均有特定式樣，名曰金根車），駕六馬，曹操雖然貨色不真，而確是貨不真而價實的當今天子。

當皇帝便要立太子（未來的繼承人選），曹操問賈詡，賈詡默然不對。操問何思？詡曰，思袁本初、劉景升父子耳！操大笑。詡可謂智者之諫術。

操立丕為太子，太子抱議郎辛毗頸而言：「辛君知我喜不？」毗以告其女憲英。憲英曰：「太子是代表君、宗廟、社稷者也。代君不可以不戚，主國不可以不懼！宜戚宜懼，而反以為喜，何以能久？魏其不昌乎？」

戊戌，頤。

西元218年。孝獻皇帝建安23年，民元前1694年。

少府耿紀、司直韋晃，殺曹操不克，伏誅。操攻劉備，進攻漢中。

曹操以丞相長史王必，為許昌城防司令，自居于鄴。時關羽強盛，威震華夏，京兆金禕見漢朝行將被曹操所篡，乃與少府耿紀、司直韋晃、太醫令吉本、子邈等，欲殺必、挾帝以攻魏，南引關羽為援。程邈等率其黨千餘人，夜攻王必，射必

中肩，會天明眾潰散，必與典農中郎將嚴匡等共討斬之。

十月，曹操擊劉備，九月至長安。

己亥，屯。

西元219年。孝獻皇帝建安24年，民元前1693年。

劉備取曹操漢中，稱王；孫權取劉備荊州，稱牧，羽死之。

三月曹操出斜谷，以臨漢中，備曰，曹公雖來，無能為也，我必有漢川。乃使眾拒險而守，不與交鋒，曹軍大出，趙雲大開營門，偃旗息鼓，魏疑有伏，引去，雲以勁弩射之，魏軍大亂，操引兵還長安，備遂有漢中，秋七月，進位漢中王。

八月，關羽自率眾攻曹仁于樊，時大霖雨，漢江溢，平地水數丈，曹仁、于禁降之，龐德不屈死。冬十月，孫權使呂蒙取江陵，曹操率兵救樊，關羽走還，孫權邀斬之。

庚子，益。

西元220年。孝獻皇帝建安25年，魏文帝曹丕黃初元年，民元前1692年。

改元建康。

曹操卒，子丕繼事，是年丕代漢命於鄴，是謂文帝，改國曰魏，元曰黃初。降帝為山陽公，葬太祖曹操于西陵，自鄴徙都洛陽。

二十五年正月，丞相冀州牧曹操卒，太子丕立，自為丞相、冀州牧。

操知人善任，難被欺蒙；識拔奇才，不拘微賤，隨能任使，皆獲其用；與敵對陣，意思安閑；勳勞宜賞，不吝千金；無功妄施，分毫不用；有犯必戮，終無所赦；雅性節儉，不好華麗，……故能芟刈群雄，幾平海內。

冬十月，魏王曹丕稱皇帝，廢漢獻帝為山陽公。改元黃初。

按：東漢自光武建武元年乙酉，至獻帝是年庚子，傳十六帝，凡一百九十六年。

辛丑，震。

西元221年。蜀昭烈帝備章武元年，魏文帝曹丕黃初2年，民元前1691年。

魏郊祀天地。是年劉備稱帝成都，建國曰蜀，元曰章武，諸葛亮為相。孫權自建業徙都鄂，改鄂為武昌。

魏立宗廟社稷。夏四月漢中王即皇帝位，以諸葛亮為丞相，許靖為司徒。權自公安徙都于鄂（即湖廣荊州公安縣）。

壬寅，噬嗑。

西元222年。蜀章武2年，魏文帝黃初3年，吳孫權黃武元年，民元前1690年。

魏加兵於吳。蜀伐吳不利，敗於猇（哮）亭，是年孫權稱王武昌，是謂

文帝（文帝當為大帝），建國曰吳，元曰黃武，通使於蜀，以修前好。

關羽死，劉備方寸已亂，伐吳只是怒氣作祟，時張飛又被其屬所刺殺，更增加劉氏之恨，朋友之義，淩駕乎社稷之上，是其大失，劉備目中只見仇恨，而毫不考量用兵之道，連營八百里，違背兵法，只是「暴虎憑河，死而無憾」，徒逞一時之憤而已，其敗也自是必然。陸遜火燒連營，蜀軍土崩瓦解，死者數萬，備僅以身入白帝城，舟械軍資，損失略盡，不自見其用兵之悖，而謂為天意，可悲可嘆，為天下後世惜！

癸卯，隨。

西元223年。蜀章武3年，後主禪建興元年，魏黃初4年，吳黃武2年，民元前1689年。

蜀主備，卒於白帝城，太子禪繼，是謂後主，改元建興，魏與蜀和親。

劉備損兵折將，見報仇無望，除了空留遺恨外，生命已至盡頭，卒於白帝城，似乎象徵大漢氣數已盡，漢高劉邦斬白蛇起義，到劉備白帝城托孤，漢以白而起，以白而終。看來也是歷史上的巧合。

劉備卒，太子禪繼，是為後主，改元建興。

春，魏師攻濡須，圍江陵，皆不克，引還。

秋八月蜀遣尚書鄧芝使吳，吳遂絕魏復與蜀修好。

甲辰，無妄。

西元224年。蜀建興2年，魏黃初5年，吳黃武3年，民元前1688年。

魏伐吳。

吳使張溫聘於漢，吳、蜀信使往還不絕。有關天下大事，吳主每使陸遜與諸葛相資訊，並刻吳主印鑑置遜處，可逕代表吳主與蜀相議。

魏主曹丕欲大興軍伐吳。侍中辛毗以為，魏天下新定，土廣民稀，用之難見其利，莫若養民屯田，十年而後用之，便役不再興矣！丕不聽，遂以尚書僕射司馬懿守許，自率海軍、乘龍舟、浮淮如壽春，九月至廣陵，適江水盛長，丕望洋興嘆曰：「魏雖有武騎千群，無所用之，吳未可圖也。」遂還。

乙巳，明夷。

西元225年。蜀建興3年，魏黃初6年，吳黃武4年，民元前1687年。

魏伐吳，治兵廣陵，蜀諸葛亮平四郡蠻。

魏主曹丕又欲伐吳，八月魏主丕，以舟師伐吳，魏主乘舟自譙（江蘇亳州），循渦入淮。十月於廣陵故城，臨江觀兵，戎卒十餘萬，旌旗數百里，有渡江之志，吳人嚴兵固守，時天氣大寒，河水結冰舟不得入江，丕見波濤洶湧嘆曰，謂是天限南北也，遂還。

秋七月亮至南中，所戰皆捷，斬雍闓等，俘孟獲，七擒七縱，獲乃不復去，南

越盡服。

丙午，賁。

西元226年。蜀建興4年，魏黃初7年，吳黃武5年，民元前1686年。

魏帝終，太子叡嗣位，是謂明帝，司馬懿為驃騎大將軍。

四年五月，魏主丕卒，太子叡立，是謂明帝。以司馬懿為大將軍。操之於漢，亦猶司馬之于魏。如影隨形，如出一轍，凡操之如何施之於劉漢者，司馬氏一一復之於曹魏，所謂乘人者，人恆乘之。天道不遠，歷歷在目，可不慎乎！

丁未，既濟。

西元227年。蜀建興5年，魏明帝太和元年，吳黃武6年，民元前1685年。

魏改元太和，有事於南郊及明堂。蜀諸葛亮出師漢中。

魏主明帝即位，追謚其母甄夫人曰文昭皇后，並立文昭皇后寢園於鄴，命王郎往視園陵，二月叡耕籍田，大營宮室，郎見人民困窮，而帝大營，窮修宮室，因上疏諫帝，勤農耕，習戎備，富國強兵，以服戎狄。

按：甄夫人即甄妃，被文帝丕賜死。

蜀丞相諸葛亮出屯漢中，以圖中原，臨行上疏後主謂：今天下三分，益州疲蔽，國家已至危急存亡之秋；希其開張聖聽，以光先帝遺德，恢弘志士之氣。要親

賢臣，遠小人；聽取有益於身心、治國的好意見，接受部下的建言；要深切體念先帝遺訓，始可告慰先帝於地下。蘇東坡氏以為諸葛〈出師表〉，可與伊尹的〈伊訓〉，傅說的〈說命〉並美（說讀悅。商湯的孫子太甲不道，伊尹作〈伊訓〉，置太甲於桐宮，太甲感悟，伊尹輔其即位。武丁諒陰（居喪）不言，得傅說，以之為相，說作〈說命〉三篇。〈伊訓〉〈說命〉並見《尚書》）。

戊申，家人。

西元228年。蜀建興6年，魏太和2年，吳黃武7年，民元前1684年。

蜀諸葛亮圍魏陳倉，吳破魏石亭。

諸葛亮欲出兵擊魏，魏延建議兵分兩路，其一由延率兵五千，從褒中出，循秦嶺而東，當子午谷，不出十日，可至長安，其守將夏侯楙，怯而無謀，聞延掩至，必棄城走，迨救兵至，丞相從斜谷亦至，如此則咸陽以西可定矣！諸葛以魏延計太冒險，不用延計，乃率大軍攻祁山。

魏以劉備卒後數歲，寂然無聞，在無預警情況下，既無作戰準備，忽聞諸葛亮出師，朝野恐懼，天水、南安等，皆應亮，魏主叡進駐長安，令右將軍張郃步騎五萬拒亮，亮使馬稷督軍，稷違亮「不可高山安營」之戒，卒致大敗於街亭。

是年春正月，魏陷新城，孟達死之。孟達有寵於曹丕，又與桓階、夏侯尚相親善，及文帝丕卒，階、尚皆歿，頗不自安。乃欲以新城來歸於蜀，以事機不密，司

馬懿先以書慰安孟達，暗中即發兵往伐，晝夜兼行，八日而至城下，魏陷新城，孟達死之。

己酉，豐。

西元229年。蜀建興7年，魏太和3年，吳黃龍元年，民元前1683年。

蜀克魏武都，吳孫權稱帝，改元黃龍，自武昌復徙都建業。

春，蜀右將軍亮遣其將陳戒攻武都、陰平二郡，拔之。

四月吳王孫權即皇帝位，大赦。以子登為太子，諸葛恪為太子左輔。改元黃龍，九月吳遷都建業，使上大將軍陸遜輔太子登守武昌。

庚戌，革。

西元230年。蜀建興8年，魏太和4年，吳黃龍2年，民元前1682年。

魏伐蜀假司馬懿黃鉞。蜀諸葛亮攻魏天水。

冬十二月，蜀伐魏引兵出關，圍陳倉，以有備，不克，引兵還，王雙來追，亮斬之。

辛亥，同人。

西元231年。蜀建興9年，魏太和5年，吳黃龍3年，民元前1681年。

蜀圍魏岐山。

辛亥九年二月，蜀丞相伐魏祁山。魏遣司馬懿屯長安。督張郃、郭淮禦漢。懿守上邽，餘眾悉救祁山，亮分兵攻祁山，自迎懿於上邽之東，懿斂軍依險，兵不得交，亮引還，懿躡其後，至於鹵城又登山掘營，不肯與戰，魏皆譏懿畏蜀如虎，司馬無奈，乃使張郃攻南圍，自己按中道開向亮，亮使魏延等迎戰，魏兵大敗，懿還保營。亮以糧盡退軍，懿令張郃追之，郃與亮戰，蜀乘高佈伏，弓弩亂發，飛矢中郃膝而卒。

壬子，臨。

西元232年。蜀建興10年，魏太和6年，吳嘉禾元年，民元前1680年。

蜀息軍黃沙。吳改元嘉禾。

諸葛亮休士勤農于黃沙，作木牛流馬畢，教兵講武。

癸丑，損。

西元233年。蜀建興11年，魏青龍元年，吳嘉禾2年，民元前1679年。

魏改元青龍，蜀伐魏出褒斜。

癸丑十一年，青龍見於魏摩陂井中（摩陂，河南洛陽地名）。魏主叡往觀之。

按：龍乃天上之物，今入於井中，其髦失國之兆歟！叡不知惕，猶往觀之！

甲寅，節。

西元234年。蜀建興12年，魏青龍2年，吳嘉禾3年，民元前1678年。

魏南伐吳，至於壽春。西伐蜀至於渭南；蜀諸葛亮卒於師。吳伐魏，師出合肥。

魏大起洛陽宮室。

五月，吳主入居巢湖，向合肥新城，眾號十萬，又遣陸遜，諸葛瑾將萬餘人，入江夏、沔口向襄陽。將軍孫韶、張承入淮，向廣陵、淮陰。

六月，魏滿寵欲率軍救新城，殄夷將軍田豫以為不可，因新城不易卒破，新城久不可拔，吳眾必疲怠，然後擊之，可獲大勝。

滿寵，募壯士焚吳攻具，射殺吳王弟泰，又吳吏士多患疾病，聞魏大軍將至。遂退。

夏四月，丞相亮至郿，進軍渭南，亮分兵屯田，為久駐之基，雖雜於渭濱居民之間，而百姓安堵。魏大將軍司馬懿軍渡渭，引兵拒守。

按：西伐蜀至於渭南，非伐蜀，乃是拒蜀。

是年漢山陽公卒。

三月漢山陽公卒（獻帝自禪位至卒，凡十有四年，年五十四）。

乙卯，中孚。

西元235年。蜀建興13年，魏青龍3年，吳嘉禾4年，民元前1677年。

魏大起洛陽宮室。

曹叡對於宮室、廷園、美人，盡其傾國之力，亦再所不惜，既作許昌宮，又治洛陽宮，起朝陽太極殿，築總章觀，高十餘丈，力役不已，復立重華殿，作者三四萬人，陵霄車闕始建即有鵲巢其上，以問高堂隆。隆曰：「詩曰，惟鵲有巢，惟鳩居之。天意好像是說，宮室未成，將有他姓居之。古人說天道無親，惟與善人，為今之計，宜速罷百役，增崇德政，始可轉禍為福矣！」

魏主叡鑄銅人，起土山於芳林園，徙長安鐘鐻（秦始皇所鑄）、橐佗（秦始皇所鑄）、銅人（秦始皇所鑄，收天下兵器鑄為銅人）、承露盤（漢武帝所鑄）等於洛陽。起土山於芳林園，使公卿負土，樹雜木善草，捕禽獸置其中。魏之土功，非但洛陽而已，許昌亦有相似大工程，民勞國傷至於斯極？

丙辰，歸妹。

西元236年。蜀建興14年，魏青龍4年，吳嘉禾5年，民元前1676年。

丁巳，睽。

西元237年。蜀建興15年，魏景初元年，吳嘉禾6年，民元前1675年。

魏改元景初，公孫淵以遼東叛、稱王。

魏公孫淵居遼東，有貳於魏之意，數與吳大帝送秋波，又上表向吳稱臣。吳主禁不住公孫淵的誘惑，非常興奮，遂遣太常張彌，執金吾許晏，將兵萬人，以金寶、九錫等物，封燕王。舉朝咸諫，皆不聽。老臣張昭謂淵叛魏懼伐，遠來求援，不可深信，昭與大帝辯論不休，孫大帝憤怒難忍，架刃於昭頸，昭很傷心的說，這些不中聽的話，是你老娘臨終時，把我叫到其前，求我的。二人遂相擁而泣，然孫大帝仍我行我素，一意孤行。張昭稱疾不朝，孫無奈，遂使人將其所封取消，消息傳來，公孫淵斬了使臣，留下金寶和士兵。吳主氣得吐血，又要親征公孫淵，被眾臣勸止。

然而公孫淵終於玩火自焚，以遼東叛魏稱王。卒被司馬懿所滅，誅其三族。

戊午，兑。

西元238年。蜀延熙元年，魏景初2年，吳赤烏元年，民元前1674年。

魏司馬懿平遼東；蜀改元延熙；吳改元赤烏。

公孫淵數對中賓客出惡言，魏欲討之，乃以荊州刺史毌丘儉為幽州刺史，毌丘儉信心滿滿，謂魏帝即位以來，尚未建赫赫之功，蜀、吳不睊卒平（睊音怨，視也），聊可以不敏之土蟲，先平遼東。光祿大夫以毌丘儉在癡人說夢，公孫淵不是兵來即降者，然魏主信之，使儉帥諸軍及鮮卑，烏桓屯遼東南界，淵來見，遂稱王於遼東，復遣使稱臣請救於吳，正月，魏太尉司馬懿以四萬軍，往征公孫淵，魏主

曹叡與司馬懿論計攻遼之作戰與淵之所以應，司馬懿以為公孫淵可能採取的作戰方略，懿謂淵如棄城而走，為其上策；據遼東、拒大軍（即以遼全面抗曹，把戰爭擴大至全遼東），為中策；如坐守襄平，嬰城固守，此成擒耳。詢所需時日？懿計以往三月，戰三月，返三月，士卒休復三月，可結束遼東用兵，一年足矣！八月，司馬懿克遼東，斬公孫淵。

司馬懿謂公孫淵之三策為：走為上，戰（類似今之遊擊）次之，守不降，即死。概古今戰役，類不出其原則，如抗日戰爭，以空間爭取時間，即是走；國共之戰，國軍嬰城固守，無不被共軍消滅，其結果，皆不出司馬氏所謂之降、死二途之命運。

己未，履。

西元239年。蜀延熙2年，魏景初3年，吳赤烏2年，民元前1673年。

明帝叡終，齊王芳繼，司馬懿及曹爽輔政。

己未二年正月，司馬懿至洛陽，與曹爽共受遺命，魏主叡（音聊，簡也、擇也）卒，太子芳立。司馬懿至洛陽，叡執懿手曰：吾以後事屬君，與爽輔少子，吾忍死待君，得相見無恨矣！指芳曰：此是也，君諦視之，勿誤也！曹叡真所謂與虎謀皮者矣！但捨此而外，又當奈何？

庚申，泰。
西元240年。蜀漢帝禪延熙3年，魏齊王芳正始元年，吳主權赤烏3年，民元前1672年。
魏改元正始。

辛酉，大畜。
西元241年。蜀延熙4年，魏正始2年，吳赤烏4年，民元前1671年。
吳全琮伐魏，軍出淮南。
吳琮略淮南，將軍王淩、揚州刺史孫禮擊卻之。

壬戌，需。
西元242年。蜀延熙5年，魏正始3年，吳赤烏5年，民元前1670年。
蜀姜維伐魏，軍出漢中。
姜維率偏軍自漢中徙屯涪縣。

癸亥，小畜。
西元243年。蜀延熙6年，魏正始4年，吳赤烏6年，民元前1669年。
帝加元服。司馬懿伐吳，至於舒。蜀蔣琬伐魏，軍出漢中；吳伐魏，軍

出六安。

魏主加元服。懿督諸軍擊吳諸葛恪，車駕送出津陽門，軍次於舒。大興屯守，廣開淮陽百尺二渠，又修諸陂於穎南萬餘頃，自是淮北倉庾相望，壽陽至京師，農官屯兵連屬焉。

甲子 姤 魏伐蜀	甲戌 未濟 魏司馬師廢其君芳	甲申 蹇 魏稱王以檻車徵鄧艾
乙丑 大過 蜀伐魏	乙亥 解 師卒弟昭繼事	乙酉 艮 昭卒子炎代魏降其君陳留王
丙寅 鼎	丙子 渙	丙戌 謙
丁卯 恒	丁丑 蒙 魏諸葛誕叛入吳	丁亥 否 晉立子衷為太子
戊辰 巽 蜀伐魏	戊寅 師 魏伐吳誅諸葛	戊子 萃
己巳 井	己卯 遯	己丑 晉
庚午 蠱 司馬懿加九錫	庚辰 咸 魏司馬昭弒其君髦稱晉公	庚寅 豫
辛未 升 懿卒子師繼事	辛巳 旅	辛卯 觀
壬申 訟 吳孫權卒	壬午 小過 鄧艾鍾會伐蜀	壬辰 比 晉賈充以女上太子妃
癸酉 困 蜀吳伐魏	癸未 漸 魏滅蜀	癸巳 剝

經世之戌二千二百四十三（世），夬上六變姤。

甲子，姤。

西元244年。蜀延熙7年，魏正始5年，吳赤烏7年，民元前1668年。

魏王芳五年，蜀主禪二十一年，吳孫權二十二年。魏曹爽伐蜀無功。

春三月，魏曹入漢中。漢中守軍不滿三萬，人人惶懼，皆欲退守二城，以待援軍。王平以為不妥。因漢中至成都，不下千里，如敵先據谷口（即駱谷關，屬漢中、興勢縣，為漢中門戶），大局便不堪設想。為今之計，先使劉護軍佔據興勢，平為後援，機動策應，與之周旋，屆時成都援軍已至，此為計之上者，諸將皆持惑疑態度，護軍敏，即率軍往。

閏月，費禕督諸軍將行，正軍事倥傯，三軍整裝待發之際。光祿大夫劉敏，來為禕送別，要求與禕對碁一局後再出發。禕從容與弈，略無分心與倦容。敏因謂：適弈，欲觀公之定力耳，以此臨敵，必勝無疑。

五月魏軍退走。

乙丑，大過。

西元245年。蜀延熙8年，魏正始6年，吳赤烏8年，民元前1667年。

蜀伐魏，費禕師出漢中。吳將馬茂作難，夷三族。

十二月，漢費禕至漢中，行圍守（分派軍士，依地形要點，建築防禦工事而守之）。

蜀漢的棟梁支柱董允（論者以為，董允上則規益漢主，下則抑制黃皓，諸葛殂後，漢之未亡，實允是賴，禕繼而黃皓用，禕不無所欠然），費禕聰穎過人，朝中公文批奏，觸目不忘。無論公務如何繁忙，禕皆遊刃有餘，無疲憊狀。然其嚴肅剛直，則有遜于董允，允之剛直嚴肅，後主禪亦甚憚之，允數責於宦者黃皓，終允之世，皓位不過黃門丞，朝中小人無敢為非者。及允卒，費禕以陳祗代允為侍中，祇表面看，甚為矜持、嚴厲有威儀，實質上，卻十分善巧便佞，禕反以為賢，故越次用之。祇與黃皓，陰相表裡，皓始參與政事，累遷至中常侍，二人狼狽為奸，操弄權柄，終以傾覆漢室。

秋七月，吳將軍馬茂，原本為魏淮南鐘離長，叛魏降吳。茲復欲殺吳主及大臣以應魏，因其謀泄，並其黨與，皆伏誅。

丙寅，鼎。

西元246年。蜀延熙9年，魏正始7年，吳赤烏9年，民元前1666年。

丁卯，恒。

西元247年。蜀延熙10年，魏正始8年，吳赤烏10年，民元前1665年。

魏曹爽專政，何晏秉機。司馬懿病。

何晏等朋附曹爽，遷太后于永寧宮。變改法度，擅朝政，廣樹親黨，太傅司馬

懿不能禁，稱病不朝。

戊辰，巽。

西元248年。蜀延熙11年，魏正始9年，吳赤烏11年，民元前1664年

蜀伐魏，費禕師出漢中。

夏五月，大將軍費禕師出漢中。論者謂：自蔣琬及禕，雖身居外，國之慶賞刑威，皆遙先諮詢，請而後決斷施行，禕平宜近人，素行謙雅，對國家之貢獻，與蔣琬不相上下。

己巳，井。

西元249年。蜀延熙12年，魏嘉平元年，吳赤烏12年，民元前1663年。

曹爽是個不學無術，而又驕奢無度，荒淫無道，蠢若豚豕的人。身為大將軍，不知「伏寇在側」的古訓，無視於梟雄司馬懿之存在，必殺身滅家而無疑。故桓範罵其為豚犢，蠢得像頭小豬。曹爽每次出遊，必偕其所有親隨、將佐，乃至兄弟傾巢而出，不留置守備。桓範謂：「大將軍，典禁兵，如果有突發狀況，城門被人封閉，試問如何進城處理署機？」爽十分有信心的說，有誰敢如此？不予理會。爽又聞荊州刺史李勝謂「司馬懿已是屍居餘氣，形神分離，死期將至之人，不足為患」的說法（李被司馬所欺），爽信以為真，更無所顧慮，肆意而為。

春正月，曹爽往祭魏明帝曹叡陵。仍浩浩蕩蕩，帶領所有班底，儼然天子代表，惟我獨尊的前往。司馬懿見時機已至，乃以皇后令關閉各城門、據武庫，任命朝中大小官吏，下令伐爽。桓範教爽以「脅天子，臨許昌，以號天下」。爽不能用。桓範因罵爽為蠢豕。司馬懿把曹爽扣上「欲圖謀不規」的罪名，收大將軍曹爽及其黨羽曹羲、曹訓、曹彥、何晏、丁謐、張當等，俱夷三族。迎帝還宮。改元嘉平，復太后。懿加九錫，專國事。

庚午，蠱。

西元250年。蜀延熙13年，魏嘉平2年，吳赤烏13年，民元前1662年。

魏伐吳南郡。

征南將軍王昶建議，以孫權放逐良臣，嫡庶分爭，是攻擊的好機會，司馬懿乃遣新城太守陳泰襲吳秭歸；荊州刺史王基向夷陵；昶向江陵，昶引竹絙為橋，渡江擊破吳軍，降者數千口。

辛未，升。

西元251年。蜀延熙14年，魏嘉平3年，吳太元元年，民元前1661年。

魏司馬宣王卒，子師繼事，改元太元。

四月司馬懿殺了曹爽之後，又殺王陵及楚王曹彪，並將諸王子姪等，悉逐出京

師，徙之於鄴，將曹氏勢力，連根拔起。

八月司馬懿卒，享年七十三歲，魏主喪服臨弔，懿子司馬師，自為撫軍大將軍，繼事。改元太元。

壬申，訟。

西元252年。蜀延熙15年，魏嘉平4年，吳太元2年，民元前1660年。

伐吳不利。吳改元神鳳。權卒，子亮繼，改元建興。

司馬師欲伐吳，問計於尚書傅嘏，先戰而後求勝，非長策也，必當嚴明紀律，勿侵犯擾於民，而使民自至；再能因糧於敵，待敵有釁亂，再能速戰決。司馬師認為傅嘏的想法，迂遠而不切實際，不從。乃以征南將軍王昶等，三道擊吳，昶向南郡、鎮西將軍儉攻武昌、征東將軍胡遵攻東興（巢湖邊），遵與吳諸葛恪戰于徐塘，大敗。昶、儉聞遵敗，各皆退還。

癸酉，困。

西元253年。蜀延熙16年，魏嘉平5年，吳主亮建興元年，民元前1659年。

吳、蜀伐魏。

世間事，知人不易，自知亦難。即如韓非所說：「人能目視千里，而不能自視其睫。」說天下盡多廣聞博識之人，但多缺乏於自知。人貴自知，一個人不能自

知，小則誤身，大則誤國，乃甚而至於亡其國，果爾，則身死而未能已，其影響所及，或一時、或百世千載！

蜀姜伯約，或係受武侯出師表：「恐付託不效……故五月渡瀘，深入不毛……」感昭之影響，故不量國力、一伐、再伐……又或者真的是志在中原，從好的方面看，或係如此。但也可能是對自己評估過高，自以為真可繼孔明「興復漢室，還於舊都」？但費禕卻看得很清楚，對姜維多所約束，每率軍出師所予部隊，不使超過萬人，禕每謂：「丞相尚不能定中夏，何況我等？吾人所能作者，保國安民而已。」這是實話。及禕死，無人能約束姜維，維自以為可大行其道，遂將數萬人出石營，圍狄道（二地在隴西，皆魏屬地），為維亡蜀之張本。

吳諸葛恪較姜維尤等而下之，二月太傅恪入兵於魏，群臣以連年用兵，士卒皆疲，咸諫不宜用兵，恪不但不聽，且撰文告諭諸臣僚，責以所見者淺，自此無人更復為諫者。於是發兵二十萬伐魏，圍魏「新城」，新城守張特，城中纔三千人，疾病與戰死者過半，所剩可千餘，恪圍城三月而不能下，適大暑，吳軍中疾疫大作，士卒死傷、怨恨、哀號，遂至無士為戰而還。恪暴烈如舊，卒被吳孫峻所殺。

按：恪為諸葛瑾之子，少負盛名，大帝孫權甚器重之。恪父瑾時以恪非保家子為憂。陸遜嘗謂恪曰：「在我前者，我必讓其先我而前（走在我前面）；在我下者，我常引進提拔。今觀君，氣淩其上，意蔑乎下，非安德之基也。」恪不省。

甲戌，未濟。

西元254年。蜀延熙17年，魏嘉平6年、魏主髦正元元年，吳五鳳元年，民元前1658年。

魏亂，司馬師廢其君芳。立高貴鄉公髦，改元正元。師假黃鉞稱景王。蜀伐魏，姜維拔魏三城。吳改元五鳳。

夏六月蜀姜維伐魏，十月拔狄道、河間、臨洮三郡（按：河間當為河關，屬臨洮）。

中書令李豐，少有清名，其父不悅，使其斷客家居（子韜為魏帝勑駙馬）。後司馬師秉政，以豐為中書令，時太常夏侯元有重名，亦不得勢任，居常怏怏（元名氣很大，與曹氏親近，故不得勢）；光祿大夫張緝（后父，亦不得勢），豐皆與親善，后又時獨召豐密談。司馬師知其議己，以刀鐶擊殺之。遂收元、緝下廷尉，皆夷三族，並廢后張氏等。元就東市，顏色不變，舉動自若。豐弟翼為兗州刺史，弟妻荀氏，擬挾親信同逃吳，問翼可同赴水火者（與可共生死者）幾人？翼不能答。妻謂，官至刺史，連個生死與共的親信亦無，走到那裡，皆死路一條，就在此等死吧。卒夷三族。（翼妻大有識見）

司馬師殺中書令李豐諸人後，廢魏主芳為齊王，遷之河內。迎高貴鄉公髦立之。

皇帝下令以司馬師為相國，進邑九千；進號大都督；假黃鉞；入朝不趨；奏事

不名；劍履上殿等……，似乎是權臣篡位者的法定程式。王莽、董卓、曹操，乃至後來者之梟雄、權臣，其篡竊過程，莫不皆然。

乙亥，解。

西元255年。蜀延熙18年，魏正元2年，吳五鳳2年，民元前1657年。

魏司馬師伐吳，平淮南，還許昌卒。子昭繼事，為大將軍、錄尚書事、專制。蜀姜維敗魏軍於臨兆。吳孫峻敗魏軍於壽春。

魏正元二年正月，揚州都督毌丘儉、刺史文欽，因司馬師廢其主芳，遂通牒各州縣。起兵討師，眾五六萬，渡淮佔據項城（河南東南部），河南尹王肅，尚書傅嘏、中書侍郎鍾會，皆建議師親往督戰，時師以目疾嚴重，疑而未決。尚書傅嘏以叛軍來勢洶猛，如有差池，後果嚴重，師遂抱病前往，儉、欽壽春之亂平。

按：有尹大目者，自小為曹氏家奴，司馬師帶往戰地，大目知司馬師病勢十分嚴重（一目之眼球，已流出眼外），因謂師曰：文欽原本明公腹心，因被人所誤，遂入歧途，其人乃目好友，我勸其仍回明公身側如何？師同意其前往，大目遂騎大馬往追欽，大呼何不再忍耐幾天呢？暗示司馬師就快要死了，何不再堅持數日呢？欽不悟大目意，還罵其賣主求榮，便欲引弓射目，目本欲助之，而文欽不諭其意，目知儉、欽必敗無疑，因流涕曰「大事敗矣」！一切都完了。

秋八月姜維議出軍，征西大將軍張翼爭之，謂國小民勞，不宜黷武。維不聽。

率車騎將軍夏侯霸及翼同進。八月維將數萬人至抱罕、趨狄道。魏征西將軍陳泰令雍州刺史王經，待泰軍到，二軍東西合勢，同時進入狄道，王經與姜維軍發生遭遇戰于維水西，經軍死者萬人，姜維小勝，翼建議維適可而止，如果進而不利，豈不前功盡棄，成了畫蛇添足了，維大怒遂進圍狄。

魏敕鄧艾，陳泰並力拒維，泰軍隴西，潛行夜至狄道，據東南高山火把鼓角齊鳴，維不意救兵忽至，恐攻不克，退駐鍾提（鍾提當在羌中，蜀之涼州界）。

丙子，渙。

西元256年。蜀延熙19年，魏甘露元年，吳太平元年，民元前1656年。

魏改元甘露，大敗蜀軍於上邽（邽音規，上邽在甘肅，下邽在陝西）。司馬昭稱文王，假黃鉞。吳改元太平。大將軍孫峻卒，國亂。吳主亮始親政事。

春正月，蜀以姜維為大將軍，秋七月姜維伐魏。姜維自狄道還駐鍾提。復出祁山，聞艾有備，乃從董亭趨南安，維與艾爭奪險要未得，遂渡渭東行，緣山趨上邽，與艾大戰于段谷，大敗，蜀人以是怨維。

維在作為國家大將而言，似較鄧艾有遜（不但鄧艾，即較陳泰似亦有所未及），鄧艾對姜維在隴西戰場上的優勢條件，十分瞭解，絲毫不敢存有徼倖心理，艾謂：洮西之敗，失也，士卒凋殘，百姓流離，彼有乘勝之勢，我有虛弱之實……

深入檢討。維則不然，其所打者，只是個人的「自負」，主觀意識強烈，而乏冷靜、客觀、坦誠的分析與評比，故一與艾接觸，便勝負立見。

姜維敗王經之後，對魏軍一般士氣，確有很大打擊與影響，魏軍將領，致有「據險自保，觀釁待敝，然後進救」的想法。但這種想法，立被陳泰所駁斥。泰謂：姜維輕兵深入，目的即在與我爭鋒野戰，求一戰之利，王經當高壁深壘，挫其銳氣，乃經竟與維野戰，使其得逞。然經既敗走，維若以戰克之威。東向據櫟陽積穀實。放兵收降，招納羌胡，東爭關隴，對我將是最大威脅。而乃以乘勝之兵，挫峻城之下；銳氣之卒，屈力致命，攻守勢殊，客主不同……，誠非輕軍深入者之利也。維今孤軍遠僑，糧穀不繼，當以疾雷不及掩耳之勢，火速進軍以擊敵，必獲全勝……。維狄道不利，遂出洛谷。

丁丑，蒙。

西元257年。蜀延熙20年，魏甘露2年，吳太平2年，民元前1655年。

魏大將軍諸葛誕，以揚州叛入於吳。蜀伐魏，姜維師出洛谷。

姜維連年出兵，蜀人愁苦不堪。茲魏有諸葛誕之變，姜維再次出兵伐魏，中散大夫譙周（譙音樵），作〈仇國論〉以諷之。略謂：處大者常多傲慢；處小者常思善（有臨深履薄之念），多慢則生亂；思善則生治。勞民過甚，則騷擾之兆生；上慢下暴，則瓦解之形起，時可而後動，數合而後舉，故湯武之師，不再戰而克，

誠重民勞而度時番也（十分重視選擇農暇、不擾於民）。如遂極武黷征（任性窮兵黷武），土崩勢生，不幸遇難，雖有智者不能謀！由此可見蜀漢之上下譽情，與民心背向，然而姜維咸漠然不顧，無悟於中。吾人雖不能聆知姜氏之廟算，與作戰目標如何，總之以蜀之國，一舉而滅魏，勢無可能？既然渺無機會，則其主動求戰之目的為何？殊無著力之點，何況姜氏歷次對魏之戰，每與失敗，常相左右（勝少敗多）。此次維出芒水（芒水出南山芒谷，北徑盩厔（盩厔，陝西縣名、讀「周至」），水北流注入於渭），維數挑戰，望、艾不應（征西將軍，都督雍涼諸軍事司馬望）。姜維此戰，最好的結果，將是糧盡而還，所謂「沙草晨牧，河冰夜渡」，能安全撤退，已屬不易，如此而已！

魏大將軍諸葛誕，見好朋友夏侯玄、鄧颺都死了，王淩、毋丘儉、文欽父子，亦相繼誅殺，自心壓力，日益沈重，於是多養死士，收攬人心以自保。司馬昭初秉政，派人私訪各地將軍，調查其向心力，賈充謂諸葛誕，朝中多人皆傾向於禪代（希望曹魏讓國），誕很嚴厲的責備充，你們賈家世受魏恩，何出此大逆不道之言。賈充當然加油加醋一番，以顯其對昭忠心，司馬昭遂詔誕赴京為司空。誕得詔書心中愈恐，乃以淮南屯田十餘萬官兵，及揚州新附四、五萬，聚穀一年，為閉門自守計。遂降吳，並向吳求援。

六月，司馬昭督諸軍二十萬，進屯丘頭，圍壽春。

吳大將軍孫綝，以私人恩怨，使振南將軍朱異，將兵來襲夏口都督孫壹，壹率

軍降魏。吳又使將軍全懌、全端、唐咨，王祥，將三萬眾，投入壽春城中與諸葛誕會合。又使朱異等五人來援，因輜重被魏軍所焚，翼軍乏食，無力攻戰，綝不管，使翼更死戰，翼不從，孫綝斬朱翼於鑊裏，綝既不能救出諸葛誕，而又喪敗士眾，吳人莫不怨綝。綝看自己對救援諸葛誕無能為力，也就藉口重行發兵，實則逃回東吳、坐觀成敗去了。

卒以城中諸將意見紛歧，發生內鬨，互相攻擊，司馬昭利用懷柔、招降，離間，分化，並以不殺降者為號召，瓦解了城中鬥志與戰力，故未經激烈戰鬥，便攻克壽春。城破而不殺降，頗為後人樂道。

戊寅，師。

西元258年。蜀景耀元年，魏甘露3年，吳太平3年，吳主休永安元年，民元前1654年。

魏司馬昭伐吳，拔壽春，誅諸葛誕。蜀改元景耀，宦氏黃皓始專政。吳大將軍孫綝，廢其君，立亮弟休，改元永安，綝作逆伏誅。

二月司馬昭拔壽春，誅諸葛誕，其他甚少殺戮，論者以為司馬氏此役，值得稱道的，即是少殺戮，世有誘降而後殺者甚多，誠不仁之甚者。

蜀宦官黃皓專政。

吳大將軍孫綝，因私怨擅殺大臣翼等，魏諸葛誕來降而不能救，其處理政務吳

主亮多所問難（有所疑或者不滿），便稱疾不朝（裝病不見吳主），吳主亮見綝無德無能，而忝居高位，且朝中到處佈滿綝之爪牙，吳主陰與全公主、將軍劉承謀誅綝，吳主告黃門侍郎紀，紀告其父太常，常不經意言於其妻（妻乃綝之妹），常妻密語綝，綝乃廢主亮為會稽王，迎琅琊王休於會稽，尚書桓彜不肯簽署，綝殺之，遂迎琅琊王休立之。琅琊王休立，綝復無禮於吳主，凡所欲求，吳主皆予之。休復與丁奉、張布設計誅綝，十二月丁卯，吳誅綝、夷其三族。

己卯，遯。

西元259年。蜀景耀2年，魏甘露4年，吳永安2年，民元前1653年。

庚辰，咸。

西元260年。蜀景耀3年，魏甘露5年、奐景元元年，吳帝休永安3年，民元前1652年。

魏亂，司馬昭弒其君髦，立常道鄉公璜，改元景元。昭加九錫，稱晉國公專制。

魏主髦非常憤懣於司馬氏之覇扈與專權，遂召侍中王沈、尚書王經，散騎常侍王業，謂司馬昭之心，路人皆知，自己已忍無可忍，不能再接受廢辱之恥，今當與卿等共出討之。王經勸帝不可魯莽從事，司馬氏已根深蒂固，不是輕易便可推翻

的，再說吾人無卒無將，一定要動手，不只是令人看笑話而已，且將招致不測之禍。帝說今日之事，無可返顧，死又何懼？王沈、王業，飛往報昭。帝驅殿中奉茶倒水，掃地打雜，不識刀槍等侍役人員，像辦家家酒一樣，鼓噪而出，與司馬家如狼似虎之侍衛鬥，何異於驅眾鼠而鬥群貓，魏主髦被昭家奴成濟刺殺于戈下。太后下詔罪狀高貴鄉公（可憐的老太婆，真是打掉牙齒和血吞），廢為庶人，葬以民禮，王經及家屬付廷尉。（王經勸帝不可魯莽，帝不聽，經入白太后，帝欲經同主往赴昭，經不往；沈、業欲經同奔告昭，經亦不往。經何罪而付廷尉論死？）經含笑被刑，母謂經「死得其所」。昭使司馬炎（炎，昭之子）迎燕王宇之子「常道鄉公，璜」於鄴，以為魏明帝嗣，而立之，更名曰奐。

五月，司馬昭自為相國、封公、加九錫。又固讓九錫，晉國公專制之命。論者謂昭既已自加之矣，而復辭不受，亂臣賊子，扭揑作態之臉嘴，欲以文字欺天下後世而已者。後人論弒髦之罪，其罪首為昭，次為賈充，再次為成濟。

辛巳，旅。

西元261年。蜀景耀4年，魏景元2年，吳永安4年，民元前1651年。

壬午，小過。

西元262年。蜀景耀5年，魏景元3年，吳永安5年，民元前1650年。

魏鄧艾、鍾會伐蜀。

壬午十月，蜀大將軍姜維，又欲出師，將軍廖化說：「兵不戢（戢，止息、收斂之意），必自焚，姜伯約之謂也。」說姜維若仍不惜國力，窮兵征戰，終必玩火自焚。又說，智不出敵，而力少於寇（說指揮官之智謀不如人，部隊之戰鬥力亦不如人）。不知這仗如何打法？何況更嚴重的問題是後主昏憒，宦官弄權，群小在上，大將在外。在先天上，這個國家差不多已是病入膏肓。在戰略上，姜維犯了很大的錯誤，諸葛亮的大戰略，是拒敵於國門之外，而維則是採取境內決戰，誘敵入境而殲滅之。二者的取決因素不同。

注：宦官黃皓，欲以大將軍閻宇取代姜維，維將皓之姦情告後主，禪謂皓乃趨走小臣，不能興風作浪，不必介意，不要看得太嚴重。維見皓在朝中枝附葉連，勢力強大，非自己力量所能治，遂返至洮陽，種麥遝中，不敢復歸成都。

司馬昭欲大舉伐漢，朝中皆以為不可，獨鍾會贊同。司馬昭對蜀戰力之評估，十分精確，以蜀戰列部隊，約九萬人；戍守成都及他地，不下四萬；餘不過五萬。今絆姜維於遝中，使不得東顧，我之主力，直指漢中，以劉禪之闇，邊城外破，內無謀臣，必然慌亂，其亡可立待。

大將軍姜維，聞鍾會治兵關中，悉其乃對蜀用兵之兆，希朝廷遣左右車騎將軍張翼、廖化等，督諸軍分別對陽安關口（即陽平關）及陰平之橋頭（杜佑以為在文州界），由陝入川必經關塞，特別加強戒備，以防魏軍來襲。宦官黃皓信巫鬼，謂

魏兵絕不會送上門來，並封鎖魏軍進犯消息，不使朝臣得知。故魏大軍已入境，朝中竟無人知者。

注：論者謂：蜀漢立國，雖有劍閣天險，而陰平小徑，乃空虛無人之地，姜維守劍閣，鍾會攻之不能克，當時若能用姜維計，守獲陰平，則魏對攀木懸崖，猿猴亦愁之險，魏軍偷渡，其可得乎？惜後主誤信佞宦黃皓邪說，貽誤大計，鄧艾果因之而入，成都不守，大好山河，輕輕送人。諸葛瞻又不從黃崇「拒險」之諫，是者非之，非者信之，賢者在下位而無輔，天欲亡蜀，孰能拯之？

癸未，漸。

西元263年。蜀炎興元年，魏景元4年，吳永安6年，民元前1649年。

魏滅蜀，徙其君於洛陽。蜀改建元炎興，是年國亡。吳出軍壽春，救蜀不克。

魏司馬昭大舉伐漢；以鄧艾督軍三萬，自狄道趣甘松、遝中，其策略指導是：以部分兵力纏鬥姜維主力，不使東向；雍州刺史諸葛緒督三萬餘，自祁山趣武街橋頭，絕維歸路；鍾會統十餘萬眾，分從斜谷（谷，唫浴）、駱谷、子午谷、趣漢中。

鍾會過幽州時，問計於刺史王雄之孫戎（竹林七賢之一）。戎曰，道家有言，「為而不恃」，非成功難，保之難也。

或問劉寔：鍾、鄧能否平蜀？寔曰「破蜀必矣，而皆不還」。客問故，寔笑而不答。

秋八月，魏軍發洛陽。大賚三軍（賚音來，犒勞之意），陳師誓眾（陳，讀鎮，校閱誓師）。

漢聞魏軍將至，乃遣廖化將兵詣遝（音踏）中，援姜維。命張翼、董厥等，詣陽安關口，為諸圍外之助（機動支援）。並集中兵力（集中主力，確保重要關隘），確保漢、樂二城。詎鍾會率其大軍，未動一刀、未發一矢。即至漢中，所謂「平行」至漢中，即使其將李輔、荀愷，分別包圍「漢、樂」二城。逕向陽安口進軍。以胡烈為先鋒，攻關口。守將傅僉拒守其下。副將蔣舒竟率眾迎降（因不得志），烈乘虛襲城，傅僉格鬥而死，鍾會遂得長驅直入，大得藏庫積穀。

姜維聞會已得漢中，遂引兵還。鄧艾遣兵追躡於彊川口，與維大戰，維敗走，還至陰平，合廖化、張翼、董厥，守劍閣以拒會，會不能克，且見蜀道之難，糧道險遠，軍乏食，便欲引還。

鄧艾上言謂：「賊已摧折，宜遂乘之。若從陰平、由邪徑，經德陽亭趨涪（音浮）遂，去劍閣西百里，去成都三百餘里，以奇兵衝其腹心，出其不意，劍閣之守軍，必還歸救涪，則劍閣之我軍亦可大舉入蜀。」於是艾遂自陰平，行無人之地七百餘里，鑿山開道，造作橋閣，山高谷深，至為艱險，又糧運將匱，瀕於危殆，艾以氈自裹，推轉而下，將士皆攀木緣崖，魚貫而進，先至江油（即龍川江油縣，南

至綿州二百餘里），守將馬邈降之。

諸葛瞻督軍拒艾。至涪（音浮），停住不進，尚書黃崇謂瞻，應速拒險，不可令敵進入平地。瞻猶豫未納，崇再三言之，至於流涕，瞻不能從（瞻，諸葛之子，似乎神經也已麻痺，竟毫無兵臨城下之驚覺）。艾遂長驅至綿州，斬諸葛瞻與尚書黃崇。瞻子尚冒陣而死。

十一月鄧艾至成都，漢帝禪出降。北地王諶（諶晨，禪子），怒諫其父說：「若理窮力屈，禍敗將及，便當父子君臣、背城一戰，同死社稷，以見先帝可也，奈何降乎？」漢主不聽，乃哭於昭烈廟，先殺妻、子而後自殺。

蜀漢共二主，四十三年；合兩漢（西、東漢），除王莽篡之十四年，共四百五十五年。

甲申，蹇。

西元264年，魏咸熙元年，吳永安7年、吳主皓元興元年，民元前1648年。

司馬昭進爵為晉王，增郡二十，用天子服器，改元咸熙，以檻車徵鄧艾。鍾會以蜀叛。

鄧艾滅蜀後，頗有顧盼自雄，暗詡其功之意，並上書司馬昭，提出許多國家大計方針的主張，而這些書奏，多經過鍾會篡改（鍾會是有名的書法家，善於模仿他人筆跡，二人爭功，互不相容），語氣更顯得狂妄自大，馴至漸有悖傲之態。司馬

昭心中，自是十分不爽（當然是鍾會借刀殺人之計）。於是便令鍾會，將鄧艾押回洛陽受審。

鍾會使衛瓘執行誅艾計劃（鍾希望艾抗命殺瓘，目的在挑起鄧、瓘的衝突，擴大事態，藉機大做文章，清除異己）。然後再俟機而動，以達其據蜀稱王之夢想。衛瓘很明白鍾會的心事，遂運用智巧，以迅雷不及掩耳之勢，順利收押鄧氏父子（瓘以緊急密令，實施宵禁，祕密將艾之幹部集中而約束之）。

鍾會亦同時進駐成都，將鄧艾打入囚車，押赴京師，接收了鄧艾部隊，氣勢儼然一四川王姿態，欲令姜維領軍五萬出斜谷為前驅，會率軍隨其後，意在規復天下……，姜維看出鍾會的野心，希望利用此一形勢，創造復興漢室之契機，乃傾心與會相交，二人出則同車，坐則同席，情好歡甚。於是維建議鍾會，盡殺北來諸將。以消除未來之障礙，姜維再俟機殺會，盡坑魏卒而復蜀。不意更生枝節，使其計劃皆成泡影。

司馬昭表面上是擔心鄧艾不肯就範，乃派賈充來助。充至，鍾會即知司馬昭已有戒心，必須速發，事成可得天下，不成則退保蜀漢，以作劉備第二。於是開始戒嚴，關閉城闕、宮門，嚴密把守。姜維則建議盡殺北來諸將、坑其士卒，會欲從維言而猶豫未決……。

適鍾會帳下有一名丘建的頭目，原為李烈屬下，甚得鍾會信愛，聞知這個消息，十分不忍于李烈之無辜，遂密告烈，烈又密告其北來將士，說鍾會已掘大坑，

欲盡坑北來官士，一夜之間傳遍北軍上下，諸軍不期而同，鼓譟而出，死傷狼籍，會之將士死者數百，姜維及其妻子亦同被殺，鄧艾部屬救艾出檻車，衛瓘恐艾報復，乃使田續襲艾父子而殺之（鄧艾屬江油，田續不敢進，艾欲殺之，繼而捨之，油因懷恨在心），以報其前此之辱。

咸熙。

三月，司馬昭自進爵為晉王。增其封邑並前共二十郡，服用皆與天子等。改元

吳孫休卒，濮陽王興、中軍張布，廢休子、而立權廢子和之子皓，改元

元興。皓立，誅興及布。

按：濮陽王，應是丞相濮陽興；中軍張布，應是左將軍張布。

吳主孫休卒，託孤於丞相濮陽興，並使子出拜，休把興臂，指其子而託之。未幾休殂。朝臣以魏已亡蜀，交趾攜貳，吳已處於危難邊緣，朝中流傳「立長君以安吳」似是而非之流言（或者為有心人士所造）。丞相濮陽興、左將軍張布，親受亡君把臂託孤重任，而竟別立他人子，何其孟浪之至！即一般市井小民，受人託孤而違諾，於做人之道，尚不無所憾！而況國之大臣？再說「國有長君」，便一定就是國家之福？亦未必然。何況歷史上亡國之君，幾乎多為成人，又作何說？有長君何若有良臣為逾？再者僅憑左典軍萬彧一人之言，即以一國之重任付之，視若兒戲然，豈非荒唐之至？更何況所立者，竟然是極端英明之吳大帝孫權所廢太子和之子皓。又誰能保證其德性之良窳，堪能為賢君呢？果然未及三月，皓便賊形畢露，

「驪暴、驕盈、奢侈而好酒色……」上下皆失望，濮陽興，張布，後悔莫及（標準的書生誤國），十一月皓徙二人於廣州，中途而殺之，更夷其三族。皓之為人，亦可知矣！萬彧豈孫皓之說客？濮陽興、張布並被所欺，果爾，其亡也固理所當然。

孔子曰：「德薄而位尊，知小而謀大，力小而任重，鮮不及矣！」未有不失敗者。可為濮陽興、張布之寫照。二人，所以被萬彧玩弄於股掌之上，賠上了吳國與自家三族老少，身死異域，而悔之莫及者，「德薄而位尊，知小而謀大」，可為來者鑑。

乙酉，艮。

西元265年。魏咸熙2年，晉武帝炎太始元年，吳甘露元年，民元前1647年。

魏司馬昭卒，子炎繼事。是年，炎代魏命，是謂武帝，改國為晉，元曰太始。降（降級之降）其君璜為陳留王，徙於鄴。吳徙都武昌，改元甘露。

是年夏五月，晉王司馬昭，稱其妃為后，世子為太子。冕十二旒，建天子旌旗，出警入蹕……儼然一派天子氣味。八月卒，時年五十五。無獨有偶，其子司馬炎，亦五十五年而終，竟如此巧合。

八月晉王司馬昭卒，太子炎嗣，諡昭曰文王。

冬十二月壬戌，魏帝禪位於晉。魏自曹丕篡立，凡五世，四十六年而亡。

魏司馬昭卒，子炎繼事，是年炎代魏命，稱皇帝，是為武帝，改國為晉，元曰

太始。廢魏主，出居於金墉城（城在河南洛陽西北角，西晉被廢王公多寔於此）。丁卯以魏帝為陳留王，就宮於鄴，以示優崇（倣魏帝曹丕故事）。

追尊宣王（司馬懿）、景王（司馬師）、文王（司馬昭）為皇帝，王太后為皇太后。降（念降，落之降）魏諸王為侯。大封宗室（伯叔兄弟等，將近三十人為王），革除曹魏刻薄侈腐積習之後，矯之以仁儉。

吳徙都武昌，改元甘露。

丙戌，謙。

西元266年。晉太始2年，吳寶鼎元年，民元前1646年。

吳改元寶鼎，復遷還建業。

吳遷都武昌，日常所需，皆由揚州之民，泝（泝同溯）流供給，甚苦之，而又奢侈無度，公私窮匱。民謠有云：「甯飲建業水，不食武昌魚，甯還建業死，不止武昌居。」以見民心所向。況國無一年之蓄，民有離散之怨；國有露根之漸，而官務苛急，莫之或恤。以見武昌非王者之都。

秋七月，吳皓逼殺景皇后，並遷景帝四子於吳，尋又殺其長者二人，看來景帝真是所託非人了。丞相濮陽興，將軍張布，真是誤國、誤人、誤己的大罪人。

十二月，吳遂復還建業。

又使黃門遍行州郡，凡將吏家女，其二千石大臣子女，應年年向宮中報名備

案，年十五六歲，先由宮中採選，未中者始得嫁人。看來孫皓直如洪水猛獸了。

丁亥，否。

西元267年。太始3年，吳寶鼎2年，民元前1645年。

晉立子衷為太子。

徵犍為李密為太子洗馬（眾作先馬解，太子出，先太子馬而行者），密作〈陳情表〉，以祖母年老（祖母劉九十有六）固辭。許之。

戊子，萃。

西元268年。太始4年，吳寶鼎3年，民元前1644年。

吳伐晉。

冬媾，吳遣將施績入江夏，萬彧侵襄陽。遣丁奉、諸葛靚攻合肥。

己丑，晉。

西元269年。太始5年，吳建衡元年，民元前1643年。

吳改元建衡。南伐交趾。

左丞相陸凱竭心公家，忠懇內發，將死，吳主皓使中書令董朝，問其遺言，凱剖析朝臣之優劣。皓惡其切直，加以小人挑撥搧媾之故，不但不納其言，竟徙其

家，孫皓之德性如此。
遣監軍虞汜、威南將軍薛珝、蒼梧太守陶璜、荊州道監軍李勗、督軍徐存、從建安海道（福建），會於合浦，以擊交趾。

庚寅，豫。
西元270年，吳建衡2年，民元前1642年。
吳孫秀奔晉。
前將軍孫秀為吳主堂兄弟，督夏口，吳主孫皓惡之，民間流言，謂秀將被孫皓所收。冬十一月，吳帝皓恰令將軍何定，率軍至夏口行獵，孫秀十分驚恐，便帶領全家及親兵數百人，連夜投奔晉國去了。

辛卯，觀。
西元271年。晉太始7年，吳建衡3年，民元前1641年。
吳平交趾。蜀劉禪卒於晉。
秋七月，大督都薛珝、陶璜等，共攻交趾，擄楊稷、毛炅等（炅音炯，形容火或炎熱），九真日南皆降，以陶璜為交趾牧，討降夷獠，州境皆平。

壬辰，比。

西元272年。晉太始8年，吳鳳凰元年，民元前1640年。

晉賈充以女上太子妃，遂為司空。吳改元鳳凰。

賈充（又一個天生的亡國種子）為人巧諂善佞，重要地方、緊要關鍵，都能插上一腳。自司馬昭時，即受寵任事，司馬炎之立，賈充有大功（弒魏帝髦，為晉取魏掃清路障），故信寵有加，而且公關做得極好，與太子太傅荀顗、侍中中書監荀勗、越騎校尉安平沈紞等，相為黨友，朝野惡之。帝問侍中裴楷朝政得失，裴楷對曰：「陛下受命，四海承風，所以未比德堯舜者，但以賈充之徒尚在朝耳，宜引天下賢人與弘正道，不宜示人以私。」

適「樹機能」（河西禿髮樹機能，陝甘一帶胡人之一種，殺晉涼州刺史牽弘，叛晉）寇亂秦、雍。侍中任愷，舉薦朝中具有「威望、智略」之重臣賈充，前往鎮撫之。帝即命賈充都督秦、涼二州軍事。賈充心驚膽跳，恐懼萬分，因此一任務，非欺哄詐騙可解決的，乃問計於其黨荀勗，勗告以以女妻太子，可免此行。充妻賄賂楊后左右，使后說帝納其女為妃。帝本欲以衛瓘女為太子婦。謂瓘女有五可，說衛氏種賢而多子，美而長。謂賈氏種「妒而少子，醜而短、黑」。后堅求帝選充女，賈充的黨類荀顗、荀勗、馮紞等，皆異口同聲，稱「充女絕美，而有才德」，帝遂從之。於是賈充官復原職，不再去與「樹機能」打交道了。但不可思議的是，司馬炎既知充女「妒、黑、短、醜，無宜男象」，三大臣竟異口同稱「充女絕美，而有才德」，二說軒輊如冰炭，其中必有一詐。即平常百姓人家，亦斷無不辨之

理，況為太子納妃，寧不分辨而納之？違乎情理。韓非子曾告訴那些世上的國君與王公大臣們說：最會洩漏你機密的人，不是你的敵人，而是你最親信的人、最親近的人。故韓子說：「一曰在牀，二曰在旁。」最是需要提防的。司馬炎計疏乎此，或者，不爾，不足以亡晉。故司馬晉不能無賈氏，豈其信然？

癸巳，剝。

西元273年。晉太始9年，吳鳳凰2年，民元前1639年。

晉何曾為司徒。吳師寇晉弋陽。

吳將魯淑圍弋陽，晉征虜將軍王渾擊破之。

甲午 復 晉武帝十年 吳一一年	乙未 頤	丙申 屯	丁酉 益	戊戌 震	己亥 噬嗑 晉伐吳	庚子 隨 徙孫皓至洛	辛丑 无妄	壬寅 明夷	癸卯 賁 孫皓卒
甲辰 既濟	乙巳 家人	丙午 豐	丁未 革	戊申 同人	己酉 臨	庚戌 損 武帝崩太子衷踐位是為惠帝	辛亥 節 賈氏廢太后夷十二大臣族	壬子 中孚	癸丑 歸妹

甲寅	睽	
乙卯	兌	武庫火
丙辰	履	張華為司空 秦雍寇亂齊 楊兵
丁巳	泰	
戊午	大畜	
己未	需	賈后廢 太子遹
庚申	小畜	
辛酉	大壯	
壬戌	大有	賈氏弒太 后楊氏于 金墉
癸亥	夬	

經世之亥二千二百四十四。

甲午，復。

西元274年。晉武帝炎太始10年，吳鳳凰3年，民元前1638年。

晉武帝十年。吳主皓十年。晉分幽州、城平州。

幽州即今之北平，又名順天府（歷代各有不同稱呼，如冀州、上谷、漁陽、中都、廣陽、范陽、燕山、代、遼西等名）。晉稱幽州，今分昌黎、遼東、樂浪、玄兔、代方、五郡置平州。

乙未，頤。

西元275年。晉咸寧元年，吳天冊元年，民元前1637年。

晉改元咸寧。吳改元天冊。

吳掘地得銀尺，上有年月等刻文（按：朱隱老疑為乃吳臣竊吳主之心所為

者）。吳主以之為瑞，因改元天冊。

丙申，屯。

西元276年。晉咸寧2年，吳天璽元年，民元前1636年。

晉東西夷十七國內附。

按：汝陰王駿討北胡，斬其渠帥吐敦；秋鮮卑、阿羅多等寇邊，西域戊己校尉馬循討之，斬首數千級，餘眾來降。

吳改元天璽。

吳人獻小石，上刻「帝皇」二字，謂得于臨平胡邊（按：吳長老相傳，臨平湖塞，天下亂，湖開，天下平之說）。吳主以為臨湖無故忽開，有青蓋入洛之兆（謂吳主將統一天下），遂改元天璽。歷陽陳訓私謂其友：「青蓋入洛者，將有銜璧之事也。」（國家破亡，奉璧乞降之兆）

八月歷陽長上言：歷陽山「石以為兆應印封發」（說歷山石有紋成字），謂為天下將太平之兆，吳主大喜，封其山神為王，祀乙太牢，大赦天下，改明年元為天紀。

丁酉，益。

西元277年。晉咸寧3年，吳天紀元年，民元前1635年。

晉四夷內附。吳改元天紀。將邵凱、夏祥逃入於晉。

春，平虜護軍文鴦，督涼、秦、雍州，討「樹機能」破之，降諸胡二十萬口。

吳將邵凱（邵凱、武帝紀作凱，羊祜傳作顗）、夏祥逃入於晉。

初幽、蔡二州，皆與鮮卑相接，東有「務桓」，西有「力微」（務桓、力微，據幽並之胡種），多為邊患。衛瓘密以計間之，務桓降而力微死，朝廷嘉瓘之功，封其弟為亭侯（瓘已死）。

戊戌，震。

西元278年。晉咸寧4年，吳天紀2年，民元前1634年。

吳將劉翻祖，始逃入於晉。

吳，紹武將軍劉翻、厲武將軍祖，始降晉。

己亥，噬嗑。

西元279年。晉咸寧5年，吳天紀3年，民元前1633年。

晉命賈充督王渾、琅琊王伷、王戎、胡奮、杜預、唐彬、王濬七將，兵二十萬伐吳。

晉欲伐吳，賈充與荀勗、馮沈力爭吳不可伐，王渾亦主應慎重為要。武帝司馬炎十分惱怒，二十萬大軍，令賈充率領，分七路攻吳，晉軍內部，意見亦紛歧（杜

預召開作戰會議，有反對及時進兵者，以為百年之寇，未可盡克，方春水生，未可久駐，宜俟來冬更為大舉……），步伐並不一致，若非孫皓之不競，自至摧枯拉朽之境，晉雖欲摧此百年基業之吳，亦非易事。之所以趣滅者，以吳主淫虐，誅殺賢能，加以老將凋謝，後起不繼，殆天欲亡吳者。吳國諸臣，咸知吳無倖存之理，知其必亡，然猶一戰晉軍者，只是自求覓一死所，找個「死」的機會，以盡其臣子之節份而已，其悲愴無助之情可見。

是年，汲人發魏襄王塚，得書七十五卷。「汲」，屬河內郡，今河南修武、汲縣之地。

庚子，隨。

西元280年。晉武武帝太康元年，吳天紀4年，民元前1632年。

晉平吳，徙孫皓於洛陽，改元太康。

唐劉禹錫〈西塞山懷古〉詩謂：「王濬樓船下益州，金陵王氣黯然收；千尋鐵鎖沈江底，一片降幡出石頭。」正是詠嘆這一段歷史。晉處心積慮欲對東吳用兵，遂使王濬於長江上游之益州，建造戰船，訓練水師，達數年之久。吳則橫江鎖以鐵鍊，置大金椎，即倚憑為長江天塹，晉人便不能擅越雷池，詎王濬竟以「戍卒八萬，方舟百里」，鼓噪而入石頭，吳王皓很甘脆的「面縛輿櫬，詣軍門降」矣！

極其不可思議的是：王渾、賈充皆反對伐吳最力者，獨張華以為必克，及王

濬斬鐵鎖，鎔金椎，順流而下，行將進入建業，賈充竟上表，要帝勒令王濬立刻撤軍，並謂不腰斬張華（支援對吳用兵者），不足以謝天下。杜預聞之亦立即上表，堅決反對賈充退兵議，表未至，而吳帝即面縛而降矣！

濬解皓縛、焚櫬，收其圖籍，受皓之降。時王渾軍尚未渡江，未能拿到第一功，因歸恨於濬，認為王濬不應擅受吳降，即欲率兵攻濬，結果因王濬把吳主孫皓，獻讓予王渾，始免去一場奪功之鬥。王渾竟以平吳首功，進爵為公，封子澄為亭侯（澄尚公主，為帝之婿），弟湛關內侯，轉為征東大將軍，時人多為王濬功重報輕而鳴不平，帝遷濬鎮軍大將軍。

辛丑，无妄。
西元281年。晉太康2年，民元前1631年。
（三月選吳伎妾五千人入宮）

壬寅，明夷。
西元282年。晉太康3年，民元前1630年。
東西夷二十九國修貢，山濤為司徒、衛瓘為司空，賈充卒。
遼東鮮卑，自塞外入居遼西，世附中國，數從征討有功，拜大單于。
山濤（後人所謂「竹林七賢」之一），自小即異於同儕，既至位列三公，有了

西元284年。晉太康5年，民元前1628年。

乙巳，家人。

西元285年。晉太康6年，民元前1627年。

丙午，豐。

西元286年。晉太康7年，民元前1626年。

按：正月甲寅朔，日食。

丁未，革。

西元287年。晉太康8年，民元前1625年。

按：正月戊申朔，日食。

戊申，同人。

西元288年。晉太康9年，民元前1624年。

按：正月壬申朔，日食。

胡三省謂，一個朝代，接連三年元旦皆遇日食，武帝於時駕崩，天下大亂，以見天之賜戒，昭然可畏。

宋柴望《丙丁龜鑑》亦謂；太康七年丙午，八年丁未，山崩、數處地震；八月大水；十二月，河溯雨赤雪。太康八月，日食；七月前殿地陷數丈；十二月郡國五地震。丙午、丁未，謂之數厄。以上言天象。

由天象而及於人事。

司馬炎選其白癡兒為太子，選悍婦為妃，卒絕其宗祀。

晉太康二年，選吳宮伎妾五千人入宮，太康二年三月，復下令取良家及小將吏女五千入宮選之，哭聲聞於宮外。即孟子說的「內有怨女、外有曠夫」。怨女、曠夫盈天下，自然有傷天和，再者一夫而御眾女，其所斲喪者又何如？俗謂「色是刮骨鋼刀」，非徒戕其健康，損其天年必矣，或謂天象人事，亦互為因果。

宋氏《丙丁龜鑑》，日蝕地震之說，是否即關係一個國家的成敗存亡？以現代人眼光看，是極其幼稚、荒唐可笑、而不科學的，但在時間點上，又不免引人遐思。我們從時代背景上看，晉司馬炎立其白癡兔兒為太子，又為其選了個奇醜無比、矗、狠、妒、不守婦道、而又權力欲極強、貪且智的妃子，卒釀成八王之亂與五胡亂華，時有隱者董養亦說：「天人之理既滅，大亂將作矣。」遂荷擔偕妻入蜀，不知所終（按：養為時之隱者）。明人楊慎修形容天之亂說：「生靈血混長江水，一陣風來草木腥。」真箇是「鬼神愁、天地慘、苦殺生靈」！陳鴻〈長恨歌傳〉所謂：「徵尤物，窒亂堦，垂教於將來者也。」觀此則思過半矣。

己酉，臨。

西元289年。晉太康10年，民元前1623年。

汝南王亮為司徒，假黃鉞。

晉武帝太康二年三月，下令取良家及小將吏女五千入宮選之，哭聲聞於宮外。辛丑平吳，選吳宮伎女五千人入宮。宮中伎女達萬人，宮人競以竹葉插戶，鹽汁灑地，誘引羊車，帝隨處而寢，極意聲色，遂致成疾。后父楊駿欲大權獨攬（后父楊駿與弟珧、濟，權傾內外，時人謂之三楊，山濤屢諷諫帝，帝不為意）。楊氏首先便要剷除王室勢力，對其威脅最大者，莫過于汝南王亮。於是以亮為侍中、大司馬、假黃鉞、大都督，督豫州諸軍事，令其治許昌，將之排出京外。又徙南陽王柬為秦王，督都關中；始平王瑋封十三年，徙楚王……等諸王各之國（使其皆離開京城，不得參與朝政）。楊家遂居中而主宰朝廷，為所欲為了。

庚戌，損。

西元290年。晉武帝太熙元年，晉惠帝衷永熙元年，民元前1622年（晉武帝子衷，在位二十六年）。

改元太熙，武帝崩，太子衷踐位，是為惠帝。冊妃賈氏為皇后，改元永熙，葬武帝於峻陵。

王渾為司徒、何邵為太師、裴楷為少師、和嶠為少保、王戎為少傅、衛瓘為太

保、石鑒為司空。

初晉武帝使賈充往擊樹機能，充懼不敢往，荀勗獻計，以女獻太子，可免。果然。

庚戌改元太熙，武帝崩，太子衷踐位，是謂惠帝，改元永平。依例尊皇后為皇太后（武帝之后，楊駿之女），立太子妃（賈充之女）為皇后。

以王渾為司徒、衛瓘為太保、石鑒為司空，皆武帝之左右，立于武帝未沒之前。中書監何邵為太師、衛尉裴楷為少師、和嶠為少保、吏部尚書王戎為少傅，皆左右太子者，命於惠帝既立之後。

晉武帝司馬炎懵懵懂懂的死去，楊駿初步取得了制中權，為太傅、大都督、假黃鉞、錄朝政，百官總己，儼然似一代理皇帝。叵奈楊駿以智小謀大，又不受諫，故所為無一不失。除楊駿外，人人咸知駿不但必敗，且有滅族之禍。是以有識之士，皆避之惟恐不及，有因故不能與其疏離者，故意毫不留情的批評駿處事缺失，以觸怒駿，使其厭惡，以達疏駿之目的（如其姑之子蒯欽，為弘訓宮少府，及傅咸等，皆藉故惡意評擊駿。按弘訓宮為晉景帝司馬師之后所居，其少府蒯欽，即駿姑之子）；甚乃逃往異域，避不受其延攬。（如王彰逃往匈奴。彰謂：楊太傅暱近小人，專權自恣，敗無日矣，吾踰海出塞以避之，猶懼及禍，武帝以其低能兒為帝，而又所託匪人，天下之亂，可立待也……）

秋八月，立廣陵王遹為皇太子（晉武帝寄望之第一預備繼承人）。武帝死後，

楊駿大權獨攬，政事陷於混亂之中。一位醜而妒、慾而智、狠而有權的母羅刹（惠帝之后，賈充之女），將晉國帶入了黑暗時代。

辛亥，節。

西元291年。晉惠帝永平元年，元康元年，民元前1621年。

改元永平，皇后賈氏專制，夷十二大臣族。太傅楊駿、太保衛瓘、汝南王亮，皆被戮焉。廢太后楊氏為庶人，徙之金墉，遣就國，改元元康。

趙王倫為征西大將軍。

司馬炎為了他的寶貝兒子，費盡心機，乃至不惜殘殺其至親骨肉。但卻為兒子娶了一位醜而狠、妬，慾而奸、詐的娘親老婆（賈氏年十五，太子十三，長太子兩歲）。

賈女被納為太子妃後，因妒而殺數婢女，又以戟擲孕妾，子隨刃墮。武帝大怒，將廢之。皇后楊氏以充嘗有功於晉（晉武之立，充有功焉。弒魏主高貴鄉公，助晉謀取曹魏天下），充之同黨馮紞、荀勗，楊珧等（同為武帝所親信），盡力營救，理由是「妬者婦人常情，長自當差」云云。說妬為女子之通病，無足為怪，長大後自然會好的。武帝以為「言之有理」？也就不了了之。

司馬氏由於祖德「豐厚」，天乃賜晉「蠢兒、惡婦」以報之。當是天理之常，只是苦了普天下的老百姓！

人人皆知武帝太子衷為低能兒，不堪天下之寄。征北大將軍衛瓘為尚書令，遂

藉酒撲伏帝前，欲言又止者三（可見帝王面前，說真話之難），終撫帝牀而嘆「此座可惜」！帝悟。因密封尚書所疑事，令太子決之。太子妃請人代對，令太子手抄呈帝，帝大悅。（按：以司馬炎之智，當然明白箇中玄機，非常欣慰自己已得到了可恃的佐證），遂以示瓘，瓘踧踖不安、十分難堪。早時尚書和嶠亦言於帝，謂太子有淳古之風（不說愚蠢，而說淳古，淳古即樸拙之意。和嶠圓滑，措辭委婉、明哲保身），而末世多偽，恐不了陛下家事。帝默然。後與荀勗（賈充同黨）等同侍武帝，帝曰：「太子近來入朝，頗知進退。」各位可當面與其談談，荀勗等皆稱：「太子明世事，知所進退，誠如陛下所見。」和嶠則說，太子與過去並無分別。武帝十分不悅，起身而去。這次照抄了他人代答的稿子，武帝以為自己的寶貝兒子真正大有長進了（還是自欺欺人？）所以龍顏大悅。其內心深處，是否真以為「家事已定」？（按：司馬炎證實兒子並不傻，滿足了其下意識的幻想、與夢寐的冀盼。也或者司馬炎根本就是烏龜吃豆子，肚裡有數，也或者司馬炎已陷入賈充等之局中而不克自拔。）但司馬炎彌留之際，走的仍然十分艱辛，連詔汝南王未至，無所顧命，國事、家事，悉為楊駿所控，然不能了無掛牽，冀託孤於其叔汝南王亮，但一陣昏迷一陣醒，楊后說以駿輔政，司馬炎嘴巴微張，口尚未閉，便又昏迷。楊后即使草詔以其兄駿輔政。及亮來到，米已成粥，一切都已晚了，連其殯葬也不敢參臨，天下事已無可如何了！

惠帝即位，賈氏專制，首先務除之而後快的眼中釘，便是其救命恩人楊太后

（晉武帝后，惠帝之母），太后為保護賈氏，時予訓誡與護庇，賈氏不知太后助己，而目為仇敵。賈氏欲干政事，遂誣楊駿謀反而除之。太傅主簿朱振說駿，應即燒雲龍門，以阻宮兵，並召朝臣共議，同時追捕造謠生事者正法，擁皇太子入宮除奸，不然，吾人皆將死無葬身之地。楊駿謂雲龍門乃歷史性建築，始于魏明帝，工程浩大，如何可燒？駿怯懦無主，對朱振建議，不能決。賈氏殿中兵燒駿府，殺駿，駿弟珧、濟及張劭等十餘大臣，皆夷三族。

大赦改元，賈氏囚太后於永寧宮，旋即廢為庶人，太后母龐氏付廷尉（龐氏楊駿妻，楊太后母），臨刑，太后斷髮跪求，上表稱妾，乞全母命，賈后不理。

董養遊太學，嘆曰：朝廷建斯堂，本為庠序之教，申孝悌之義，對謀反大逆之人，尚可赦免，惟獨於「殺祖父母、父母者」，卻不赦，乃王法所不容之故。今公卿竟公然在此「子議母罪，滅忤母子之大倫」，滅絕倫常，以至於此！天人之理既滅，大亂將作矣！（按：養為時之隱者）未幾、即荷擔偕妻入蜀，不知所終。

壬子，中孚。

西元292年。晉元康2年，民元前1620年。

賈氏弒皇太后楊氏於金墉。

賈氏一心要除楊后，謂太后與駿「同惡相濟，自絕於天」。使後將軍荀悝（音窺）送太后永濟宮。悝謂：「臣下不敢奉詔。」左僕射荀愷與太子少師王晃，建議：「廢太后尊號，貶金墉城。」賈后悉奪太后侍御，絕膳八日而卒。賈氏怕太后

鬼魂到武帝處告狀，乃「覆而葬之」（太后屍身，面下背上），並刻符書咒，塗以藥物而厭之。

以汝南王亮與太保衛瓘皆為尚書，亮為討好眾心，便借著討誅楊駿名義，無論有功無功，大事封侯者達一千八十一人，討好朝臣、以示攏絡。御史中丞傅咸勸亮，封賞太為過分，已達到驚天動地的程度，簡直是「熏赫動天地」，亙古之所未有。傅咸又說：「因朝中動亂、無功而獲厚賞，則人莫不希盼國家之常動亂，災禍時時發生（希望國家天天有動亂，可藉以獲取封賞厚利），是禍源無窮也。」亮不聽。亮欲專權朝政，咸復以楊氏有震主之威，委任親戚，為天下怨，卒闔族誅滅，今當反其道而行，然而近過尊門，冠蓋車馬，填塞街衢，加以親戚，無功而封賞，誠非為福之道。亮仍不納。賈氏親族，族兄模、從舅郭彰、女弟之子謐，尤為驕奢，與瑋、繇竝參與朝政。

司馬氏諸王，各以其權謀勢力，爭權奪利。太宰亮、太保瓘以楚王瑋，剛愎好殺，欲奪其權，瑋則向賈氏告密，誣亮、瓘「欲圖謀不軌」。賈氏使瑋免二人官，瑋即矯詔誅亮、瓘。張華又使人說賈氏收瑋斬之。

朱氏隱老以為，賈氏以一婦人，而能夷滅大臣，廢殺太后，乃是司馬氏積惡之報。

少不經事的曹爽，對司馬氏及其奴才們所加之迫害與淩辱，忍無可忍，不惜以雞蛋來砸石頭，率其百餘侍役僕從，向司馬昭發出怒吼，以棍棒衝向司馬昭之鈇

衛軍，發起攻擊。司馬昭的打手們，在賈充指揮之下，將手無寸鉄之曹爽與其侍從百餘人，全部誅殺。為司馬氏篡魏大孽（業），掃除了最後的絆腳石。然而，冤有頭，債有主，賈充的同黨荀勗等，盡力撮合賈女為太子妃，賈氏女復操刀屠司馬王朝，武帝即位八年，其禍已伏於冥冥之中矣！姤卦《彖辭》說：「女壯，勿用娶女。」司馬炎費盡心機，誅戮曹氏，也用盡心機，為自己寶貝兒子，選了一個自己明明知其「妒而少子（不能育），醜而短黑」，賈充之潑女為太子妃，連楊俊也力挺賈氏之種為其兒婦，最後連楊后自己與其父母乃至闔族，悉斷送於賈女之手，豈非冥冥中的安排。

人是愈老智慧愈豐富、識見益遠深？抑愈老愈萎懦？愈糊塗因循呢？以衛瓘而言，從朝廷與鍾會、鄧艾的三角鬥爭中，能全身而退，已大非易事。爾後屢以其智慧，建功朝廷，達二十九年，及賈氏專權，而猶溷跡於綱常傾覆、人倫夷滅、亙古未有之大破壞、大混亂中，而卒致夷滅，豈不可嘆？按說瓘已是淬礪人事、練達朝情、應世圓融之年，惜未能圭角晦隱，進退在心，魏舒忽辭官去（太康四年），瓘猶想不明白舒何以無緣無故，忽然放棄富貴爵位而去？以見二人境界之雲泥高低，瓘之令人惋惜者在此。

癸丑，歸妹。

西元293年。晉元康3年，民元前1619年。

甲寅，睽。

西元294年。晉元康4年，民元前1618年。

乙卯，兑。

西元295年。晉元康5年，民元前1617年。

武庫火。

冬十月晉武庫火。燒毀歷代所存兵家寶物，如漢高祖斬白蛇劍、王莽頭、孔子屐等，及二百萬軍士器械。時張華為中書監，與趙王倫、孫秀有隙，二人疾華如仇，華恐係倫、秀所為，乃按兵戒備，而後始派兵救火，故火勢不可收拾，盡焚庫存寶物。

或以為武庫之火，歷代之寶，固屬可貴，其所焚毀之二百萬軍隊裝備，乃是漢、魏相傳，吳、蜀之所得，皆聚於此，故能如斯之多，而悉焚之，其天火歟？抑為人火？蓋晉之天理既滅，人倫已廢，普天之下，遍多夷虜，天不藏甲以助虜，故降火以焚之歟？

丙辰，履。

西元296年。晉元康6年，民元前1616年。

張華為司空。秦雍寇亂，齊萬年稱兵涇陽，楊茂搜稱兵百頃。

中書監張華為司空。

夏，匈奴郝散之弟度元、與馮翊、北地馬蘭羌、盧水胡俱反，殺北地太守張損，敗馮翊太守歐陽建。

按：一、羌居馬蘭山中，遂以為種落之號。山在今陝西同州府，白水縣西北。屬馮翊、北地二郡界。二、盧水胡，位在安定界。

征西大將軍趙王倫（晉宣帝司馬懿之子）信任嬖人孫秀，秀對處理邊境民族問題上，與雍州刺史「解系」（姓解系），發生岐見，解系不滿孫秀作法，導致胡羌俱反，與秀發生衝突。因各向朝廷訴說對方不是，馮翊太守歐陽建，亦上表訴倫罪惡（導致邊境之亂），朝廷以倫擾亂關右，遂將趙王倫召回，另派梁王肜為征西大將軍。解系復上表建議誅秀以謝氐。張華告梁王肜使誅秀，梁王肜許諾，秀友辛冉向梁王肜說：「氐、羌自反，非秀之罪。」由是得免（可知羌胡之反，乃由孫秀之侵逼所致）。

倫至洛陽，秀為倫設計，深交賈、郭（右衛將軍郭彰，乃賈后縱舅）。賈后大愛信之。倫求錄尚書事，又求尚書令。張華、裴頠執以為不可。倫、秀由是怨之，華、頠亦由而種下殺身之禍。

冬十二月，略陽氐、楊茂搜據仇池，自號輔國將軍右賢王，關中人士避難者多依之，茂搜迎接撫納，欲去者衛護資送之。仇池方百頃，其旁地二十餘里，四面堵絕而高，為羊腸蟠道三十六回而上，「孫千萬」附魏、封百頃王，千萬孫浸盛，徙

略陽。

按：《三秦記》，仇池山在滄洛二谷之間，常為水所衝激，故下石而上土。《仇池記》：仇池百頃，周回九千餘步，天形四方，壁立千仞，上則泉流交灌，煮土為鹽，東西二門，盤道上下凡七里

秋八月（丁巳）秦雍羌氐齊萬年反。周處敗死。

八月「解係」為郝度元所敗，秦、雍，氐、羌悉反。立氐帥齊萬年為帝，圍涇陽，詔以周處為建威將軍，與振威將軍盧播，俱隸安西將軍夏侯駿，以討齊萬年。

中書令陳準建議說：「駿及梁王皆貴戚，非將帥之才，進不求名（皆居王侯之位，仗打勝了，亦無官可升，再升只有當皇帝了），退不畏罪（打了敗仗，受懲罰的則是與敵人短兵相接，參與戰鬥的將士，他們有權力歸過予部屬）。說白一點，這些指揮官大將軍，只有擺威風。說大話，發洋財，壞軍紀則有餘。再就是自己本不黯作戰用兵之道，反而干擾用兵出戰與部隊之調配，佈陣的作用。周處忠直果敢，有仇無援（周處嘗為御史，梁王不法，處曾劾辦之），宜召積弩將軍孟觀，以精兵萬人為處前鋒，必勝無疑。不然，梁王一定令處為先鋒，去攻擊叛軍精銳，故意使其陷於重圍，而不發兵支援，任處兵敗再拿處來開刀而報復之，故處必敗無疑。」朝廷不從。

齊萬年聞處來，便說：周府君有文武才，若專斷而來，不可當也，或受制於人，此成擒耳。

丁巳，泰。

西元297年。晉元康7年，民元前1615年。

春正月，齊萬年軍七萬屯梁山，梁王肜、夏侯駿，使周處以五千兵擊之。處謂：「軍無後繼必敗，不徒亡身，亦為國家之恥。」肜、駿不理，逼遣之。處與盧播、解系，攻萬年於六陌，軍士未食，肜促令速進，自旦至暮，斬獲甚眾，絃絕矢盡，救兵不至，左右勸處退，處按劍曰：「是吾效節致命之日也。」遂力戰而死。朝廷雖然很不高興肜，而亦不能罪也。

觀周處之際遇，與李陵當時之「死傷積野，餘不滿百；然皆扶創，不任干戈，猶復徒手奮呼，爭為先登……」之狀差似，同一壯烈，豈不令人唏噓！

王戎為司徒，何邵為僕射。

九月以尚書右僕射王戎為司徒。何邵為左僕射。戎為三公，與時浮沈，無所匡扶，委事僚寀（寀音彩。《爾雅》謂寀曰僚官，即今之部屬之意），輕出遊放，性復貪吝，園田遍天下，猶晝夜籌算，常若不足（家有好李，賣之恐人得種，常鑽其核）。凡所賞拔，專事虛名，不問其實（阮咸子瞻嘗見戎，戎問聖人貴名教，老莊明自然，其旨異同，瞻曰「將無同」，即辟之。人謂三語掾）。

王衍為尚書，與弟澄好題品人物（對當朝野人士的評論，所謂一經品題，則聲價十倍），衍童稚時，即清秀俊美，神情明秀，山濤非常感嘆，稱其為「寧馨兒」

（神清明秀，為人人喜愛之童子）。並語重心長的說：將來「亂天下蒼生者，未必非此人也。」

衍為尚書，與河南尹樂廣（河南省長樂廣），皆善清談，以任放為達，名重當世，朝野爭慕效之，乃至醉狂裸集，子呼父名，裸而聚飲，不以為非。

何晏等祖述老、莊，立論以天地萬物，皆以「無」為本，謂「無」為開物成務，無往而不存者，即天地萬物，莫不由「無」而生……、王衍之徒，皆愛重之。（然而何晏自己的生活享受，雖日食萬錢，猶嘆無下箸處。這是有？還是無呢？）朝中士大夫，莫不以浮誕為美，乃至廢弛其因生活所需之必要工作和事務，無論在朝在野、士農工商，為了表示放達，可以不理會其生活周遭的一切儀節與禮法。

裴頠（頠唸危，時為三公）為挽救朝野時下之頹風，著《崇有論》以導正之，批評當時「薄綜世之務，賤功利之用；高浮游之業，卑經實之賢」……等輕浮、散漫不競之歪風。對於當時「立言藉於虛無（所言不著邊際），謂之玄妙（稱其境界虛無縹緲）；處官不親所職（不屑勤理公務），謂之雅遠（超逸高雅）；奉身散其廉操（為官完全不考慮個人操守，是否清廉），謂之曠達，故砥礪之風，彌以淩遲（無人敢再講求操守與品德）……甚至於裸裎褻慢（男女裸裎猥褻），無所不至，士行又虧矣（士人已不知禮義廉為何物了）！」

何晏等空無之說，已瀰漫天下，積非成習，無人更理會其對社會後世之影響與後果，裴頠雖立論駁斥其說，然已不能挽其既倒之狂瀾。綱常既廢，人慾橫流，天

下滔滔，諸王之亂未已，五胡之亂又接踵至，中原板蕩，民生凋敝，候鳥來不識其家，我歷史上大混亂時代已來臨了。

按：王衍、樂廣，當是後世某些個人自由主義說之始祖。裸奔亦非始於西方之英美，其來有自矣！然而士大夫，違棄禮法，率性而為的慘痛代價，已幾使文明摧折，綱常滅絕。千六百餘年後，所倡之個人自由主義，雖不若王衍率性之程度之甚，然而其為個人自由主義，流毒之廣之甚，固足已毀滅故有文化而有餘，近世以來，愈演愈烈，無論中外，老幼，莫不以追求一己之欲為人生第一要義，雖侵犯他人，亦在所不顧。

戊午，大畜。

西元298年。晉元康8年，民元前1614年。

己未，需。

西元299年。晉元康9年，民元前1613年。

賈后廢皇太子遹為庶人，及其二子送之金墉。裴頠為僕射。

用「荒淫無道」四字，尚不足形容賈氏之惡德，其淫亂狠毒，較武則天猶有過之。賈氏與太醫令程據等私通，又使人於道上覓擄俊美少年，以簏箱載入宮中，事後往往殺以滅跡。大臣每欲廢后（己未八月裴頠、中大夫賈模、張華等議廢后，十

二月左衛率劉卞說張華廢后），皆瞻前顧後，因循未果。

按：元康九年，裴頠薦平陽韋忠於張華（山西平陽府）。華任為官吏，忠託病辭謝不就，或問其故？忠曰：「張茂先華而不實，裴逸民慾而無厭，棄典禮而附賊後，豈大丈夫之所為哉。」裴、張因循，其情如此。

史謂：頠雅有遠識，自少知名，周弼見而嘆曰：「頠如武庫，五兵縱橫，一時之桀也。」謂頠才淵識廣，能任大事，一時之人傑。

謂華學業優博，武帝問漢宮室設計，千門萬戶，華應對如流，並繪圖於地，人比之子產，博物知識豐富，神乎其識，著有《博物志》傳世。此與韋忠所說少有差距。太子左率劉卞問華，是否聽說賈后要廢太子？華謂未聞，卞很不高興謂華不誠實，勸華只要華振臂一呼，兩個黃門即可廢后，華不敢發。張華少子見天象有異（許昌附近之尉氏天下雨血，太白晝見），勸華遜位，華不從。（《皇極經世易知・卷三》178頁）

惠帝不辨椒麥、不識草木蟲魚，天下饑饉百姓餓死，謂何不食肉糜？聞蝦蟆鳴，則詢鳴之欲為官？為私？由是權在臣下，政出多門，買官賣官，各種關說，有如互市（買賣官吏，像菜市場買豬肉購物一樣，公開討價還價）。賈、郭恣橫，貨賂公行。

南陽魯褒作〈錢神論〉以譏之，說：「錢可以排金門，入紫闥（帝王公侯貴族，紫裳金印者之居）；危可使安，死可使活；貴可使賤，生可使殺。……是故忿

爭非錢不勝，幽滯（懷才不遇）非錢不拔；怨讎非錢不解，令聞非錢不發（縱有真才實學，乃至名聞天下，沒有紅包，同樣找不到出路）。凡今之人，惟錢而已。」俗謂有錢能使鬼推磨，又說錢能通神，正是時下司馬氏天下之寫照。

太子遹本為武帝晉氏王室希望之寄，但在賈氏的摧殘、折磨、小太監的引誘蠱惑下，已使太子遹但知冶遊嬉戲，不務學問的紈絝子弟，所謂「誘之為奢虐」。太子洗馬江統，勸太子停止無益於治道之五事，中舍人杜錫，恐太子被廢，乃切諫太子修德業，保令名，太子不能聽。

賈后欲謀殺太子，詐稱惠帝有病，召太子入朝，遂將其關入密室，遣婢女詐以帝命，賜酒三升，逼令飲之。又令潘嶽作反書，逼令太子醉中書之，賈后手補其缺。逼令惠帝自殺，否則即手刃惠帝、幽禁等情，並謂其且將與其母謝妃，同時舉事，事成當以三牲告天地等情。遂廢太子為庶人，併其子俱幽金墉城，殺其母謝淑妃，其子亦尋卒。賈后又使宮人自首，謂欲與太子共謀造反。改徙太子於許昌宮。太子舍人江充等，冒禁哭別太子至伊水，司隸校尉滿奮，將江充等綁縛下獄。

按：早時郭槐欲以韓壽女為太子妃，壽妻賈午（午、賈后女）及賈后，皆不同意，另為太子聘王衍女為妃，衍有二女，長者美，賈氏為賈謐聘之，以次女為太子妃，太子不平。及太子被幽，王衍上表請求與太子離婚，許之。

庚申，小畜。

西元300年。晉永康元年，民元前1612年。

改元永康。皇后賈氏，徙皇庶人於許昌，殺之。

春月改元永康。右衛督司馬雅等，欲利用貪鄙之徒趙王倫之力，謀廢賈后、復太子。趙王倫很高興，將發，奸詐的孫秀，囑趙王倫按兵不動，欲先借賈后之手，除去太子，再興兵為太子報仇，以獲得譽論的支援，輕易取得政權，遂向賈氏放出消息，說太子屬下。欲廢賈后救太子，倫、秀即迫不及待的，使太醫程據調藥，逼太子而殺之。

趙王倫、梁王肜，廢皇后賈氏為庶人，送金墉殺之。誅宰相張華及僕射裴頠、侍中賈謐。

又誅稽康、呂安、石崇、潘嶽於東市。

趙王倫即夜入宮，收賈謐斬之，廢賈后為庶人，倫欲篡位，遂併朝臣張華、裴頠、解結等，皆斬之，夷三族，送賈庶人金鏞城。

倫自為督都中外諸軍事、相國、侍中。秀竝據兵權，文武封侯者數千人，秀為中書令，威權振朝廷。

淮南王允知倫有異志，帥國中數百人，倡言「趙王反，我討之，從我者皆左袒」。從之者甚眾，倫與戰屢敗。帝令伏胤持白虎幡解二王之鬥，倫子暗中與胤勾結，胤詐刺殺允，因而被夷家滅族者數千人。（《皇極經世易知・卷三》180頁）

衛尉石崇有愛妾祿珠，孫秀求之，崇不予。秀因稱石崇、潘嶽、歐陽建等，奉

淮南王允為亂，收之。崇嘆曰：「奴輩利吾財耳。」初岳母嘗責岳曰：汝當知足，不可貪得無厭。及敗，岳謝母曰：「負阿母。」皆族誅。

倫假黃鉞，稱相國，專制。以肜為太宰，冊羊氏為后，賈氏黨趙廞以成都叛。

趙王倫是司馬懿的么兒子、惠帝的叔祖父，白癡的叔祖孫皇帝，朝政被賈后搞得天怒人怨，倫肜清除亂政人等，奸詐狡猾的孫秀，說倫起而代之。遂自為督都中外軍事大司馬，假黃鉞（歷代權臣篡位的標準程式），自加「九錫」。一位不識趣的尚書劉頌，卻諷刺說：「漢（獻帝劉協）錫魏，魏（元帝曹奐）錫晉。」「錫」只是臨時借用一下的幌子而已。周勃、霍光皆有安漢大功，未聞其加九錫也！（劉頌為吏部尚書，曾建立九班之制，考課能否，明其賞罰。即文官考績升等制度，但不便於賈、郭任意用官，未能施行。）左右欲殺之，秀以為殺張華、裴頠已失民望，再殺會更失民心的，頌遂躲過一劫。九月以梁王肜為丞相，肜辭不受。

倫及其諸子，皆頑鄙無識。孫秀則狡黠貪淫，所共事者，悉邪佞之徒，爭權奪利、勾心鬥角，不一而足。孫秀有子，比武大郎更猥褻不堪，如奴僕之下下者，秀使尚帝女河東公主（不是鮮花插到牛糞上，是插在狗屎上，帝王之女，因其母賈后亂政，竟落得如此），秀又立其友楊玄之女為后，拜玄之為光祿大夫。特晉散騎常侍。

晉徵詔益州刺使趙廞返朝，廞為賈氏姻親，惶惑不已，加以晉室動亂不安，因

據蜀以叛。

辛酉，大壯。

西元301年。晉永寧元年，民元前1611年。

趙王倫竊命、徙帝于金墉。改元建始。

趙王倫從其姪孫惠帝手中（趙王倫為司馬懿少子，惠帝衷為懿曾孫，稱趙王倫為叔祖），奪得了天子玉璽，便堂而皇之的坐上皇帝寶座，改元建始。將其姪孫惠帝司馬衷，送入監禁政敵的特定場所「金墉城」，次年稱惠帝為太上皇，廢衷太子臧為濮陽王（趙王倫之叔曾孫）殺之。立其世子荂為太子（荂音誇，或音孚），諸子皆封王。以梁王肜為為宰衡，何邵為太宰，孫秀為侍中、中書監、票騎將軍、儀同三司。其餘黨羽，皆為卿將，家奴侍卒，亦加爵位。朝會貂、蟬滿座（貂為帽飾，蟬飲露而生，取其清高），故時有「貂不足，狗尾續」之諺。州郡天下所舉賢良、秀才。孝廉，皆不經復試，即行任職，太學生十六歲以上皆予任官，天下比比皆官，但發不出薪俸，應侯者多而鑄印不及，或以白板封之，官制淪落如此，社會情形，可以想見，豈僅歷史笑柄而已哉!?

齊王冏、成都王穎、河間王顒兵入，誅趙王倫及其黨，迎帝反政。冏大司馬、專制，以穎為大將，顒為太尉。

三月齊王冏及成都王穎、河間王顒等，舉兵討倫。王倫，孫秀十分惶恐，日

夜求神靈保佑。諸王之間亦多有猜忌、觀望、或謂趙強齊弱等不同看法，幾經有識之士剖析誘說（河間王顒即以趙大齊小，歸趙有利。齊王傳檄揚州，刺史郗隆即以「無所偏，守州而已」。說既不反倫，亦不從冏，自己守土有責，責在保衛本州的安全。州將士十分不滿于郗的觀望態度，遂憤而攻郗，父子皆死，傳首於冏）。諸王與倫戰，初頗失利，穎欲退保朝歌，穎將盧志以為，平亂軍如一退保，軍心必然渙散，如此必潰，遂乘倫初敗諸王，得意而不備之際，精選士卒，攻其不備，一舉而敗倫軍。四月，左衛將軍王輿，帥兵入宮，三部司馬為應於內，攻孫秀、許超、士猗皆斬之。王輿召各部臣入殿，使王倫為詔謂自己為孫秀所誤，願歸老農畝。傳令解散其部隊，押送王倫及其子回其老家。派軍士迎帝于金墉城，登殿，送倫金墉城，梁王肜等上書趙王倫父子應伏誅，凡百官、倫所用者皆斥免。

兵興六十餘日，而亂平，戰死者近十萬人。

改元永寧。流人李特殺趙廞于成都，張軌以涼州叛。

大赦，改元永寧。五月立襄陽王尚為皇太孫。

庚申，徵益州刺史趙廞返朝，廞賈氏姻親，賈后誅，忽被徵，惶懼不安，陰有據蜀之志。朝廷另派成都內史耿滕為代，廞恃李氧兄弟力而殺之，自為益州刺史。

按。李氏兄弟孔武有力，其屬皆廞同鄉，故廞厚詰待李氏兄弟，欲恃李氏力而據蜀。遂殺耿據益州反。李氏則依廞勢力，專聚眾為盜，蜀人患之。

後見李氏兄弟驍勇、得眾心，復又忌之，廞藉故殺庠，而以庠弟特、流為都

將，庠、特攻廞殺之，並向朝廷陳廞罪狀。

早時，秦、雍二州民入蜀者甚眾（如今所謂之流民，入蜀以幫傭謀生者），朝廷下令該等限期回歸秦、雍（今陝西等地）。刺史羅尚派御史專主其事，李特屢使閻式向刺史羅尚請求，延至秋收之後始遣，尚等收了李特之賄賂，答應了李特延至秋收後遣返的請求。

時朝廷檢討平趙廞之功，拜特宣威將軍、弟流奮威將軍，皆封侯。同時亦有流民助特討廞者，一併封賞。廣漢太守辛冉，欲據討廞之功，遂將璽書扣壓，流民協助平亂之功，亦不據實上報，群眾無不怨憤。同時羅尚竟食言，復令流民限七月上道。流民聞州令逼遣，惶恐不知所措，以蜀水潦方殷，年穀不登，工資無著，皆無路費可資成行。特復遣式詣尚，希望延至冬天，廣漢太守辛冉、犍為太守李苾，皆以為不可。羅尚別駕杜弢（弢音滔，箭袋），明白箇中利害關係極大，影響深遠，遂同意特之請求，延至冬天，尚則主張同辛、苾之意，弢即退還其本人任職證書，回老家去了。冉、尚等又設關卞，籍機劫擄流民財物。流民感特關注之情，紛紛投入特營，特復使式求解於羅尚，尚雖答應特之要求，但式知其並無誠意，言不可信。冉、苾果以三萬騎襲特，被特打得落花流水，特遂據廣漢，與民約法三章，施捨賑貸，禮賢下士，蜀民大悅。

壬戌，大有。

西元302年。晉泰安元年，民元前1610年。

長沙王乂、河間王顒、成都王穎、新野王歆、范陽王虓兵入，誅齊王冏，送其族于金墉殺之。乂稱太尉，專制，改元太安。

趙王倫被滅後（實際擊敗趙倫的，以成都王穎出力為多），齊王冏數十萬大軍，即進入京畿，朝野人心惶慌，成都王穎屬吏羅志，看出朝中行將有大動亂發生，建議穎速返封地，避免捲入再一次骨肉相殘的血腥鬥爭。穎遂連夜率兵返鄴。詔以齊王冏為大司馬、加九錫，專制。冏欲長期獨掌政權（而成都王穎，則是唯一最接近皇位的繼承人）。冏便迫不及待的，立了一個七八歲的孩子覃（音談）為太子，自己便責無旁貸的，以太子太師自任。以切斷成都王穎繼承之機。

冏專制，驕奢擅權，大起府第，侵佔公私廬舍以百數，規模比皇帝西宮。更不入朝見，而耽於宴樂，坐拜百官，嬖幸用事，不一而足……。

嵇紹以《周易．繫辭下》「安而不忘危，存而不忘亡」的道理來勸諫冏；南陽處士鄭方，亦以五失諫，冏皆不能用。孫惠以五難、四不可、冏皆居之而諫，冏不能用，惠借病而去；屬吏吳中張翰，不願追隨齊王冏，走上自我毀滅之路，見秋風已起，便藉著想起家鄉的菰葉、蓴菜鱸魚鱠，慨然以為「人貴適志耳，富貴何為」？意即是說：一個人生活在民生凋弊、權臣篡弒、朝不保夕的時代裡，上不能求過自由自在日子，還要拿頭顱幫助壞人，去換取難以捉摸的榮華富貴，是得不償失，十分不合算的。於是便辭官回吳、吃鱸魚鱠去了。李白〈行路難〉詩就非常讚

賞他說：「君不見吳中張翰稱達生，秋風忽憶江東行，且樂尊前一杯酒，何須身後千載名？」便藉著酗酒，故意怠忽政事，回老家去了；庾袞看到這種情形，說冏一年不赴朝堂治事，知道天下將亂，便偕妻子到深山中隱居去了。

按：鄭方五失：一、宴樂過度；二、宗室不和；三、功業自滿；以及不顧百姓等。

孫惠次五難：任艱苦難、用人才難、惜士兵難、戰勝攻克難。致國富強難。四不可：大名不可久荷、大功不可久任、大權不可久執、大威不可久居。

更慘的是主簿王豹，豹上書說冏，自元康元年以來（惠帝三年），無一宰相獲得善終，不是各皆不良，而是時勢所使然。今諸王皆擁重兵，而明公獨居京城，專執大權，進則亢龍有悔（乾卦上九爻辭），退則據于蒺藜（困卦六三爻辭，蒺藜，北方到處皆生，路旁亦多，子如黃豆大帶刺，著人衣物、鳥獸蹄毛附之難），殊難萬全。說冏目前所居位置，看似威風八面，實則進退失據（進可篡位為帝，但必招致天下之兵。退則不捨，而又騎虎難下，有困於蒺藜之象。說齊王冏現在所處環境，非常尷尬）。最好的辦法，莫過於令各王皆就國，分治其地以夾輔天子，如此方可國泰身安。長沙王乂，以為豹挑撥離間其骨肉，竟鞭殺之（後乂被河間王顒部將張方烤炙而死，尤慘）。豹將死說：「懸吾頭於大司馬門，以見兵之攻齊也。」

晉諸王本已各懷鬼胎，其幕屬之間，背景亦極複雜，各有居心，於是皆在諸王間，搧風點火，惟恐天下不亂。構引諸王之鬥。

先是齊王冏，非常憤恨河間王顒之依附趙王倫，顒之長史李含，在朝任職，梁州刺史皇甫商，是齊王冏十分相信的人，而含卻與皇甫商及左司馬趙驤，均有甚深仇怨，李含擔心自身有「朝不保夕之危」，於是便單人獨騎奔顒，宣稱奉有密詔而來，訴說齊王冏諸多不是，勸顒聯絡諸王之力，推翻冏，諸王皆欣然相從，長沙王乂在宮內與冏連戰三日夜，冏敗被戮，同黨皆夷三族。以長沙王乂為太尉、執政，都督中外諸軍事。

朱氏隱老論說：由有中宮之亂，而後有八王之亂；由有八王之亂，而後有五胡之亂。人皆曰五胡亂晉，而不知五胡非能遽亂晉也，由八王則倡之爾（引起、倡導使其……），八王中宮則倡之爾；八王非能遽亂晉也，由中宮則倡之爾，中宮之亂，其女戎之亂乎？有國有家者，戒所當戒，其毋使女戎得以為亂之倡可也。

流人李特，以六郡稱牧廣漢。

李特據蜀二年，擊羅尚軍於繁城。自稱大將軍益州牧，梓潼太守張演棄城，巴西丞毛植以郡降，特攻成都，尚遣精兵萬人攻特子驤，驤、流合擊尚，大敗之。

癸亥，夬。

西元303年。晉泰安2年，民元前1609年。

河間王顒、成都王穎、東海王越，執長沙王乂，送之金墉，殺之。顒稱太宰，專制于長安。陸機、陸雲兵死。

李含說（音稅）唆顒反，原擬俟齊王冏殺長沙王乂後，再因而討之，廢帝立穎，自己擔任宰相。不想事出意外，穎竟迫不及待，主動聯顒攻乂。實則，穎之驕奢尤甚於冏，以冏在朝，自己失去驕奢逞慾的機會，故急欲誅冏，謀士盧志與參軍邵續，皆不以為然，力勸，穎不聽。

顒以張方為都督，將軍七萬，由函谷東向洛陽；穎列軍自朝歌至河橋，鼓聲聞數百里。以陸機為前鋒都督，督王粹、牽秀、石超等軍二十餘萬，南向洛陽。白沙督孫惠為機好友，以機為穎客卿，乍來即居眾將之上，恐眾不服，勸機讓督於王粹。機耽心人批評其出爾反爾，引起誤會，未從惠諫，不但招來殺身之禍、並被夷三族，其友拯等均死之。

乂使皇甫商率萬餘人拒張方於宜陽（宜陽在洛陽西南）。商大敗（按，張方以七萬大軍犯闕，乂使皇甫萬人迎敵，此等造反大事，乂竟淡然處之，其敗固然）。惠帝至十三里橋，又出偃師、軍芒山，幸緱氏（偃師東南、伊川東北處）。張方入京大掠，死者以萬計。冬十月，長沙王乂奉帝與穎兵戰，破之，帝自緱氏還宮。又與陸機戰於七里澗，死者如積，水為不流。穎寵宦孟玖，欲其父為縣令，機以不合體制未許，故深怨機，遂譖機於穎，謂機有二心。穎將石超，於戰況緊急時，不但不奉機節制，卻揚言陸機將反。於是、眾口一辭，共譖於穎。穎不察，遂收機兄弟，機嘆曰：「華亭鶴唳，可復聞乎！」同時並收機友平東祭酒耽及孫拯等，皆下獄，夷機三族。拯被逼供，兩踝受掠見骨，終為機呼冤，吏卒謂拯，二陸之冤，任

人皆知，君何不愛身自惜？拯終不肯誣機，拯門人費慈、宰意，入獄為拯鳴冤，謂君不負二陸，吾二人豈可負君？俱被殺。

乂與穎戰屢破之，前後斬獲六七萬，城中食糧日促，米石（石唸擔）萬錢，十鬥（同斗）為一石、鬥（斗，約三十斤），男十三以上及所有奴僕皆從軍，而乂奉上之禮不虧，士卒無離心。張方見洛陽不易攻取，便欲還兵長安，城內一位莫名其妙的東海王越，竟聯合宮中將士，乘夜將乂綑綁，開城送乂於叛軍，城內見外兵闌珊，不足為慮，欲復劫乂，越恐，遂將乂送顒將張方，方將乂烤炙而死，其酷慘之狀，士兵無不落淚。方軍入洛，擄掠城中官私奴婢萬餘人而西，軍中乏食，殺人並牛馬肉食之。

乂死，成都穎入京師，自為丞相。三月乙酉，穎廢皇后羊氏，幽金墉城。廢皇太子覃為清河王。顒表立丞相穎為皇太弟，都督中外諸軍事，大赦，乘輿服御，皆遷於鄴。

至此，穎本無靖君側之意、扶綱常之心，乃是一趁火打劫、篡位竊國之賊，其本來面目，業已暴露無遺，世人頗惜陸氏兄弟之才，初或疑機兄弟為勤王而從顒，不知自己已為篡賊穎軍之帥，卒無罪而被其所助之篡賊所戮（機為成都王穎之叛軍總指揮，被穎寵愛之宦官孟玖所譖陷），可謂自取其戮者！臨殂乃興「華亭鶴唳，豈得重聞」之嘆，然已無補於事矣！機兄弟竟死於其所效忠主子、賊穎之手，自是其始料所未及者。然其老友孫惠已明告之，諫其速讓主將之位，距機思不及此，卒

招禍敗。李白詩說：「陸機雄才自保，李斯稅駕駕若不早，華亭鶴唳詎可聞，上蔡蒼蠅何須道！」後人雖惜其才，而深薄其失足從賊之憾！

石冰以楊徐亂，李特攻成都不克，死。子雄繼。

義陽蠻張昌反（義陽魏置，為郡，故城在河南桐柏東，即傅芥子封陽侯之地），陶侃討平之，昌逃入山中，餘眾皆降。昌黨石冰據臨淮反，陳敏討石冰戰數十合，冰眾十倍於敏，敏擊之，所向皆捷，遂與周圯（圯音移，橋也，如圯上老人，與圮不同，圮音痞，如傾圮，破、壞也）合攻冰於建康（即南京），三月，冰北走投封雲（雲徐州賊而俯冰者）。雲司馬張統，斬冰及雲以降，揚、徐二州平。周圯、賀循，皆散眾還家，不言功賞。

李特據蜀三年，蜀民聚為塢者，皆與特保持良好關係，分六郡流民於諸塢就食，李流等建言，取塢中大戶子弟為質，並派兵聚守，以備不虞，特怒不從。二月羅尚偷襲特營，諸塢皆應之，特敗死，子雄繼。

朱氏隱老論說：這次驚天動地的八王之亂，紛紛舉兵向闕，胃口稍小的，在爭取中央掌控權，胃口大的，很坦白公然的姿態，就是欲取而代之。河間王顒為始作俑者，然顒兵未曾入洛，穎等檄穎使廢冏，冏眾多而乂眾少，乂能入宮閉門，奉天子而攻冏，故乂能取得勝利。而冏猶未敗時，稽紹便說：願陛下無忘金墉、大司馬（冏）無忘穎上、大將軍（穎）無忘黃橋，則禍亂之萌，無由而兆矣！紹的意思是說，大家都經過歷那段艱辛的歷程，由於當時決策的正確，始有今天。試看當時

「穎以崇讓為眾所歸，冏以擅權為眾所去」，是非之與利害，已很顯然，大家要以「毋忘在莒」的心情，選擇正確的道路去走。但很可惜的是，時至今日，大家已全忘了嵇紹的肺腑忠言了。

按：無忘金墉：永寧元年（西元310年），趙王倫篡位，送帝入居金墉城，使張衡將兵守之。

無忘穎上：齊王冏謀討趙王倫，使人赴鄴，希成都王穎共同起兵，穎召鄴令盧志謀之，盧志勸穎說：「趙王倫篡逆，人神共憤，殿下如能收英俊以從人望，張大順以討之，百姓必不召自至，攘臂爭進，蔑不克矣！」民眾響應來聚者，眾二十萬人。

無忘黃橋：成都王穎前進至黃橋，為趙王倫所敗，殺傷萬餘，穎欲退保朝歌，盧志以為，我軍失利，敵有輕我之意，我若退縮，志氣沮敗，不可復用，不若更選精兵，出敵不意，大敗倫軍，遂長驅濟河。迎帝于金墉城復位，百姓歡呼。

朱氏又說：勤王之軍，顒、穎在外而越在內，東海王越，乘諸軍戰鬥極為困乏之際，竟將乂綑綁，偷送給土匪惡魔張方，方將之炙烤而死，其殘酷之狀，無論敵我，睹之莫不落淚。由此亦可看出，張方是個充滿獸性、極其殘酷、毫無人性之人。再者張方心目中，亦了無王顒之存在。王顒不過是張方肆意逞虐之執行者而已。

再者穎初時所表現的崇讓美德，一變而為貪婪掠奪之惡行，大義、美名，俱付

東流，捨正而取邪，豈非鬼迷心竅？成都王穎起兵向闕，究竟所為者何？尤其莫名其妙的，是陸氏兄弟，陸機、陸雲名滿天下，何以投入河間王顒帳下？為虎作倀，助逆抗正，其目的究為何？是為了弔民伐罪、除暴安良？仰助紂為虐，去正從惡，助暴除良？一念之差，而毀千載之名！雲泥霄壤，豈不可惜？如陸氏兄弟旨在助顒討乂，而乂所代表的是正義、皇帝，是名正言順的正統國君，其討乂無異於以臣擊弒君，顯為叛逆。豈非大逆不道？陸氏兄弟之所處，便更有問題了。

陸氏兄弟而從顒，無異於從賊而叛朝廷，是大錯而特錯的，很遺憾的是，陸氏兄弟不死於抗賊，卻被其擁戴之叛賊顒冤殺而死，一世英名，遺羞千古。以機、雲兄弟之聰、智，猶且視暗為明，遑論其他？

張氏行成曰：右午會第七運，直大過之夬十二世也。起漢宣帝十七年甲子夬之大過，迄晉惠帝十四年癸亥夬，凡三百六十年。新莽篡西漢（民前1903年，西元9年），曹丕篡東漢（西元220年），司馬炎又篡魏（西元265年），亂賊接踵，皆應有戌無號之占。（見《康節說易皇極經世書・卷三》244頁）

午會第七運之十二世，起漢宣帝十七年甲子（西元前57年，民前1968年），迄晉惠帝十四年癸亥夬（西元303年。民前1609年），三百六十年間。歷經王莽、曹操、司馬昭等之篡，可說亂賊接踵，讀史者對彼等有一個共通的看法，即「皆應有戌，無號之占」。何謂有戌無號？戌為九月星辰名，《說文》釋戌曰滅，謂陽氣將盡之時。無號，即謂其不能入於正統，難登大雅之堂。

按：《說文》，戌滅也。九月陽氣微，萬物畢成，陽氣下入地也。五行：土生於戊，盛於戌。從戊含一謂之戌，言戌入戊土之深。《爾雅》釋天，謂歲在戌曰閹茂。茂被淹而不彰，即乏前景之意。

無號：《白虎通》：王者受命必擇天下之美號，以為號召，即所謂之號。無號，即無王者威望，國不國，君不君之意。

惟本末既弱，棟橈失輔，忘惕致恤，乃及於凶。究之莽、操、昭、炎，僅同枯楊生華，何可以久在？

張氏以為，此十二世，運直大過。大過《彖》（唸團四聲）說：「棟橈（橈唸撓，如不屈不撓），本末弱也。」說王莽、曹阿瞞、司馬昭等，用盡陰謀詭計，殘酷手段，掠得天下。手段陰險毒辣，惡名昭彰，極不光彩。而該等之後繼者，多不成材，而又缺乏好的祖制家規以約束之、規範之、更無名師、碩儒之輔教薰陶，誠所謂「棟橈失輔」者。誠如張氏所說：這些不成材的繼承者，既無能臣、益友、良師輔佐，又不居安思危、競競以赴，更不要說體恤下民了，得勢時窮極奢靡奸酷，失勢時則無以自保，得者無德，失者無才，遂不旋踵而曲終人散，國破族滅矣！只留下騷人墨客筆下：「冷清清的落日，剩一樹柳彎腰」的風涼話。

曹操、司馬昭之子孫，雖然皆嚐過三呼萬歲的癮，然而其興也，由欺人孤兒寡婦；其敗也孤兒寡婦亦被人欺，以暴易暴，一樣葫蘆，無非「枯楊生華而已，何可以久者」！猶如老婦少男之婚姻關係，何可長久？

按：枯楊生華：大過九五爻：「枯楊生華，老婦得其士夫。」卦的意思是說，一位五六十歲的老阿婆，嫁於一位二十來歲的小丈夫，故說老楊生華。《象》曰「枯楊生華，何可久也，老婦士夫，亦可醜也。」不必解說，人人皆識其意。易者借老楊以喻其事，說在一株根枯幹殘的老楊樹上，忽然冒出幾枝嫩芽，如何能夠長久呢？新莽、曹魏、司馬晉之無根政權，豈可久在？毫無半點仁恩世澤於民，欲上天恩澤久被，其可得乎？

漢祚前後重興，猶延西蜀偏安，終為正統。則蕭王再造於中葉，而藉用白茅，又有王佐之才，從茅廬出也，

次其年卦，一一可詳。

說王莽篡漢，光武中興，得白茅之薦；劉備得良輔佐助，進位於蜀，雖為偏安，史家猶多以正統予之，謂其終延漢祚也。

黃氏畿曰：右午會第七運之十二世也。運纏大過（澤風），而年且直之。韓、楊棄市，而直臣自此多罹禍矣！單于來朝，豈非自泰（地天）至否（天地），其間有蠱（山風）歟？厥後長安平以蠱（山風）寅卯世；而陷亦以蠱（山風），申酉世；新莽之篡，兆於晉（火地）、而成於革（澤火），革（澤火）者鼎（火風）之反也，故劉玄稱帝以鼎（火風），而董卓廢帝亦以鼎（火風）申酉世。訟（天水）者，需（水天）之反也。徵嚴光不起（寅卯世）。桐江一絲，而漢家九鼎系焉。

黃氏以為：午會第七運之十二世，運卦、年卦，皆值大過（澤風）。大過的卦辭是「棟橈」。《彖》辭說「大過，大者過也（過、為多、為旺盛、即甚意）；棟橈，本末弱也。」大過（澤風）之為卦，中四爻為陽，上下二爻為陰，陽為大，故說大過；上下二爻為陰，故說本末弱（爻由下生，其進行則由初而上）。意即大廈的棟梁彎曲了，難以負荷大廈的安固。換言之，以朽損之木，而作棟梁之材，其大廈之危可知。漢從景帝到宣帝，屠戮功臣、賢臣，不計其數，其非大者之過？漢宣帝時韓延壽之前，有蓋（音禾）寬饒，也是一位剛正不阿，公不循私，廉明清正的好官，因為上書忤旨（寬上書說：由宦官掌握國家行政大權，以刑罰代替教化，視法律如詩書，勢必造成國家社會不健康的發展）。阿附上意者，便謂蓋饒怨謗，大逆不道。諫議大夫鄭昌，為寬訟冤，謂寬之為人，「進有憂國之心，退有死節之義，直道而行，多仇少與……」。說蓋寬饒行事正直不阿，執法公正、往往得罪朝中權貴，朝臣因個人利害關係，所以攻擊和反對他的人多，稱讚和支持者少，持平而論，蓋寬饒，是位剛正不阿的好官，應予從輕處理。上不理會鄭昌的諫言，竟下饒寬獄，饒遂自刎北闕之下。

韓延壽先為潁川太守，能推其至誠，以行教化，使民無訟。後為左馮翊，恩偏二十四縣，而民不忍欺。數年任內，全郡無一件爭訟案件。蕭望之檢舉韓延壽任內，浪費公帑千餘萬，令御史前往調察。韓延壽亦檢舉蕭望之貪墨不法。宣帝不值韓延壽，延壽卒受極刑。

光祿勳平通侯楊惲，天下極好的太守（是密報霍氏謀反的功臣），亦因遭人誣陷，說惲「驕奢、不悔過，而使上天震怒，降災日食，乃罪大惡極者」，遂將惲腰斬於市。除了「欲加之罪」外，即便是白癡，亦難使人相信，以楊惲一個平通侯，即便是其生活再不檢點，亦不能咎至日蝕。何況惲不過年節吃春酒，或如今日在自己家中，唱唱「卡拉歐克」而已（楊惲報孫會宗書說中說：「田家作苦，歲時伏臘，烹羊炮羔、鬥酒自勞。」唱歌跳舞，總不過來個家庭舞會而已），即能上干造化、天聽，以致發生日蝕？豈非荒謬之至？說起來，不過是佞陷小人，竊窺天心以媚上，希寵邀功而已。在上者不深察明辨、甚或逞其一己之私，快意於威權！遂使正直之臣，多罹禍寃死，豈只一惲而已。

單于來朝，豈非自泰至否，其間有蠱歟？厥後長安平以蠱（寅卯世）；而陷亦以蠱（申酉世）。

匈奴呼韓邪單于來朝稱臣，減少邊防軍百分之二十，在當時看似乎是一件大好事，以為從此便可以無邊地之憂了。康節先生說：「自泰至否，其間蓋有蠱焉；自否至泰，其間蓋有隨焉。」從六十四卦圓圖看，自泰左旋，歷大畜、需、小畜等十三卦為蠱，至三十二卦繼否；自否左旋，歷萃、晉、豫、觀等十三卦為隨，至三十二卦繼泰（按以上皆以卦名而論）。邵氏從六十四卦圓圖，悟出天地間萬事萬物之興衰，必有其至理存焉。其興也以隨，其衰也以蠱。蠱就是惑亂。從卦象看，艮為山，為少男；巽為風、為長女，蠱有長女惑少男之象。故《左傳》說：「女惑男，

風落山，謂之蠱。」蠱義原此。所以說蠱（蠱，下卦為巽風，上卦為艮山，故說風落山。蠱惑之意原此）。

泰久蠱生，無論物理或人事，「蠱」乃由盛而衰之摧成劑；否之所以致泰（俗謂否極泰來），首先要能自省。虞翻說：「剛來下柔。」鄭玄說：「內動以德，外悅以言，天下人皆慕其言而隨之。」韓康伯也說「順以動者，眾之所隨……」有了這些條件，自然得到群眾地擁戴，而轉危為安，由否致教泰。自然之理，耐人尋味、憬惕！俗謂「福兮禍所依，禍兮福所伏」，亦猶是理。

單于來朝，就當時國際情勢看，不能說不是一件天大的好事，但我們不要忘了王衍「胡雛倚嘯」的預言，胡人由天蒼野茫，茹毛飲血，逐水草、居幕帳。進入中原，驟習漢人「棟宇、衣冠」生活，時日既久，復厭於漢人之耕作，未若掠奪之便易，遂乃野性復萌。始而盜取，既而劫掠，更進而乃至縱橫遊走，復快意於其遊牧生活。漢民謂之盜匪，胡人則以為弱肉強食乃理所當然，了無罪惡的概念，一如滿人初入關之侵奪漢人土地者然。五胡十六國之所以亂華者在此。

先生慨然言之：「單于來朝，豈非自泰至否，其間有蠱歟？」蠱之為禍於未萌，故為常人所鮮見。

隨，上兌、下震。兌為澤，澤悅也、柔也；震為雷，剛也、動也。於卦體而言，為剛來下柔，下動上悅，所以為隨。李氏折中說（清・李光地《周易折中》）：震剛下兌柔。以卦畫言之，剛爻下於柔爻，乃卦名為隨之第一義。可見天

地間古往今來，物理人事，皆不能外於此一原則。

漢宣帝十七年甲子（五鳳元年，民元前1968年，西元前57年），年直大過，韓延壽、楊惲等賢能之臣棄市。越四年戊辰，直蠱（西元前53年），呼韓邪單于遣子入侍來朝。

按：這年秋天，匈奴五單爭立，國大亂。蕭望之謂遣宜使弔救災，彼必臣服（豈非書生之見），帝從之。

之後，經世之寅（2235世），甲申之丁亥，直蠱，赤眉降，長安平（光武建武三年。民前1885年，西元27年）。

經世之申（2241世）之癸酉，直蠱，董卓將李傕、郭汜陷長安（民前1719年，西元193年）。

新莽之篡，兆於晉（火地）而成於革（澤火）。革者鼎（火風）之反也，故劉玄稱帝以鼎，而董卓廢帝亦以鼎（申酉世）。

經世之子，二千二百三十三世，甲申旬之戊子，卦直晉，年直戊子，元帝崩，王鳳為大將軍，專政（漢元帝竟寧元年，民前1944年，西元33年）。大封舅氏譚、商、立、根、逢時等，爵關內侯，及其屬吏，亦皆晉官，一日五侯，天下側目，外戚王氏益根深枝茂矣（漢成帝建始元年，民前1943年、西元前32年）！劉漢天下迄漢平帝四年甲子，直革，卒為王莽所篡。

革卦為澤火，上兌下離，有水火相息（熄）之意（非水滅火，即火克水）。

就卦象看，兌為少女，離為中女，所謂「二女同居，其志不相得」，即俗所謂爭風吃醋，非拚至你死我活不可，故曰革。革（澤火）為鼎（火風）之反（就卦義言，革有變意，鼎則象徵一統天下，歷久常安之意，與革相反。就卦爻看，革為上兌下離，鼎為上離下巽。兌上為一陰、下為二陽；巽則上為二陽、下為一陰），王莽以女為皇后，直革，翌年弒帝，立孺子嬰（漢宣帝玄孫數歲小兒），完成篡位準備工件，正式居攝、改元，繼稱假皇帝，改國號為新，繼則大殺劉氏宗室。

經世之寅，二千二百三十五世，甲戌旬之癸未、卦直鼎，劉玄稱帝（更始，民前1889年，西元23年）。

經世之申，二千二百四十一世，甲子旬之己巳，卦直鼎，董卓廢帝子辨，立陳留王，自稱相國（民前1723，西元189年）。

訟（天水）者需（水天）之反也，徵嚴光不起（寅卯世），桐江一絲，而漢家九鼎系焉。

訟為需之反。訟（天水）為上乾下坎；需（水天）為上坎下乾，二卦相反。其義則乾陽上升，坎水下降，天與水相背故曰訟。顧名思義，訟，即爭辯之意。天性向上，水性向下，二者相反，謂之天與水違行，天與水相背而行，為訟所以成卦之原義。

需與訟相反，就內外卦來說，坎上乾下，所謂「雲上於天，待時而降」，故需義為「待」（等待之待），不可冒然行事。坎水下降，乾陽上升，內外二卦，相

仇。

協而行，相互需要。需、訟二卦相反。用俗事來形容，需是彼此愛眷，訟是反目成

漢光武即位後，希望敦請道德高、學問好，天下聞名，眾所景仰的大儒，如太原周黨、會稽嚴光、東海王良等（東海指江南、海安），出來做官，幫助其治理天下。嚴光等皆不願受命。

范仲淹稱讚嚴光：「不事王侯，高尚其事。」光武的需要與嚴光的志向相反，亦猶天、水之違行。

嚴光字子陵，杭州餘姚縣人、是光武少時的同學，光武即位後，嚴光即變姓名，隱身不見。光武多方密訪，知其隱居山東青州，經多次邀請，嚴光不得已乃晉京，對光武帝之邀請，嚴光十分無奈，終日以呼呼大睡來塞責。光武乃至與其同榻而眠，一再敦請嚴光出山相助，嚴光終不為所動。光武帝拜嚴光為諫議大夫，光不受。光武帝雖耐著性子，委屈以求，嚴子陵終不肯答應。光武無奈，只好任其歸隱。嚴子陵遂回到浙江嚴州、桐廬縣西之富春江上去釣魚。范仲淹稱贊說：在蠱之上九曰：「不事王侯，高尚其事。」嚴先生做到了。光武能以貴下賤，獲得史家的讚賞，大得民心，也很了不起啊！

按：桐江一絲，即指嚴子陵之釣絲而言。說嚴子陵之出或處桐江一絲，關係漢家天下長治久安之意義至大。故說漢家九鼎之所繫。

張南軒先生以為，漢光武與嚴光，這段故事，嚴子陵不屈於王權的威勢；漢光

武亦不以權威，迫其委屈就範，對後世士風，有激頑、起懦，扶持風化，助成東京風俗之美、人才之盛，有其極大之貢獻。後人對嚴光之智，所見之深，與劉邦築壇拜韓信大元帥，評比而論，十分感慨的說：「嚴子陵釣灘、韓元帥將壇，那一個無憂患呢？」（韓信卒被呂后所殺。）

劉邦所有戰將，除韓信外，無人能與項羽對敵者，所以特別築壇拜韓信為大元帥，以示寵榮無比。但當韓信打敗了項羽之後，劉家即毫不留情的將韓信誅殺。

三代以下之帝王，獲有無尚尊寵，與生殺予奪之特權，三代後無論如何英明的皇帝，皆無例外。如東漢馬援，其忠貞王室之情，天人可表。雖身經百戰，不敢自惜，嘗謂「大丈夫當戰死沙場，以馬革裹屍歸來」，遂以垂老暮年，猶為平南蠻，抱病奮戰。而欲捐軀邊荒，固為馬援之素志，雖椒房之親（援女為光武妃），亦受小人之譖，光武竟不但抄其家，致援死不敢歸葬，所謂「死無葬身之地」，家人槀草裹屍，坵之荒山野塚，亦無人敢為申冤者（援征蠻時，因士兵食薏仁，而怯病健康，遂帶了數車，畀引回中原種植推廣，小人因進讒言，說援車中皆是珠寶）。光武聞知，十分震怒，不經詳察便把馬援抄家，後人嘆曰：「南來薏苡徒興謗，七尺珊瑚自殺身。」以光武之賢、明，對其出生入死，共同打天下的老戰友馬援，人人咸知其為忠貞不二之長者，尚且如此，遑論其他？秦之始皇、漢之武、宣，乃箇中之尤甚者（李陵〈答蘇武書〉，可見其一斑）。何況學問到了「志在聖賢」的境界，天子不能臣、諸侯不能友，視凡夫俗子，所謂之榮華富貴，蝸角虛名，等同虛

花而已。光武徵嚴光不起，自是必然。

按：九鼎乃禹平洪水後，收九牧之金，鑄九鼎，周武王置於洛陽，秦昭襄王攻周取九鼎，一飛入泗水，八鼎入秦，其後九鼎各代皆視為傳國重寶，後遂不可考。唐武則天、宋徽宗，各鑄九鼎，宋鼎入於金，後皆不可考。

巽（重巽，即上下卦皆巽）者，小畜（巽為風天小畜）之交也，故光武肇位以巽（寅卯世）。震者豫之交也，故昭烈帝於蜀以震（直申酉世）。然東漢祚長，而蜀漢祚短，豈非天地之分歟？莽之得國以節（水澤節，卯世），而賈后之專國亦以節（戌亥世）；漢廢太子保以需（午未世）；而賈后廢太子遹亦以需（戌亥世）。方賈充出督秦涼（樹幾能叛亂，帝命以賈充都督秦涼諸軍事，充畏懼不敢前往），荀勖餞諸夕陽亭，謀以充女上太子妃（荀勗定計，以充女上太子妃），遂留為司空，不待王衍「識胡雛倚嘯」，而禍已萌矣！世卦當乾，年卦直隨，而平吳成一統，然太子衷則否也，牝晨遘亂，又安能泰哉？

巽（重巽）為風，乾為天，巽上、乾下，為風天小畜。風行天上，乃巽與乾交之象。巽（重巽）為申命、行事，風行天上為風天小畜，如王者發佈詔命；有帝王肇位之象。光武肇位，風行天上，年直巽。

震為雷，《彖》曰：「震驚百里，出可以守宗廟社稷。」震與地（坤）交為雷地豫（豫，震上、坤下）。卦辭為「利建侯，行師」。《序卦》說「大而能謙必豫」。人能虛懷若谷，自較惟我獨尊者，為能容眾而得人。可為漢昭烈帝劉備之寫

照。

西漢之祚長，蜀漢之祚短，與其所交者有異（光武肇位，乃巽與天交；昭烈稱帝。則震與地交）可知。

王莽以經世之寅二千二百三十五世之丙寅（民前1906年，西元6年）居攝；戊辰（前1904年、西元8年），莽改元初始，直節。賈后專國於經世之亥，甲辰世之辛亥（民前1621年，西元291年），殺大臣、廢太后，亦以節。（節卦辭為「苦節不可貞」，虞翻曰「位在火上，故苦節雖得位，（因其）乘陽，故不可貞」。）

按：《易》所謂「乘、承」，爻之在上者，於下為乘；爻之在下者，於上為承。王弼說：辨順逆者，存乎乘、承。

漢廢太子保以需（水天）；賈后廢太子遹亦以需。東漢安帝與晉惠帝，或愚或頑，二后同為竊權專制，閻后殺太子保，賈后殺太子遹。

晉惠帝乃天生白癡，多少大臣皆諫勸司馬炎，應以社稷為重，司馬炎不聽，終於把天下交給自己的白癡兒子，一則是擺脫不掉賈充一干奸黨荀勗等的包圍，再則是萬一兒子不行，猶幻想寄望於其天才孫子「遹」，故立遹為太子。主意不錯，但也只是一廂情願的幻華夢而已！當夕陽亭荀勗為賈充定計之時，司馬氏敗亡的命運，業已註定了。最最不該以奇醜而狡、獰惡，而權力、慾念、極強的賈充女為妃，更無才行兼備之托孤重臣，遂致一著錯、全盤輸，即邵子詩：「禍在夕陽亭一

句」。司馬氏家族，人人皆精於計算別人，最後卒被其「自己人」所算計（賈充、荀勖為司馬炎殺死高貴鄉公，司馬炎以賈充、荀勖一干人等，為智囊、為心腹），打雁者被雁啄瞎眼睛，也算是陰陽循環，天理昭彰吧！夕陽亭一句，決定了司馬氏的絕續存亡，由而釀成了八王之亂，由八王之亂而導致之五胡亂華，天下擾攘，亙三百年之久，堪稱我歷史上之黑暗時代，豈止一言喪邦而已哉！

按：遹年纔五歲，宮中失火，晉武帝司馬炎，站於火光中觀看，遹乃牽帝衣至暗處，謂帝「夜暗情況不明，人君不可暴於明亮之處」。帝奇之，遂立遹為太子。賈后欲專國政，當然容不得此天才絆腳石，故先除太子，

兩廢太子之年皆值需（水天）。需，須也、待也、險在前也。然而始作俑者，但求目前之利以逞慾，罔顧其他，還在乎什麼險前、險後呢？

晉之所以亡，端由賈后。而賈后之所以得為司馬炎太子妃，禍在夕陽亭荀勖「以充女上太子妃」之一言，所謂一言喪邦。充女之所為，率出於其狡獰之劣根性；漢安帝一切壞事，皆由其佞臣江京、樊豐與王聖（安帝褓姆）等，與其后閻氏兄妹之所為。江等偽造詔書，盜竊國庫錢財，興造私人府第、亭園，大臣諫諍皆不理。皇后閻氏，與江等沆瀣一氣。殺大臣，去忠良。閻、賈二后，賈，既醜且妒；閻，貪瀆弄權，謀殺皇子與大臣。惠帝是個不辨椒麥的白癡，司馬炎鬼迷心竅，明知賈充女「粗、黑、醜、妒」，又長帝二歲。（當荀勖設計上充女為太子妃時，司馬炎即謂：「充女麤黑，無宜男相，未若瓘女賢。」勖等則謂充女絕美。是司馬炎

已明知充女醜惡，而竟納之。）荀勗等竟敢如此荒唐不經之言，愚弄司馬炎，司馬炎竟相信了荀勗等的鬼話，而為太子納之，其間故有令人所不可解者。妃嘗手殺數婢，戕孕婦，司馬炎雖怒，左右諸佞則謂「妃年尚幼，長大自然會好」，帝竟曲諒之。令人不解的是，太子妃關係於帝祚存續，社稷安危之大事，司馬炎心機多端，何以竟如此草率處之？莫非司馬炎真的被冤鬼所迷？或者賈充等諸盜之「道」，果然深不可測，致司馬炎入其彀中而不知嗎?!

漢安帝是個只知玩樂，惟小人是依、是從的糊塗蟲。兩個女人，搞垮了兩個王朝（西漢安后、西晉惠帝后）。

乙丑三月，安帝出巡，崩於道路（民元前1787年，西元125年），閻后與其兄顯江京、範豐等一干佞臣議，密不發喪，尊皇后為皇太后，專制、廢太子保，殺楊震等（與趙高矯詔立二世，有類似處），任諸佞邪。賈后更以偽旨，乘夜收殺汝南王亮與衛瓘及瓘全家。左右皆謂「詔令非真，中必有詐」，應待澄清後，再死不遲。二人以為既為聖意，理應遵從，竟自放下武器受死（兩個糊塗蟲，身為國家大臣，不知權變、省思，個之人生死與社稷安危的關係，如我生而國安、死而國亡，則勿死；反之，我生而國亡，死而國存，則死之。孰重孰輕，惟國之存亡為關鍵之所在，豈可輕生死而忽社稷。不當死而死，不問國之存亡，便輕輕死去，明知不當而為之，故謂其死不冤）。

夕陽亭荀勗定計，以充女上太子妃，遂留充為司空。充黨沐猴而冠者，皆充斥

於司馬王朝，於時非獨王衍看出「胡雛倚嘯」，大禍將臨，胡人將為禍於中國，有識之士，亦莫不臭其腥膻。

經世之戌二千二百四十三世之丁亥（民前1645年，西元267年）。司馬炎立衷為太子，年則直否。晉徵犍為李密為太子洗馬，密上表陳情，辭不就。

世卦當乾，年卦直隨，經世之亥二千二百四十四世庚子，年直隨，晉平吳。

經世之亥二千二百四十四世之庚戌，晉武帝司馬炎崩，太子衷踐位（民前1622年，西元290年），冊賈充女為后年直損，辛亥賈后專制，牝雞司晨，直節。殺大臣，廢太后；壬子弒太后、楊太后次金墉城（民前1620年，西元292年），晉惠帝永康元年春，賈后殺故太子遹。

丁巳，朝廷派周處平齊萬年，同時受命於安西將軍夏侯駿、梁王肜二人。中書令陳準即謂：駿與肜二人皆貴戚、非將才。打了勝仗，已無官可升，打了敗仗，也沒有罪，不受任何徵罰。周處則不然，處為人忠直勇果，有仇無援（周處當過御史，執法公正、多得罪人，梁王肜即其最者）。如能以積弩將軍孟觀，領精兵萬人為處前導，必能殄滅賊寇。不然梁王必以處為先驅，故意不救而陷之。朝廷不用。

萬年軍七萬，梁王肜給周處質兵七千，且不給士卒進食，即令出戰，又不給援軍，自旦至暮，處戰至矢盡絃絕，而救兵不至，左右勸處且退，處不允，遂力戰而死。

夏四月庚申，趙王倫廢賈后，殺之（民前1612年，西元300年）。八王之亂序

幕已啟。更無人錯意於匈奴之草長馬肥，司馬晉諸王，攻伐誅殺之不暇，孰復關念於天下蒼生？「胡雛倚嘯」，豈非世運使然，為之奈何！為之奈何！

劉氏斯組曰：右午會第七運，直大過之夬之十二世也。起漢宣帝十七年甲子夬之大過；迄晉惠十四年癸亥夬，凡三百六十年。新莽篡西漢，曹丕篡東漢，司馬炎又篡魏，亂賊接踵，皆應有戎無號之占。惟本末既弱，棟橈失輔，忘惕致恤，乃及於凶。究之王莽、曹操、司馬昭、炎，僅同枯楊生華，何可以久在？漢祚前後重興，猶延西蜀偏安，終為正統。則蕭王再造於中葉，而藉用白茅，又有王佐之才，從茅廬出也，次其年卦，一一可詳。

午會第七運之十二世，直大過之夬。大過初變夬之十二世，起漢宣帝十七年，甲子夬之大過；迄晉惠帝十四年癸亥夬，凡三百六十年。其變亂，歷兩漢及晉，疊經大變，篡竊接踵，皆應「有戎無號」之占。「有戎無號」，簡單的說，「戎」，指其篡竊之行為；既為「篡竊」，當然名不正、言不順，故說「無號」；時之為國者，不但不知勤政恤民，在內戚、宦官、佞倖、權臣等淫威之下，擅作威福，屠戮忠良不遺餘力，且窮極貪瀆，國家豈有倖存之理？

大過卦為上兌下巽，初、上二爻皆陰，故《象》說「棟橈，本末弱」，而又「忘惕、致恤」（忘惕，不知驚惕。致恤，撫恤孤弱），甚而至於殘害忠良。當然不會有好的結果，而「及於凶」了。

然而老天畢竟還算公道，王莽、曹阿瞞、司馬昭、炎等一干竊賊，雖然囂張一

時，但終不能長久，不旋踵而復歸於無、煙消雲散，亦如老楊之生華而已？

王莽簒漢，光武再造中興，所謂：「藉用白茅」。茅之為物薄而潔，為古時承祭祀所用（此藉用白茅，以明光武為正統之意）曹丕竊漢，劉備有諸葛出山相佐，繼漢於蜀，雖謂偏安，史家亦以正統予之。

堯夫先生見暴秦之後，兩漢能除暴安良，然其後世子孫，未能仰體先祖創業之艱，而致衣冠時異，為兩漢吟以嘆之！邵子觀兩漢吟：

秦破河山舊戰場，豈期民復見耕桑？

九千來里開封域，四百餘年號帝王；

剝喪既而遭莽卓，經營殊不念高光，（高祖和光武）

當時文物如斯盛，城後何由更在隍。

春秋戰國，為周王朝後之第一個大動亂時代，後統一於秦。秦一六國，在政治制度上，廢封建、設郡縣，行之於今。但由於律令嚴苛，官吏暴虐，徭役、戍卒不息，人民愁苦哀怨到了極點。及至漢定天下，人民的生活始獲得舒解，堯夫先生十分慨嘆的說，真想不到，老姓還能重新恢復其耕田、採桑的安定生日子。中華民族自開闢以來，已有九千多年的歷史了（傳說中即如伏羲氏、有謂百餘萬年前；或說二十餘萬年；六萬、二萬、或謂民元6271年前。先生謂九千餘年開封域，可謂信

而有徵者）。劉漢開國，前後約四百年（西漢二百一十四年，東漢從光武中興、到曹丕篡漢，共一百九十五年，合為四百年）。

漢承暴秦之餘，得使生民得復樂樵蘇，四海承平，前後各二百來年，文物昌盛為史所罕見，惜其後世子孫未能仰體其先人開國的艱難，而予以珍惜，由於後世子孫之荒唐不經，乃前有王莽之篡，後有董卓之亂，卒至剝極而喪。泰卦本是個好卦，很吉利的，然而泰卦上九卻說：「城復於隍」（隍就是築城的土）。城廓（象徵政府）是人民安全的保障，由於年久失修，遂致傾圮敗壞，失去了保護人民的作用。必須要將其修復、整治好，人民纔有所保障。其修復的方法，不在勞師動眾，取土築城，而在於歸復兩漢的教化、士節與人心，纔是一劑良藥，城復，何由更在隍呢？

東漢末年，桓、靈失柄，女后干致，宦官弄權，誅殺賢良殆盡，黃巾賊起，天下大亂，國分為三，卒成魏、蜀、吳三國紛爭的局面，天下混亂之程度，為史所罕見，先生有〈觀三國吟〉如下：

桓桓鼎峙震雷音，絕唱高蹤無處尋，
簫鼓一方情未暢，弓刀萬里力難任；
論兵狼石甯無意？飲馬黃河徒有心，
雖曰天時亦人事，誰知慮外失良金。

解詩不同於解文，文之理易見（文之所言，不外天下是非的公理）；詩之情難明（比較而言，詩則作者情感深處，獨有靈觸之言外之意），每讀一詩，我們僅能從文字之意，來探索作者內心所觸之情，可說是如人飲水，冷暖自知知者。東漢末年，諸侯之間互相殺伐，以爭雄長，卒成魏、蜀、吳三分鼎立之局，各自稱王稱帝，互爭雄長。

桓桓鼎峙震雷音：

按：桓桓，壯大貌，又形容威武。

古時公衙門外兩側，各樹大木，二木之間，中嵌一木板，以公告重要政令或重大消息，使人周知。亦猶今日之公告牌。三國互爭雄長，至今尚令人喋喋不休。那些玩兵弄權者，連董卓亦大言不慚信口雌黃的說：「臣願鳴鐘鼓入洛陽，以靖君側。」其他如袁氏兄弟、曹操、孫堅等，亦無一不大義凜然的自我號召，自己是保衛漢室天子，消滅叛賊而為民請命的振天價響，等到戰勝了對方，便毫不掩飾的稱王稱帝了。絕唱高蹤無處尋，捍衛漢室的高調，便再也聽不到了。

絕唱高蹤無處尋：

東漢光武帝重視人才與士風之培養，故東漢人才鼎盛，賢者輩出，士人操守日益純高，社會風氣尤日益醇厚。但到了桓、靈帝時，外戚、宦官相互為惡，干政、弒帝（質帝纘，纔九歲，即識梁冀之奸，在位一年，被梁冀所弒）、誅殺大臣（李固、杜喬被外戚梁氏所殺）等，卒釀成亙古未有之黨錮之禍，終三國之世，再也聽

不到那些為國家社會、謀長治久安之策的士君子們的讜言高論。「絕唱高蹤」，已無蹤跡可覓了。

簫鼓一方情未暢：

或者意指孫、劉和親而言。周瑜設局，權以妹婚劉備，以孫、劉兩家聯姻，欲沖淡蜀、吳怨隙，覓求某種程度的政治妥協，主在討回荊州。雙方自然皆以國事為重，理勝於情，並未發生預期之效，故說「情未暢」。另江淹〈別賦〉有謂：「琴羽張兮簫鼓陳，燕趙歌兮傷美人」之句，先生莫非援此而言。兩家根本恩怨、未能彌除？（再思。）

弓刀萬里力難任：

似言關羽大意，遂致呂子明（蒙）白衣渡江，關羽獨力難支，西蜀又遠在千里之外，救援莫及，結果不但失了荊州，關羽且以身殉，更不幸的是，張飛亦於此時被其所部刺殺，怒火衝昏了劉備，遂盡起西蜀之兵以伐吳，諸葛亮勸阻無效。結果劉備又被東吳一個名不見經傳的毛孩子陸遜，火燒連營八百里，幾乎使劉備片甲無存，大敗而歸，至白帝城，憤憂而死。（再思。）

論兵狼石甯無意？

漢獻帝興平二年，曹操敗呂布於定陶，欲取徐州，必先解決呂布的問題。荀彧諫說：昔漢高祖保關中；光武據河內，皆先固根本，以制天下，進足以勝敵；退可以堅守。故雖有困敗，終成大業。兗州將軍之關中，河內也。操乃據以為根據

地。十月，操為兗州牧，終克成大業，較之袁氏者大異其趣。論兵狼石之說是否指此？再思。

飲馬黃河徒有心：

袁紹已有冀州，沮授勸袁紹迎帝來鄴，一則表示袁氏之忠於漢室，收攬天下人心，實際上則是挾天子以令諸侯，但袁紹不懂，以為現在自己是老大了，如果再弄個皇帝來，我不是還要聽他的？不幹。還是自己當老大好。袁紹很天真，也很可愛。

官渡之戰，紹圍曹操於白馬，關羽斬顏良，誅文醜，解曹操白馬之圍，操徙其民而西，紹渡河追之。謀士沮授臨河而嘆曰：「上盈其志，下務其功，悠悠黃河，吾其濟乎？」沮授見袁紹託父祖餘蔭，徒擁虛名，而不識時務，未識世務之本末輕重，天予不取，終必失敗，遂託病離袁而去。紹不准，且十分恨惱於沮授不夠意思。（此再思？）

雖曰天時亦人事，誰知慮外失良金。

諸葛亮以為曹操竟能擊破袁紹，以弱為強，不僅僅是天時的問題，主要還在於人謀。關羽之所以失荊州，人謀問題，亦較天時為重！歷史、人事，重大錯誤之形成，莫非「慮外之失」，謂為「慮之未能善也」，考慮的不夠縝密，計之未能週詳之故。

黃巾、董卓之亂，大漢天子，已成了無家可歸的難民，其狀之慘，如史書所

載：「長安空城四十餘日，強者四散，羸者相食（強壯者皆已逃散，老弱者相互而食），二三年間，關中無復人跡。」當時天下英雄大義凜然，紛紛起兵勤王，未幾便皆醉翁之意不在酒了。

沮授諫袁紹，謂袁氏累世皆位居三公台輔，世世咸有忠義美名，今朝廷流亡在外，宗廟殘毀，諸郡雖外託義兵，內則莫不各懷鬼胎。了無憂國卹民之意。因建議袁紹迎帝都鄴，挾子而令諸侯，誰敢抗拒？郭圖等即持反對意見，以為漢朝已經沒有希望了，所謂秦失其鹿，先得者王（可見當時擁兵自雄者及其謀士們的心態），並以為迎天子來，必當聽命於帝，辦事不方便，不妥。

沮授則以為：此時迎朝廷，可以大義號召天下，而且現在也是最佳的時機，稍縱即逝，過此以往，必有捷足先得者矣！紹不悟。

袁紹不懂沮授謀慮之深意，乃是當下之金玉良言，然紹不悟。沮授十分感慨的說：今日失之，明日必有識者得之。袁紹錯走了這步棋，豈非已失慮外之良金？曹操智慮高遠，其能為三分之勢者，最大之得力處，即在於佔住了「挾天子而令諸侯」的黃金位置。袁紹卻毫不吝惜的將其輕輕丟棄。今日之失，終生不再，袁氏真的無所能為了。

〈觀西晉吟〉曰：

承平未必便無憂，安若忘危非善謀；
題品人材憑雅誚，雌黃人事說風流。
有刀難剖公閭腹，無木可梟元海頭；
禍在夕陽亭一句，上東門嘯浪悠悠。

承平未必便無憂：

天地間萬事物，莫不有其盛衰之跡。謀國者，竭其智力，希望能獲得長治久安，政權永固，但歷史上絕無只盛不衰之理，無論國勢如何強大，人才如何眾多，謀慮如何高遠，然終敵不過「盛極必衰」的一個「數」字，只差其久暫而已。

安若忘危非善謀。

所以古之為國、持家、理物者，莫不知居安思危、「時懷其憂」的古訓。何況西晉立國於詭譎、篡竊之中，自以為既能以陰譎得天下，當然天亦可因巧而治，不知宴安乃禍亂之溫牀。故為國者，要能朝乾夕惕，時存臨深履薄之心，安不忘危，庶可措國家於衽席之安。但司馬晉卻偏偏相反。朝中則佞小充斥，社會則邪風彌漫，雖然亦有一二老成、不二之臣，亦皆言不聽，計不用。

題品人材憑雅誚：

天欲亡人之國很簡單，只要把張天師鎖妖洞中的妖魔鬼怪，多放出來幾個就夠了（這是笑話，《水滸傳》一百零八條好漢，就是張天師鎖妖洞中放出來的妖

魔）。晉惠帝時，以王戎為三公，戎對國家政事了不關心，一切任由僚屬各自為之。戎則除悠遊山水外，更關心的是自己的財富，夜夜執籌計算其增減。其任官，尤為荒唐，阮咸子瞻見戎。戎問：「孔、老異同。」瞻謂：「將無同。」戎即以瞻為椽（朝中官吏，今謂之幕僚），時人謂為「三字椽」。

雌黄人事說風流：

王衍為尚書令，與河南尹皆尚清談，而不理政事。時人咸以為清高，而名重當時，朝野爭慕效之。

時之朝臣、名士，凡事皆以「任、放」為達（任性而為，乃至裸飲、放縱自己，直呼父名，親死不弔等種種怪異行為，而人頗爭效之。何晏等祖述老莊）。士君子皆尚虛誕，廢職業，以虛無為玄妙；為官不親政事、不講操守、不重清廉、謂之「曠達、雅遠」，乃至違悖婚喪之禮，亂瀆長幼之序，乃至父子之間，打情罵俏，亦無所顧忌。

按：阮咸子瞻見戎。戎問：「聖人貴名教，老莊明自然，其旨異同？」二者有何差別？瞻說：「將無同。」沒有什麼不同。戎沈吟良久，即以瞻為官，時人謂為三語椽，即「三字官」。

王戎為三公，將其所主管的公務，悉任由部下處理，不聞不問，以示清高。但對其個人財富，卻十分關心。自己田園已遍天下，猶復晝夜籌計，日進若干。且極貪鄙，園有好李常鑽其核，不使他人得種。

衍與弟澄皆好品題人物，朝野莫不奉為圭臬。其評比人才，只是用抽象、優美而不切實際、似是而非的形容辭，來作人才之比評、描述。

羊祜是一位奇特的人物，品德高尚，誠實不欺，連敵人也非常敬重他為長者。他曾為敵方的將領診病寄藥，對方亦不惑疑而服之。王衍為祜之姪外甥，衍嘗向祜作簡報，內容非常精彩，祜卻不屑一顧，王衍拂袖而去。祜對客說：王夷甫（衍字）將來必以盛名當大位，然敗俗傷化，必此人也。

按：衍少時，山濤亦驚嘆說，何物老嫗，竟生此寧馨兒。但又十分感嘆的說：將來亂天下者，恐怕就是這位美少年吧？清談誤國，當時有識之士，莫不知之，叵耐司馬朝氣數已盡，無有能挽狂瀾於既倒者。

有刀難剖公閭腹，無木可梟元海頭；禍在夕陽亭一句，上東門嘯浪悠悠：

司馬晉之所以亡，賈公閭（充）可說是厥功甚偉。謂為禍首、罪魁，實不為過。其對司馬晉的功勞，也很了不起，就是一劍刺殺了他老主子，曹魏最後的一根孤苗，高貴鄉公曹髦。

賈公閭的人格，當然不值分文，但其生存能力卻很強。早時羊祜建議應積極準備對吳用兵，賈充堅決反對。開戰後，賈充軍又離開戰場遠遠的，以免戰火燒身。但當王濬攻下吳國，吳帝出降時，賈充又爭往受降，並獲平吳上賞首功。

古所謂「一言喪邦」，賈充可為其歷史上一言喪邦之箇中翹楚。乃一赴義不

前，攘利恐後之典型。當樹機能反叛時，晉武帝司馬炎，派賈充往西涼坐鎮，賈充不敢前往，其黨徒在夕陽亭（洛陽郊區之景點，文人雅士會友、送行餞別之地）為賈充餞行，遂定計以「充女上太子妃」。不期輕輕一言，竟使司馬炎鬼迷心竅，明知充女黑、矲、醜，無宜男像，不若衛瓘女賢。充之徒卻謂「充女絕美」。武帝竟把奇醜而悍、十出不容之賈女，選為太子妃。因而，不但撤消了賈充坐鎮西涼的派任，並以充為司空。

司馬炎卒，太子衷立，是為惠帝，賈充女為后，以遹為惠帝太子。賈后臨朝，大權獨攬，一手造成了八王之亂，又弒太后，廢太子，穢亂宮幃。其尤甚者，給予諸胡亂華以千載良機。賈充父女之禍，我們只看到導致司馬王朝之覆亡，卻未思及當時之芸芸眾生所受禍殃、災難之慘痛，遂千刀萬剮於賈公閭，亦不能贖其罪於萬一。

劉淵字元海，匈奴人，為五胡亂華之始作俑者，致中原板蕩，亙三百年之災殃。即便將淵梟首，懸之藁街，亦難彌其罪於萬一。不可否認的，劉淵確為一不世出之人才，所謂「幼而儁異」。十分鄙視西漢開國後之諸將，認為漢高祖謀臣隨何、陸賈，能文而不能武；文帝復國功臣，絳侯周亞夫、灌嬰，知武而不能文，不如彼之博習經史，武功蓋世。深獲王渾父子青睞，屢薦之朝廷，深獲晉主讚賞。朝中對劉淵的任用，展開了激烈的爭辯。

王渾父子以為：淵有文武才，朝廷如將東南之事任之，吳不足平也。

涼州失沒，晉主問將於李熹，熹對曰，陛下誠能發匈奴五部之眾，授淵以將軍之號，使將之而西，樹機能之首，可指日而梟也。

反對者孔恂、楊珧則謂：非我族類，其心必異，雖然其才器少比，然而必不可重用。

恂謂：劉淵果然一舉而梟樹機能，那麼涼州之患，恐怕只會更深、更大了。

齊王攸言於晉主，陛下不除劉淵，臣恐並州（山西太原）不得久安。

王渾以為：晉朝之國，以「誠信」號召四夷，怎麼能以無形之罪而殺淵呢？大晉胸襟，竟如此窄狹嗎？晉主認為有理！

太子洗馬江充作徙戎論，以警朝廷說：戎狄之性，弱則畏服，強則侵叛。且關中帝王之所居，戎狄居之，非我族類，其心必異。且彼居漢地，一般漢人或不免侮其輕弱。彼等以貪悍之性，挾憤怒之情，候隙乘便，輒為橫逆，此必然之勢也。然朝廷不能用。

朝臣爭論不決，時適淵父豹卒，遂以淵代其父為晉左部帥。爾後即自為帝，遂開五胡十六國，中原板蕩，三百年之大亂局，皆由淵起。先生苦之，故云云。

由以上看來，致晉之所以分東、西，朝分南北，成三百年之亂局者，荀勗「夕陽亭以充女為太子妃」之一言，為其關鍵。中原板蕩，人民無片土以寧居，只有渡江以求苟活了。

「上東門嘯浪悠悠（洛陽有上東門）」。後趙勒（山西上黨人，即後來的潞安

州，時尚未姓石，故不稱謂石勒），十四歲，隨鄉人負販洛陽，出入洛陽上東門，倚靠在城門壁上吹口哨，適被王衍聽到（時衍為三公），告知左右說：那個倚嘯的胡兒，聲音中有種奇特的音味，將來恐怕會為患天下，速使人往捉，不可讓其走掉了，及至士兵到來，勒已走得無影無蹤了。

曾幾何時，劉淵（匈奴）居晉陽（太原）；石勒（羯）居上黨；姚氏（羌）居扶風；苻氏（氐）居臨渭等。中原已半為夷人之所居。其生活雖日趨漢化，然其桀暴貪悍，樂鬥喜亂之習性，則永不改變。是以劉淵一動，山、陝、秦中之胡，皆乘時而起。江淮以北，無復晉土，率為屠戮戰場矣！

有劉元海之前趙，石勒之後趙，五胡亂華之始作俑者，繼之十六國，亂五代，亙三百年之大動亂。能渡江還是萬幸的，中原人民日在飢餓、刀兵、疾病、流離中，婦女之被蹂躪，真是長夜漫漫何時旦？

「有刀難剖公閭腹，無木可梟元海頭；禍在夕陽亭一句，上東門嘯浪悠悠」。為此詩者堯夫先生之痛苦和無奈，千百載而下，猶令人唏噓反側！

容胡之說者，將復何言！

干寶晉紀總論謂：「朝寡純德之士，鄉乏不二之老，風俗淫僻，恥尚失所，進仕者以苟得為貴，而鄙居正；當官者以虛蕩為辨，而賤名檢，……毀譽亂於善惡之實（毀善、譽惡）；情慝奔於貨欲之塗（骨子裡追名求利之欲已淹沒了人性）；選者為人擇官，官者為身擇利，……攸攸風塵，皆奔競之士，列官千百，無讓賢之

舉……」子真著崇讓而莫之省（劉真）；長虞數直筆而不能糾（傅咸彈奏百僚，王戎而不見從），民風、國勢如此，雖中庸之主為之，勢猶難及，而況於晉之蠢君、戾后、佞臣之大集乎？環視吾人今日之所處之世風民情，較之司馬晉之時，又如何呢？

按：公閭即賈充字。元海為劉淵字。

魏：西元220—265共四十五年。

蜀：西元221—263共四十二年。

吳：西元222—280共四十八年。

三國自西元220年，曹丕篡漢至西元280年、晉滅吳，共六十年。

五胡十六國，自劉淵稱帝至魏太武帝滅北涼，共一百三十六年。（劉淵稱帝西元308年）

六朝自宋劉裕篡晉，至恭帝廓，宇文泰子覺篡之。共一百七十二年。合共三百零八年。

第九節　以運經世九——觀物篇三十三

經元之甲一，經會之午七，經運之辛百八十八。

經世之子二千二百四十五（世），咸六變革。

經世之丑二千二百四十六（世）。
經世之寅二千二百四十七（世），咸六二變大過。
經世之卯二千二百四十八（世）。
經世之辰二千二百四十九（世），咸九三變萃。
經世之巳二千二百五十（世）。
經世之午二千二百五十一（世），咸九四變蹇。
經世之未二千二百五十二（世）。
經世之申二千二百五十三（世），咸九五變小過。
經世之酉二千二百五十四（世）。
經世之戌二千二百五十五（世），咸上六變遯。
經世之亥二千二百五十六（世）。

以上，咸為運，咸所變之卦（如革、大過）等，皆為世首。自世首起，循圓圖左旋，挨次六十卦，即為各該年之直卦。

甲子	革	永興漢劉淵
乙丑	同人	
丙寅	臨	光熙
丁卯	損	懷帝永嘉 蜀李雄
戊辰	節	
己巳	中孚	
庚午	歸妹	漢劉聰
辛未	睽	蒙塵平陽
壬申	兌	
癸酉	履	建興

甲戌	泰	
乙亥	大畜	
丙子	需	蒙塵平陽
丁丑	小畜	晉李特稱王建武
戊寅	大壯	東晉元帝大興前趙劉曜
己卯	大有	後趙石勒
庚辰	夬	
辛巳	姤	
壬午	大過	永昌
癸未	鼎	晉文帝太寧
甲申	恒	
乙酉	巽	
丙戌	井	晉成帝咸和
丁亥	蠱	
戊子	升	
己丑	訟	後趙滅前趙
庚寅	困	
辛卯	未濟	
壬辰	解	
癸巳	渙	

經世之子二千二百四十五世，咸六變革。

甲子，革。

西元304年。晉惠帝永興元年，漢劉淵元熙元年，成李雄建興元年，民元前1608年。

晉惠帝十四年，河間王顒，廢皇后羊氏及皇太子覃，徙之金墉。表成都王穎為太弟，加九錫、鎮鄴，改元永安。右衛將軍陳軫，復羊氏皇后及覃太子，大會司徒王戎及東海王越、高密王簡、平昌公模、吳王晏、豫章王熾、襄陽王範、左僕射荀藩八部兵。奉帝北伐鄴，師敗於蕩陰，稽紹死之。

長沙王乂是八王中，較為有人性者，八王之亂時，無論城中食物如何困難，乂

從未使帝后有所匱乏，及至東海王越使張方綁架了長沙王乂，將乂活活烤炙而死，於是河間王顒，又一次廢后及太子，並表成都王穎為太弟（類似後補太子，朝政的執行官）鎮守鄴（成都王穎的封地），改元永安，儼然一代理皇帝模樣。顒自為太宰、雍州牧。穎但作威作福，人心盡失。

秋七月，東海王越與右衛將軍陳眕（軫）奉旨勒兵入京，詔三公僚官，宣佈戒嚴，復皇后太子，奉帝北征討穎，帝特詔前侍中稽紹隨駕往，比至安陽，眾已十餘萬，穎遣石超迎戰，時眕二弟自鄴來，謂鄴中皆已離散，由是不甚設備（眕弟、規，是受穎命，抑無知？何以傳此假情咨，奈人尋味），超軍奄至，乘輿敗績方於蕩陰，帝傷頰，面中三矢，百官侍御皆散，嵇紹朝服登輦，以身衛帝被殺，血濺帝衣，穎迎帝入鄴，左右欲浣帝衣血漬，帝曰：「此嵇侍中血，勿浣也。」陳眕上官已，奉太子覃守洛陽，越還東海。

帝如北軍，穎以帝歸鄴，改元建武。顒將張方入洛，復廢皇后羊氏及覃太子。安北將軍王浚、東瀛公騰，以烏丸兵攻鄴，穎師敗，帝還洛陽。

朝野對成都王穎之窮奢極侈、專權亂政，深惡痛絕。以東海王越為首，發起討伐成都王穎的號召，振臂一揮，赴者雲集，眾十餘萬，組成八部聯軍，由惠帝親自率領，北討穎。河間王顒亦命張方率軍二萬助穎。聯軍卒以缺乏統一指揮，兵力未能妥善佈署，戰鬥力不能發揮，再者又無正確情報，不知敵，不知己，在不明敵情狀況下，致敵我主力尚未接觸，聯軍即作鳥獸散，公卿悉逃，惟侍中嵇紹，以身

衛帝而被殺，血濺帝衣，帝墮荒草中，作了成都王穎的俘虜，穎置帝於鄴。於是土匪軍隊張方，再次進入洛陽，專制朝政，雖太弟成都王穎，亦不得與聞政事。方除再一次廢后、廢太子外，便是任由其兵士，更澈底的將洛陽士民剽掠殆盡，人民憤怒已極。張方和他的軍隊，似乎除了劫掠百姓，殺戮公卿外，更無餘事可作，終至洛陽市民，大小官吏，已無物可劫，遂引兵入殿，洗劫後宮，自魏、晉以來所積寶物，悉劫掠一空，掃地無遺，甚至宮中流蘇（帳幕窗簾之類），也作了馬鞍墊。從民間到皇宮，更無可搜括，便欲將祖廟、朝堂、宮殿與洛陽城一炬而燼之。中書監盧志說方謂：「昔時董卓無道，焚燒洛陽，至今罵名不絕，甚不可效法。」乃止。

成都王穎以帝入鄴，諸王侯間，發起了又一波的討穎行動，最有實力的一是博陵公王浚，一是東嬴騰，王浚是一位非常狡猾的人物，對事常持首鼠兩端，惟利是圖；而太弟穎，則是不分是非，只論好惡，東安王繇曾勸其不可與朝廷對抗，穎即收繇殺之，時成都王穎，有一號不被人重視的梟雄人物，就是康節先生〈觀西晉吟〉中所說：「無木可梟元海頭」的劉元海之類的人，漢主劉淵，認為魚不可脫於淵，說穎應據鄴，挾天子以令諸侯，穎不肯納。穎欲殺浚，乃形同兒戲似的，假帝命而召之，浚不但不肯上當，表面上卻似乎奉命維謹，佯作十分高興的樣子準備進京，實則夥同鮮卑、烏桓及東嬴公騰等，入鄴討穎。穎遂挾帝倉惶出奔洛陽。王浚等四路兵馬入鄴，亦如張方之入京，將鄴搶掠一空。鮮卑兵，多掠人婦女，浚令有敢攜藏婦女者斬，於是沈於易水者達八千人。從此穎便無家可歸，成了政治上的流

浪漢，穎用近乎兒戲的方法來對付一匹老狐狸，其智商可知，失敗自屬必然。

河間王顒，使張方劫帝於長安，方令車載宮人，強帝登車，帝垂泣而行。

河間王使張方徙帝西都長安，亦復羊氏皇后及永安年號，廢穎太弟；以豫章王熾為太弟，改元永興。王戎豫。朝政始分東西臺。

冬十一月張方徙帝都長安，張方軍士把搜括來的寶物財貨，以及宮中歷代蓄積所藏寶物，脅帝及太弟穎、豫章王熾等，並趨長安。太宰顒率步騎三萬，迎於霸上，顒以豫章王熾為太弟，改元永興。這時的國家政治，陳軫、上官已等，奉太子覃守洛陽，復迎羊后太子還宮。河間王顒，則以帝居長安，各有群臣，稱東、西臺。劉淵聞成都王穎去鄴，歎曰：「不用吾言。自趨滅亡，真奴才也。」真是扶不起來的阿斗啊！帝兄弟二十五人，時存者惟穎、熾、晏而已，晏材庸下，熾沖素好學，故顒立為太弟。以越為太傅，越辭不受。王戎、王衍等皆參朝政。

是年李雄逐羅尚于成都稱王；單于左賢王劉淵稱王離石，國號曰漢，號曰元熙。

李特的兒子李雄，驅逐了貪而無能的晉官羅尚（羅尚以四川地方首長，縱官兵搶掠，致官逼民反），進位成都王；劉淵以漢祚之所以久長，乃是恩結於民之故，淵欲效之，稱王離石，建國曰漢，號曰元熙。

乙丑，同人。

西元305年。晉惠帝永興二年，漢劉淵元熙二年，民元前1607年。

東海王越，嚴兵徐方，范陽王虓（音哮，虎叫聲，形容勇猛），抗師許昌，成都王穎，擁兵河北。

東海王越，以張方劫遷車駕西安，遂傳檄山東州郡，糾合義師迎天子，還于舊都。東平王楙，舉徐州以授越，越以司空領徐州督都（弟略都督青州、模都督冀州），范陽王虓及王浚等，共推越為盟主。

成都王穎被廢，故將公師藩等（公師為複姓），自稱將軍，起兵趙、魏間，眾至數萬，攻陷郡縣，殺二千石、長史等，前攻鄴。范陽王虓（音哮）遣其將救鄴，與廣平太守丁紹擊藩走之。越帥甲士三萬，被拒於蕭縣之靈壁，不能進；范陽王虓，自許屯於滎陽；越以豫州刺史劉喬為冀州刺史，以范陽王虓，領豫州刺史，喬以兵拒之，太宰顒遣張方助喬，十月襲虓破之。劉輿為穎川太守（輿為劉昆兄弟）。東平王楙，在兗窮徵暴歛，州縣苦之。范陽王虓復遣其將苟晞還兗州，徙楙都督青州，楙不受命，而與喬相通。太宰顒聞中州亂起，遂詔令東海王越等各就國，越等不從。顒為安撫公師藩等（應是培養勢），復表穎為鎮軍大將軍，督都河北諸軍事；以盧志為魏郡太守，隨穎鎮鄴，以示安撫。

河間王顒，復廢羊氏皇后，以穎為大將軍都督河北。虓越將周權入洛陽，又復羊氏皇后；洛陽令何喬殺周權，又廢羊氏皇后。

河間王顒又掌控了洛陽，遂再廢楊后。並以山東兵亂，生靈塗炭，詔令東海王

越等罷戰息兵，回歸自己的封地，不再互相殺伐，仍然無人聽命。

鎮南將軍劉弘，亦分書予東海王越與劉喬，希兩家解怨釋兵，同將王室。並謂自有史以來，骨肉相殘，未有如今者也，國家股肱之臣不惟國體，職競尋常（爭論長短），爭丈論尺……以致生靈塗炭，殊無所謂，再者邊陲無備，一但外族乘虛而入，後果不堪設想，應各就地休兵止戰，有不尊詔書，擅興兵馬者，天下共伐之。時太宰顒方拒關東，倚喬為助，故不納其言。

有立節將軍周權者，詐稱平西將軍，自謂奉詔復立羊后。洛陽令何喬攻殺之，復廢羊后。河間王顒亦假傳聖旨，謂羊后屢為奸人所立，令尚書田淑，速將羊后處死。司隸校尉劉敦等上奏，以「羊庶人門戶殘破，廢放空宮，門禁峻嚴，無緣得與姦人媾亂，眾無智愚，皆謂其冤，今殺一枯窮之人，而令天下傷慘，何益於治」，顒怒，遣人收暾。暾奔青州，依高密王略，羊后亦以是得免。

虓、越兵攻穎不已，穎敗，棄鄴走洛陽，虓攻洛陽，穎奔顒于長安。漢劉淵攻晉劉琨於板橋，不利。

十二月成都王穎據洛陽。劉琨說冀州刺史太原溫羨，讓位於范陽王虓。虓使琨乞師於王浚，擊穎將石超斬之。迎越，擊劉祐於譙，祐敗死，劉喬眾遂潰，奔平氏（今河南信陽。或謂南陽西平縣），司空越進屯陽武（河南滎陽，鄭州附近）。

按：此節言事，見次年丙寅。

丙寅，臨。

西元306年。晉惠帝光熙元年，漢劉淵元熙三年，李雄晏平元年，民元前1606年。

東海王越，范陽王虓，兵攻長安，河間王顒、成都王穎走南山。虓、越將祈弘、宋胄，以帝東還洛陽，復以羊氏為皇后，改元光熙，越稱太傅，錄尚書事，虓為司空卒，越遂弒帝，立太弟熾，是為懷帝。引溫羨為司徒，王衍為司空。顒、穎野死。所辟新人引溫羨為司徒，王衍為司空。顒、穎野死。

李雄稱帝成都，國曰蜀，元曰太武，謂之後蜀。

張方可說是窮凶極惡，充滿獸性的冷血動物，本質與董卓相類，所過之處，民無孑遺，而河間倚為左右，委以重任。鎮南將軍劉弘，知顒必敗，乃遣參軍劉盤為都護，帥諸軍受司空越節制。

東海王越欲取長安，使人謂河間王顒，如能奉帝還洛。則可分陝而治，太宰顒已師老兵疲，在軍事形勢上，敗跡已現，便欲答應東海王越的條件，以資喘息。張方則自知罪孽深重，如東西和平共存，自己的生存空間，便將受到極其大的約束，遂說顒以挾天子令諸侯，誰敢不從？何以反受制於人？顒見其部，日損月銷，欲振無力，若與山東和解，則又擔心張方作梗，同時軍中又流傳張方將叛的流言（乃是東海王越散佈的謠言），顒遂設計殺方，送其首於越以請和，越竟爽前諾而不受，

獨遣祈弘等率鮮卑西迎帝。顒以兵拒之，弘所部鮮卑兵大掠，殺三萬餘人，百官入山中，以橡實為食，顒匹馬逃入太白山中（援《新唐書》太白在鳳翔郿縣。或言在武功南，俗謂武功、太白，去天三百，以見其峻），穎西逃入關，時顒敗，走新野。六月丙辰朔，弘等以牛車載帝返洛即位，復羊氏為后，大赦，改元光熙。越稱太傅，錄尚書事，虓為司空，尋卒，越遂弒帝，立太弟熾，是為懷帝。

李雄稱帝成都，國曰蜀，元曰太武，謂之後蜀。後蜀李雄，乃是晉成都太守羅尚，逼民為盜，無所走投，遂共擁李氏，特因以坐大而為帝。

丁卯，損。

西元307年。晉懷帝熾永嘉元年（懷帝，武帝第二十五子，在位六年，年三十），民元前1605年。

晉改元永嘉，東海王越，稱大丞相，鎮許昌；以后父梁芬為太尉，成都王黨汲桑陷鄴。王彌稱兵青徐，漢劉淵破晉河東諸郡，晉劉琨獨保晉陽。

西晉之禍亂根源，並非全在於其有位木偶皇帝，與窮凶極惡的醜皇后，佞奸的小人賈充，而在於司馬炎喜膩小人之心。因愛昵而蒙昧其燮理明辨之智。明知充女「短粗黑醜，不若瓘女佳」，賈充、荀勗，把夕陽亭的陰謀，公然在光天化日之下進行，不作私毫隱諱。可見賈充與其黨羽，在司馬炎的心目中，似乎已超越於君臣、兄弟骨肉之上。由此一念之不察，遂使充女得為太子妃，不但改變了平樹機能

主帥的任命，滋養成八王之亂苗，以及以爾後之五胡、十六國三百年之亂局，乃至人相食之慘禍等，皆為晉武帝司馬炎以充女為太子妃一手造成。詩人康節先生十分的感慨的說：

「有刀難剖公閭腹（賈后之父賈充，是大動亂的禍根亂源之所在），無木可梟元海頭（劉淵五胡亂華之首。邵子說缺少一柱高桿，把劉元海的頭懸掛在上以示眾）」，而其關鍵，則在於「禍在夕陽亭一句」（賈充同黨，為充劃策，以充女為太子妃，便可免去賈充率軍出征之危險，賈充果然逃避了出征的責任，卻把他既醜且悍，妒而且忍，千古奇絕的女兒，送給司馬炎的白癡兒子、準皇帝司馬衷作老婆），「上東門嘯浪悠悠」，胡人石勒初來中原，嘗依洛陽東門而嘯，王衍聞之謂此兒聲有異，使人捉之，已去矣！終於弄得天下大亂，五胡亂華，晉室東渡，終結了司馬王朝，司馬晉丟掉了天下事小，千千萬萬的老百姓，卻因而流離失所，逃死亡於道路、刀兵、凍餒……之間。司馬炎的寵佞私心，纔是真正的禍根亂源。

東海王越，平復了河間王顒、成都王穎，對社會國家，都是一件好事，但其骨子裡，似乎並未把天下蒼生，江山社稷，放在心上，其所做一切，只是為了取冏、倫、顒、穎而代之，為了自己的「大慾」而「弒」、「立」、而「專制」，而結果「一樣葫蘆」，王越的所做所為，與其他諸王相較而言，「以暴移暴」、「小巫大巫」而已。

成都王穎的餘黨汲桑、王彌，打著為穎復仇的旗號，實則所作所為，盡是打

家劫舍的勾當。但卻大大的幫助了匈奴劉淵，為劉淵創造絕好的發展機會。晉家兵將，只有一個劉越石劉琨，仍然固守著遙遠的孤城「晉陽」，而不離去。

戊辰，節。

西元308年。晉懷帝熾永嘉二年，劉淵永鳳元年，民元前1604年。

劉淵稱帝蒲子，改元永鳳，拔晉平陽居之。王彌、石勒附於漢。石勒攻常山，王彌攻洛陽，焚建春門。

劉元海在匈奴中，當是出類拔萃，自命不凡。但若強比漢高，不免高自位置，自擡身價。（何故？文化含融，山嵐韻氣，百代千載，所孕育出之英雄人物，皆非匈奴所可企及的，淵充其量可為韓信之亞，至博大精深之人文氣氛，遊牧民族，殊難蘊育。）

劉淵評估當時形勢，見西晉已是強弩之末，堪與自己匹敵逐鹿者，已目無餘子，遂擬竊比漢高，先王關中，俟機而帝。

秋九月，王彌寇洛陽、攻陷郡縣，遂入許昌，又敗官軍於伊北（伊水之北，即洛陽附近），王衍敗之於七里澗（伊北附近）。豫州使裴憲拒彌。彌屢戰無功，不能立足，遂焚洛陽建春門而遁。

石勒寇鄴。車騎將軍王湛屯東燕以拒勒。

冬十月，劉淵稱帝於蒲子（即春秋晉蒲城），建國曰漢，改元永鳳，拔晉平陽

而居之。王彌，石勒皆附於漢。

己巳，中孚。

西元309年。晉懷帝熾永嘉三年，劉淵河瑞元年，民元前1603年。

東海王越入洛陽，殺大臣十餘人。以左僕射山簡為征東大將軍，督都荊州、南鎮襄陽。漢劉淵改元河瑞，石勒兵出鉅鹿，王彌出上黨，劉聰出壺關，同攻晉洛陽。

晉惠帝在位二十六年，實質上乃「惡后、權臣」之政治玩偶而已。司馬氏的大晉江山，已是千瘡百孔，全國人民的福祉，悉其代價。司馬炎利用賈公閭，取得曹魏政權；而賈公閭卻利用晉惠帝漁盡天下之利，在內遂致八王之亂，在外則啟劉元海五胡之亂，以踐踏江山，塗炭生靈。

晉懷帝司馬熾之即位，乃東海王越，一手所造，然越骨子裡想的，仍是欲塑造一位惠帝型的白癡皇帝，而非有思有想、能有所為之國君，故當司馬熾欲「臨大政，留心庶政」時，東海王越即憤而出走，往鎮許昌，給朝廷以顏色看。後見朝中了無動靜，便又按捺不住，不甘於心，於是復入洛陽，把懷帝所親近的中書令繆播，帝舅王延及帝左右之大臣十餘人，悉行戮殺。公然無視於朝廷的存在，目中已明無君上。東海王越的作為，當然給予劉淵、李特，石勒、王彌等吞噬中原以最大的鼓舞欣勵作用，但也使希冀太平者以黯然。於是劉淵以三路大軍，向洛陽形成包

圍之勢。

當東海王越入京，匈奴劉聰虎視洛陽，已整裝待發，另一尚未叱吒政壇的梟雄王敦，便謂其友：「太傅入京，必有所殺。」果然。十分自負的東海王越，欲有所為，尚未舉動，即已落人意中，而越不知處高戒慎，猶蔑然自命不凡，我行我素，誠愚不可及者。《易》曰：「其亡！其亡！繫於苞桑。」東海王越的結局，不待智者而後知矣！

庚午，歸妹。

西元310年。晉懷帝熾永嘉四年，劉聰光興元年，民元前1602年。

東海王越徵兵天下，諸侯咸無從者，自率兵出許昌。

永嘉四年正月，漢寇徐（今之徐州）、豫（河南）、兗（山東）、冀（河北一部）諸郡；漢曹嶷寇東平、琅琊（山東）；秋七月，漢寇河內（山西）陷之。流民王如寇南陽以附漢（又是一次官逼民反，陝西人民，因飢荒，流亡南陽覓食，眾約四五萬人，朝廷下令悉遣返鄉里，野心者因誘民使反，攻城鎮，殺官吏，自號大將軍，稱藩於漢）。將寇東平琅琊，秋七月漢寇取河內。十月進逼洛陽。

晉室覆國之危，已迫眉睫，東海王越徵天下兵勤王，諸侯竟無一從者。山濤之子山簡，遣兵人援，為王如所敗，如遂縱兵大掠沔漢，進逼襄陽，眾議遷都，王衍以為不可，把自己的牛車賣掉，以示自己絕不落跑，以安撫眾心。

石勒擊併王如軍，寇襄陽。

十一月太傅王越，肆言要與石勒決戰，冀徼萬一之幸，以振國威而安百姓（王越忝不知恥之言？），乃帥甲士四萬向許昌，留何倫監視皇帝與百官，以行臺自適，用王衍為軍司，名將勁卒，咸入其府，置懷帝於空城之中，既無守衛，亦無食糧，無異於委帝於敵，何倫則以搜掠大臣財物為事，甚至逼辱公主，無惡不作，致盜賊公行，屍遍街衢，各部官吏，惟掘塹自守。越則自領豫州牧。

漢劉淵卒，子和繼，叔楚王聰、殺和代立，改元光興。以北海王義為皇太弟，劉曜為相國，石勒為大將軍。

七月，漢劉淵病卒，子和繼。和性猜忌，喜讒言，遂為失意分子所蠱惑（如其舅宗正呼延攸，淵以其無才行，終身不予遷官；侍中劉乘；西昌王銳等），蠱惑新帝劉和，並向諸王同時發起攻擊（意即向諸王同時宣戰，可說是神經病），欲一鼓而悉殲諸王，結果是事與願違，賠了夫人又折兵，願望未能達到，反被其叔劉聰取而代之。

劉聰改元光興，以北海王義為皇太弟，子粲為河內王，石勒為並州刺史，劉曜為相國。聰殺其兄恭。（太后單氏年少色美，聰烝焉，太弟乂屢言之，太后羞慚而死，聰憤而殺乂。或謂聰之殺恭，因其越次而立，忌而殺恭）。

辛未，睽。

西元311年。晉懷帝熾永嘉五年，劉聰嘉平元年，民元前1601年。

天下亂，晉詔兗州苟晞，會諸侯兵伐許昌，會東海王越卒、乃止。

由於東海王越，把持朝政至天怒人怨，帝乃密詔苟晞討越，晞收越黨尚書劉曾等殺之，越憂憤成疾，三月、託後事於王衍而卒於項（河南項城，豫東南，即袁世凱故鄉）。衍奉越喪欲還葬東海（今江蘇淮安。海州），何倫等聞越薨，奉裴妃及太子毗東走，帝追貶越為縣王。

夏四月，石勒追王越之喪於苦縣（河南鹿邑），縱騎圍而射之，越將士十餘萬，無一免者（誠所謂名附其實的殺戮戰場）。生俘王衍、襄陽王範等。衍謂晉之衰亂，與彼無關，並認為勒有皇帝的條件，建議石勒稱帝以獻媚勒，勒謂王衍：君少壯登朝，名蓋四海，破壞天下者，非君而何？勒念追隨王越之王公，均為前朝大臣，不忍以鋒刃相加，乃夜使人排牆殺之。勒剖越柩、數其罪曰：「亂天下者、此人也，吾為天下報之」。遂焚其骨、以告天地。何倫等遇勒於洧倉（河南許昌東之文倉附近）戰敗，東海世子宗室四十八王，悉歿於勒，倫奔下邳。

苟晞以洛陽危在旦夕，建議早日遷移避難，並為備妥船隻食糧。公卿們則多貪戀貲財，猶豫不決，遂不果行，繼而洛陽食盡，至人相食。百官流亡者十之八九，朝廷不得已始徒步出走，從行者纔數十人而已，至西掖門，為盜所掠，前進不得而還。

是年洛陽陷，王衍為軍師，王師十二敗，帝及傳國璽，皆沒於寇。長安

亦陷，南陽王模亦沒於寇。

懷帝永嘉五年六月，漢主聰使呼延晏以二萬七千人寇洛陽。漢呼延晏初由東陽門入，焚東陽門及諸府寺。後再入宣陽門，入南宮，上太極前殿，縱兵大擄，悉收宮人、珍寶。帝欲奔長安，漢兵追執之，殺太子詮及吳孝王晏、右僕射曹馥、河南尹劉默等，士民死者三萬餘人。又發掘諸帝陵，焚宮廟，官府皆燼。曜納惠帝羊皇后。遷帝及六璽於平陽，石勒引兵屯許昌。

南陽王模（時駐長安）使其將趙染往駐蒲阪，染求為馮翊太守未能如願，怒而投降劉聰，八月漢劉聰遣染攻長安，染敗模於潼關，至下邽（長安附近）。模遣將出戰屢敗，加以倉廩虛竭，士卒離散，遂降於漢而被殺。時關西饑饉，白骨蔽野，士民存者百不一二。

漢劉曜、王彌、石勒拔晉洛陽，俘其帝于平陽，改元嘉平。劉曜拔晉長安保之。石勒害王彌於已吾而併其眾。

王彌與石勒，從表面看，彼此似略無芥蒂。文書稱謂，亦相互尊禮有加。但其骨子裡，則各有春秋，莫不以早除對方而後快。當石勒軍事吃緊時，王彌與劉瑞的軍事衝突，亦至生死關頭，彌求援於勒，勒即出兵斬瑞。王彌以勒為真心愛己，便對石勒解除了防範與戒心。冬十月，勒特別歡宴彌於已吾（河南豫東寧陵）。將往，長史張嵩諫彌，石勒不可靠，不宜前往赴宴。彌則對勒深信不疑，不聽嵩諫。勒果於宴會席上，手斬彌而併其眾。

漢劉聰聞勒殺彌併眾，心中十分不滿，謂勒「專害公輔，有無君之心」。然猶加勒征東大將，督丘沙、并、幽二州軍事，領并州刺史，以懷柔之。劉漢視勒，已有尾大不掉之勢矣。

蜀李雄拔晉梓橦及涪城，改元玉衡。

蜀李雄拔梓橦及涪城。改元玉衡。

按：司馬晉翻天覆地之大動亂，朱氏隱老以為，自以充女為太子妃時起，禍根亂源已萌立，迄已四十年，幾使民無孑遺。

此一大動亂，雖由賈充女上太子妃始，而其源頭本已滋乳於司馬炎的一念之「私」中。司馬炎從未把賈充、荀勗等，視為奸、佞之徒，相反的，或者認為是可以託五尺之孤，寄百里之命的腹心？不然司馬炎為其白癡兒子選妃，明知充女「黑、短、矗、醜」，十分不良，且無宜男之相（不能生育的女人），不如衛瓘女賢（司馬炎自己所知的充女如此）。而充黨竟敢公然稱「充女絕美」。二說相去天壤之別，任何人皆不可能不了了之，何況是為自己心愛的寶貝兒子選妃，選未來母儀天下、執掌後宮的皇后。司馬炎竟不加查察，確然不疑於荀勗的鬼話，什麼理由，使司馬炎這麼草率的，委江山、蠢兒於群小？遠君子而親佞臣？無以名之，只好說是上天在冥冥之中，對亡晉所作的安排罷！

至於五胡亂華。最先嗅到「蠻夷猾夏之防」的是江充。充驚懼於此一問題之嚴重，於是作〈徙戎論〉，而朝野無識者。直至胡騎遍野，京師不保之傾，東海王越

與荀晞還在內鬥。其時國家也已糜爛至不可收拾的境地了。

胡騎憑陵，紛至遝來，西晉江山，猶如一塊爛肉，任由野狼爭齧。劉漢諸軍，正如野火燎原之勢，四面八方、撲天蓋地而來。

春，漢曹嶷寇青州，晉苟晞敗走；石勒寇江夏陷之；成都寇陷涪（李雄陷涪，涪音浮）、梓潼，內史譙登死之。湘州流民作亂，推杜弢為刺史，杜弢（破零、桂，東掠武昌，殺二千石、長史甚眾）。司馬氏至此，可真是：「到爾今，鐵騎滿郊畿，風塵惡」到了極點（岳武穆〈滿江紅〉句）。東海王越，玩火到最後，再也扛不動這副千斤重擔，便把這個爛攤子，丟給一位高談清議、崇尚虛無的王衍，雖然自己含恨而終，但事卻未了（最後並遭到石勒的挫骨揚灰），不但使天子（懷帝司馬熾）做了胡人的俘擄（曜遷帝及六璽於平陽），連皇后（惠帝羊后）也被匈奴掠去，做了劉曜的壓塞夫人，老百姓的生死存亡之機，只有無語問蒼天了。

壬申，兑。

西元312年。晉懷帝熾永嘉六年，民元前1600年。

晉懷帝在平陽。賈疋逐劉曜於長安（疋音雅，正也。又有匹、胥、蔬等音，此應讀雅），三輔與閻鼎、梁芬、梁綜、麴允，共奉秦王業為皇太子，以入長安。鎮東將軍琅琊王睿，率亡眾大集壽春，苟晞保蒙城不利，降于石勒。劉琨保晉陽不利，奔常山。拓跋猗盧，以兵六萬來救，大敗劉曜於狼

猛。劉琨復保陽曲。漢劉聰納劉殷女二人為皇后，孫四人為貴妃，拔晉太原復失之。

辛未六月，劉漢破洛陽，懷帝司馬熾被掠，北去平陽。壬申漢主聰封帝為會稽郡公，加儀同三司。聰問帝：「卿家骨肉，何相殘如此？」帝曰：此殆天意，為大漢自相驅除耳。聰喜，以小劉貴人妻帝。

時海內大亂，惟江東差安，中土（原）士人避亂者，紛紛南渡江，大集壽春，王導謂琅琊王睿，收其賢俊，辟為椽屬，如諸葛恢、庾亮等百餘人，時人謂之百六椽。以周顗為軍諮祭酒。遂昭知天下，江州刺史華軼，豫州刺史裴憲，拒不奉命，睿遣使擊斬之。

諸名士相與登新亭遊宴，周顗嘆說：「風景不殊，舉目有山河之異。」因相視流涕！王導愀然變色曰：諸公當共戮力王室，克復神州，何至作楚囚對泣也！眾皆收淚謝之。

冬十月馮翊太守索綝、安夷護軍麴允、安定太守賈疋等（疋，此音雅，疋，正也），謀復晉室，疋帥眾五萬向長安，大敗劉曜於黃邸，兵勢大振，十二月，奉迎秦王業入雍城，立為皇太子。

苟晞於洛陽陷後，奉豫章王端建行臺於蒙城（今安徽接近河南豫東南）；晞驕奢苛暴，前遼西太守閻亨數諫晞，晞殺之。從事中郎明預於臥病中，亦自輦入諫，謂：「桀為天子，猶以驕暴而亡，何況人臣？」晞怒而不從。由是人心怨離，加以

疾疫流行、軍民饑饉，石勒襲破蒙城，執晞與端。晞降於石勒，後勒殺之。

劉琨、荀藩奉秦王業趨許昌；閻鼎聚西州流民數千於密，荀藩以之為豫州刺史。

漢主劉聰以司空王育、尚書令任顗女，為左右昭儀；中軍大將軍王彰、中書監范隆、左僕射馬景女，皆為夫人；右僕射朱紀女為貴妃，皆金印紫綬。又拜太保劉殷二女英、娥為左右貴嬪，位在昭儀之上，又納殷女孫四人，皆為貴人，位次貴妃，於是二劉四殷之寵，傾於後宮。從此國事皆由中黃門奏決，而聰沈湎酒色，似欲以此溫柔鄉終老矣！

又納其舅之孫女徽光、麗光為貴人。眾妃妾鶯鶯燕燕、朝夕環侍左右，聰日沈湎溫柔鄉中，其性情則日益暴躁，稍不如意，便動輒殺人，任性拒諫。

封其子敷、驥、鸞、鴻、勱、權、操、持等，為渤海、濟南、燕、楚、齊、秦、魏、趙等王。

劉琨的生活素來奢豪，喜聲色，河南徐潤，以音律得幸於琨，干於政事，護軍令狐盛數諫，琨不聽，潤亦譖盛，琨收盛殺之，琨母謂琨：「汝不能駕馭豪傑，高瞻遠矚，聽信小人，將來我一定跟你遭殃的。」盛子泥逃往劉漢，將城中虛實告漢，並為嚮導，劉曜襲晉陽陷之，令狐泥殺琨父母，劉琨奔常山，使其將郝詵，張喬。將兵拒之。秋，劉粲、劉曜，復寇並州、入晉陽。郝詵，張喬皆戰死。琨求救於代公猗盧。

猗盧遣子六修，及兄子普根等，率眾數萬為前鋒，攻晉陽。猗盧自率大軍二十萬繼之，劉琨率散卒數千為嚮導，漢中山王曜兵敗、墜馬，身中七創，傅虎以騎予曜，自戰死。曜盡掠晉陽之民，踰蒙山而歸，猗盧追及之，戰於藍穀，漢兵又大敗，擒劉豐，斬刑延等三千餘級，伏屍數百里，猗盧大獵壽陽山，陳閱皮肉，山為之赤，遺劉琨馬牛羊各千餘匹，車百乘，留其將箕澹、段繁等，協守晉陽而還。

琨徙居陽曲，招集亡散。

癸酉，履。

西元313年。晉湣帝業建興元年（武帝之孫，在位四年，年十八），民元前1599年。

晉懷帝死于平陽。皇太子業，稱帝長安，是謂湣帝，改元建興。以梁芬為司徒，麴允為使持節領軍、錄尚書事；索琳為尚書左僕射；琅琊王睿為左丞相、督都陝東諸軍事；南陽王保為右丞相、都督陝西諸軍事。山東郡縣，悉陷於寇。

春正月，漢主聰宴群臣於光極殿，使帝青衣行酒。庾珉、王雋等不勝悲憤，因號哭，聰惡之。有告珉等欲以平陽應劉琨者，聰遂殺珉、雋等故晉臣十餘人，懷帝亦遇害。

懷帝凶聞至長安，夏四月，皇太子業即位長安，改元建興，是謂湣帝。以梁

芬為司徒，麴允為使持節領軍、錄尚書事，索琳為尚書左僕射。五月以琅琊王睿為左丞相，南陽王保為右丞相，分督陝東西諸軍事。時長安城中，戶不滿百，蒿棘成林，公私有車四乘，百官無章服印綬，唯桑版署號而已。

又以索琳為衛將軍，領太尉，軍國之事悉委之。並詔令掃除鯨鯢，奉迎梓宮。令幽并勒兵二十萬直造平陽；右丞相以三十萬眾詣長安；左丞相以兵二十萬造洛陽，同赴大期，克成元勳……，全為自我陶醉之癡人囈語，了無任何意義之空話而已。晉帝又遣殿中都尉劉蜀詔丞相睿，以時進軍，睿辭以「方平江東，未暇北伐」。可見失勢天子，不如匹夫！潛帝何以自討沒趣？

左丞相睿以祖逖為豫州刺史。逖謂睿「晉室之亂，非上無道，乃宗室爭權，自相魚肉，遂使戎狄乘釁，流毒中原。今遺民既遭殘賊之苦，人心思奮，大王若能命將出師，以復中原，天下豪傑，必望風響應……」睿本無北伐之志，乃以逖為奮威將軍，豫州刺史，給千人口糧，布三千疋，不給鎧甲兵馬，使逖自行招募。逖率其部曲百餘家渡江，中流擊楫而誓，「不靖中原，決不復渡此江」。遂屯淮陰，自行打造兵器，募得兩千餘人而後進。

漢石勒鎮襄國。

永嘉六年，西元312年，石勒以汝郡之葛陂為基地，徵集糧秣，建造舟船，將攻建業。使其子石虎率二千人向壽春，中途即被晉將紀瞻所敗。瞻追奔百里而還。張賓教勒當於邯鄲、襄國，擇一為根據地，廣積糧儲，以圖幽並而成霸王之業。大

軍不宜如遊牧者東飄西蕩，無所根據，終難成事。勒乃以襄國為基地。

曹嶷攻下三齊，據有廣固。

青州刺史曹嶷，盡得齊魯間郡縣，自鎮臨淄，有眾十餘萬，臨河置戍（事見潛建興三年）。石勒欲攻曹嶷，劉聰恐勒平嶷而尾大不掉，難以掌控而不准。

甲戌，泰。

西元314年。晉潛帝業建興2年，民元前1598年。

以琅琊王為大司馬；荀組為司空；劉琨為大將軍；封涼州張軌為太尉、西平郡王。軌卒子寔繼，國曰涼，元曰永興，城姑臧（今甘肅武威），是謂前涼。

於此，外則夷狄交侵，內則驕兵率有不臣之心。形若孤兒、繫命苞桑之晉家小朝廷，遍封諸將：以組為司空，琅琊王為大司馬……任亦重矣！不知其政治意義何在？朱氏隱老謂：「睿在江東，琨在河北，軌在山西，大勢渙散，安能有所濟乎？」誠然。

乙亥，大畜。

西元315年。晉潛帝業建興3年，劉聰建元元年，民元前1597年。

晉，進左丞相琅琊王睿大督都、中外諸軍事；右丞相南陽王保為相國；

司空荀組為太尉、大將軍劉琨為司空。陶侃平江表獲杜弢。

朱氏隱老論說：睿在江東，當常懷興復中原之志，朝廷之所以待睿者，一則曰左丞相、再則曰大司馬、三則曰大督都，望之愈深，而應之彌淺；朝廷待之愈重，而睿答之彌輕，司馬晉之子孫，如倫、冏等為八王之亂者，固已不值一談，然就睿而言，表面看似恭順有禮，尚可依恃，而竟如此不堪信賴，豈不自誤家國？

右丞相南陽王保為相國；司空荀組為太尉、大將軍。

帝以右丞相南陽王保為相國，帝屢徵兵於保，保每持觀望態度，以從事中郎裴詵之諫，乃以胡崧行先鋒都督，然仍要待諸軍會齊，始肯出兵。

劉琨為司空；陶侃平江表獲杜弢（弢音滔，藏弓袋）。

琨為司空，都督并（山西太原）、冀、幽（清順天府即北平）、三州諸軍事，琨辭司空不受。

陶侃以荊州刺史破杜弢、平湘州，王敦嬖人錢鳳屢毀之，敦轉侃廣州刺史。時王機盜據廣州，侃討機走之，廣州遂平。以功封柴桑侯。

劉聰立七皇后，授石勒專命，俾征伐。勒拔晉濮陽。

劉聰立七皇后，謂三后外，佩后之璽綬者另有七人。

丙子，需。

西元316年。晉湣帝業建興4年，劉聰麟嘉元年，民元前1596年。

晉長安陷於寇，帝降于豆田中，漢劉曜拔晉長安，俘其帝于平陽，改元麟嘉。

劉漢大司馬曜帥軍入北地，詔以麴允為大督都以禦之。曜進拔馮翊，太守梁肅逃往萬年。曜轉攻上郡，麴允軍次靈武，以兵弱不敢進。帝屢徵兵於丞相南陽王保，保每持坐視態度，推拖待諸軍聚齊後即出兵。惟張寔命將軍王該，帥步騎五千入援長安，且送上各郡貢物。

曜軍逼近長安。安定、新平太守焦嵩、竺恢等，皆引兵救長安；京兆、馮翊、弘農、上洛四郡、兵集霸上，不敢進。相國南陽王保，遣胡嵩將兵入援，擊漢劉曜於靈臺，破之。就當時情況看，晉軍擊敗劉曜，應非難事（兩年前，甲戌西元314年，劉曜、趙染寇長安，索綝亦曾大破劉曜），何況四郡兵尚未投入戰鬥序列？真是國之將亡，必有妖孽，天下竟有怕打勝仗的軍隊。當劉漢軍初吃敗仗，相國王保的指揮官胡崧，為了嫉妒朝中謀臣，擔心自己打了勝仗，國威復振之後，朝臣會沾其光彩，乃率四郡兵，屯渭北不進，坐視劉曜攻陷長安外城。麴、索退守內城，城中糧盡，人相食，死者太半，帝饑甚，麴允粉麵煮粥食之。帝以外援不至，城中糧盡，為免生靈塗炭，殃及人民，遂乘羊車，肉袒出降。西晉以終。四郡太守、南陽王保之將軍胡嵩，坐視君辱臣死（御史中丞馮翊吉郎，不忍君臣相隨，北面事賊虜），遂自殺，誠干寶所謂「方岳無鈞石之鎮，關門無結草之固」者（喻守土無重臣、要塞無國防），如南陽王保，勒大軍坐視城破國亡；尤其可笑的是瑯玡王睿，

聞長安失守，即出師露次（露天睡在野外，表示迫不及待，即日北伐之意）身披甲冑，移檄四方，刻日北征。以漕運誤期，斬督運官淳于伯，刑時血濺二丈餘高，觀者咸以為冤。吾人以小人之心，度瑯玡王睿之腹，「滑帝北狩」，無疑為其翹企所盼，夢昧以求者。

石勒拔晉太原，劉琨走幽州，依段日磾。

劉琨曾與祖逖聞雞起舞，何其豪壯？受封大將軍。而琨何曾心存社稷？一何而豪氣全息，代之者乃窮奢極欲，唯小人是倖，致君子離去。其母痛責之而不省（琨母謂琨：汝不能駕馭豪傑，高瞻遠矚，聽信小人，將來我一定跟你遭殃而亡命的）。致其父母卒被劉曜所殺，果如其母之言。

石勒圍樂平太守韓據於沾城（今山西上黨郡），據請救於劉琨。琨以新得拓跋猗盧之眾，欲因其銳氣以討勒。或諫議琨：此其眾雖原為晉民，因久與夷狄生活，恐其難用，不若內收鮮卑之餘穀，外抄胡人之牛羊，閉關守險，務農息兵，待其服化感義，然後用之，功無不濟矣！琨不納，卒被石勒所敗，其屬或走或降，琨進退失據，卒往幽州（今河北）依段日磾（音低）。

朱氏隱老以為：不勞而獲重利，此人情之所喜，喜則驕，驕則怠，此劉琨之所以敗乎？代王拓拔猗被其子六脩所弒，其屬多歸琨，使琨能勤而撫之，不患其不為我用，乃遽欲以新集之兵，當方張之寇，似無不敗之理！可見志不可以不持，事不可以不察。察之於未萌之先；而持之於既滿之後，則雖有所獲，必無所喪，惜乎琨

於此理，容有所未悟耳。

丁丑，小畜。

西元317年。東晉元帝睿建武元年，民元前1595年。

晉帝在平陽，琅琊王睿渡江稱晉王于建康，元曰建武，以西陽王羕為太尉，王敦為大將軍，王導都督中外。帝死於平陽。

湣帝在平陽（山西臨汾），聰出畋，命帝行車騎將軍，戎服執戟前導；十二月聰饗郡臣，令帝行酒洗爵，又使執蓋。尚書辛賓抱帝大哭，聰斬之，帝亦尋遇害。

琅琊王睿渡江稱晉王于建康，元曰建武。江南各官，晉封有差。

戊寅，大壯。

西元318年。東晉元帝太興元年，漢劉曜光初元年，民元前1594年。

晉王睿稱帝于建康，改元太興，以子紹為太子，是謂東晉元帝。

琅琊王睿在建康，每次朝廷令其率軍渡江平寇。睿皆藉故推託、不肯發兵。暨湣帝遇害，琅琊王睿戎裝、甲冑露布，「似乎要興師渡江、報仇雪恨」、裝模作樣一番。江南臣僚的心目中，萬事無如「正位」急。琅琊王睿，在眾情「難卻」的情形下，「不得已」登上皇帝寶座、正位繼統！同為司馬氏子弟，卻有家歡樂有家愁，湣帝與其臣辛賓（辛賓，湣帝尚書，為護衛帝而被劉曜所殺），死無葬身之

地；此則三呼萬歲，朝臣皆晉二級，人人有份（元帝即位，文武增位二等，官吏上書勸進者，加位一等。百姓上書勸進者，皆為吏、凡二十餘萬人。或謂元帝陛下，應天繼統，率土歸戴，並非近者情重而遠者輕，不如南北相平，以示雨露均霑，天下一家，帝不從）。以見元帝之私，一江之隔，南北雨露，大不相同！

劉琨為段匹磾所害。

劉琨兵敗之後，往依段匹磾，二人情誼彌篤，因受人挑撥，磾遂殺琨，群眾亦紛紛離匹磾而去。磾因而不振。

王敦稱牧荊州，王導開府建康。

夏四月，加王敦江州牧，王導驃騎大將軍，開府儀同三司。

漢劉聰卒，子粲繼，改元漢昌。將靳準殺粲代立。相國劉曜自長安入，至於赤壁稱帝，改元光初。加大將軍勒九錫，封趙國公，國人誅靳準以迎曜。

劉聰病死，子粲立，朝事皆靳準獨攬，準盡殺聰大臣太宰景、大馬司馬驥、太師、大司徒等。粲常遊宴後宮，朝事悉由靳準決之，準遂勒兵升光極殿，使甲士執粲，數而殺之，劉氏男女、無少長、皆斬東市，並發墓、戮聰屍，焚其宗廟。準自號漢天王、大將軍，稱制，置百官。遣使告司州刺史李矩謂；自古無胡人為天子者，還汝漢家傳國璽，劉淵屠各小醜（屠各、胡人之一族），因晉之亂，使二帝幽歿，帝遣太常韓胤，奉迎梓宮。

相國劉曜稱帝改元，加石勒大將軍九錫、封趙國公。國人誅靳準以迎曜。

己卯，大有。

西元319年。東晉元帝睿太興2年，趙王石勒元年，民元前1593年。

晉南陽王保，祁山稱晉王。漢劉曜還長安，改國曰趙，是謂前趙。殺石勒使者正循。石勒稱王襄國，國曰趙，元曰趙王，是為後趙。以張賓為之相，號大執法，以弟虎為之將，號元輔。

南陽王保，改元一年，時陳安叛保，氐羌多應之。保窘迫，遂去上邽，與張春遷南安，張寔遣韓璞率步騎五千救之，安退，保歸上邽。

通鑑元帝二年，南陽王保自稱晉王，改元建康，置百官，以張寔為征西大將軍、開府儀同三司。上邽大饑，二年，張春奉保於南安祁山，寔遣韓璞率步騎五千救之，保歸上邽。

劉曜都長安，改國號為趙。立宗廟社稷南北郊于長安。立漢宗廟。

石勒稱王元年春，遣左長史王修，獻捷於漢主曜，曜遣使進勒爵趙王、加殊禮，已而曜斬修，因受修舍人曹平樂之譖之故，勒怒、誅平樂三族。勒設學校、行教化，使將佐子弟教之。十二月即王位、元曰趙王、是為後趙。遣使循行州郡，勸課農桑，朝會始用天子禮樂。加張賓大執法，專總朝政，勒呼「右侯」而不名，以弟虎為驃騎將軍。

庚辰，夬。

西元320年。東晉元帝睿太興3年。涼張茂永元元年，民元前1592年。

晉南陽王保，走桑城死。涼亂。張茂殺寔代立，改元永和。

晉南陽王保，改元二年，春劉曜攻陳倉，進拔章壁；又拔陰密。遷於桑城。夏部將張春，謀奉保奔涼州，張寔遣兵迎，佯稱獲衛，寔乃拒之。

張春、楊次與別將楊韜不協，勸保殺之，同時要求出兵攻陳安，保皆不從。夏五月張春、楊次幽保，殺之。

京兆有劉弘者，至涼州天梯山，以妖術惑眾，從者千餘人，西平元公張寔左右皆事之。帳下閻涉、牙門趙卬皆弘鄉人。弘謂天賜我「神璽」，當王涼州，涉、卬信之。密與寔左右十餘人，謀殺寔，奉弘為主。事為寔弟所悉，寔令牙門將史初收弘，未及。涉等殺寔於外寢。州人立其弟茂，為涼州刺史，車裂弘於市，誅其黨與數百人。

辛巳，姤。

西元321年。東晉元帝睿太興4年，劉淵光興元年，民元前1591年。

晉王導為司空。幽州陷，段匹磾沒于石勒，鮮卑幕容廆，受晉持節，督都遼東遼西。

帝始鎮江東，敦與縱弟導同心翼戴，帝亦推心任之。王氏子弟布列顯要，時人

有「王與馬，共天下」之言。後王敦自恃其功，王氏族且日盛，帝畏而惡之，因稍抑損王氏，敦懷不平。御史中丞周嵩說帝：王導忠素竭誠，輔成大業，不宜聽人疑似之言，致失往日情誼，甚或招來他日之患。帝頗感寤。導遂得全。

壬午，大過。

西元322年。東晉元帝睿，永昌元年，民元前1590年。

晉改元永昌，大將軍王敦以武昌叛，破石頭，稱丞相，督都中外；太保西陽王羕進位太宰，加司空；王導進位尚書令。石虎寇泰山，梁顧以淮陰叛，帝憂憤死。皇太子紹嗣位，是謂明帝。石勒拔劉曜河南。

正月乙卯，大赦改元。

戊辰，王敦舉兵反於武昌，除吳興沈充起兵以應敦外，敦所邀之州府太守、刺史等，不但無人響應，且共同發佈檄文，目敦為亂臣賊子，共張撻伐。惟湘東太守鄭瞻應敦（敦妹婿），敦邀請譙王丞不應，丞使人討鄭斬之。

帝徵戴淵、劉隗，眾對其寄望甚殷，及入見，勸帝盡除王氏，帝不許。

司空王導率其從弟，及家族二十餘人，日至朝門外待罪。適周顗上朝，敦請顗代為美言，顗未有表示即入（實際上，顗即專為王導求情而晉見帝，但顗不願以此市恩於導，故作不關心狀）。王導則以為周顗對其漠不關心，故敦欲殺顗，導亦任敦自為，及導看到了周顗上朝廷救導的奏章，才感到自己太小人了，十分慚愧的

說：「我雖不殺伯仁，伯仁由我而死。（周顗字伯仁）」良心上分愧疚自責，愧對如此良友！王導還是個仁厚、有識見的人，關係到自己切身利害問題時，亦難保持其冷靜、客觀、公正的良知，所謂「道心唯微，人心唯危」，欲求其平正無陂，是十分不易的。

帝命導朝服入見，言及王敦謀逆，帝執導手，謂國家需要你，不提那些不愉快事。

三月以王導為前鋒大都督，加戴淵驃將軍，帝親被甲徇師於郊外，並使甘卓、陶侃等攝其後。

王敦至石頭，周劄開門納之。帝命刁協、劉隗、戴淵攻石頭。協等大敗。太子紹欲親率軍士出戰，溫嶠以太子乃國之儲副（預備皇帝），堅持其不可身輕天下。諫止之。

敦擁兵不朝，縱士卒沿街搶掠。

晉元帝司馬睿至此。已手足無措，一籌莫展。遂使人謂敦，如敦對帝位有興趣，自己可以退位，重回瑯琊（帝原為瑯琊王），只要早日息兵，以免生靈塗炭。又令公卿百官，至石頭詣敦，白皇帝向敦示好。

辛未，大赦。元帝以敦為丞相，都督中外諸軍，錄尚書事、江州牧，封武昌郡公（元帝更進一步與王敦妥協），敦辭不受。敦旨在廢帝與太子而專國政，皆為溫嶠所沮。敦欲殺周顗、載淵，乃探導意：謂當以周顗、載淵為三公。導不答；為尚

書？又不答；要不，殺之？導亦不答。

敦十分畏忌周顗與戴淵的正氣，加以其親信沈允、錢鳳等的搧惑挑撥，使敦對周、戴二人，務必誅之而後快（殺戴二人，原則上，已獲得其兄王導的默許或認可。王導對其弟殺周顗，能救，應救卻不救、亦持聽其自然的態度。因其弟王敦造反，導曾請顗代向皇帝求情，顗表面上卻似漠不關心（實際上，顗已請皇帝赦其全家。顗以為君子救忠臣、救朋友，乃責無旁貸，羞於示惠邀功，故表示不關心狀），導則怨其不為幫忙，故對敦之殺顗，本應主持公道，而卻漠不關心。後來導看到周顗救其全家的奏表，纔說了句「我雖不殺伯仁（顗字伯仁），伯仁因我而死」的良心話）。丙子（五日後）敦即使其部將收顗、戴殺之。

敦既得志，愈加橫暴，四方貢獻，多入其府；朝中及四方大員，皆出其門，與項羽「天下王侯一手封」一樣神氣。敦囂張到極點，以沈允、錢鳳為謀主，凡不如其意，無不死者。該等皆大起府第，侵人田宅，剽掠市道。識者咸知其將敗。

夏四月，敦還武昌。陷長沙，湘州刺史譙王丞死之；甘卓家人勸卓防備王敦（甘為梁州刺史，敦曾出兵邀其同反，卓雖應允，但未出兵）；敦使樂道融（王敦參軍），往邀卓同時出兵，融反說卓舉師反敦，並諫甘卓，舉義師不可中止（不可出爾反爾，進退無定），放棄樞紐之位，而受制於人。卓亦不納。樂道融晝夜泣諫，卓皆無動於衷，融憂憤而卒。未幾，敦使襄陽太守周慮，將甘卓家人無老幼，雞犬不留，悉行屠戮，為人笑柄。無其能而處其位，不但累及江山社稷，且累及自

身與家人，誠不吉之甚者，甘卓可為殷鑑。

敦自領寧、益二州都督，以下邳內史王邃，都督青、徐、幽、平、四州諸軍事，鎮淮陰；衛將軍王含，都督沔南諸軍事；武昌太守王諒，為交州刺史……

秋七月、後趙拔泰山。

閏十一月帝以憂卒，司空王導受遺詔輔政。太子紹即位。

癸未，鼎。

西元323年。東晉明帝紹太寧元年，民元前1589年（紹，元帝長子，在位三年，年二十七）。

晉改元大寧。王敦假黃鉞，劉曜、石勒皆入寇。趙劉曜拔晉陳安，收隴城、陝西城及上邽。趙石勒滅曹嶷於廣固。涼張茂稱蕃於前趙。

紹立，改元太寧。是為明帝。

敦將謀篡位，暗示欲朝廷徵己，帝徵之。夏四月，加敦黃鉞、班劍，奏事不名，入朝不趨，劍履上殿，移鎮姑孰（陸遊以為姑孰城在當塗北），屯於湖（於湖即蕪湖），敦自領揚州牧，欲謀逆。王彬力諫不聽。

趙主劉曜光豪六年，秋，圍陳安於龍城，陳安出奔，曜兵追斬之。氐羌皆請降。曜自隴上，西擊涼州，戍卒二十八萬，軍於河上，列營百餘里，金鼓之聲動地，河水為沸。張茂臨河守軍，望風崩潰。諸將爭欲濟河。曜曰：「吾軍疲困，其

實難用，今按甲不動，以聲震之，不出旬日，彼必自來。」果然。張茂即遣使歸附稱藩。

甲申，恒。

西元324年。東晉明帝紹太寧2年（元帝長子，在位三年，年二十七），民元前1588年。

晉王敦寇江寧。帝御六軍，敗敦於越城。敦死於蕪湖。王導為太宰。蜀李雄以兄之子斑為太子。涼張茂卒，兄子駿立，改元太光。

六月加司徒王導大都督、楊州刺史，都督諸軍討敦。敦復反。七月敦至江寧。帝親馭大軍前往。時敦已臥病在床，十分嚴重，聞帝以溫嶠為中書令，十分不滿，敦即以嶠為左司馬，嶠作出十分信服、欣喜的姿態，討敦歡喜。又與敦親信錢鳳交好，適丹陽尹出缺，嶠極力推薦錢鳳，鳳亦推介嶠，嶠表面力辭，敦不許，堅持用嶠，嶠臨行（赴任丹陽），涕泗橫流，作兒女姿態辭敦，出而復入者，反復再四，表現得十分不忍遽離王敦的樣子。嶠至建康，即將敦謀告帝，帝加王導大都督，與諸將分督各軍。

時敦已臥病在牀，導聞之，即設靈堂，率子弟為敦發哀。眾皆以為敦已病死，於是朝廷士氣大張，消息返傳敦處，敦更暴跳如雷，欲親率兵出擊，使郭璞筮之，得大凶之卦，敦疑璞心向溫嶠，即斬璞，敦擬親率兵往，但體力已不能支撐，困頓

不起，遂使王含、錢鳳，率水陸五萬，奄至江寧南岸，人心恟懼，嶠燒朱雀桁以挫其鋒。帝欲率諸軍屯南皇堂，夜募壯士渡江大破之，敦眾悉被消滅，亂平。

冬十月，以王導為太保領司徒，庾亮為護軍將軍。

晉建興十二年，涼州張茂病重，執其子駿手謂其家世以孝友忠順著稱，晉雖衰微，奉承之，不可失。

蜀李雄為悼念其亡兄蕩，遂立兄子班為太子。太傅驤、司徒王達皆諫，認為國家立嫡，有其不可更移的規範，不然便會國家動蕩，社稷不安，歷史的先例太多。不可冒此不必要的險！雄不以為然，驤、達非常無奈的嘆道，從此蜀國多難矣！

乙酉，巽。

西元325年。東晉明帝紹太寧3年，涼張駿太元元年，民元前1587年。

晉以子衍為皇太子。石勒入寇，以陶侃為征西大將軍，督都荊、湘、梁、雍。明帝終，太子衍嗣位，是謂成帝，太后庾氏稱制，司徒王導錄尚書事、同中書令，庾亮關政。

遼西亂，段遼殺其主自立。趙石勒拔晉荊、兗、豫三州，及劉曜新安、許昌。

夏五月以陶侃都督荊湘等州軍事，侃終日斂膝危坐，軍府眾事皆井然有序，不喜蓬頭跣足、不修邊幅，以放逸為高的人，不作無益之事如博奕等類。嘗謂老莊

浮華之言，不益實用。且善於廢物利用，嘗造船，其竹頭木屑，皆列冊保管，眾不解，及溫嶠伐蜀造船，以竹頭作釘，出人意表。

閏七月帝崩，司徒導、中書令卞壼（壼下為亞字者，唸坤；否則唸胡）。受遺詔輔政。明帝明敏有決斷，故能以弱制強、誅逆復舊業。明帝終，太子衍嗣位，是謂成帝，太后庾氏稱制。王導錄尚書事，庾亮關政。

後趙寇掠河南。司州刺史李矩、穎川太守郭默軍數敗，遂附趙。後郭南歸建業，李矩亦率師南歸，卒於魯陽。於是司、豫、徐、兗之地，率皆歸於後趙，以淮為界矣。

冬十月，以王導為太保、領司徒、加殊禮；加庾亮護軍，導固辭不受。

遼西慕容廆，與段氏十分交好（晉懷帝時，「段務勿塵」封遼西公），建議其徙都。其主段遂、乃徙令支。段「疾陸眷」之孫遼、欲奪其位，以徙都為牙罪，率國人攻牙殺之，自立。（按：段氏自務勿塵以來，日益強盛，其地西接漁陽，東界遼水，所統胡、晉三萬餘戶，控弦四、五萬騎。）

丙戌，井。

西元326年。東晉成帝衍咸和元年，民元前1586年（帝諱衍，明帝長子，五歲，在十七年，年二十二）。

晉改元咸和，進王導大司馬，假黃鉞，督都中外軍事。蜀李雄攻晉涪

城，趙石勒攻晉汝南。

晉明帝紹、被王敦逼得憂憤而亡。子衍嗣位，時方五歲，母后臨朝，舅氏關政。自來朝政與外戚關係愈密切，問題便越大，尤其主幼、母后臨朝。

晉幼主衍即位，母氏臨朝，舅氏庾亮關政，朝臣由離心而致怨懟，遂啟動亂。東晉咸和，庾亮用事，頗失人心，庾亮既疑蘇峻、祖約，又擔心陶侃之得人心。丹陽尹阮與其友論時政說：「太后臨朝，政出舅族，主幼、時艱，庾亮年少，德信未孚，亂將作矣！」孚，阮咸之子，自請調廣州刺史，出京去了。

主幼，母后臨朝，外戚當政，視朝廷如自己家務，他人無繇置喙，外戚與政者莫不皆然，庾亮亦自不例外。

東晉王導輔政，以寬和得眾信服；及亮任事，率由己意，遂失人心。首先表示不滿者，為豫州刺史祖約，約身處戰地，所受劉曜、石勒之壓力極大，所請求朝廷的支援，亮皆置之不理。再者約未能際身顧命大臣之列，惑疑乃亮所為，故對亮甚為不滿。

再者歷陽內史蘇峻，兵精卒銳，自以功大賞輕（曾破敵將沈充、錢鳳）。有輕朝廷之意。

冬十月，亮殺宗室南頓王宗，貶為馬氏（禁止其姓司馬），廢其三子為庶人。亮疑宗室南頓王宗（帝之近宗），與蘇峻友善。中丞鍾雅，劾宗謀反，亮收殺之。又降封宗兄羕（太宰西陽王羕，曾為明帝老師），降封為弋陽縣王（弋音依）；大

宗正虞胤，左遷桂陽太守……。大失人心。

帝嘗問亮：常日白頭公何在？（平日常見的那位白頭老公公，指南頓王宗，到那裡去了）亮對以謀反伏誅。帝泣曰：「舅言人作賊，便殺之。人言舅作賊當如何？」一亮懼變色，一句話使庾亮大驚失色，啞口無對。幼主嗣立後的朝情如此。

丁亥，蠱。

西元327年。東晉成帝衍咸和2年，民元前1585年。

晉豫州祖約、歷陽蘇峻、彭城王雄、章武王休，連兵犯建康。司馬流拒戰不克，死於慈湖。

庾亮以蘇峻在歷陽，終必為亂，遂擬以徵調蘇峻為大司農，以調虎離山，便於監視。舉朝皆以為以蘇峻之狡獪，不但不會上當，且無疑打草驚蛇。王導，卞壼皆諫謂不妥，並以為如此無疑於促峻速反。關鍵是蘇峻與建康最近，可朝發夕至，必致人心惶懼，京師動搖，極其不妥。亮皆不納。卞使嶠說亮，庾亮亦不理，自以為自己的主意，對蘇峻而言，乃是「引君入甕」的妙計奇策。於是朝廷即下詔召峻，峻果不應命。溫嶠欲回師拱衛建康，亮則以為其擔心陶侃者，尤甚於蘇峻，命溫嶠勿越雷池一步。以監視陶侃。

峻知祖約亦怨朝廷，乃請共討亮，約大喜，遂以兵會峻。

十二月，峻襲陷姑孰，詔庾亮督軍討之。尚書左丞孔坦等建議，乘峻等未至，

先守諸渡口，佈以重兵，則我眾敵寡，可一舉而破之。如峻至，則人心必惶懼，難以與戰矣！機不可失也。導亦認為其意甚佳，亮仍不從。及蘇峻下姑孰，亮始悔之。

於是京師戒嚴，詔亮都督征討諸軍以禦之。

戊子，升。

西元328年。東晉成帝衍咸和3年，趙石勒太和元年，民元前1584年。

晉蘇峻敗內師於西陵，入宮，稱驃騎將軍、錄尚書事，徙帝于石頭。虞潭、庾冰、王舒，稱義三吳。會征西將軍陶侃、平南將軍溫嶠、平北將軍魏該，圍峻於白石滅之。峻弟逸代總其眾，韓滉寇宣城，祖約奔石勒。

春正月，溫嶠以兵赴難，至潯陽。

二月，詔亮督軍討峻。建興公卞壼，背癰新愈，創猶未合，力疾苦戰，併二子，丹陽尹羊曼、廬江太守陶瞻等皆戰死。庾亮奔潯陽，峻兵犯闕。

義兵之起，本以王舒倡之（舒會稽內史），虞潭乃響應者（潭吳興太守），邵子所以重虞以之為首，乃以潭母之故。潭母孫氏囑潭當捨生取義，勿以吾老為累，盡遣家僮從軍，且鬻環珮供軍資。若與青溪卞壼背癰新愈，創猶未合併其二子，慷慨赴難，力戰而死；桓彝之死宣城與潭母較，軍人戰死沙場，乃其職責，潭母之所為，猶逾於前者，有其母必有其子，故列虞於先。

峻兵入建康。王導、侍中褚翜，抱帝入太極殿，王導、光祿大夫陸華、荀崧等共登御床衛帝。兵士欲犯帝，翜斥之（翜音澀，飛之疾也，《說文》作俠）。兵士入宮，姦搶掠奪，乃至裸剝仕女，哀號震內外。峻以祖約為太尉，自錄尚書事。

三月、皇太后庾氏，以憂卒。

五月，溫嶠、陶侃，郤鑒起兵，共赴國難，戎卒四萬，旌旗七百餘里，鼓聲震遠近。峻聞諸侯兵起，自姑孰還居石頭，分兵拒侃等。峻又逼遷帝石頭（自姑孰遷帝石頭），宮中哭聲震天，帝飲泣而行，以倉屋為帝宮，峻日來醜辱於帝，大臣劉超、鍾雅、荀崧等，不離帝側，雖居幽危之中，雅猶日授帝《孝經》、《論語》。

勤王軍與峻戰屢敗，大業城中缺水，乃飲糞汁而活，諸軍將士，猶抱必死決心，卒於峻軍乘勝追逐敗軍時，被侃軍生獲殺死，遂復帝還京。峻軍瓦解。

大敗劉曜於洛陽，獲之，遂滅前趙，用徐光為中書令。

趙劉曜光初十一年，後趙石虎攻趙蒲板，趙主曜自往救之，斬其將石瞻，曜攻石生於金墉，滎陽野王皆降，曜喜。終日以與佞嬖飲博為事。石勒謂其屬：曜眾十餘萬，攻一城而三月不克，可知其師老卒怠；軍事要衝，又不設警。勒喜，乃銜枚疾進。將戰，曜猶飲酒數鬥，石堪因而乘之，趙師大潰，曜昏醉落馬，為石堪所執，勒殺趙主曜，遂滅前趙。

己丑，訟。

西元329年。東晉成帝衍咸和四年，民元前1583年。

晉蘇逸拔石頭，帝野次，滕含敗逸於石頭，逸退保吳興，元允敗逸於溧陽（元允應是王允），滅之。趙石生進收長安，石虎破上邽（邽，音規，古時地名，上邽在今甘肅省，下邽在今陝西省），殺劉熙、劉胤三千人，進平隴右。

正月，祖約（祖逖弟，從峻反）奔後趙（石勒）。

蘇峻雖死，弟逸領其軍，併力攻臺城（南京玄武湖邊，宮廷的一部分。韋莊詩「無情最是臺城柳，依舊煙籠十里堤」即詠此），焚太極東堂及祕閣，帝露宿於野。

二月諸軍攻石頭，建威將軍長史滕含，大破蘇逸之眾，韓晃等懼，以其眾就張健，勤王軍獲蘇逸斬之，併西陽王羕（羕受峻封兩年。峻平，並其二子播、充、孫崧）、彭城王雄等，皆伏誅，國除。

逸餘黨張健等退保吳興（今浙江湖州之烏程），為揚烈將軍王允所敗，獲男女萬餘口。健復與韓晃等西趨故鄣（浙江湖州以西之地，或謂故鄣，漢屬丹陽），郤鑒使人擊斬之。

蘇峻犯闕之初，或謂侍中鍾雅，個性太梗直，賊寇決不能容，宜早離京避難。雅謂：「國亂不能匡，君危不能濟，人皆逃走，何以為臣。」而不逃，卒為任讓所殺。

蘇峻之亂平後，論功行賞，乃理所當然，溫嶠、卞鑒、陶侃，尤以溫嶠運籌帷幄，糾合眾力，而又功成不居為最。王導似無罪而有責。蘇峻之亂平後，司徒王導還石頭，取其故節（晉成帝咸和元年，王敦謀反，帝以王導大司馬、督都中外諸軍事），陶侃笑謂王導，「蘇武節好像與此節不同」以調侃導，導有慚色。而最尤令人不能已於言者，亂平之後，有罪當誅者，不但不繩之以法，而且反獲升遷。成帝蘇峻之亂，乃亮一手所造成，庾亮實乃禍之首、罪之魁。大禍釀成之後，自己又逃之夭夭，司馬光所謂：「庾亮以外戚輔政，首發禍機（所有的問題，皆由亮一手造成），國破君危，竄身苟免。」禍亂平息後，不但不加罪，反升其官！卞敦更加可惡，在國家生死存亡之際，湖州刺史益陽侯卞敦，不但不主動出師勤王，袖手旁觀。陶侃令其出兵，竟置之不理。司馬光所謂：「位列方鎮，兵糧俱足，朝廷顛覆，坐觀勝負，人臣之罪，孰大於此？不能明正典刑，而又寵祿報之，晉室無政，亦可知矣！」而造成此一問題的責任，全為王導。司馬光說：「任是責者，豈非王導乎？」

趙太子熙聞曜被擒，大懼。與南陽王胤計，欲放棄長安之地，西保秦州。尚書胡勳謂：「君雖喪而國土完，將士不叛，當併力拒之，力不能拒，走猶未為晚。」胤怒，以胡勳擾亂軍心，斬之。遂率百官奔上邽，諸征鎮亦皆棄其所守從之。關中因而大亂。將軍蔣英、辛恕擁眾數十萬據長安，遣使降於後趙，後趙令石生率洛陽之眾，前往接收。

秋八月，趙南陽王胤，率眾數萬，自上邽趣長安，至仲橋，為後趙石虎所敗，胤奔還上邽，虎乘勝追擊，枕屍千里，上邽潰，虎執熙及胤以下三千餘人，皆殺之。曜在位十二年，劉淵自晉惠帝永興元年僭號，至曜共三世，凡二十有六年而滅。

庚寅，困。

西元330年。東晉成帝衍咸和五年，趙石勒建平元年，民元前1582年。

晉陸玩、孔愉，為左右僕射。起新宮于苑，陶侃擒郭默於潯陽。蜀李雄攻晉巴東。涼張駿稱藩于石勒。趙石勒稱帝，自襄國徙都鄴，改元建元。

晉歷王敦、蘇峻之亂，宮室為寇所焚，亂平後遂令陸玩、孔愉，為左右僕射。起新宮于苑。可謂朝廷之災後重建。

陶侃擒郭默於潯陽。

春正月，大赦。

平南將軍劉胤，為溫嶠軍司，王導以為江州刺史。陶侃、郤鑒皆以胤非方伯之才（沒有獨當一面的能力），用之會出大事的，王導不理。或告導子悅：大難之後，紀綱廢頹，江州社會秩序，尚未恢復，流民以萬計，江州為國南屏障、要害之地，胤是個無能、懶惰，而又奢貪享受，是個睡覺當官的人（不用大腦，只知斂財、奢糜之人），用之不有外變，必有內憂。導子悅謂：此乃是溫嶠之意。（以溫

嶠公私分明，耿介恬退的人格與節操，似不至如此。陶侃稱嶠「忠誠著於聖世，勳義感於人神」，可見溫嶠不是獲短因循、存私之人，對王悅父子的話，似應持保留態度。）

劉胤做了刺史，便利用其職權，專務負販（自己做生意），獲利百萬。日惟縱酒作樂，不理政事。對應供朝廷之運漕（朝中的生活補給），置諸腦後，致朝中官員，生活日用不繼，引起朝中恐慌。

冬十二月，朝廷徵調後將軍郭默為右軍將軍（宮廷衛隊長），默向胤借旅資被拒。適朝廷運漕不繼，朝中生活物資缺乏，京畿民生支應困絕，朝廷乃將胤撤免。默便誣胤造反，襲斬胤並其重要僚屬，掠胤女及諸妾、金珠財寶據為己有，傳胤首至建康。司徒王導以郭默難制，便大赦，梟胤首於大航，以默為江州刺史。陶侃聽到這種說法，一眼便識破默的詭計，即將兵往討，並同時上表朝廷，予王導書，謂默殺方州，即用為方州；如果害宰相，便封為宰相嗎？導乃收胤首。詔以侃兼督江州，侃遂移鎮江州。

二月以陸玩為左僕射，孔愉為右僕射。

蜀李雄攻晉巴東。

李雄玉衡二十年，大將軍壽，督征南將軍費黑等，攻巴東建平拔之。晉巴東太守楊謙等，退保宜都。

涼張駿稱藩于石勒。

張駿稱藩於晉（稱，歸附意），建興十八年夏，駿因前趙之亡，復收河南地，至於狄道，置五屯護軍，與趙分境而治。趙拜晉涼州牧，駿恥為勒臣，不受。秋，休屠王羌，叛趙來奔，趙遣石生擊破之，駿懼，復稱臣於晉。

趙石勒稱帝。

石勒建平元年，春，誅晉逃臣祖約，夷其族。

九月，勒即皇帝位，自襄國徙都臨漳（河南鄴縣），大赦改元。餘如立后、立太子、封王、拜相各如儀。當然有歡有慶，有恨有淚，禍根已伏。做夢亦難想到的是祖約，因與蘇峻造反，峻敗遂帶領全家投奔石勒以避難，殊未料及，竟成為石勒稱帝之祭品，也是命該如此。石勒登極之前，程遐建議勒即位之前，先要建立新朝立國的綱常典則，經世大法，以分別順、逆。祖約叛晉來歸，為晉叛臣，應先誅之以正視聽，勒遂將約與其親屬百餘，悉行誅殺。其妻妾兒女，分賜諸胡（約以窮來奔，勒此作法，不失狼子野之本性，當然談不上什麼道義規範了）。

勒立其子宏為太子、大單于。大小官員封賞有差，石氏子弟、姪、孫皆封王。石勒聽書即悟麗食其諫漢高封六國後之失，而不見其日從左右石虎之德性，誠可謂聽之聰而視不明，其失即在於自信太過，不識「伏寇在側」之古訓而已！

中山公虎以勒立其子宏為太子、大單于，十分憤怒。私謂其子齊王邃說：我二十餘年來，東征西戰，克十三州，打下了大趙江山，主上父子，卻坐享其成，躺在牀上當皇帝，天地間竟有這等不公、不平之事？想起來令人痛恨欲絕，寢食不安！

主上晏駕後，這個種是留不得的。（石虎狼子野心之情耀眼可見，石虎不知，歷史上天下多半皆是別人打出來的。）

石虎自以為：天下是自己打出來的，理所當然，石勒死後，應由自己繼承纔是。勒臣程遐、徐光等，就中山公石虎，平素之言行及作為看，是一個極其不可理喻的人，一再建言，勒弟「中山王石虎不誅，太子終難以保全」，勒不但未能憬悟其言，還幻想著石虎會如伊尹、霍光一樣，輔佐太子弘的幻夢。不識華夷之辨而已。

晉以陸玩為尚書令。

辛卯，未濟。

西元331年。東晉成帝衍咸和六年，民元前1581年。

壬辰，解。

西元332年。東晉成帝衍咸和7年，民元前1580年。

晉徙居新宮，進太尉陶侃大將軍。

晉作新宮五年，至是而成，始遷居之。

陶侃遣南中郎將桓宣攻拔襄陽，侃使宜留鎮之。又使宜攻樊城，悉俘其眾，宣招懷初附（安服初降者），簡刑罰，略威儀，課農桑，或親率民耘穫，在襄十餘

年，趙復來攻，宣以寡弱拒守，趙不能勝，時以為宜亞於祖逖、周訪，說桓宜可與祖逖、周訪比美。

十一月進太尉侃為大將軍，劍履上殿、入朝不趨、贊拜不名。侃固辭不受。

趙石勒卒，子弘繼，改元延熙。加石虎九錫，專政、稱丞相。魏王殺中書令徐光，及右長史程遐。

正月，趙主勒大饗（宴）群臣時，問徐光他在歷史上的地位，可以與那位皇帝相比？徐光謂說：陛下天縱英明，過於漢高，其他無人可比。石勒笑謂，人貴自知，若遇漢高，當俯首稱臣，可與韓信、彭越並駕齊驅；遇漢光武，可與一較高下，未知鹿死誰手。大丈夫行事，當磊磊落落，如日月皎然，終不效曹孟德、司馬仲達，欺人孤兒寡婦，狐媚以取天下。

勒未讀書，嘗使人讀書聽之，以論古今得失，聞者無不悅服。嘗使人讀漢書，至酈食其（酈食其，唸歷異基，漢高祖時之辯士）建議劉邦立六國後，以橈楚權（橈，音撓，摧折意。用封六國後之計，以破壞項羽與各國後代的合作）。石勒驚謂：「此法當失，何以能得天下？」讀至留侯（張良）諫，纔鬆了口氣說，幸虧有此。可見石勒智慧之高，憬悟力之強。但人人皆有其思維上的盲點，如古人所言：「人可目視千里，而不能自視其睫。」誰也不能看到自己的眼睫毛。勒亦自不例外。聽讀史對天下大事，能有其極深之體悟；對古人行事，亦有其看法，分析得甚有道理，但對自己的家事，卻如霧裡看花，缺乏憬悟與認知，因而遂付出了極其慘

痛的代價。

石勒稱帝，立子弘為太子。石虎十分不滿，以為「天下是自己打出來的，是屬於自己的，大單于應是我的，現在卻讓一個黃口小兒來當皇帝，使人氣憤填膺，寢食難安，主上死後，看我怎樣修理這個小雜種，反正是留不得的。」程遐、徐光一再建言，謂：「中山王勇悍權略，無人能及，目中除陛下外，餘皆不在眼中。加以其殘賊安忍，久為將帥，威振內外，三子又皆典重兵，陛下在，自當無他，但恐非少主之臣，不誅石虎，太子終難保全。」勒不但未能憬悟其意，甚切還憧憬著，石虎將來會如伊尹、霍光一樣，輔佐太子的美夢。程遐、徐光，似然或然之言，卻幻化為周公輔成王之囈幻夢想，而忽略石虎狼子野心、桀驁不馴之特性。此石勒「不能自視其睫者」之思想盲點！

夏五月，勒發病臥牀。石虎入侍，即偽稱勒意，禁止所有人等（家人、朝臣、侍衛）入宮探視，以封鎖勒病情消息。勒之病況，無人知者。

虎又假傳勒旨，召勒二子秦王宏（都督中外諸軍事，鎮鄴）、彭城王湛返京（堪勒子，鎮河南）。這天勒病稍清醒，乍見宏，十分驚愕。大怒說：「我使你們守藩，就是為了今日。是你們自己來的？還是有人召你們來的，是誰？立刻將其斬首。」石虎慌忙說，是他們思念陛下，自己來的，很快就回去。數日後勒又問二人，虎謂業已返鎮，至中途矣！實則乃被虎羈留，不遣。

勒臨終遺詔石虎，效法周公、霍光之輔幼孤，輔佐太子，不要為歷史留下惡名

（聰明的石皇帝，就憑這一張廢紙，便可使狼子野心的石虎，翻然憬悟，未免太天真了吧？）。

勒死後趙太子弘，涕泣求讓位於虎，虎不允（帝位是天給的，不是你小子弘的，沒有資格說讓）。弘雖勉強坐在皇帝大位上，但還不如一隻斷了翅膀的病鳥，只是石虎手中一個待決之囚，求生不得，求死不能，死活在人的可憐蟲。程遐、徐光，在石勒未死之前，即作了石虎的刀下亡魂。而真正嚐到「朕」的滋味的，還是中山王公石虎父子。形式上大赦天下，實際上，凡是誠心效忠石勒的，卻一個也不留，連石勒的屍體，中山虎於夜半，使人偷偷將其拋瘞於不知名之荒山野谷中，十二日，即馬馬虎虎弄個假墳，草草虛葬於高平陵，自古帝王之葬，未有如勒之草草十二日者。

八月，中山虎自為丞相，加九錫，總攝百揆，親信皆居要位，勒之舊臣，悉靠邊站，一朝天子一朝臣，包括石勒的皇后劉氏，亦逼遷出宮。虎選勒宮人、車馬、服玩之美者，悉入丞相府，石虎的時代伊始，石勒氏之噩運未終。

趙主弘實在做不了這個傀儡小皇帝，便捧璽綬親詣魏王虎宮，請求禪位於丞相魏王，魏王虎卻說：「帝王大業，天下人自有公議，不是你讓不讓的問題。」弘含淚回宮。石勒一生殺人，從不手軟，手段之酷，亦為史所罕見，所謂殺人者人恆殺之，但是殺人者，極少有目睹其親人之被戮，一如己之戮人者，石勒稱帝的結果，較李斯父子更慘。李斯父子雖不得駕蒼鷹、驅黃犬，逐野兔於上蔡東門外，但還有

選擇死的權利。可憐的趙家新主，連求死的權利也沒有！

或有建議石虎，築高臺行堯舜禪讓之禮，使弘禪位於虎。石虎以為：像石弘這樣的混帳小子、糊塗蟲，居喪無禮，應予廢之，有什麼資格談禪讓？小皇帝弘，連禪讓的資格也沒有！真是人生至此，天道寧論！虎殺劉太后及彭城王堪等。石勒幾曾夢知，其子弘的悲慘世界，竟然如是！然而石勒殺人之酷，亦從不留情。（晉元帝永昌元年，中山虎拔泰山，執徐龕，勒盛以囊，於百尺樓上撲殺之，命王伏都等妻子刲而食之。）

十一月，虎遣郭殷入宮，廢弘為海陽王。弘自言其庸昧，不是當皇帝的料子，沒有什麼好說的，從容自若，安步就車，群臣流涕，宮女慟哭。

群臣詣魏王宮勸進，虎假意謂不敢當，自稱居攝趙天王。虎幽太后程氏、秦王安、南陽王恢於崇訓宮（原太子宮），尋皆殺之。

癸巳，渙。

西元333年。東晉成帝衍咸和八年，民元前1579年。

晉遼東公慕容廆卒，子皝繼（皝，音晃）。蜀李雄卒，子班繼，叔父壽專政。趙亂、石堪出奔譙城。石郎（郎應為朗）稱兵洛陽，石生抗軍長安，石虎咸滅之。

夏五月，晉遼東公慕容廆（音委）封遼公十三年卒（廆在位四十九年），子皝

繼（皝音晃）。皝以代方太守王誕為左長史，誕以遼東太守陽鶩才高於己而讓之，以誕為長史。皝用法嚴峻，國人多不自安，主薄皇甫真切諫不聽。庶母弟仁，據平郭，皝遣兵討之，大敗。於是仁據有遼東之地。

蜀李雄卒，子班繼，叔父壽專政。

蜀李雄玉衡二十四年夏，頭生惡瘡，往昔全身所受刀傷，亦皆膿潰糜爛、惡臭難聞，諸子皆惡而遠之，獨太子班，晝夜侍側，親為吮膿敷藥。雄召大將軍建寧王壽（為班之叔），受遺詔輔政。雄卒，班立，政事皆委於壽及司徒何典、尚書令王瓌。班全心守喪，一切皆不參與。

雄子越（為車騎將軍，守屯江陽）奔喪至成都，以為班非雄之子，不應由班來繼承，故心中十分不滿，與其弟安東將軍期，合謀除班。（如謂班非雄子，不應繼承其位。越與期何以不思，雄位乃班父所予。班父不立其子，而立弟雄，故雄飲水思源，亦不立子而立班。況雄金瘡潰瘍、滿身膿血臭溢時，其子皆避而遠之，惟班抱持而吮吸血膿。班父流卒時，不傳子班，而傳弟雄時，太輔李驤即堅決反對，認為立弟，乃國家之禍根亂源，必致骨肉相殘，國家混亂，萬萬不可，班父李流不聽。）班弟玝勸班，令越返其封地江陽，以期為涼州刺史，鎮葭萌。班以雄未葬而不忍，赤心待之，不加防範。冬十月，越因班夜哭，弑班於其父之靈前。立其弟期為帝，以越為相國加大將軍、壽大都督、兼尚書。

論者以為：李班誠可謂之仁孝之人，然以無防人之心，卒死越手，於世風塵

下，人心陷溺之時，理應以社稷為重，而不可拘泥於常規？以牖啟姦非，為不肖者製造作亂機會，遂致身死國亂。就春秋大義而言，班於社稷，誠不能不說有其隕越的。

趙亂、石堪出奔譙城。石郎（郎當為朗）稱兵洛陽，石生抗軍長安，石虎咸滅之。

八月，趙石虎殺勒後劉氏及彭城王堪。冬十月河東王石生，舉兵關中；石郎，舉洛陽討虎，虎皆殺之。

甲午 蒙 咸康	乙未 師	丙申 遯	丁酉 咸	戊戌 旅	己亥 小過	庚子 漸	辛丑 蹇	壬寅 艮	癸卯 謙 康帝建元
甲辰 否 穆帝永卯	乙巳 萃	丙午 晉	丁未 豫 晉滅蜀	戊申 觀	己酉 比 前燕慕容儁	庚戌 剝	辛亥 復 前秦苻堅健	壬子 頤 燕滅後趙	癸丑 屯
甲寅 益 涼張祚	乙卯 震 秦苻生	丙辰 噬嗑	丁巳 隨 平秦苻堅	戊午 无妄 賁	己未 明夷	庚申 賁	辛酉 既濟	壬戌 家人 晉哀帝和 隆	癸亥 豐

經世之丑二千二百四十六（世）。

甲午，蒙。
西元334年。東晉成帝衍咸和九年，民元前1578年。
東晉成帝九年。蜀李班為庶兄越所殺，立雄子期，改元玉恆，越專政。
涼張駿受晉大將軍命。
蜀主李雄金瘡潰臭無比，子皆惡而遠之，太子班吮膿血晝夜不離。雄死，太子班即位。雄子越奔喪成都，以班非雄子，不服，與弟期作亂。班夜哭，遂弒之殯宮，並殺班兄都。
按：班，雄兄蕩之子，蕩卒不立子，而立弟雄，故雄卒亦立弟子班而不立子。時大臣李驤即持反對意見，認為這樣會導致國家動亂的。雄不聽，卒釀兄弟相殘之悲劇。
涼張駿受晉大將軍命。
二月，授駿為大將軍，督都陝西雍秦涼州諸軍事，自是歲歲使者不絕。
乙未，師。
西元335年。東晉成帝衍改元咸康元年，民元前1577年。
晉改元咸康。
丙申，遯。

西元336年。東晉成帝衍咸康2年，民元前1576年。

石虎入寇。假大司馬王導黃鉞，出兵戍慈湖、牛渚（又名採石，在當塗）、蕪湖。趙亂，石虎殺弘代立，稱攝天王，改元建武。

「石虎入寇，假大司馬王導黃鉞」。對東晉當朝諸公，實在是一件極其可悲、令人汗顏而又諷刺的事。謂晉成帝為「小朝廷」，實不為過。康節先生寓春秋之筆於《經世書》中，以垂教於後來者。

緣石虎從其姪弘手中奪得王位，便幽殺弘及太后程氏、秦王宏、南陽王恢等（石勒諸子及其妻），志得意滿，二三月間，到江邊看風景（觀察地理形勢，自屬正常之事）就回去了，另有散兵十餘騎至歷陽，未幾即行離去。歷陽太守袁耽，即上報謂「石虎騎兵已至平陽……」，亦未言虎騎兵人數。朝中亦不查問狀況，即以為石虎大軍已經打來，於是舉國震恐，不分青紅皂白，即以導為大司馬（參謀總長）所謂「假大司馬王導黃鉞」。導即派大軍進駐慈湖、牛渚、蕪湖等地。結果並未見石軍蹤影，原來是個烏龍。始解嚴，導亦解大司馬，各軍復原。以袁耽輕妄免官。

南渡君臣所當感謝的是上天賜之長江天塹，始得苟延歲月之命。否則即披髮左衽，亦不可得也。

朱氏隱老以為：王導的東晉宰相，心目中也就只有江東而已，早已忘掉了中原。太平宰相，得過且過，無視於大江彼岸，沐猴而冠，磨牙吮血，逞刀俎於臥榻

之傍之非我族類，匈奴石虎，全未將其放在心上。邊關無備，要塞無守，斥候無警，致石虎一騎出，江東即山搖地動，全國戒嚴。未見敵人蹤影，即拜大將出師迎敵。結果連敵騎影子亦未見，只是自己嚇唬自己，虛驚一場而已。鬧出這樣天大的笑話。太守所報不明，固屬失責，但卻非一罷了事。朝廷對邊關要地之警戒，如何加強？重要官吏，如何選派呢？

邵子《皇極經世書》的精神，無外乎「春秋禮樂，父子君臣」。並且十分含蓄的說：「既往盡歸閑指點。」先生說：對歷歷往史之是非成敗，也只是閑話一句，隨便說說而已。那麼未來的呢？我們要從字裡行間去觀察體悟，所謂「未來須俟別支吾」。「別支吾」，未來的要看你的所作所為了。

宋辛棄疾登〈水龍吟．建康賞心亭〉詞「石虎入寇」四字，又何異于董狐筆呢？

丁酉，咸。

西元337年。東晉成帝衍咸康3年，民元前1575年。

鮮卑慕容皝稱王。遼東趙石虎，稱正大天王。

秋，鮮卑慕容皝稱王。鎮軍長史封奕等，勸皝稱燕王，皝從之。

趙石虎從其姪石弘手中奪得政權，並殺了其兄石勒妻、子，及諸子全家，殺人如麻的石勒，滅人之族，眨眼間，天即假其弟石虎之手，殺其全家，亦毫不手軟。

我們也只有用冷血二字，來稱呼他們了。石勒已沐猴而冠了，石虎何以不稱帝而稱天王？石勒當然不是會那謙虛，原來匈奴雖不知禮義，但確十分迷信。緣石虎奪權後之某日，約五百餘人集會，共議為石虎上尊號（稱皇帝），勸石虎即皇帝位。不料新建的一座照明燈塔，恰於此時，突然坍塌，死傷二十餘人，觸了石虎霉頭，虎十分震怒，即將建造工程的主管腰斬；又石虎因穿著皇帝袞冕，參加某祭祀大典，偶而對鏡一照，看到鏡中竟是一個穿著龍袍的無頭鬼，嚇出一身冷汗，從此再也不敢稱帝，又嫌稱王不過癮，遂自稱天王了。

戊戌，旅。

西元338年。東晉成帝衍咸康4年，民元前1574年。

單于冒頓拓跋什翼犍，稱王定襄。建國曰代，元曰建國。蜀亂，李壽自漢中殺期代立，改國曰漢，漢興。慕容皝攻後趙。

代王翳槐卒，遺命立弟什翼犍，時犍為質於趙，群臣擬立次弟孤，孤不接受，自己跑到趙國請代替其兄為質。這次石虎表現得很有人情味、仁義而大方，把兩兄弟一齊放回，犍即位後，分國之半予孤，任用賢能，號令嚴明，政事清簡，鄰近各國皆來歸順，有眾數十萬人。（東晉與代之拓跋什翼犍相較，則不能無所憾矣！）

己亥，小過。

西元339年。東晉成帝衍咸康5年，民元前1573年。

晉王導卒，伐蜀。

秋七月丞相王導卒。導輔相三世（元帝睿、明帝昭、成帝衍）倉無儲穀，衣不重帛。東晉元帝始基，王氏與有力焉。故世有「王與馬，共天下」之諺。以見司馬晉與江左王氏間之關係。《通鑑》謂導性寬厚，委任諸將（如劉胤、賈寧等）等多不奉法，大臣患之，導聽而不問（聽其自然，不予查問）。庾亮評王導說其：「甫居師傅之尊，多養無賴之士。」物議如此。亮與郗鑒議，以兵諫來推翻王導，郗鑒不從。（郗鑒不同意庾亮的做法，但並非贊同王導的作為，問題是除去王導，誰會比王導更好？）當然王導為政、處事，固所多有不妥或因循不當。但以王導之為人，與狡詐如蘇峻、桓溫父子等相較，信賴度自有天壤之別，如與國戚庾氏兄弟較，幾乎無一人可方導之溫厚者（成帝即謂：大舅幾亂天下（大舅即指亮），小舅（指豫州刺史庾懌，欲毒江州刺史王允）又欲復爾耶。」，以導之溫厚長者（《通鑑》稱導如此），秉政當國，自不免多所因循保留之處，但衡量當時國內外情勢，不有曹操、孫權之智，是難能有所作為的，當然更談不上什麼宏觀貢獻了。不過，從周伯仁之死，亦可看出王導人格之表現，然而有晉一代，具王佐其才者，殊所未見（當然，如有其人，東晉歷史，早已改寫了）。

按：以下數事可見王導之功過：

王導對劉胤之任命。陶侃、郗鑒，皆諫王導，「胤無大才，難當方面之任」。

導不聽。結果卒被一悍將郭默殺死。郭默不但掠奪了劉胤的財富，還接牧了胤的妻子，更荒唐的是，王導卻因郭默難制，不但不敢辦默罪，還以默為江州刺史。陶侃非常氣憤的批評王導，說殺了方州即為方州，如果殺了宰相，便可作宰相了嗎？可見王導處事之一班。

蘇峻之亂，溫嶠功最高而功成不居。禍亂為庾亮一手所造成，不但不繩之以法，而且反獲升遷。

成帝蘇峻之亂，乃庾亮一手所造成，王導雖似無罪而不能辭其責，惟庾亮乃罪魁禍首。令人不能釋於懷者，大禍釀成之後，庾亮卻逃之夭夭。司馬《通鑑》謂：「庾亮於國破君危之際，竄身苟免。」但禍亂平息後，朝廷不但不加其罪罰，反升其官。

卞敦更加可惡，在國家生死存亡之際，湖州刺史益陽侯卞敦，不但不出師勤王，卻冷眼旁觀。陶侃令其出兵，竟敢抗拒命令，置之不理。司馬光謂其：「位列方鎮，兵糧俱足，朝廷顛覆，坐觀勝負，人臣之罪，孰大於此？不能明正典刑，而又寵祿以報之，晉室無政，亦可知矣！」而造成此一問題的責任，全在王導。司馬光說：「任是責者，豈非王導乎？」

王導的歷歷功過，可以概見。

附：論者以王導為皇帝師傅，名位隆重，百僚宜為其降禮（行跪拜禮）。太常馮懷去請教光祿勳顏含，含曰：「王公雖貴重，禮無偏敬，降禮之言，或是諸君事

宜，鄙人老矣！不識時務。」既而告人曰：「吾聞『伐國不問仁人』（董仲舒曰：魯君問柳下惠：「吾欲伐齊，何如？」柳下惠曰：「不可。」歸而有憂色，曰：「吾聞伐國不問仁人，此言何為至於我哉！」），向馮祖思問佞於我，我豈有邪德乎？」

郭璞欲為顏含算命。含曰：「年在天，位在人，修己而天不予者，命也；守道而人不知者，性也。自有性命，無勞筮龜。」致士二十餘年，九十三歲而卒。

庚子，漸。

西元340年。東晉成帝衍咸康6年，民元前1572年。

晉陸玩為司空。遼東慕容皝，獻伐石虎之捷。漢李壽拔晉丹州。

春正月、司空庾亮卒。

趙石虎欲與漢主壽連兵攻晉，以中分晉地未果。又動員其七州之力，民五丁取三，四丁取二，穀千一百萬斛，運赴前方，又括取民馬四萬匹（有敢私匿者腰斬），並舉行盛大閱兵誓師大會，欲攻燕。

燕王皝謂群臣，石虎佈重兵於我邊境。其側背必然空虛無備。如出其不意，攻其側背，定能收奇襲效果。十月皝帥諸軍突襲虎之後方，生擒其沿途所有守軍指揮官。虎幽州刺史石光（指揮官），擁兵數萬，閉城不敢出。燕軍所至，焚燒其一切軍用物資，略其三萬餘家而還。虎對石光十分氣惱，遂罷其職。

辛丑，蹇。

西元341年。東晉成帝衍咸康7年，民元前1571年。

晉慕容皝求為假燕王。徙居和龍。

劉翔至建康，為燕王求大將軍、燕王章璽。朝議經年不決。理由是自漢魏以來，無封異姓為王者。故所求不可許云云。豈不荒唐、可笑之至。（當時之武人，無論漢、胡，擁眾數萬，即劃地為國，稱孤道寡，誰能干涉？五胡十六國，其較大者而已，該等之所以稱王稱帝，靠的是力量。）

翔批評晉朝官吏泥古不化，矇昧而不明事理，國家之所以衰弱不競，天下之所以混亂不治，皆由於你們這些不諳時勢的糊塗蟲造成。

劉翔又說：晉自劉、石（劉淵、石勒）搆亂以來，長江以北之地，悉為戎藪（完全成為胡人叫嘯之所），中國人無論貴冑、平民，無有能摧破戎狄凶逆者。獨慕容氏心向朝廷，屢殄強敵。即漠北一塊無主之地，朝廷亦吝於封燕，又是什麼道理呢？

司馬晉南渡後，政治勢力之所及，不過江南、東臨淮泗，西控荊襄數州之地而已，此外朝中野心大臣、悍將，公然舉兵向闕者，即四、五起之多。惟燕遠居漠北之野，猶志心內附，請朝廷頒發（燕王章璽）幾顆印章，即議論經年而不決，豈不令天下有心內向者失望？

翔謂中常侍彧弘，石虎苞八州之地，帶甲百萬，志吞江漢，小國臣服，惟慕容

氏翼戴天子，而不獲朝廷禮命，深恐有志南向者，移心解禮。不再南向了。朝廷終於明白了箇中玄機，以慕容皝使持節、都督河北諸軍事、幽州牧、大單于、燕王，以殊禮行之。

其實在禮壞樂崩，弱肉強食，惟力是恃的大動亂中，那裡還有繼絕世、舉廢國的王者之師！慕容燕有意內向，可以攏絡，可以利用；不可以依恃，不可以不理。晉初不予理睬達一年餘，在外交上是頗為失算的。

燕敗石虎後，即築新都龍城而徙居焉（直隸永平府西、即柳城之北，龍山之西）。

壬寅，艮。

西元342年。東晉成帝衍咸康8年，民元前1570年。

晉成帝崩，母弟琅琊王嶽立，是為康帝。封成帝二子丕為琅琊王、弈為東海王。中書監庾冰、中書令何充，尚書令諸葛恢輔政。漢李壽卒，子勢繼，改元太和。

豫州刺史庾懌，送江州刺史王允之酒，允之疑之，飲犬，犬斃，密奏之。帝曰：「大舅已亂天下，小舅復欲爾耶？」懌飲鴆卒。

晉成帝崩，胞弟琅琊王嶽立，是為康帝。

庾氏諸舅欲長掌朝權。遂倡立國以長之說。成帝衍與康帝琊王岳為胞兄弟，於

是兄終弟及，庾氏繼續秉政，據要津。以帝子丕為琅琊王，弈為東海王。中書監庾冰、中書令何允、尚書令諸葛恢等輔政。

漢李壽卒，子勢繼，改元太和。

癸卯，謙。

西元343年。東晉康帝岳建元元年，民元前1569年。

晉改元建元。

晉康帝岳，為成帝之同母弟，在位一年而崩，年二十三。

甲辰，否。

西元344年。東晉康帝岳建元2年，民元前1568年。

晉康帝崩，太子聃繼，是為穆帝，太后稱制。趙石虎伐涼不利，伐燕有功。

九月帝疾篤，庾冰、庾翼欲立會稽王昱為嗣，中書監何充建議立太子聃，帝從之。由是冰、翼深恨充。太子聃即位，甫三歲，是為穆帝，太后臨朝稱制。

乙巳，萃。

西元345年。東晉穆帝聃永和元年，民元前1567年。

晉改元永和，會稽王昱錄尚書六條事，專政。

錄尚書六條事。朝中大臣之業務職掌。

按：唐之監察御史，分察尚書六司：一、察官人善惡；二、察籍帳賦役；三、察農桑倉庫；四、察奸猾盜賊；五、察德行孝悌；六、察黠吏豪宗。

晉之尚書六條事，或者亦此之類？

丙午，晉。

西元346年。東晉穆帝聃永和2年，民元前1566年。

晉桓溫伐蜀。

乙巳十一月辛未，溫上表率師伐蜀，朝廷以蜀道險遠，溫眾少而深入，眾皆以為憂，惟劉惔以為必克。或問其故，惔言溫乃賭徒性格，要做便必贏，從不做無把握的事，果於丙午三月，即兵臨成都，李勢輿櫬面縛來降，溫解縛焚櫬，送勢及宗室十餘人於建業，引漢司空譙周等為參佐，舉賢旌善，蜀人悅之，果如惔言。

漢故尚書僕射王誓、鎮東將軍鄧定、隗文等皆舉兵反，溫皆討破之，斬王誓等。溫留成都都三十日，振旅還江陵。

漢李勢平李弈，改元嘉寧。

冬，漢太保李奕自晉壽舉兵反，蜀人多從之，眾至數萬。漢主登城拒戰，弈單騎突門，門者射而殺之，其眾皆潰。

涼張駿卒，子重華繼，改元永樂，趙石虎攻涼金城。

夏五月，西平忠成公張駿薨，其官屬擁戴世子重華為使持節、大都督、涼州牧、西平公、假涼王。母馬氏為王太后。

趙將軍王擢擊張重華，襲武街，獲其護軍曹權、胡宣（武街為張駿五屯護軍之一，在隴西），徙其民七千餘戶於雍州。趙涼州刺史麻秋，將軍孫伏都攻金城，太守張沖請降，涼州震恐。重華悉發境內兵，使征南將軍裴恆禦趙，久而不戰，另派青年將領謝艾，以步騎五千擊麻秋，大破之，斬首五千級。重華，以艾為福祿。

丁未，豫。

西元347年。東晉穆帝聃、永和3年，民元前1565年

晉桓溫滅蜀，徙李勢于建康。蜀復亂，範賁稱帝成都。

夏四月鄧定、隗文等入據成都。征虜將軍楊謙、棄涪城退保德陽。隗文、鄧定等，立前國師範長生之子賁為帝而奉之（李雄以範長生為國師）。以妖異惑眾，蜀人多歸之。

涼張重華敗石虎於枹罕。

趙涼州刺史麻秋攻枹罕（枹音膚。枹罕，縣名，唐為晉昌縣，瓜州治所），晉昌太守郎坦，以大城難守，欲棄外城。武城太守張悛（悛唸圈，如怙惡不悛）以為：棄外城將動搖人心，人心渙散，則大勢去矣！遂率其屬固保大城。趙涼州刺史

麻秋，率八萬人，將枹罕重重包圍，城中固守，秋死傷數萬。枹罕太守郎坦，憤恨自己固守內城主張不被採用，遂夜引麻秋兵千餘登城，守軍力戰，殺二百餘人，趙兵乃退。

石虎以石寧為征西將軍，率二萬餘為麻秋等後繼。張重華將宋秦等，又率戶二萬降於趙。

張重華以謝艾為使持節軍師將軍，率步騎三萬，進軍臨河戰場。艾乘軺車（軺音搖，一種輕便的繩牀小車，可坐可站，一馬駕之）、載白幍帽（幍音韜，一種輕便小帽），吹吹打打，像扮家家酒一樣，吹號鳴鼓而行，以一個文弱書生，輕鬆瀟灑的姿態，出現在石趙統領十萬大軍指揮官麻秋之前，在麻秋看來，謝艾無疑是對自己的一種輕蔑與侮辱。麻秋十分憤怒，即命黑矟龍驤三千人馳擊之。艾左右十分恐慌，或勸艾捨車乘馬，艾不從，乃踞胡牀（輕便的繩牀上），指揮處分。趙人以為艾有伏兵，懼不敢進。艾別將張瑁，自間道引兵出趙軍後，趙軍退。艾乘勢進擊，大破之。斬其將杜勳等，獲首虜萬三千級，秋單匹馬奔大夏。

戊申，觀。

西元348年。東晉穆帝聃永和四年，民元前1564年。

晉桓溫為征西大將軍，入長安至於霸上。遼東慕容皝卒，子儁繼。趙石虎攻晉竟陵。

朝廷論平蜀之功，加桓溫平西大將軍，封臨賀郡公（臨賀，廣西平樂賀縣）。威名大振，朝廷憚之。

九月，燕王皝卒，世子儁立。

趙立子世為太子（虎少子，乃劉妃所生，妃為劉淵少女）。

先是石虎子秦公韜有寵，欲立之。以太子宣年長，猶豫未決。宣時違忤於虎，虎怒形於色，謂「恨不立韜」，韜益驕，宣益恨，遂使人殺韜。虎知宣所為，誘執而殺之。拔髮、抽舌、挖眼、刮腸……極人間之酷刑，及其妻子九人，皆殺之，宣少子纔數歲，為虎所愛，抱虎而泣，虎不忍，其大臣就虎懷取而殺之，兒挽虎衣哀號，至於絕帶（兒抓虎衣帶不放，其臣強拉至絕去），虎因而發病（至此虎始微現一絲人性，然卒被其無人性之屬部所滅沒）。廢宣后為庶人，車裂其屬三百餘人，棄之漳水，東宮衛士十餘萬，皆謫戍涼州。

己酉，比。

西元349年。東晉穆帝聃永和五年，民元前1563年。

晉平蜀亂。鮮卑慕容儁、稱王遼東，國曰燕，元曰燕元，是謂前燕。

四月，益州刺史周撫，龍驤將軍朱燾，擊範賁獲之，益州平。

冬十一月，燕葬文明王（慕容皝卒，謚曰文明），世子儁（慕容儁）即位，元曰燕元，謂之前燕。赦境內，遣使詣建康告喪。

趙石虎稱帝，改元太寧（稱攝天王、正天王）。虎卒，子世繼，張豺為相專制，內難作。石遵自關右入，殺世及張豺代立。石冰自薊門入，殺遵不克，石閔殺遵立石鑒，改元青龍，閔稱大將軍專政，苻洪稱兵廣川（河南潢川）。

正月，趙王虎自稱皇帝，大赦，改元太寧，諸子皆進爵為王。之後，石趙自家即攻殺不休，其殘酷程度，亦如石虎對所有戰敗者，略如後注。

按：從石虎彌留開始，石氏家族，即展開血腥殂殺：

乙卯，虎病甚，以彭城王遵為大將軍，鎮關右。燕王斌為丞相錄尚書事，並受遺詔輔政。召燕王斌入，劉后矯詔之。

乙丑（十二日後），遵自幽州至鄴朝拜，後遣之，遵涕泣而去。

戊辰，劉氏矯詔以豺為太保，都督內外諸軍，錄尚書如霍光故事。

己巳，虎卒，太子世即位，劉氏為后，張豺為相。以彭城王遵、義陽王鑒為左右丞相。

丙戌，兄彭城王遵，聞喪還鄴，弒世及太后劉氏而自立（世立三十三日，或謂二十二日而難作），斬豺於市，夷其三族。

甲午，大風拔樹，雨雹大如升盆。

沛王沖鎮薊，聞遵殺世自立，以其違背先王之命，沖乃起兵勤王，遵以十萬精兵討之，沖大敗，賜死，阬其士卒三萬餘人。

六月，葬趙王虎。

十一月，遵欲除閔，以鄭太后前召諸王（義陽王鑒、樂平王苞、汝陰王琨、淮南王昭）共議誅閔，鄭后以閔有大功，不可。

又按：遵初起兵時，告閔，事成以其為天子。卻立太子衍；閔恃功欲專朝政，遵不聽。閔因不平。眾皆懼之，故諸王議誅閔。鄭太后不許。鑒使宦者密告於閔。閔執遵於南臺，殺之。並殺鄭太后（好人不得好報，鄭太后不值）及張后、太子衍等。閔立義陽王鑒，為大將軍，封武德王。

龍驤將軍孫伏都、胡天等欲誅閔、農。石鑒十分樂意讚同，並予鼓勵。及至孫、胡攻閔不利時，鑒恐閔對己不利，即主動開門召閔，告其孫伏都反，應速將其消滅。閔攻斬伏都，血流成渠。並令城中週知，孫、劉謀反，已於消滅，與善良民眾無關。今後與官同心者留，不同心者各隨己願，任其所去。乃大開四門，不加干與，但絕對禁止胡人攜帶武器。不知百里內趙人（即漢人）悉入城，胡羯去者填門。閔知其不為己用，勿論少長皆斬之二十餘萬。

石趙空前骨肉相殘的悲劇，引起偏安一隅司馬晉之臣民們不少憧憬與遐思。咸以為石趙相殘，使晉匡復之機，漸露曙光。惟光祿大夫蔡謨，非但不以為然，而且還非常悲觀的認為：果真如此，恐非朝廷之福，人民之幸，甚或導致更大災難的來臨，亦未敢說。原因是忠貞朝中如陶侃、羊祜之類的忠貞大臣，已不復見。王敦、蘇峻之徒，稍有微功，便興不臣之心。一旦篡竊之禍起，則兵連禍結，人民的災難

必然更行加劇了。所幸石趙內鬥到分崩離析時，便紛紛向晉靠攏投庇，而晉室卻一無接收、招撫的能力，反不若戎夷，豈不可悲之至？

庚戌，剁。

西元350年。東晉穆帝聃永和6年，民元前1562年。

趙石鑒殺大將軍閔及李農不克，閔殺鑒代立，復姓冉氏，改國曰魏，元曰永興。大滅石氏宗室。

鑒弟祗稱帝襄國，以將劉顯南攻冉氏，不克，殺祗以降。閔破襄國，誅顯、滅其族。將苻健自枋頭入關（枋頭，本淇水名，淇水在河南衛輝），逐杜洪于長安據之，將魏統以兗州、冉遇以豫州、樂引以荊州、鄭系以洛州入於晉、劉淮以幽州入于燕，燕南略地至幽冀。

石閔的武功，似三國呂布，幾乎無人能敵，但其致命傷，也仍然是有勇無謀。閔的存在，對石氏諸王形成威脅，以石鑒的感受最為強烈，故鑒念念以除閔為事。但當鑒每使人或與人共除閔不成時，鑒即向閔通風報信，使閔除之以示好。久之，閔覺，遂取鑒而代之。石鑒，欲佔盡天下便宜，不惜出賣朋友、部屬，誠一典型卑鄙小人。

石閔東征北戰，為石趙打天下，不遺餘力，結果自己反成了石氏猝殺的目標，忍無可忍，便復其本姓冉，而為冉閔，不再以石為姓，遂取石趙而代之，改國號

魏，元曰永興。自己當家作主，不再做石氏螟蛉，恢復其原本之「冉閔」。進而大殺石氏宗室。石氏兩世稱王、稱帝，殺人無算，中原幾無噍類，卒以惡貫滿盈，天生冉閔，以速其亡歟！然乎？其豈然乎？

朱氏隱老論說：自魏統而下，以至於姚弋仲（弋唸依，為姓，又依恃也）凡十一人，獨劉準歸于燕耳，其餘則無不歸晉者，而晉則未有以撫之，然後知晉之君臣，反不戎夷若矣！悲夫！

按：朱氏自魏統而下，蓋指石趙敗亡後，兗州刺史魏統、徐州刺史周成、荊州刺史樂弘、豫州牧張遇以廩邱、許昌等城來降，平南將軍高樂、征虜將軍呂護執洛州刺史鄭系，以其地來降者。

朱氏從石趙的瓦解，其軍民紛紛來歸。然晉之君臣，對事情之處置與應變能力，反不若戎夷，不免令人感慨與失望。

辛亥，復。

西元351年。東晉穆帝聃永和7年，民元前1561年。

趙將周成以廩邱、高昌以野王、樂立以許昌、李歷以衛州，請附於晉。劉啟、姚弋仲亦奔於晉。

一夕之間石趙分崩離析，將帥紛紛以地來降。未見晉之君臣有任何措施。惟有桓溫之抗旨北伐（溫之目的，乍看進出中原，機不可失，骨子裡只是為自己打品

牌，培養其勢力，以示威於朝廷）。溫不臣之心，業已躍然。

冉閔而滅。）

魏冉攻燕不利，國亡。（按：魏冉之亡，應在明年壬子。倒是後趙石氏，因

天欲滅石趙，遂為生冉閔。冉閔為後趙，建立了極大功勞，最後甘脆連本姓亦不要，改姓石，為石勒養子，之後戰無不勝，攻無不克，為石趙立下極大汗馬功勞，但至石勒死後，卻成了石家追殺的首要目標。冉閔也一不做、二不休，不但與石氏切斷關係，復其本姓冉，不再做為石氏作螟蛉，並且以消滅石氏為其主要目標。

劉淵、石勒，兩晉、五胡十六國，天下大亂的始作俑者，雖從往史堆中盜來一頂皇冠，粉墨登場亦然稱孤道寡了三、二十年（前趙劉淵304—329，共26年。後趙石勒319—350共31年），寫下了唾罵千古的史頁。為人類製造了亙古未有大災難，人民所遭受之災難和痛苦（如刀兵、殺戮、饑餓、別離、疾疫、食屍、乃至相食……之眾苦，如冉閔任由諸胡出城，數十萬人，即被野狼、野狗、餓民所搶食）。盡三百年間，歲無寧日，民無噍類。

劉淵哂絳、灌之不文（哂，笑，看不起的意思；絳侯周亞夫誅諸呂；灌嬰），未若自己習《毛詩》，讀京易（京房《易傳》），尤好《尚書》、《春秋》、《左氏》、《孫吳兵法》，史漢諸子等，無不綜覽；石勒鄙曹孟德、司馬仲達之欺人孤兒寡婦、從人家弱女、稚子手中奪天下，實在不算什麼英雄好漢大丈夫，雖得天

下，並不光彩。然而石勒自己，亦然沒有立下真正大丈夫的榜樣，與嗜食民膏之亂賊，略無二致。而劉淵雖學富五車，適足以濟其惡而已，由於劉、石，以中國帝王之尊嚴，窮奢極慾，致文化沈淪，乃至摧滅文明的不良榜樣，其徒子徒孫，阿貓阿狗，亦莫不人人思為王，個個欲稱帝、天王、始皇，愛怎麼稱，就怎麼稱了。

五胡十六國所示予後世者，為「磨牙吮血，殺人如麻，弱肉強食，道德淪喪，視人命如芻狗」。一言之，群魔亂舞之禽獸世界而已。

石虎將苻健，稱天王于長安，國曰秦，元曰皇始，是謂前秦，敗晉于五丈原。燕慕容儁南伐，滅冉閔於昌城。

石虎將苻健，稱天王於長安，立國曰秦，元曰皇始（似頗有慕秦始皇意），自稱前秦，敗晉於五丈原。

杜洪、張琚遣使召梁州刺史司馬勳。夏四月，勳率步騎三萬赴之。秦王健禦之於五丈原。勳連戰皆敗，退還南鄭。

論者以為五丈原之敗者，乃司馬勳與杜洪之兵，非晉朝廷之所派，也能稱為晉軍嗎？當然，兵由晉軍將領所帥，來自晉地，晉當然不能自外，怎能脫離關係？

壬子，頤。

西元352年。東晉穆帝聃永和8年，民元前1560年。

晉武陵王晞為太宰，會稽王昱為司徒，大將軍桓溫為太尉。

晉朝廷人事搬風，箇中隱有玄機。桓溫、殷浩兩大勢力，隱隱形成，小朝廷愈加難為了。殷浩有虛名，會稽王昱，依為智囊；桓溫大軍在手，朝廷亦莫奈我何。

朱氏隱老以為：天之生人，必有其用，假如晉有駕馭之術、攏絡之能，則峻、敦，皆可用也，況於溫乎？委之而不信，任之而不專，晉則自失之耳，非必皆溫之罪也。

朱隱老所言：「委之而不信，任之而不專。」自是領導統御之大忌，有其一，必無倖成之理。至所謂「有駕馭之術、攏絡之能，則峻、敦，皆可用也」。然而苟處於君幼而弱，臣強而悍傲之時，復加之四境多故，難乎其為君矣！古往今來，治事用人，鮮有適於諸葛孔明者，諸葛去後，蜀之「叛、盜」疊見。可見此一問題，端在於國之有無可恃之忠、能、謀、良之臣。否則如晉之臣強而梟、主弱而闇，欲期不受制於強臣，難矣哉！駕馭之術、攏絡之能，這不是風涼話嗎？（朱氏當識：晉家皇帝自非秦皇、漢武，在惡奴弱主的情況下，何由奢言駕馭、攏絡？）則「峻、敦」皆可用也？難矣哉！

魏冉智以鄴降。

冉閔永興三年，以鄴降。

燕慕容儁稱帝，自和龍徙居中山，改元天璽。

秦苻健稱帝長安。

癸丑，屯。

西元353年。東晉穆帝聃永和9年，民元前1559年。

涼、秦相攻。梁張重華卒，子曜靈繼。伯父祚殺曜靈代立，改元永平。

甲寅，益。

西元354年。東晉穆帝聃永和10年，民元前1558年。

晉太尉桓溫，伐秦至霸上。

朱氏隱老論桓溫伐秦，大意謂：自江東立國以來，凡三十有六年矣！未有能奉天子命，將精銳之兵，深入敵境，至灞上者。桓溫此舉，難能可貴，即祖逖、劉琨亦所難能。然而未能號召三輔豪傑，剪除群氐而滅之者，何哉？溫之本志，不在於除殘賊，而在於自建功名。功名成，便可恃之而睨王鼎（窺覬神器），至於國家之安危，人民之死生，溫並未放在心上。

朱氏所謂「民之休戚，國之利害，無與焉」，與之毫不相關。可見溫之心意，並不在於黎民社稷。而三秦豪傑，自必有以窺其心者矣！「雖渡灞水，猶不至矧回」，豈僅至於灞上而已？

按：桓溫之心態，三秦豪傑皆已心知肚明，看到桓溫並無意於江山、社稷與民生。大軍至灞上，只是為自己打廣告，給朝廷及江東社會大眾看的，並非顯示國威，與規復之意圖。相反的，則暗示其有窺視晉鼎之能力。否則既渡水，即行矧

回？不是很令人不可思議麼？（按：矧音審，即齒根。形容女子有教養，謂「笑不露矧」。又作況且意，所謂至誠感神。）

朱氏所見於桓溫者，從王猛的話中，亦可窺其端倪。桓溫軍至灞上，王猛見溫，溫問猛：「我率大軍十萬，不遠千里而來，為民除害。三秦豪傑，未有至者，大家如此冷漠，是什麼道理？」王猛說：「公不遠數千里，深入敵境，今長安咫尺而不渡灞水，百姓未知公心，所以不至。」溫嘿然無以應。

溫與秦丞相雄等，戰於白鹿原，死者萬餘人，不利。再者，初溫寄望於秦麥以為軍食，既而秦人盡芟之、清野以待，溫軍乏食，遂歸。

六月，丁丑，溫徙關中三千餘戶而歸，以王猛為高官都護，欲與俱還，猛辭不就。乃署猛軍謀祭酒。呼延毒率一萬從溫還，秦太子萇等，隨溫擊之，比至潼關，溫軍屢敗，失亡以萬數。

溫屯灞上時，順陽太守薛珍，勸溫進逼長安。溫弗從（天真可愛的糊塗太守）。珍以偏師獨進，頗有所獲，及溫退乃還。顯言於眾，不但自矜其勇，而且批評其過於持重（說溫小心過度）。溫殺之（薛珍不知桓溫心機，卒以言招禍。死得糊塗）。

乙卯，震。

西元355年。東晉穆帝聃永和11年，民元前1557年。

晉將段龕敗燕軍於狼山。右軍王羲之辭官歸。涼宋混、張瓘殺張祚，立耀靈弟玄靚，改元大始。

段龕（龕音坎，晉鎮北將軍）封公五年，龕襲燕將榮國於狼山敗之。因予燕王儁書，謂其作為不妥，不應稱帝，所謂「抗中表之儀，非其稱帝」。（按：慕容儁與晉鎮北軍段龕，有某種血緣關係，龕故云。）司馬儁十分氣惱，燕元璽四年，以太原王恪為大都督，擊段龕。

右軍王羲之辭官歸。

殷浩率軍北伐，王羲之特寫信勸止，不聽。結果無功而返。浩復欲北伐，王羲之又很誠懇的寫信給浩說：國家到了這步程度，人人都很難過，但這已是很久的事了，在位的人，誰不想打開這個困境，雖各有高見，卻沒有一個有成效的。卒致軍破於外，財竭於內，不要說中原，即「淮」尚且難保，能夠維持長江以南，澄明吏治，省刑薄稅，與民更始，必自強，而後始可解倒懸之急。閣下以布衣（言其非王公貴冑，朝中無強力的後援、沒有靠山），而獨任天下之重，結果一而再、再而三的損兵折將，恐怕當朝諸公，無人肯與共負失敗之責者。如果還以為前次因為顧慮欠週，致有所失，希望再來一次，以補前衍，恐怕閣下會弄得宇宙雖廣，亦難有自容之所了。

又與會稽王昱牋（昱音玉）說，為人臣的，誰都希望自己能置其君於漢、唐之隆，何況遇到石趙破滅這個難逢的大好機會。但我們必先看看自己，有沒有這個

力量。如果我們自己，尚在自顧不暇的時候，雖有機會，對我們而言，也只是個畫餅而已。所謂：「今雖有可喜之會（後趙石氏的亂亡），內求諸己，所憂乃重於所喜。」檢討我們自己，求其存活之不暇，遑論其他？（自己連求生存的能力都沒有，還能奢談其他？）就實質而論，吾人僅居天下十之一，如不度德量力，憤而來與十分之九，爭一日之長短，不亡不休，不就是孟子所說的「緣木求魚」嗎？此種情形，為人所共知、痛心嘆悼而莫敢言者。希望殿下先把「不可勝」的基礎打好，暫時不談虛遠的未來，先解救自己的燃眉之急，抱必死的決心，所謂以圖亡求存，轉禍為福也。昱不以為然，不從。

從以上王羲之對殷浩與會稽王昱的建言中，吾人當已了然於東晉朝野的一般概況，朝中的驕兵悍將，只知殘民以逞的對外用兵，為自己打品牌、打「知名度」，擴充其勢力，爭權奪利，至於謀國利民之大計與人民疾苦，概非所問。有識之士之無奈，既不能與國家共存亡，則惟有辭官「歸去來兮」！優遊山水，苦中作樂之一途，當然較身居一人之下、萬人之上、操天下生殺大權之李斯，與胸懷雄才之陸氏（機）兄弟高明多了，李白詩曰：「陸機雄才豈自保，李斯稅駕苦不早，華亭鶴唳詎可聞，上蔡蒼鷹何足道？」之嘆！（陸機臨刑，有華亭鶴唳，詎可聞乎之嘆！李斯臨刑，謂其欲駕蒼鷹，驅黃犬於上蔡東門外，而不可得也。）

涼宋混、張瓘殺張祚，立耀靈弟玄靚，改元大始。

涼王張重華稱晉閏朔（用晉年號，即表示自己為晉臣之意）。重華卒，子曜靈

立，年幼。重華庶兄祚篡立（庶兄，同父異母兄），自稱涼王，立子太和為太子。太子暴戾無道，淫虐嗜殺，致上下怨憤。河州刺史張瓘勢力強大，祚惡之，遂使索孚代瓘守枹罕（枹唸膚）。瓘斬索孚，起兵擊祚。傳檄州郡，復立曜靈，將軍宋混合萬餘人以應之，祚殺曜靈。軍至姑臧，瓘弟琚開門納之，復立靈弟元靚為主。祚眾叛親離，軍士皆不戰，遂被殺，涼復稱晉建興四十三年。時元靚始七歲，瓘至推靚為涼王，瓘自為都督中外諸軍事、尚書，以混為尚書僕射。

燕南攻晉不利。秦苻健卒，子生繼。

燕王儁以段龕方強，春正月太原王恪，引兵濟河，段龕率眾三萬逆戰，恪大破龕於淄水。

秦主苻健生子，名曰「生」。「生」，生而叛逆，桀驁不馴（必然豺狼之聲），健及其父，皆欲殺之，健弟雄止之曰：「兒長自應改（持此說者，莫不失敗），何以冒然殺之？」健卒，子生即位。

按：「兒長自應改。」晉武帝欲廢其太子妃賈氏，賈充的同黨們，也同樣對司馬炎講過「妃尚幼，長自好。」同樣的話。卒使天下大亂，亙三百年。秦則天災人禍頻仍。四月，長安大風拔樹，宮中驚擾，或稱賊至，宮門晝閉五日，結果未見有賊，生追查說有賊者刳出其心；自潼關至長安，虎狼白晝盤踞道路噬人，夜則破屋入宅，不食六畜，專務食人，生則謂：野獸饑則食人，飽則自止，有什麼大驚小怪的。秦亦幾亡。

天下事無獨有偶，涼王「祚」與秦主「生」，堪稱寶一對，二人皆孔武有力（生能力舉千鈞，手格猛獸，走及奔馬），殘酷不仁；暴虐嗜殺，屠戮忠良，毫不留情等處，皆十分相似。如祚欲發兵，攻其屬將張瓘，張掖人王鸞識陰陽，告祚出師大凶不利。祚非但不聽，並將王鸞族滅。秦主生父喪未葬，居喪中，公卿以下，至於僕隸，凡五百餘人被殺。更向前推如劉淵、劉耀；石勒、石虎、秦王苻生等，莫不嗜殺如狂，是否漢人之基因，與各邊疆民族，混合產生變種，如植物之雜交，所產生新品種然？

丙辰，噬嗑。

西元356年。東晉穆帝聃永和12年，民元前1556年。

晉桓溫敗姚襄軍于伊水，復得洛陽。秦苻生改元壽光。

姚襄攻周成於洛陽，踰月不克。長史王亮諫說：「頓兵堅城之下，危亡之道也。」把我們的軍隊窂困於難攻的堅城之下，時久則軍老兵疲，是非常危險的，應趕快脫離戰場，姚襄不從。

晉野心將領桓溫，每每提出還都洛陽，修復陵園的主張，朝廷十分頭痛。便給他一個進攻姚襄的任務。於是桓溫自江陵北伐。首攖其鋒的，便是包圍洛陽的姚襄。

永和十二年秋八月，桓溫首先令其督護高武，進據魯陽（今河南省，南陽至洛

陽之間的魯山）。輔國將軍戴施屯河上（洛陽西南之河邊上），桓溫率大軍繼進，與僚屬登平乘樓（即船樓），瞭望中原，嘆曰：遂使神州陸沈、百年丘墟，王夷甫（指王衍等）諸人，不得不任其責。（說衍等尚清談，不恤王事，以致中原喪亂，夷狄亂華也，即所謂清談誤國。）姚襄精銳盡出，伏於伊河北岸之茂林中（按：伊水本由南而北，出龍門後即轉而向西，溫據南，襄伏精銳於伊水北岸叢林中），溫親上陣，大敗姚襄於伊水。洛陽圍解，周成出降。溫修復陵園，置守而歸。

丁巳，隨。

西元357年。東晉穆帝聃升平元年，民元前1555年。

晉改元升平，帝加元服，王彪之為左僕射。燕改元光壽，自中山徙都鄴。秦苻生虐用其人。雄子堅殺生代立，去帝稱天王，改元元興，以王猛、呂婆樓、彊法、梁平老為之輔。

秦王苻生（前已言之），在歷史上的知名度，雖然十分渺小，非涉獵五胡十六國史，少有知其人者。其暴虐嗜殺之程度，即歷代暴君中，亦所罕見。少時生父健與其祖，即因生性狂悖，以為「不早除之，必滅吾家」，即欲殺之。賴其弟雄「兒長自應改」之一言，卒不了了之。健卒，生即位，大赦改元，羣臣以為其父喪未踰年而改元，於禮不合。生怒便把建言者段純殺了。

丞相雷弱兒剛直不阿，以趙韶、黃榮亂政，欲誅之。二人譖於生，生殺弱兒及

其九子、二十七孫。諸羌皆生離心。

苻生父死，生於諒陰期間（父喪，一般人服孝期中，稱守制，帝王稱諒陰），即遊飲自若（吃喝玩樂，無所不為），帶刀露刃，以見朝臣。錘、鉗、鋸、鑿，凡可害人之具，備置左右，即位未幾，后妃公卿至僕隸，凡殺五百餘人。截脛、拉脅、鋸項、刳胎者比比。

適有天變，佞幸強國等言於生，謂天譴甚重，宜以貴臣應之，遂以司王墮應之。

生與群臣宴飲，有坐而未飲者，乃引弓射殺之，群臣莫敢不醉，卒滿地醉鬼，摘冠解衣，醜態百出，生大悅。

時，潼關至西安間，虎狼食人，白天遊走道路，夜則則破人家屋，不食六畜，專務食人，已食七百餘人。人民不敢耕作，相聚自保。秦主生的看法是：「野獸饑則食人，飽當自止。上天豈有不愛民之理，因為犯罪人太多，牠們是來助我消除壞人的。」

生夢大魚食蒲（河畔所生茭白筍、蒲葦之類）；又長安市有童謠謂：「東海大魚化為龍，男皆為王女為公。」生即誅殺太師廣寧公魚遵和其七個兒子、十個孫子，因太師廣寧公姓魚，與魚有關，犯了生的忌諱。

金紫光祿大夫牛夷，看到這種情形，知道大禍隨時即可降臨，因之請求調往荊州。生不准，牛夷回到家中，愈為憂懼，便自殺了。

三月秦主生，動員三輔（長安附近三個地方）老百姓修治渭橋，光祿大夫程肱諫說，民力如用不以時，便會有妨農事，生殺之。

夏四月，長安城中突起怪風（如現在所見之龍捲風），拔樹拆屋，秦宮驚擾，某宮人謂小心有賊進來，即將宮門封閉了五六日，結果未有賊來，生即刳宮人之心。左光祿大夫強平諫說：天降災異，陛下當愛民、事神，緩刑、崇德，庶可消弭災害於無形。生大怒，遂鑿其頂而殺之（古之黥刑，即鑿刑之一種，繫其頂，或係即打開其頭蓋骨而後殺之）。

廣平王黃眉、新興王飛、將軍鄧平以平太后之弟，叩頭固諫，生不聽，太后以憂卒。生飲酒無分晝夜，或數月不出，或申、酉（下午四至六時）視朝，酒中決事多有所失，左右因以為奸。

因其生而獨眼，故特別諱言殘、缺、偏、隻、少、無、不具等字，誤犯而死者，不計其數。或剝人面皮，使之歌舞。

又嘗問其左右，人民對執政的意見。或謂刑罰稍有所過。生大怒，謂其謗己，即殺之；他日又問：說天下太平，人民安樂，則又謂其媚己，亦殺之。勳舊親戚誅之殆盡。太后強氏以憂卒。

秦主生感覺自己的皇帝幹得很委屈，便下詔說：他是奉上帝之命來當皇帝、君臨天下的。自登極以來，幹得很好，為什麼天下人都反對我？我殺人還不到一千，便說我殘虐，反對我，大街上你擠我，我擠你，那麼多人，卻不見少了誰？好像大

家都沒有看見一樣，一點也不覺奇怪？看來我還要再多殺個幾來才是。這是什麼理論？

秦主生因睡前食棗多，翌日生病，召太醫診療，醫謂陛下無病，因食棗多之故。生大怒說你又不是聖人，怎麼會知道我食棗太多呢？遂殺之。

太白入東井，秦有司奏說：太白是罰星（凶險的兵災之星），東井應秦地之分，京師必有暴兵之亂。秦主生則謂：「太白入井，當然是渴了來喝水，有什麼大驚小怪的！」

太史令康權，建言秦主生說：「昨夜三月並出，孛星入太微，連東井，自去月上旬，陰沈不雨至今，將有下人謀上之禍。」生怒，以為妖言，撲殺之。

嗜殺者，人恆殺之。生欲殺苻堅，堅驅兵攻生，生眾皆棄械不戰，卒被堅所弒，時年二十三歲。秦換了新主苻堅。去帝號，改稱天王。

戊午，无妄。

西元358年。東晉穆帝聃升平2年，民元前1554年。

晉將馮鴦以眾入于燕，燕拔晉上黨。

晉永和十一年，上黨人馮鴦，逐燕太守段剛，據安民城，自稱太守，遣使降晉。之後又附於張平。又自歸于燕。史所謂：「燕拔晉上黨」。既而鴦復叛燕，燕司徒王平討之，不克。

按：張平本為秦大將軍、冀州牧，來降。晉拜並州刺史。據新興、雁門、河西、太原、上黨，上郡等地，夷、夏三百萬餘戶。

己未，明夷。

西元359年。東晉穆帝聃升平3年，民元前1553年。

晉伐燕不利，燕敗晉于東阿。秦改元甘露，以王猛為中書令。

八月，泰山太守諸葛攸，將水陸二萬擊燕。燕慕容評帥步騎五萬，戰於東阿（今山東），攸軍大敗。冬十月召令謝萬軍於下蔡、郗曇（讀遲覃。姓郗，名曇）軍於高平，矜豪傲物、以嘯詠自高，不恤士卒，大失眾心。適曇因病退屯彭城，萬疑曇係驚懼於燕軍、怯敵而退，遂亦欲退，眾不知軍情而驚潰。詔廢萬為庶人；降（讀降落之降）曇號建武將軍。於是許昌、潁川、譙、沛諸城，皆沒於燕。

桓溫率領十萬大軍北伐中原，一舉入關，至灞上而止，按兵不進。一個衣服襤褸的年輕人，來見桓溫，一面翻開自己的破棉襖捉蝨子，一面與桓溫侃侃而談天下事，傍若無人，不把東晉十萬大軍的總司令放在眼裡，其對天下大事、當前情勢，分析得十分透闢，即史所謂之「王猛捫蝨談天下事」。

桓溫十分驚奇，謂秦州尚有如此一號人物！對天下大勢瞭如指掌，直如當年諸葛孔明與劉玄德之隆中對，逾越常人。溫謂：我奉天子命，將兵十萬，來為百姓除害，三秦豪傑，未見來歡迎我者，是何道理？王猛說：「公不遠數千里，深入敵

境，長安近在咫尺，公卻按兵不渡灞水，眾皆不悉公意，所以不來。」溫嘿然無以應。溫隨嘆說：「江東無卿比者！」因擬請猛做其高級軍事顧問，同還，猛辭不就。

按：桓溫北伐之目的，即在規復長安，今長安垂手可得，而溫卻按軍灞水而不前，遂引起天下惑疑，桓溫出師之目的？本無意於弔民伐罪，收復國土，只是向其江東君臣來表演，以顯示其實力，提高其地位與聲勢而已。

溫與秦丞相雄等戰於白鹿原、不利，死萬餘人，（十萬大軍損十分之一強。）溫原寄望以秦麥為軍食，乃秦人以堅閉清野法，盡芟刈新麥，溫軍乏食，六月徙關中三萬戶而歸。

秦改元甘露，以王猛為中書令。

秦東海王苻堅，以王猛為中書令。

秦王苻生，荒淫無道，苻堅十分憂心於秦國的前途，問計於尚書呂婆樓，婆樓告堅，自己已是刀鐶上人，朝不保夕，早晚要被苻生所殺。同時自己的才能有限，不能幫辦大事，因推介其鄉人王猛，苻堅遇猛，方之為劉玄德之遇諸葛孔明，遂以猛為中書令。

庚申，賁。

西元360年。東晉穆帝聃升平4年，民元前1552年。

晉仇池公楊駿卒，子世繼。燕慕容儁卒，子暐繼，改元建熙，慕容恪為太宰，專政；慕容評為太傅；慕容根為左師；慕容垂為河南大都督。根作逆伏誅。

春正月，燕主儁於鄴，舉行盛大閱兵，欲令大司馬恪、司空陽鶩將之攻晉。適慕容儁暴病而亡，太子暐即位，年十一，大赦，改元建熙。

燕左師慕容根，個性直而強，自恃先朝勳舊，心不服恪，而欲為亂。因說恪取而代暐，恪罵根酒後狂語。根又告燕主暐，太宰恪與太傅慕容評欲為亂。暐言太傅、太宰忠貞絕無問題，欲造反者恐怕是左師你自己吧？之後根又因思念故土，鼓動暐遷都，恪與評乃謀誅之。

辛酉，既濟。

西元361年。東晉穆帝聃升平5年，民元前1551年。

晉穆帝終，立成帝子琅琊王丕，是謂哀帝。

壬戌，家人。

西元362年。東晉哀帝丕隆和元年，民元前1550年。

晉改元隆和，燕師攻晉洛陽。

燕呂護攻洛陽，河南太守戴施奔宛，陳佑告急。五月丁巳，桓溫遣庾希及竟陵

太守鄧遐，帥舟三千人助估守洛陽。

桓溫上疏遷都洛陽，把當年隨來江東者，無論人、物，一皆令悉復還中原。朝野皆知桓溫在胡說八道、夢囈醉語，朝廷根本無此能力與必要，甚焉者，此舉無異於俗諺所謂之「肉包子打狗」，委朝廷於諸胡之吻中，所謂「垂餌虎口」者，置朝廷於有去無回之絕境。但懾於桓溫之淫威，即朝廷亦不敢有所異議，何況群僚？散騎常侍孫綽，上疏持反對意見。直接了當，很明白坦誠的說：晉遷來江東之所以倖存至今者，不是我們三軍的戰鬥力強，而是賴於長江天塹。六十餘年來，河洛坵墟，中原蕭條，倖存江東者，皆老子長孫（如民國三十八年播遷來臺類，亦皆老子長孫，亡者比比），亡者坵隴成行，五位先皇陵寢，是一起遷走，還是丟下不管，任其成為孤魂野魄？再說，讓民眾拋棄其辛苦經營、植根數十年的棲身之所，重新扶老攜幼、萬里跋涉，回到所謂的「習亂之鄉」，鬼哭、狼嚎、梟鳴的殘破之域，重新再來建立其不可預知的家園。人民會是怎樣的心情和感想呢？

朝廷憂懼，不知所出，擬使人與溫疏通。倒是揚州刺史王述，早看穿了桓溫的技倆，說溫只是虛聲恫嚇，來威脅（嚇唬）朝廷，絕非是來真的。現在可一切從他，自然無事。於是朝廷便也與桓溫耍了一個滑頭，堂而皇之的下詔書給溫說：自中原板蕩，夷狄交侵，眷言四顧，慨嘆盈懷，知欲率三軍，蕩滌氛穢，廓清王畿，光復舊京，非忘身忘家，乃至俱有以身殉國之志者，是辦不到的，凡有關規復中原之一切，悉委之高明，萬事勞神費心了。

結果溫果然說說算了，再無遷洛之議。

癸亥，豐。

西元363年。東晉哀帝奕興寧元年，民元前1549年。

晉改元興寧。桓溫為大司馬，假黃鉞，都中外諸軍事。北伐涼。張天錫殺玄靚代立，元太清燕將慕容評攻許昌。

興寧五月，加征西大將軍桓溫侍中、大司馬督都中諸軍、假黃鉞、錄尚書事、……桓溫已經準備接收東晉政權了。

溫以撫軍將軍司馬王坦之為長史（王述子），以征西椽郗超（郗唸癡）為參軍，王珣（王導之孫）為主簿與謝安，桓溫氣概高邁，每與長史超言，自謂其深不可測，傾身待之。珣與謝，皆為溫椽，溫俱重之，曰：「謝椽年四十必擁杖節；王椽當作黑頭公，皆未也。」

甲子	大過	帝食餌有疾 太后稱制
乙丑	鼎	洛陽陷於燕
丙寅	恒	晉帝奕會稽昱為相
丁卯	巽	
戊辰	井	抗秦晉二國抗衡天下
己巳	蠱	晉桓伐燕不利
庚午	升	秦王猛滅燕
辛未	訟	晉桓溫廢君立昱
壬申	困	簡文帝昱終
癸酉	未濟	晉孝武帝桓卒謝安專制

甲戌 解	乙亥 渙 秦王大將猛卒	丙子 蒙	丁丑 師	戊寅 遯	己卯 咸	庚辰 旅	辛巳 小過 晉桓	壬午 漸	癸未 蹇 秦伐晉謝安大敗秦師淝水
甲申 艮 後晉慕容垂後秦姚萇	乙酉 謙 晉復洛陽秦苻堅歿于姚萇	丙戌 否 魏道武帝拓拔珪	丁亥 萃	戊子 晉	己丑 豫	庚寅 觀	辛卯 比	壬辰 剝	癸巳 復

經世之寅二千二百四十七（世），咸六二變大過。

甲子，大過。

西元364年。東晉哀帝丕興寧2年，民元前1548年。

東晉哀帝餌丹有疾。太后稱制，燕入寇洛陽。

晉哀帝相信方士的話，斷穀餌藥，欲求長生，侍中高崧諫說：這不是萬乘所宜為的，讓國人看到，十分不妥。沒有幾天帝便毒發，不能臨朝。太后稱制，臨朝攝政。

按：長生之說，自古有之。儒家以立德、立言、立功為三不朽。孔曰成仁，孟曰取義，是精神人格的長生；佛氏則以凝聚精神，覓得無上菩提；道家清靜無為，

其旁門則有所謂服食、煉丹、辟穀之術，但不少淪入左道。秦始皇，上了徐福的大當，騙了五百童男女，逃往東海，再沒有回來，不知所終。漢朝張良的辟穀，追赤松子遊。豈非藉以遁世，免步韓信後塵，功成不居，飄然塵外，借赤松子以避世而已。（按：二十餘年前，國人頗有以斷食養生者，因而致疾，甚且喪失其生命，可謂愚之至者。）高崧之諫，誠不欲其君被方士愚弄，在萬民之前出醜。帝卒不悟而亡。

朱氏隱老以為：丹並非不可餌，但必「林居、谷飲，無求於世者，而後可以餌之」。意即丹可服，但必須清心寡慾，像伯夷叔齊，在首陽山一樣，所謂「林居、谷飲，卜居於山林之中」，飲山泉、食松子的生活情形下，始可以言餌丹。

乙丑，鼎。

西元365年。東晉哀帝丕興寧3年，民元前1547年。

晉哀帝終於餌丹，毋弟瑯琊王弈立。

興寧三年，哀帝毒發而逝，無嗣。皇太后詔以奕承繼大統。

洛陽陷於燕。

山雨欲來風滿樓。燕太宰恪將取洛陽，先遣人招納士民，遠近士民皆歸之。使司馬悅希軍進駐孟津，豫州刺史孫興軍成皐。將洛陽形成鉗形攻勢。洛陽守將陳祐，眾不過兩千，有沈徑者，乃是罪犯家屬，革除軍籍，永不錄用者。以燕攻洛甚

急，詔補冠軍長史，自募壯士千餘人以行，勁屢以少破燕眾。時洛陽已糧盡援絕，岌岌可危。祐自以為洛陽必不能守，乃以救援許昌為名，留五百人予勁守城，祐即離洛，開往許州去了（洛陽守軍三千，勁一千人，及燕軍來逼，祐率其六分之五，勁只有五百人）。勁見祐棄洛而去，不但毫無憂慌恐懼之感，反而十分欣喜高興，心想自己終有了以身殉國的機會，為其父洗刷了叛國的罪名（勁所求者乃死得其所之機會，而非是能確保洛陽，勁很明白洛陽必不能守）。司馬溫公謂勁：「恥父之惡，致死以滌之；變凶逆之族，為忠義之門。可謂能子矣。」但如果能夠不死，而洛陽亦能保全，其情形又當如何？

按：勁父沈充晉明帝太寧二年，參與王敦叛亂，晉明帝許充以司空，不受。率先攻入皇宮，建康兵敗，誤入其舊部吳儒家，為儒所殺。

司馬勳以梁州叛，稱王成都王。

梁州刺史司馬勳，為政酷暴，無論其部屬將佐或州內豪右，一言忤意，即梟斬於座，或射殺之。常有以蜀自立之意，因懼益州刺史周撫，不敢發，及撫卒，遂以梁州叛，稱王成都。

秦改元建元。匈奴二右賢王以朔方叛，平之。

秦苻堅改元建元年，春燕略地至崤澠，關中大為震驚、堅屯陝備之。夏匈奴曾轂、劉城衛辰皆叛，轂寇杏城，堅自討之，轂請降。

丙寅，恒。

西元366年。東晉帝奕太和元年，民元前1546年。

晉改元太和。會稽王丞相。燕、秦入寇。

朱序、周楚擊司馬勳，破之，擒司馬勳及其黨，溫皆斬之。

涼張天錫受晉命大將軍，都督隴右。燕拔晉魯郡，秦拔晉南鄉郡。

秦輔國將軍王猛、前將軍楊安等，率眾兩萬寇荊州，攻南鄉郡。荊州刺史桓豁救之，秦軍掠安陽民萬餘戶而還。

丁卯，巽。

西元367年。東晉哀帝奕太和2年，民元前1545年。

燕攻晉竟陵，秦攻晉涼州。

戊辰，井。

西元368年。東晉哀帝奕太和3年，民元前1544年。

秦苻雙以上邽叛，苻柳以蒲阪叛。王猛悉平之。

秦淮南公幼反，征東大將軍并州牧晉公柳；征西大將軍刺史趙公雙與之通謀。

秦王堅以雙母弟至親、健之愛子，隱而不問。柳、雙又與鎮東洛州刺史魏公庾，安西將軍、雍州刺史燕公武謀作亂，鎮東主簿姚眺苦諫，柳不之理。堅聞之，徵柳等

詣長安，冬十月柳據蒲板，雙據上邽、庾據陝城、武據安定，皆舉兵反，堅以理諭之，皆不聽，王猛悉平之。

己巳，蠱。

西元369年。東晉哀帝奕太和4年，民元前1543年。

晉大司馬桓溫，北伐燕不利，歸罪袁真，袁真以壽陽入于燕。

己巳四月大司馬桓溫率徐、豫、兗三州刺史、五萬餘眾伐燕，六月至金鄉，天旱水絕，使將軍毛虎生鑿鉅野三百里，引汝於清，以便引舟自清入河，舳艫數百里以壯王師聲勢。參軍郗超以為：引清入河，難以通運，若寇不戰，運道必絕，因敵為資，復無所得，此危道也。不如舉眾趨鄴（攻其根本，根據地），彼必望風逃潰，北歸遼碣。若能出戰，則事可立決，若恐勝負難分，則莫若頓兵河濟，控引漕運，俟資儲充備，來夏乃進，捨此二策而連軍北上，進不速決，退必愆乏，若待至秋冬，大軍所憂者，非特無食而已，溫不從。燕使慕容垂拒溫，又求救於秦，燕斷溫糧道，溫聞秦兵將至，遂焚舟車、鎧甲、輜重，鑿井而飲，行七百餘里，燕騎躡其後，追及斬首三萬餘級，秦邀擊溫又敗之。溫深恥連敗，乃歸過於袁真，真表溫罪狀，朝廷不置可否，真遂據壽春叛降於燕。

庚午，升。

西元370年。東晉哀帝奕太和5年，民元前1542年。

晉壽陽袁真卒，子瑾繼，桓溫敗瑾於壽陽。廣漢及成都寇亂，王猛滅燕於鄴，徙慕容暐于長安。收郡五十七，猛留鎮鄴。

二月，袁真卒，子瑾代領其眾，桓溫攻袁瑾於壽陽，燕救之未果。

六月秦王猛伐燕，燕王暐命太傅評，率中外精兵三十萬以拒之，畏猛不敢發，壺關遂陷，燕自六年，慕容廆據遼東，至皝稱王，儁暐稱帝，凡四世八十六年而亡。

辛未，訟。

西元371年。東晉哀帝奕太和6年，簡文帝昱咸安元年（十一月始咸安），民元前1541年。

晉桓溫平壽陽獲袁瑾以歸。廢其君為海西王，立會稽王昱，改元咸安，是為文帝，溫稱丞相，鎮姑孰，專制。殺太宰武王晞、新蔡王昇，仍降海西王為公及害其二子與母。

己巳，桓溫伐燕，大敗於枋頭，威名大挫。乃廢帝為海西公，立會稽王昱，是為簡文帝，號咸安，桓溫自為丞相，大權獨攬，成為東晉惟一的當家人。

壬申，困。

西元372年。東晉簡文帝昱咸安2年，民元前1540年。

晉命百濟餘句為鎮東將軍，領樂浪太守。

春百濟餘句，遣使入貢於晉，詔拜樂浪太守。

庾希、庾邈，以海陵叛，入於京口。

庾希、庾邈與故青州刺史武沈之子遵，聚眾夜人京口城，晉陵太守卞眈，踰城奔曲阿，希詐稱受海公密旨，誅大司馬溫。建康震擾，內外戒嚴，卞眈發諸縣兵二千人擊希，希閉城自守。溫遣人討斬之。

文帝昱終，子曜嗣，是為武帝。桓還姑孰。

甲寅帝不豫，一日一夜，四詔溫，溫皆辭不至。太子即位，是為孝武帝。

秦王猛平慕容桓於遼東，滅仇池公楊纂于秦州。

癸酉，未濟。

西元373年。東晉孝武帝昌明寧康元年，民元前1539年。

晉改元寧，大司馬桓溫卒，太后稱制。王彪之為尚書，謝安為尚書僕射，專制。

二月大司馬來朝，帝使吏部尚書謝安，侍中王坦之，迎於新亭。都下人情恟恟，或云欲誅王、謝而簒晉等，流言四起，溫至，百官拜於道側，有名位者皆戰慴失色，祖之流汗沾衣，倒執手板，安從容就席，謂溫曰：安聞諸侯有道，守在四

鄰，明公何必壁伏刀兵，如臨大敵？溫命撤之，與安笑語終日。溫病重時，希望天子予以九錫之封，安與坦之，知溫將死，故意延宕，以至溫卒，終不之予。安與坦之盡忠輔衛，卒安晉室。

甲戌，解。

西元374年。東晉孝武帝昌明寧康2年，民元前1538年。

晉桓石破秦軍於墊江。張育稱王于蜀，秦復平之。

夏五月，蜀人楊光、張育起兵擊秦，遣使請兵，益州刺史竺瑤、威遠將軍桓石虔，率眾三萬攻墊江，姚萇兵敗，退屯五城。姚石虔屯巴東，張育自稱蜀王，秦皆平之。

乙亥，渙。

西元375年。東晉孝武帝昌明寧康3年。民元前1537年。

秦大將軍王猛卒。

王猛將卒，苻堅訪以後事。猛曰：晉正朔相承，上下安和，勿以為圖。

按；猛有兩種思考，一者惜戰惜民，二者眷顧江東之「正朔相承」，王猛建言其首號大敵，應是鮮卑，當多留意，苻堅在這方面，似乎所理解的不很深，一旦失去王猛，自己的柁，便把握得沒有那麼穩妥了。疏失時生而不悟，卒致步上破軍亡

國之一途。

丙子，蒙。

西元376年。東晉孝武帝昌明太元元年，民元前1536年。

晉改元太元。加元服，太后委政桓沖，谿為將軍，謝安為尚書監、錄尚書事。秦滅前涼，敗張天錫于姑臧；又平朔方，獲拓拔什翼犍，徙之長安。

晉在政治上，已漸脫離虎腦，擺脫梟雄悍將的廢立，篡竊，戰戰兢兢，朝不保夕的生活。苻堅無時無刻不在夢想著他統一天下的霸業雄圖，黃袍加身的美夢。一天不征戰，便像似失去了生命力一樣的可憐蟲。

丁丑，師。

西元377年。東晉孝武帝昌明太元2年，民元前1535年。

秦、晉二國，抗衡天下。

觀四夷六十二國，修貢於秦，秦苻堅躊躇滿志，秦、晉抗衡云者，思過半矣。

散騎常侍王彪之卒。

戊寅，遯。

西元378年。東晉孝武帝昌明太元3年，民元前1534年。

晉作新宮。

丁丑，王彪之卒，晉二月作新宮，秋七月成。

初謝安欲增修宮室，王彪之以為：「寇敵方強，豈可大興工役，勞擾百姓？」謝安以為宮室簡陋，後世以為我們無能。王彪之謂：「凡任天下之重者，當保國寧家，使政治修明，百姓安樂，豈以修屋為能耶？」謝安無以對，故終彪之之世，無所營造。

己卯，咸。

西元379年。東晉孝武帝昌明太元4年，民元前1533年。

晉敗秦軍于淮南，秦拔晉襄陽。

秦晉抗衡，成對峙之局。晉敗秦軍于淮南，秦拔晉襄陽。看似平分秋色，實則晉輸得很慘。

朱序為襄陽太守，秦每進擾，皆被序擊退，序以屢戰屢捷，以秦無舟檝，無所作為，遂不設備。既而秦將石越帥騎五千，浮渡漢水，序固守中城，石越克其外城；獲舟百餘艘，以渡其眾。遂執序以歸。

庚辰，旅。

西元380年。東晉孝武帝昌明太元5年，民元前1532年。

晉李遜以交趾叛。秦苻洛以和龍叛。

晉李遜以交趾叛，明年七月，交趾太守杜瑗斬平之。

秦征北將軍，幽州刺史行唐公苻洛，是個力大無窮的悍將，戰功九彪炳，求開府不得，十分怨憤。遂以和龍叛秦，自稱大將軍、大督都、秦王，封官任職，被封者皆不接受，未幾即被堅消滅。

辛巳，小過。

西元381年。東晉孝武帝昌明太元6年，民元前1531年。

晉謝石為尚書僕射，桓石攻秦有功。四夷六十二國，修貢於秦。

晉以謝石為尚書僕射。

秦荊州刺史都貴，遣其將閻振，吳仲，帥二萬眾寇竟陵。晉桓沖遣其二姪，南平太守桓石虔、衛軍參軍桓石民，帥水陸二萬拒之，大破之，振、仲退保管城。石虔攻破管城，獲振、仲，斬首七千級，俘萬人。封仲子為宜陽侯，以桓石虔領河東太守。

東夷、西域六十二國，修貢於秦。修貢即進貢，以示對秦帝之忠。

壬午，漸。

西元382年。東晉孝武帝昌明太元7年，民元前1530年。

斯年五月，幽州蝗生，廣袤千里，堅發幽冀青并民撲滅之。

按：抗戰二三年前，筆者在故鄉目睹蝗蟲避日之情形，蝗蟲所過之處，唯聞沙沙之聲，蝗過之後，農作物如剪草機剪過一樣，即樹葉亦悉聊如霜晨。蝗飛皆雌雄交媾而飛，翌年春蝗蝻之多，遍地盈達尺餘之厚，鄉人掘壕，以堆土機掩埋之。

唯所奇者，蝗蟲所至之處，即日軍所到之處，即一村一鎮，乃至一道之隔，莫不皆然。故鄉人皆謂日軍為蝗軍。

癸未，蹇。

西元383年。東晉孝武帝昌明太元8年，民元前1529年。

晉伐蜀，敗秦軍於武當。

夏桓沖帥眾十萬伐秦，攻襄陽沔北諸城。輔國將軍楊亮，攻蜀拔五城，進而攻涪（音浮）城，鷹揚將郭銓攻武當，六月沖別將攻萬歲、築陽拔之（築音逐）。郭銓及桓石虔，敗秦軍于武當，掠二千戶以歸。

秦王堅遣慕容垂等來救，進臨沔水，桓沖退屯沔南。垂夜令軍士，人持十炬，繫於樹枝，光照數十里，沖懼，退還上明（上明城，桓沖所築，位於宋松滋縣）。自領江州刺史。

淝水之戰。

秦苻堅舉國南伐，晉謝安帥謝琰、謝玄，桓沖、桓伊，大敗秦師於淝

水。秦苻堅喪師壽春，苻融歿於戰，諸將咸叛。

秦王堅對伐晉，蓄意已久，作戰準備工作，大致完成。乃大會諸臣於太極殿，自謂「承業已三十年，唯晉未霑王化！（苻堅儼然以中華正統自居）秦步騎兵力，已達九十七萬，欲親往討之如何？」

阿諛者（如祕書監朱肜等）咸以為大軍一出，晉主不啣璧來降，即逃命天涯，此千載一時之功也。堅大喜，這正是苻堅最希望聽到的；或以為「晉雖微弱，但無大惡，又有謝安、桓沖等一般人傑，君臣輯睦，上下同心，未可圖也」。堅聽了十分不悅，自以為昔之夫差、孫皓，皆保據江湖而亡。現在以吾軍之眾，投鞭於江，足以斷流，江河之險，如何可恃？大家討論不出結果，苻堅以為：與此等人語，無疑築籬於途。遂單獨與陽平公苻融密談。融以為伐晉有三不可：一則，南朝無釁；再則，我數戰兵疲；三則，民有畏敵之心。群臣言不可伐者，皆忠臣也，願陛下聽之。苻堅非常不爽，說：「連你也如此說，那還有甚麼指望的？我有強兵百萬，輜重如山；再者我雖非天下令主，但亦非泛泛，今乘累捷之勢，擊垂亡之國，何患不克？豈可留此殘寇，長為國家之憂哉？」

融含淚說（啥稅）堅：「凡人皆知，以秦之力，滅晉是不可能的。晉不可滅，已昭然甚明，今勞師大舉，恐無萬全之功。非獨此也，鮮卑、羌、羯，皆吾之深仇，陛下寵育之，使佈滿京畿，太子幼弱，臣懼有不虞之變，生於腹心、肘腋，則後悔莫及矣！吾言誠不足採，陛下嘗比王猛如諸葛孔明，猛臨終叮囑陛下，晉不可

伐之遺言，應還記得？」

按：猛臨終，謂秦王堅：晉雖偏處江南，然正朔相承，上下安和，臣死之後，願毋以晉為圖。鮮卑、羌，終為人患，宜漸除之，以安社稷。

堅不聽。朝臣苦諫，堅不但不理，還非常自負的說：「以秦伐晉，猶疾風掃落葉耳，而你們卻都說晉不可伐，誠令人不解。秦滅六國，六國之君，豈皆暴虐不道者乎？」

京兆尹慕容垂（鮮卑人）卒謂堅曰：「弱併於強，小併於大，乃天地自然之理勢，人人知之。陛下神武英明，韓、白滿朝（韓信、白起。言秦多良將之意），江南蕞爾小國，竟敢不服王化，豈可禍遺子孫哉？當斷不斷，反受其亂。陛下斷之聖心可也。何必廣詢眾議，徒增其亂？晉武平吳，其倚侍者張、杜（張華、杜預）二、三臣而已」。

堅大悅，謂：「與吾共定天下者，獨卿而已。」（按：不如此，則堅不亡）賜帛五百匹。

堅銳意欲取江東，寢不能旦（失眠，言其失神不寧），陽平公融諫說：「知足不辱，知止不殆，自古窮兵極武，未有不亡者。」再者「吾本胡人，絕無可能做為中華正統，江東雖小，天意必不絕之」。堅說：「你不懂，帝王曆數，惟德者居之，汝之識見不如吾者在此。」

堅十分信重沙門道安和尚，群臣皆希望道安能進言勸止。道安謂堅：「得居中

土而制四維，自足比美堯舜，何必櫛風沐雨，更那麼辛苦呢？且東南卑濕，沴（音戾）氣易構，連堯舜大禹，亦去而不返，陛下何必冒天下之大不韙呢？」

堅說：「天生烝民，而使天子來保護之，我怎能因為自己的辛苦，而不去解救他們，讓他們不能被我之澤、不沐吾之王化呢？」姑不論堅之澤之化，如何偉大崇高，然而堅卻忘了苻融「胡人不可能中華正統」與王猛晉不可伐的最後遺言，與孫子所謂：兵者「死生之地，存亡之道，不可不察焉」的箴言。

秦王最愛幸之張夫人，亦力勸諫，謂：天地之生萬物，聖人之治天下，皆因能順其自然，農人種田。必因其時。《書》所謂之「天聰明，自我民聰明」。天尚因民而明，何況人乎？今朝野之人，皆言晉不可伐，陛下獨決意行之，不知陛下何所因也？諺云：「雞夜鳴者，不利行師；群犬嗥者，宮室將空，兵動馬驚，軍敗不歸。」自秋冬以來，眾雞夜鳴，群犬哀嗥，馬廄多驚，兵器自動，皆非出師之祥也（家中狗哭，軍中鬧營，今猶以為不祥之兆）。苻堅說：「軍旅之事，非婦人所當預也。」

堅幼子最得寵，亦極諫。堅謂：「天下大事，孺子安知？」

秦苻氏違犯了天下皆曰「不可」，不可為而為之的大忌。

秋八月，秦苻堅大舉入寇，發長安戍卒六十餘萬，騎二十七萬，九月至項城（豫南），涼州兵始達咸陽。其他如蜀漢兵皆順流而下，幽冀兵至於澎城。東西萬里，水陸齊進，運漕萬艘，秦兵三十萬，先至穎口（豫南）。

之。

晉以謝石為征討大都督，謝玄為前鋒都督，與將軍謝琰、桓尹等督眾八萬以拒之。

時都下震恐。玄入問計于謝安，安從容說：「朝廷已有處置。」言罷，即沈默無言，若無其事，輕輕鬆鬆的，驅車出遊山墅。親朋畢集，安與玄圍棋賭墅，安棋常劣於玄，是日玄懼，便為敵手。安遂遊陟（音知）至夜乃還。

桓沖深以根本為憂，遣精銳三千，入衛京師，安固卻之。曰「朝廷已有安排，兵甲無缺」。沖對左吏嘆說「謝安石有廟堂之量，不閑兵略，今大敵垂至。方遊談不暇，遣諸不經事少年拒之，眾又寡弱，天下事已不可知，吾其左衽矣！」

冬十月，苻融克壽陽，執守將徐元喜等，慕容垂拔鄖城，胡彬退保硤石。梁成帥眾五萬，屯於洛澗。謝石、謝玄等，去洛澗二十五里而軍，憚成不敢進。胡彬糧盡，馳使告石說：「賊盛糧盡，恐將要被消滅了。」使者為秦所獲。融馳告苻堅，賊少易擒，宜速赴之。堅留大軍於項城，引輕騎八千，兼道就融於壽陽，遣尚書朱序勸降謝石。

序私下謂謝石，若秦百萬大軍盡至，誠難與為敵，今乘其大軍未集，宜速擊之，若敗其前鋒，則彼已奪氣，可遂破也。

石聞堅在壽陽，甚懼，欲不戰以老秦師。謝琰勸石從序言。十一月謝玄遣劉牢之，帥精兵五千趣洛澗，未至十里，秦將梁成阻澗以待之。牢之直前渡水擊成，大破之，斬成及戈陽太守王詠。又分兵斷其歸津，秦步騎崩潰，爭赴淮水，士卒死者

萬五千人。執秦揚州刺史王顯等，盡收其器械軍實，於是謝石等諸軍，水陸繼進，秦王堅與陽平公融，登壽陽城望之，見晉兵部陣嚴整，又見八公山上草木，皆以為晉兵，堅謂融：「此亦勁敵，何謂弱也。」憮然始有懼色。

冬十一月謝玄、謝石大破秦兵於淝水，殺其大將苻融，大王堅逃回長安。

初，秦兵逼淝水而陣，晉兵不得渡。謝玄遣使謂融曰：「君置陣逼水，非欲速戰者。若移陣少卻，使晉得渡，以決勝負，不亦善乎？」秦眾皆曰：「吾眾彼寡，使不得上，可以萬全。」堅曰：「但移兵少卻，使之半渡，我以鐵騎蹙而殺之，蔑不勝矣。」融亦以為然。遂揮使卻（秦下令少退）。謝玄、謝琰、桓沖等，即渡水擊之（秦軍少退，兵士即以為退卻），融馳騎略陣，欲以帥退者，馬倒，為晉兵所殺，秦兵遂潰。玄等乘勝追至於青岡（去壽春三十里）。秦兵大敗，自相踏藉而死者，蔽野塞川，其走者聞風聲鶴唳，皆以為晉兵且至。晝夜不敢少息，草行露宿，重以饑凍，死者什七八。初大兵少卻，朱序在陣後呼曰：「秦兵敗矣！」眾遂大奔，獲堅所乘母車，復取壽陽。堅中流矢，單騎走至淮北，饑甚，民有進壺飧者，堅食之，賜帛十匹、棉十斤。（按：堅單人匹馬，逃命之不暇，何來帛棉？）辭曰：「陛下厭苦安樂，自取危困，臣為陛下子，安有子民飼其父而求報呼？」弗顧而去。

堅謂張夫人曰：「吾今復何面目治天下乎？」言之潸然流涕。

淝水之敗，諸軍皆潰，惟慕容垂所將三萬人獨全，堅以千餘騎赴之。世子寶言

於垂曰：「時不可失，希望不要以意氣微恩，忘社稷之重。」（意即當取則取之，勿以往日所受小恩惠，而忘其復國大業。）垂曰：「不若保獲其危以報德，徐伺其釁而圖之，既不負夙心，且可以義取天下。」遂悉以兵授堅，比至洛陽，慕容農謂垂曰：「尊不迫人於險，義聲足以感動天地，夫取果於未熟與自落，不晚旬日之間。然其難易美惡，相去遠矣！」

然而垂之親黨，無不勸垂即殺堅以復燕者。其弟奮威將軍慕容德，並批評垂，不該將其軍交給苻堅。謂垂：「秦強而併燕，秦弱而圖之。此為報仇雪恥，非負宿心也，兄奈何得而不取，釋數萬之眾以授人乎？」

慕容垂說：「吾昔為太傅所不容，逃死於秦，秦主以國士遇我，恩禮備至一；後復為王猛所賣。無以自明，秦主獨能明之二，此恩何可忘也！若氐運必窮，吾當懷集關東，以復先業耳，關西會非吾有也。」垂親黨多勸垂殺堅，垂不從，悉以其軍授堅。

苻堅淝水戰敗，西返道上，各將無不自謀，乘機以開拓新景，大有「樹倒猢猻散」之慨。

按：

一、西元三六九年晉桓溫大舉伐燕，慕容垂大敗桓溫。太后可足渾氏，素惡垂，太傅評見垂立功，尤忌其能，乃與傅太后謀殺垂，事為垂所悉，因逃之秦。

二、王猛亦欲謀垂。乃告堅謂慕容令已叛歸燕。垂聞其子令叛堅，亦懼而出走

被獲。堅十分誠懇的告垂：「遊子思鄉，乃賢子（指垂子令）之不忘本，何況人各有志。然燕之將亡，非令所能救，惜其徒入虎口耳。且父子兄弟，罪不相及，縱令歸燕，與卿何尤？何必過懼而狼狽如是乎？」堅待之如舊。

按：燕人以令叛而復還，其父水為秦所厚，疑令為反間，徙之沙城（在龍都東北六里）。

慕容垂稱王滎陽，北居山中，國曰燕，元曰燕元，是謂後燕。燕攻丕於鄴句町。翟真以行唐叛。

慕容垂潛與燕故臣，謀復燕祚。適有丁零翟斌（丁零種落名，本居中山，徙於新安，斌狄秦衛軍從事中郎，謀攻豫州牧於洛陽），起兵叛秦，秦王堅出兵討之。石越告丕（堅子）：「王師新敗，民心未安，思亂者眾，故丁零一唱，旬日之間，眾已數千，人心之浮盪，由此可見。何況慕容垂，乃燕國號召力極強之人，時有興復舊業之志，現在把兵權交給他，不是如虎添翼嗎？」丕說：「垂在鄴，如藉虎寢蛟（抱老虎睡在鯊魚背上），常恐為肘腋之變，今遠之在外，不猶愈乎？且翟斌凶悖，必不肯為垂下，待兩虎相鬥，吾從而制之，此卞莊之術也。」乃以羸兵二千，及鎧仗之弊者給垂，又使廣武將軍苻飛龍，帥精兵一千為副使，伺機以謀垂。

垂請入鄴城拜廟，丕弗許。垂潛服而入，亭吏禁之，垂斬吏燒亭而去。石越謂丕曰：「垂輕侮方鎮、殺吏燒亭，反形已露，可因而除之。」丕謂：「淮南之敗，垂侍衛乘輿，功不可忘也。」越嘆說：「公父子好為小仁，不顧大計，終當為人擒

耳。」後卒如越言。

苻丕、苻飛龍，那裡是慕容垂的對手，垂略施小計，苻飛龍即全軍傾覆，燕之舊臣與最初叛秦之翟斌等，共擁垂為燕王。

仇池公楊世入於晉。

甲申，艮。

西元384年。東晉孝武帝昌明太元9年，民元前1528年。

晉假謝安黃鉞，督都軍事，鎮廣陵，領荊江十五州，復襄陽。秦苻郎以青州降，秦苻堅來乞師，遣劉牢之救鄴。

淝水之戰，東晉上下無不憂心忡忡，大有朝不保夕之慨。謝安不但變不可能為可能，使國家轉危為安，而且竟使敵人幾乎全軍覆沒。連老將桓沖，亦以根本為憂者，竟化險為夷，令人不可思議，也讓全國人跌破眼鏡。較漢光武昆陽之戰，更富戲劇性，在中外戰史上，不能不說是個奇蹟。是軍事天才家匠心妙手的製作？抑冥冥之數之使然？然而苻堅之敗，完全犯了兵家之大忌，違背了戰爭原則，其敗也固宜。

※　※　※

朝廷假謝安以黃鉞（天子用的儀仗，即金飾之斧。皇帝特賜功勛卓著者，服用之殊榮。歷代權臣篡位，必先脅賜黃鉞可知），命安兼國防部長，總部設於廣陵，總領荊、江十五州，恢復了襄陽，秦苻郎以青州來降。

謝安雖然功勞蓋世，但安卻自我抑損，並把好的職位，讓給桓家，以免招致一族獨大之慊。晉以謝石為尚書令，進謝玄號前將軍，皆固辭不受。

大將桓沖自思，有關國家存亡、千鈞一髮的淝水之戰，自己曾以十分悲觀的態度，以為國家必斷送於謝家少不更事的娃娃兵手裡，卻不料他們竟然以四兩撥千斤的手段，輕描淡寫的，使秦苻堅潰不成軍，落荒而逃，以至於分崩離析，國已不國的局面。自己不但看錯了人，也誤判了事，更非常深責自己的失言，慚恨交集，也就一病不起了。

按：桓沖與謝安，在思想境界上，似有所差距，當苻秦以傾國之力，百萬之眾，指向江東時，晉之兵力與苻秦相較，眾寡懸殊，其對江東朝野之震懾力，必然是舉國惶惶，不可終日。謝安故示其無比之安閒與鎮靜，對苻秦號稱百萬大軍，視若無睹，如若無其事然，輕車出遊，一若往常，天下一片寧謐，而閉口不言兵。以沖淡社會緊張氣氛，自己則靜思大局，以調兵遣將，運籌帷幄。桓沖則恰恰相反，欲全國動員，進入戰備狀態，以應非常，軍事家各有境界！

苻堅淝水大敗，氐秦分崩離析：

萇稱王萬年（萬年，今陝西漢中。堅臣），國曰秦，元曰白雀，是謂後秦；

慕容沖稱王阿房（陝西渭南）；慕容泓稱王華池（陝西西安華陰）；慕容永稱王長子（今山西潞安府）；呂光稱王酒泉（居姑臧，今陝西涼州）。萇、沖兵，互逼長安。燕北伐高句驪，復遼東故地等。

按：秦王苻堅，在王猛長期的經營下，外滅強燕，內修政理，使秦夜不閉戶，道不拾遺，國力之強，大有獨步天下之勢。苻堅於躊躇滿志之餘，一心夢想作為中華正統的皇帝。王猛臨終前，秦王堅親往探猛，訪以後事。猛謂：「晉雖僻處江南，然正朔相承，上下安和，臣歿之後，願勿以晉是圖。鮮卑，我之仇敵，終為人患，宜漸除之，以便社稷。」言終而卒。

王猛乃中國人，死猶不忘晉之正朔。在王猛的看法，胡人無論國力如何強大，如欲取晉而代之，謂為中華正統，任何胡人，均無此可能。堅不以為然，自以為步騎百萬，天下無與抗衡者。孰知竟有如此不可思議之事。是秦、晉兩軍，前哨戰尚未開始，秦軍即如山摧地崩，棄甲曳兵而走。苻秦如大廈之將傾，曩日所統諸軍，紛紛作鳥獸散，姚萇、諸慕容氏及呂光等，皆欲嚐嚐「稱孤、道寡」的滋味，於是沐猴而冠者，如雨後春筍。苻氏昔日之壯志宏圖，悉化為明日黃花。

按，苻堅伐晉，除別具用心之慕容垂與姚萇，鼓舞秦堅不遺餘力外，餘則滿朝文武，乃至後宮婦人，亦無一人贊同者，堅獨以其兵力強大，驕泰自負，信心滿滿，卒致其敗。誠所謂「亢龍有悔」者。

乙酉，謙。

西元385年。東晉孝武帝昌明太元10年，民元前1527年。

晉謝安救秦至長安，復洛陽而還，卒。

秦苻堅與慕容燕，相持經年，幽冀大饑，人相食。晉會稽王道子專權（會念快），姦陷構煽，與謝安有隙，會秦堅來求救，安乃請自將往救，或者以為，劉牢之救秦，已經欠妥了，安之救，實屬太過，進而言之，或以為安「志在收功，不在復晉」。所謂「收功、復晉」之說，似亦未允。蓋就當時情況言，安之所以破堅，各軍在統一指揮下，兵力運用得當，與夫心理戰術之成功而已（安乘小車出遊，在安定社會人心上，有其甚大作用）。至於「復晉」，茲事體大，固非謝安一己之力之所能為，謂安志不在「復晉」，過矣！更進而分析，堅徒有投鞭斷流之虛勢，而非百戰不殆、訓練有素之勁旅，故前哨戰甫一開始，秦軍則官不及將、將不及兵，各奔前程，逡迅而逃矣！

秦苻堅沒于姚萇。

論者謂，堅之生，堪為一世之雄，足以偽霸一時矣！然而終不免軍亡家破者，何哉？不過驕兵必敗耳，自然之規律，其興也如此，其敗也亦當如斯而終也。

子丕自鄴攻晉陽，稱帝，改元大安。慕容沖屠長安。

按：五月西燕主慕容沖攻長安，堅浴血奮戰，飛矢滿身，燕主縱兵暴掠，致關中士民流散，道路斷絕，千里無人煙，堅大將楊定，復被沖擒，對堅打擊至大。

俗謂「人窮則見鬼，困極則呼天」，苻堅初頗禁讖緯之書（即古之符籙）之說，至窮途末路，見讖書有所謂「帝出五將久長得」之句而信之。以為上帝預示其到「五將」去避霉頭。以見其神不守舍，死期將至之兆。乃留子宏守長安，帥騎數百，攜其夫人愛女等。出奔五將。

按：將山有五。《新唐書・地理誌》，京兆醴泉縣，有武將山；《水經註》，扶風杜陽縣，亦有武將山；杜祐謂鳳翔府，岐山縣，亦有五將山等。

秦苻堅曩日豪氣干雲、自我尊大，矢志欲使天下之人，皆「被其澤而沐其化」。其雄心壯志，曾幾何時，已消失得渺無踪影了。見讖書還真以為此所謂「帝」者，即指堅自我而言。上天啟示要自己到五將山，住上一個時期，以怯除晦氣，而獲平安。不知魚不可脫於淵，「帝至五將山」五字，恰好是苻秦的勾命索，也給後秦姚萇一個兵不血刃，手到擒來的機會。叱吒風雲的苻堅大帝，親自送後秦姚萇一份厚禮，糊裏糊塗的，把自己作了階下囚。

司馬溫公論苻堅之所以亡，在於「數戰數勝」之故。蓋數戰則民疲，數勝則主驕，以驕主御疲民，未有不亡者也。

雖然，堅亦不失其英雄氣慨，兵敗之後，先殺其二女，以免被辱，張夫人等皆自殺，自己亦不乞憐。可惜的是，一代梟雄，不聽其謀士王猛臨終之所囑「願勿以晉為意」之言。卒招破軍亡國，授首他人，為天下笑，禍敗之辱的結局。

秦太子宏不能守長安，遂將數千騎與母、妻、宗室西奔，百官逃散，西燕主

沖，入據長安，縱兵大掠，死者不可勝計。

西秦將乞伏國仁，稱牧洮罕，國曰秦，元曰建義，是謂西秦。慕容垂南平鄴，徙都之。秦姚萇獲苻堅於五將山，歸殺之於新市。

乞伏國仁，隴西鮮卑人，苻堅之臣，據抱罕（今臨洮河州）凡四主四十九年（起晉孝武帝太元八年癸未，終宋文帝元喜八年癸未）。

是年，冒頓拓拔什翼珪，稱王定襄之成樂，國曰魏，元曰登國，是為後魏道武皇帝。

西秦堅將乞伏國仁，隴西鮮卑人（今陝西臨洮、鞏昌二府），本為秦苻堅臣。稱牧洮罕（今臨洮府河州），國曰秦，元曰建義，是謂西秦。慕容垂南平鄴，徙都之，凡四傳，共四十九年。

後秦姚萇，原為苻堅司馬，堅淝水兵敗，背主離秦出走，後獲苻堅於五將山，幽於別室，求傳國璽，堅罵之，謂璽已入晉，不可得也。堅自以遇萇有恩，尤憤之，數罵萇以求死。萇縊弒堅於平佛寺，張夫人等皆自殺。

是年，冒頓拓拔什翼珪，稱王定襄（今陝西綏德東南）之成樂，國曰魏，元曰登國，是為後魏道武皇帝。

丙戌，否。

西元386年。東晉孝武帝昌明太元11年，後魏道武帝拓跋珪登國元年。民元前

1526年。

秦苻丕（堅子）為慕容永所敗，走晉東垣，為晉將馮該所殺，其眾奔杏城。苻登稱帝隴東，改元太初。

苻堅將呂光，稱牧姑臧，國曰涼，元曰大安，是為後涼；燕慕容垂稱帝於鄴，改元建興；慕容沖為將段隋、韓延所害，其眾奔垂，慕容永稱帝長子。秦姚萇稱帝，徙居長安，改元建初。

秦苻堅子丕，聞長安不守，堅已死，乃發喪即皇帝位，改元大安（時為西元三八五年）。西燕慕容永向秦王丕借道東歸，被拒，因與慕容永戰於襄陵（山西平陽），秦兵大敗，丕懼，率騎數千南奔東垣，謀襲洛陽，揚威將軍馮該殺之，執其太子寧等送建康，詔不誅，以付苻巨集（巨集去年來奔）。纂與其弟師奴，率餘眾數萬走據杏城，其餘王公百官，皆沒於水。堅族孫登稱帝於南安，後與秦戰，太元十九年（孝武帝年號），敗奔平涼，後秦主興擊殺之，太子崇攻西秦敗死，秦亡，苻氏遂滅。

苻堅將呂光，稱牧姑臧，國曰涼，元曰大安，是為後涼。

呂光父婆樓，為堅太尉，堅命擊西戎諸國皆降，破龜茲還至姑臧，聞堅凶問，舉軍縞素。孝武帝太元十一年，自稱酒泉公，二十一年，稱涼天王，是為後涼。載龜茲國師鳩摩羅什回，居涼州積年，及姚興破呂隆乃迎羅什，譯出眾經。呂氏改王稱號，未幾，即風息焰滅。

燕慕容垂稱帝於鄴，改元建興。

晉孝武帝太元十一年，慕容垂稱帝，改元建興，始置公卿百官，繕治宗廟社稷。垂善用兵，當年桓溫伐燕，曾是其手下敗將。初燕太后忌垂威名，意欲誅之。垂奔秦，苻堅以慕容垂為冠軍，孝武帝太元八年，堅入寇敗還。丁零、翟武攻洛陽，秦使垂討之，垂則叛秦而與武合，九年乃自稱王，是為後燕。垂時年七十，定都中山，十一年稱帝。

慕容沖為將段隋、韓延所害，其眾奔垂，慕容永稱帝長子。秦姚萇稱帝，徙居長安，改元建初。

西燕主慕容沖，攻苻堅、苻丕於長安，幾次燒殺搜括，使長安人民逃死殆盡，長安幾成廢墟，已致所謂路斷人滅，民無孑遺的程度。慕容沖的鮮卑兵士，與慕容沖，當然也都荷包滿滿，發了橫財。慕容沖的鮮卑兵士，自是渴望早日東歸，回老家去。與西楚霸王項羽「居高官而不還鄉，如穿錦衣夜行」，同一心態，所謂「心同此理，理同此心」。然而不識時務的西燕主慕容沖，卻大力課農桑、築宮室，以為長治久安之計。與渴欲東歸鮮卑人的心理，自是大逆其趣，兩者相左，至不可開解時，必然發生衝突，於是沖將段隋、韓，因起而弒沖，立沖將段隋為燕王；慕容恆、慕容永又殺段隋，立宜都王子顗，率鮮卑男女四十餘萬口，去長安而東。

之後，慕容氏自家一殺再殺，恆弟韜殺顗、立沖子瑤；永又殺瑤立泓子忠為帝；刁雲等又弒忠立永為河東王，永敗秦，進據長子，即帝位。

鮮卑既東歸，長安空虛，萇取之而稱帝，大赦，改元建初，置百官。

丁亥，萃。

西元387年。東晉孝武帝昌明太元12年，民元前1525年。

晉以子德宗為太子，敗翟遼於洛口。秦苻登東敗姚萇，封乞伏國仁為苑川王。

秋八月，立子德宗為皇太子。遼自黎陽徙屯滑臺（唐為滑州），欲阻河為固。

後秦主姚萇，以秦王。

戊子，晉。

西元388年。東晉孝武帝昌明太元13年，民元前1524年。

秦苻登攻姚萇不利，秦乞伏國仁卒，弟乾歸立，稱河南王。改元太初。徙都金城。

秦苻登太初三年二月，登軍朝那（漢屬安定郡）與後秦軍相持朝，屢戰，互有勝負，至秋乃各解歸。關西豪傑以後秦無成功希望，多去萇而附登。

六月苑川王乞伏國仁卒，子公府尚幼，群下推國仁弟乾歸為大都督、大將軍、大單于，九月遷河南王，改元太初。九月遷徙金城。

己丑，豫。

西元389年。東晉孝武帝昌明太元14年，民元前1523年。

晉陸納為尚書令。彭城妖賊翟遼圍滎陽。秦姚萇西攻苻登。涼呂光稱三河王，改元麟嘉。

九月以陸納為尚書令，以範寧為豫章守。帝始親政（太元元年，崇德太后歸政，帝始親政），威權己出，有人主之量。已而溺於酒色，委政于琅琊王道之，朝夕以酒色酣歌為事，崇昵僧尼，左右近習，爭弄權柄，交通請託，賄賂公行，刑獄謬亂，官賞濫雜！尚書令陸納，望宮闕嘆曰：「好家居、纖兒（吃奶的小娃子）欲撞壞之也？」將軍許營上疏說：「局吏衛官、僕隸婢兒（有母不知其父的私生子），皆為郡守縣令；或帶職在內，及僧尼、乳母，競進親黨、收受貨賂者，皆可獲得特權，臨官領眾，暴濫無罪、禁令不明、劫盜公行，又僧尼往往依傍法服（袈裟），侵漁百姓，取財為惠，美佈施……。」疏上不省。

又說：自古欲為左右耳目者，無非小人。皆先以其小忠而成其大不忠；先借其小信而成其大不信；遂使讒謂並進，善惡倒置，可不戒哉？

按：小人進則君子退，君子進則小人斥，千古皆然。

範寧是對事情觀察甚深的人，非常憂心社會風氣的日益澆薄，人倫斲喪、文化沈淪的日益嚴重，究其故，乃是由於謬論邪說充斥社會，剝蝕人心之故。故謂「王弼、何晏」之罪深於桀紂。或謂其貶之太過。甯曰：「王、何蔑棄典文，幽沈

仁義，遊辭浮說，波蕩後生，以至禮壞樂崩，中原傾覆，遺風餘俗，至今為患。桀、紂縱暴，喪身覆國，為禍一世。當知一世之禍輕，歷代之患重，自喪之惡小，迷眾之罪大（自作孽、自殺、不想活了，那是你個人的事。但如果由於謬論、邪說而剝蝕社會人心，便是陷溺人心，使人無分男女老幼、皆皆蒙其害，便是大家的事了）。」

干令升晉紀總論，也有同樣的慨嘆！干氏論晉說：「名實反錯，天綱解紐。」以致「方岳無鈞石之鎮，關門無結草之固」，卒致胡馬嗷嘯、河洛為墟！五胡（十六國）亂華，幾達百五十年之久，上蒼所賜吾民者，實非水深火熱，千村寥落可以概之。求活不易，求死為幸，人生到此，天道寧論！生而如此，復夫何言！。

古人有言：「作法於治，其弊尚見。」如果作法於亂，那更不堪設想了，西東二晉，殷鑑不遠。

庚寅，觀。

西元390年。東晉孝武帝昌明太元15年，民元前1522年。

晉敗翟遼於滑臺永。

翟遼乃遊走群雄之間的投機分子，燕主謂諸將說：「遼以一城之眾，反覆三國（晉、燕、西燕）之間，不可不討。」五月，垂自帥師南攻遼，遼之眾多心向燕而歸之。遼懼，請降。垂以遼為徐州牧、河南公。冬十月遼復叛燕，次年二月復遺人

向燕謝罪，燕斬其使。遼乃自稱魏天王，改元置官，又攻滎陽（滎唸形）執太守，後翟遼欲向洛陽，朱序引兵擊之，敗翟遼於滑臺。

辛卯，比。

西元391年。東晉孝武帝昌明太元16年，民元前1521年。

晉王珣為左僕射、謝琰為右僕射。

秋九月，晉以王珣為左僕射、謝琰為右僕射。

黜太學博士范弘之，論者謂「殷浩宜加賜（追賜以榮崇）」。范弘之因敘溫不臣之跡（弘之祖范汪，亦因不直溫而得罪桓溫。時桓氏猶盛、而王珣又為溫故吏），因謂「溫廢昏、立明，有忠貞之節」，遂黜弘之餘杭令。就事而論，桓溫差似曹操，惟尚未行篡耳。弘之黜，由王珣之私，循而至之，誠非朝廷綱常之福。

翟遼死、子釗代，改元定鼎。

壬辰，剝。

西元392年。東晉孝武帝昌明太元17年，民元前1520年。

晉將喆以青州亂，慕容垂平句町翟釗於滑臺。西秦乞伏乾歸，開地至巴及隴。

慕容垂建興七年，進逼蘇康壘（釗地），夏四月翟都南走滑臺，翟釗求救於西

燕，燕用心理戰術「晝多疑兵、夜多火炬」，以待垂自救，我則前後夾擊，其勝必矣！西燕主不納。釗、垂則列兵兩岸，釗攻營不能拔，遂憑險自守，以乏糧，盡獲其眾，釗單騎奔長子，西燕主以釗為車騎大將軍、兗州牧，封東郡王。歲餘，釗謀反，永殺之。

癸巳，復。

西元393。東晉孝武帝昌明太元18年，民元前1519年。

秦苻登攻姚萇不利，秦姚萇卒，子興繼，去帝稱王。

秦苻登太初八年，丞相竇衝，自請封天水王，登不許。衝乃自稱秦王，改元。登攻之，衝求救于後秦姚萇，萇使其子興救之，遂襲平涼，大獲而歸，復鎮長安。

冬，萇疾甚，諸臣受遺詔輔政。謂太子興曰：「有毀此諸公者，慎無受之，汝撫骨肉以恩、接大臣以禮、待物以信、遇民以仁，四者無失，吾無憂矣。」興祕不發喪，自稱大將軍，率眾伐秦。

甲午	頤	東晉孝武帝二十二
乙未	屯	燕慕容垂攻魏不利
丙申	益	帝泛舟沒
丁酉	震	晉安帝王恭桓元等叛
戊戌	噬嗑	鄴陷於魏
己亥	隨	秦拔晉洛陽南燕青州
庚子	无妄	劉裕敗孫恩於臨海
辛丑	明夷	
壬寅	賁	桓元入建業稱丞相
癸卯	既濟	元竊命稱楚

甲辰 家人 劉裕討元敗死	乙巳 豐 帝自江陵還建康	丙午 革 晉劉裕開府京口	丁未 同人	戊申 臨 魏子紹殺其君嗣珪誅紹	己酉 損 晉劉裕滅南燕魏明帝	庚戌 節 晉始興賊盧循寇建業	辛亥 中孚 晉劉裕敗盧循走死	壬子 歸妹	癸丑 睽
甲寅 兌	乙卯 履	丙辰 泰 劉裕代姚泓拔洛陽封宋公	丁巳 大畜 劉裕滅後秦加宋王	戊午 需 晉劉裕弒其君立德文	己未 小畜 恭帝賑長安陷於夏	庚申 大壯 劉裕伐晉	辛酉 大有 宋零陵王德文卒	壬戌 夬 宋武帝劉裕終	癸亥 姤 宋王義符

經世之卯二千二百四十八（世）。

甲午，頤。

西元394年。東晉孝武帝昌明太元19年，民元前1518年。

東晉孝武皇帝二十二年，後魏道武皇帝十年。秦苻登攻姚興不利，戰死，子崇立，奔湟中，稱帝，改元延初。為乞伏乾歸所滅。

燕慕容垂平慕容永於長子，秦姚興復稱帝魏里，改元皇初。涼呂光徙居樂都。

乙未，屯。

西元395年。東晉孝武帝昌明太元20年，民元前1517年。

燕慕容垂攻魏不利，魏破燕師於參合陂（按：參合於漢縣屬代郡）。

燕慕容垂攻魏。或謂魏王珪：燕見其滑臺，長子之捷，動員其傾國之力，有輕魏之心，我應示之以弱而驕之。珪從之，悉徙部落畜產，西渡河千里以避之。這時天象有不可思議的變化。有長星自須女至哭星（按《天文志》：須星乃卑賤之星，哭星主死亡、墳墓。是否確然如此，故妄言之），燕主心裡十分不爽，似乎方寸已亂，乃舉杯祝之曰：「長星勸汝一杯酒，自古何有萬年天子耶！」誠不祥之至，似乎已六神無主了！似乎與當時燕軍的心理狀況相似。

按：這裡回憶起個人的戰場往事，筆者曾參加淮海戰役，序幕甫始，說不上來是為了什麼，只感覺甚麼都不對勁，幾個老同事在一起，大家皆有一種下意識的不祥之感，「對戰役直覺感到不樂觀」，加以武漢的軍用物資運不來，又連下了一個月大雪，大家一點力量也用不上，心想可能要打敗仗，人人皆空等著，終於打了敗仗，而且敗得很慘。

非獨此也，歷史上幾多重大戰役，或以天候異常，或偶以戰場心理之錯覺因素，皆對戰爭勝負，有其關鍵性的影響。如漢光的昆陽之戰，秦苻堅淝水之戰，兩次戰役皆號稱百萬（六、七十萬是有的）。昆陽守軍不及七千，而皆憂念妻孥，軍心不振。光武會兵計策，不得已而突圍求援，適有崩雷如壞山、暴風雷雨，將王尋主帥旗吹折，尋軍心動搖，一場混戰，加以風助雨勢，雨助風威，天昏地暗，直如天兵神將、千軍萬馬，從天而降。復又滍水暴漲，王尋抱死人而逃。

淝水之戰，苻堅信心滿滿，亦不接受任何人之諫（包括滿朝文武、枕邊寵妃、忠心耿耿的左右手苻融（融且涕泣而諫），乃至其最為佩服、景仰，為其治秦「道不拾遺、夜不閉戶、家戶豐足、人民安樂」，亦師亦友的好朋友王猛，臨死前特別叮嚀「晉不可伐」的遺言），咸不置理。自以其百萬雄師，投鞭斷流之勢，取小弱之晉，豈非探囊取物，彈指間事。結果卻被晉幾個少不更事的娃娃兵，搞得「風聲鶴唳、草木皆兵」。秦也因而曲終、酒醒、人散，分崩離析，繁華難再矣！

朱氏隱老論，魏、燕「參合之戰」說：寶之兄弟生長兵間，有以知兵之氣候矣（當然應知天候與行軍作戰之關係）！參合之戰，豈偶然也？當燕軍行軍途中，忽大風黑氣如堤，自軍後而來，臨覆燕軍頭上（說燕軍所遇氣象之異），只有沙門支曇猛之言（沙門為出家人，支為曇猛之俗姓），見天象有異，氣象突然大變，為魏軍即至之象，建議寶，應立刻準備應戰。寶則以為魏軍已去遠、笑而不應。隱老謂：人人皆知這是魏兵將至之候，而寶則付之一笑（曇猛一再懇請），麟則奮然肆怒，以曇猛之言為胡說妄道！可知寶平日所為，大抵冥然無覺，悍然不顧而已矣！其勝幸也，其敗宜也。幸不可以數得，則宜其不免於參合之敗也。

丙申，益。

西元396年。東晉孝武帝昌明太元21年，民元前1516年。

晉武帝汎舟于泉池沒，太子德宗嗣位，是為安帝。會稽王道子專政。燕

慕容垂拔魏平城。垂卒，子上谷子寶繼，改元永康。太原陷於魏，魏拔燕并州。

東晉孝武帝太元二十一年秋九月，貴人張氏弒帝於於清暑殿，太子德宗即位，會稽王道子晉位太傅。

帝嗜酒好色，流連內殿，外人罕得進見。張貴人寵冠後宮年近三十，孝武帝謂「汝以年亦當廢矣！吾意更屬少」者。已而醉臥清暑殿，貴人使婢以被蒙帝面弒之。重賂左右，謂因魘暴崩。會稽王道子昏荒，遂不復推問。太子即位，道子進位太傅，揚州牧，假黃鉞。太子天生而癡、啞，莫辨寒暑、飢飽、不知昏晝，一切皆由他人代為。

朱氏隱老論說：孝武帝之死，史謂醉臥清暑殿，張貴人使婢以被蒙面而弒之，而此曰「泛舟泉池而歿焉」，豈所謂暑殿者，構於泉池之中歟？夫構殿於泉池中，信可以清暑矣，然自渡江以來，土木之功，未是有也。正月構殿而九月死焉，亦足以戒於後也！抑又可戒者，帝之於張貴人也，蓋曰汝以年亦當廢矣，吾意更屬少者。坐此一言為其所弒，則謂之溺於酒色，可也；謂之溺於泉池，亦可也。由有所溺而後沒焉！後之人君，固當以為戒也。

時會稽王道子專權奢縱，嬖人趙牙（本為倡優）、錢塘（捕盜小吏）皆以諂賂得進，道子以牙為魏郡太守，千秋為驃騎諮議參軍。

初，有國寶者，依附道子，矯縱不法，武帝惡之，帝崩，復侍道子，與王緒

共為邪諂，道子又依為心腹，遂參管朝權、威振內外。王恭正色入朝，每及時政，皆厲聲色。或勸恭誅國寶，王珣曰：「彼罪逆未彰，今先事而發，必失朝野之望，若其不改，惡佈天下，然後順眾心而誅之，亦無不濟也。」時朝政已糜爛如此，珣尚謂罪逆未張，殺之失朝野之望云云。而冀其改？王珣之言，可謂荀勗再世（荀勗賈充之亞，充女為惠帝妃，宮女有孕，則刺殺之。晉武帝怒欲殺之。勗即進言謂：「妃尚幼，長即改。」結果不但不改，而更變本加厲，弒后倒行逆施，獨攬朝政，卒釀成八王之亂，夷狄交侵、五胡亂華之局。「若其不改」然後順眾心而誅之，亦無不濟也。王珣可謂鄉愿之至，雖非佞臣，但確非有為有守者，「邦無道不變塞焉」的骨耿之士，其所守者，如斯而已）。王珣之言，誠其先人白璧之玷。王氏當知，天下事之善與惡，莫不由積漸而然，故賢者莫不貴未然之防。今天下已賣官鬻爵，賄賂公行，天下人人皆明見熟知，然王珣卻謂：「彼罪逆未彰，今先事而發，必失朝野之望，若其不改，惡佈天下，然後順眾心而誅之，亦無不濟也。」云云。（朝政已糜爛如此，尚謂罪逆未張，殺之失朝野之望。而冀其改？豈非明把朝廷殿堂，視為亂臣賊子的培訓所。）

王珣嘗為桓溫故吏，於武帝昌明太元十六年，朝議為桓溫增賜，博士范弘之反對，以為「桓溫幾亂朝廷，傾社稷，於事實不付」。王珣即黜範弘之於朝堂之外。可見王珣所執者，只是個人明哲保身之法而已，禍國殃民之不足，小人成群，斯足憂矣！

丁酉，震。

西元397年。東晉安皇帝隆安元年（在位二十二年，年三十七），民元前1515年。

晉改元隆安。兗州王恭、豫州庾楷、吳郡王欽，各以城叛。

夏四月，兗州王恭舉兵反。詔誅僕射（射唸夜）王國寶、建威將軍王緒。恭罷兵還鎮。

國寶、緒、依附會稽王「道之」，窮奢極慾，不知法紀，惡王恭。恭等各繕甲勒兵，殷仲堪勸道之自裁損其兵權，以和緩朝野緊張局勢，俾免中外恂恂，人心不安。

恭上表請北伐（藉口），道之疑之，未許。仲堪乃多方聯絡，其從兄顗曰：人臣當各守職份，外藩不宜干朝政。又謀之南郡江績，績亦極言其不可。恭卒遣使與仲堪共謀討國寶。桓玄以不得志，亦欲假仲堪兵勢作亂。

緒說國寶殺珣、車胤，以除時望，挾君相以討二藩。珣、車胤至而寶不敢發。且問計於珣，珣謂王（恭）殷（仲堪），與卿素無深怨所競不過勢利之間耳。國寶曰：「將無曹爽我乎？」珣曰：「是何言歟？」你有爽之罪嗎？既無爽之罪，還有甚麼可怕的呢？國寶遂上疏待罪。道之怕惹火上身，乃賜國寶死、斬緒於市，恭乃罷兵還京口。仲堪初猶豫不敢發，聞國寶死，始抗表舉兵，道之以書止之，乃還。

朱隱老謂：如果說謝安之清談，為有益於國家的話，那麼謝安目擊中原之亂，

而未能有所作為，未敢說不是受當時社會清談之風所誤。如果說，清談之風為無益於社會國家，那麼安死之後，外寇不侵、內亂不作，難道不是安之餘烈之所覃（影響所致）也。王恭等三城之亂，很多人以為乃因國寶而致（會稽王道之所用之掠財賣官之工具）。但國寶用事已非一朝一夕之久了（起碼是寶惡貫滿盈、國人皆曰可殺呢），再說國寶也沒有搧動三城俱反的影響力。但無論如何，卻不過也因而可見「國無君子，難乎為立」。謝安既死而國猶未亂，當然也是受遺風之所致吧！

干寶晉紀總論說：晉，其創基之本，異於先代（史謂司馬氏，欺人孤兒寡婦，以詐取天下）。加以「朝乏純德之士，鄉無不二之老，風俗淫僻，恥尚失所，學者以莊老為宗，而黜六經；談者以虛薄為辨，而賤名儉；行身者以放濁為通，而狹節信」，結果是「恥尚失所，是非移位」。

持平而論，清談之風，應是弊多於利的。

戊戌，噬嗑。

西元398年。東晉安皇帝隆安2年，民元前1514年。

晉北伐燕，師敗于管城。兗州王恭、豫州庾楷、荊州殷仲堪、廣州桓玄兵犯建業，敗內師于白石。假會稽王道子黃鉞，玄師敗走潯陽。

秋七月兗州王恭、豫州庾楷、荊州殷仲堪、廣州桓玄兵犯建業，玄師敗走潯陽。

桓玄求為廣州，會稽王道之忌之，不欲使居荊州，而以玄為督交、廣二州軍事、廣州刺史，亦受命而不行；豫州刺史庾楷，以道之割其四郡，使王愉督之，楷以江州為內地，而西府北帶冠戎。不應使愉分督，朝廷不許。楷怒，遣其子鴻說王恭曰：尚之兄弟復秉政權過於國寶，欲假朝威削弱方鎮、徵艾前事，為禍不測。今及其謀議未成，宜早圖之。恭以為然。以告殷仲堪、桓玄，二人皆許之。推恭為盟主，刻期同趨京師。劉牢之以為不妥，方鎮如動輒聯合引兵向闕，朝野尚有何體統，晉陽之甲，豈可數興乎？恭自除王國寶後，威無不行，仗劉牢之為爪牙，而以部曲遇之，牢之內心懷恨，事為元顯（道之子）知之，遣人說牢之使叛，許以王恭之位，劉牢之始叛。恭參軍何澹之知其謀恭不信，更置酒拜牢之為兄，精兵堅甲，悉以付之。使帳下督顏延為先鋒，牢之至竹里，斬顏延以降。

劉牢之使其子敬宣還襲恭，恭兵潰，亡走，為人所獲，送京師斬之，臨刑神色自若（劉牢之亦狠矣！牢之與恭，可謂殺其友而妻其妻者，恭雖死，尚不失丈夫氣慨），晉之世風民情，於此可見。牢之與王恭，就表面看，似有利於國家事權之統一，政令之推行，道之用分化離間法，將叛軍瓦解。但亦不過「以暴移暴兮」！卒亦未與於朝野之貪瀆，與政權之統一也。乃至各自為政、劃地為雄，晉家天下，亦猶周天子之小朝廷而已。

按：上述情形、猶如滿清退位。國家之陷於軍閥割據狀態，十分相似，其情形如：

一、白崇熙、李濟琛，以桂系為骨幹，控有兩廣、兩湖四省等地。馮玉祥控有山東、河南、陝、甘、青海、寧夏等地。

二、張學良控有東三省及熱河等地。

三、閻錫山控有山西、河北、察哈爾、綏遠等地。

之後，以閻錫山、馮玉祥、李宗仁、汪兆銘等為首，發動中原大戰，亙一年之久，動員兵力達一百五十萬人，死傷在十五、六萬以上。為滿清退位後，最大規模之內戰。最後東北軍易幟，全國始告統一。

袁世凱死後，北洋軍閥分為三大系：

一、直系為馮國璋、曹錕、吳佩孚等。

二、皖系為段祺瑞、徐樹錚等。

三、奉系為張作霖、張昌宗、吳俊升等。

三大系之鬥爭，亦無所不用其極，各引帝國主義為奧援，三系人馬，為爭地盤、爭政權，其軍事衝突，自一九一六年至一九二六年，所發生大規模戰爭：

一九一九年七月：直皖戰爭，直勝皖敗。

一九二二年四月：第一次直奉戰爭，直勝奉敗。

一九二三年九月：第二次直奉戰爭，奉勝直敗。

其他小形爭鬥，不勝枚舉，然該均無視於人民所受荼毒與顛沛流離之苦與地方之糜爛，乃至國家元氣之斲傷。

己亥，隨。

西元399年。東晉安皇帝隆安3年，民元前1513年。

秦姚興拔晉洛陽。

朱氏隱老評說：晉光復洛陽十五年後，又為姚興所拔。究係守將用不得人，抑為其他？然守將辛恭靖，嬰城固守，逾百餘日，力屈勢窮，然後見獲。靖前不拜興，後不背晉，脫囚而逃，終歸其國。可見守者未始非其人也。然則天乎？天之運，寓於地之氣，向者胡雛嘗倚上東門而嘯矣！（石勒初負販洛陽，嘗倚洛陽東門而嘯，王衍令人捕之未得。）此其地氣自北而南者乎？地氣自北而南，君子以為將治之候也，然而石勒至焉！而卒以大亂，則是君子之論，亦有時而不然也！獨以其氣類推之，則胡雛之嘯，胡騎之招也；中原之地犬羊據之，夫豈果無其兆乎？謝安之救之至洛陽也，故曰將以救秦也。苻秦雖滅，而姚秦至焉。其兆豈不見於謝安之救乎？以中國而救夷狄，安固下策也，以夷而救中國，魏有善意焉，恭靖之困也，楊佺期嘗為之求救於魏，魏以六萬騎救之，此其意之善也，知有中國而救之者也，雖曰救不及期，而其善不可泯，魏有洛陽而政似中國，未必不以此意得之也。

初會稽王道之無日不醉，其子元顯諷朝廷解道之揚州以授顯。道之酒醒大怒，然已無可奈何。顯性苛煩多引樹親黨，朝貴皆畏視之。

元顯發諸郡「免奴為客」者（奴戶，有罪沒為官奴者為奴戶；公卿以下至九品官，宗室、國賓、先賢之後及士人子孫、占蔭等人為客戶，是謂免奴為客），置

京師以充兵役、號曰「樂屬」，東土囂然苦之。孫恩以人心騷動，自海島攻會稽，八郡之人，一時起兵應恩，恩據會稽稱將軍，民有不同其教者，戮及嬰孩，死者什七、八、九。醢諸縣令，令食其妻子，不食則肢解之，所過掠財物、燒民屋、刊木（斫伐林木）、堙井（塞也），表道之、元顯罪，請誅之。

恩之入會稽也，會稽內史王凝之者（王羲之子），奉天師道，不出師、不設備，謂有天兵鬼卒來助，卒被執而殺之，其妻謝道蘊聞寇至，手殺數人而被執。

帝即位，內外乖異，石頭以南皆荊、江所據；以西皆豫州所專；江京及江北皆劉牢之及廣陵相高雅之所制。朝廷所行三吳而已。及恩作亂，八郡皆為恩有，人情危懼，內外戒嚴。詔以劉牢之都督吳郡諸軍事。

劉裕，生而母死，父窮不能養，將棄之。同郡劉懷敬母（劉氏同宗之從母），斷懷敬乳而往乳之（捨己子而乳人之子，此嫗有好心、有眼光）。及長勇健而有大志，僅識文字，以賣履為業，好樗蒲，為鄉里所賤。劉牢之擊孫恩，引裕參軍事，使將數十人覘賊（搜索敵情），遇賊數千，即擊之，從者皆死，裕墜岸下，裕奮長刀殺數人，牢之尋至，見裕獨逐數千人，咸共嘆息，因進擊賊，大破之，斬獲千餘人。戊申，牢之引兵濟江。恩驅男女二十餘萬東走，多棄財寶子女於道，官兵競取之，恩因之得脫。東土遭亂企望官軍之至。既而牢之等縱兵暴掠，士民失望，郡縣城中無復人跡。

道之、元顯父子皆錄尚書事，時謂道之為東錄，顯為西錄，西府車水馬龍，東

府門若張羅。顯無良師友，所親信者率佞諛之徒，自以為皆時之英傑，風流名士。由是日益驕奢，自以為德高望重，公卿見元顯皆拜，時軍旅數起，國用虛竭，元顯則聚斂不已，富逾帝室（人謂有其父必有其子，信然）。

殷仲堪恐桓玄跋扈，乃與楊佺期聯婚為援，二人以未能建立信心，仲堪以多疑少決，卒被桓玄各個擊破，而身亡兵喪。

庚子，无妄。

西元400年。東晉安帝皇帝隆安4年，民元前1512年。

晉司馬劉裕，敗孫恩於臨海。

春三月，桓玄固請求領江州，共督八州，領二州刺史。

夏五月，孫恩復寇會稽，太守謝琰敗死。琰以資望領會稽，孫恩來犯，琰既不招降，誘其自新，亦不設備。諸將咸諫，琰皆不聽，既而恩入餘姚、破上虞、臨會稽。琰出戰兵敗，為其帳下所殺。恩轉寇臨海，朝廷大震，遣將拒之，皆為恩所敗。

冬詔劉牢之討孫恩，孫恩走入海，牢之東屯上虞，使劉裕戍句章。

辛丑，明夷。

西元401年。東晉孝安皇帝隆安5年，民元前1511年。

晉平孫恩，劉裕出守下邳。燕慕容盛將段璣、行弒盛。叔父熙、誅璣稱帝，改元光始。

三月孫恩攻海鹽，劉牢之參軍，劉裕擊破之。

孫恩北趨海鹽，裕隨而拒之。孫恩以城中人少，裕夜偃旗息鼓匿眾，明晨開門，使羸弱數人登城，賊遙問裕所在？曰夜已走矣。賊爭入城，裕奮擊大破之。恩乃進向滬瀆，裕復追之，俘斬以萬數，恩遂自浹口遠竄入海。

六月恩奄至丹徒，戰士十餘萬，樓船千餘艘，建康震駭，內外戒嚴。劉牢之使劉裕自海監入援，裕兵不滿千人，倍道兼行，與恩俱至丹徒。守軍莫有鬥志，恩帥眾鼓譟登蒜山，居民皆荷擔而立，裕帥領奔擊，大破之。恩狼狽僅得還船，然恩猶恃眾，奔向京師。譙王尚之帥精銳馳至，恩樓船高大，泝風不得疾行，數日乃至白石。聞尚之在建康、牢之至新州，乃浮海北至鬱州，攻陷廣陵。

桓玄厲兵訓卒，常俟朝廷之隙，聞恩逼京師，建牙聚眾，請討之。會恩退，詔書止之，玄乃解嚴。八月以劉裕為下邳太守，討孫恩於鬱州，恩由是衰弱。

山雨欲來風滿樓。桓玄令其兄偉為江州刺史，鎮夏口；司馬刁暢督八郡，鎮襄陽；令其將馮該戍溢口，自謂有晉之三分之二，又使人上己符瑞，欲以惑眾。又致書會稽王道子說，賊逼近郊，以風泝食盡故去，非力屈也（玄之嘴臉可見）。

元顯欲誅桓玄。張法順謂顯，欲誅玄非劉牢之不可，然劉牢之又反覆多變，如萬一有變，則禍敗立至。因先令牢之殺玄之兄弟謙等，以示其無二心。若不受命，

當先為處置之。元顯以為不可，理由是如果沒有劉牢之，便無人能敵桓玄。再說桓氏在荊州已根深蒂固。況且事情尚未開始，便先誅殺大將，在情理上似說不過去，法順言之再三，顯終不贊同（實在說，在智慧上法順、元顯，也誅不了牢之）。可見元顯往日之驕縱霸氣，已無復存矣！法順之策，直如鄉人扮家家酒一樣，如同兒戲，不但是拿個人生命來開玩笑，連國家社稷也賠了進去，「不知彼、不知己」，其敗也固宜。

玄入京師。

壬寅，賁。

西元402年。東晉安皇帝元興元年，民元前1510年。

晉改元元興。桓玄據荊州建牙夏口。假揚州元顯黃鉞。顯兵敗，玄入建業，稱侍中丞相，錄尚書事，遂又稱太尉，總百揆，乃殺都督元顯及會稽王道子。

元興元年，元顯、桓玄的卡位戰，終於揭開序幕。先是元顯自為驃騎大將軍、征討大督都，以劉牢之為前鋒（顯一廂情願的任命，實在說，劉牢之不但非常討厭元顯，而且希望桓玄之勝，因其深恐玄滅而不容於顯）。牢之數詣見顯，顯皆在昏酣中，以牢之為前鋒，牢之驟詣玄門，不得見，還是皇帝為顯餞行時之座上，碰見一面而已。

參軍劉裕請擊玄，牢之不許。玄使牢之族舅何穆說牢之曰：「自古戴震主之威，挾不賞之功，而能自全者誰耶？如越之文種、秦之白起、漢之韓信等，其結果如何？（玄父子又如何呢？）明主尚且如此，況為凶逆者乎？」今戰勝則傾宗，戰敗則覆族，欲以此安歸乎（亦玄之寫照）？況玄與君無夙昔之怨，不如幡然改途，則可以長保富貴矣！牢之始與玄交通。其甥東海中尉何無忌與劉裕皆極諫不聽。其子敬宣亦諫說：「今國衰危，天下之重心在大人與玄。」玄藉其父（溫）、叔（沖）之資，已有晉之三分之二，董卓之變，將在今矣！牢之怒謂：「你說的我豈不知，今日取玄如反手耳，但平玄之後，我能奈元顯何？」

劉牢之以行屍走肉的元顯為其首要目標，而視身邊的餓虎饞狼桓玄，取之猶反掌之易，豈非昏掉了腦袋？（牢之雖老謀深算，而卒被雁啄瞎了眼睛。）不得已復求教於劉裕，希裕同起兵抗玄，「以匡社稷」。裕謂：「將軍以勁卒數萬，猶望風降服，今彼新得志，威振天下，人情皆已去矣！廣陵豈可得至也？」

一人得道，雞犬升天。桓玄入京，滿朝新貴，盡為桓氏家族，與附勢趨炎者。桓玄總百揆，都督中外諸軍事、丞相、錄尚書事、揚州牧，領徐、荊、江三州刺史，又改授太尉，假黃鉞（大斧，黃帝專用的禮儀用物），玄已掩有晉，儼然一新朝廷矣！

初，玄亦頗黜奸佞、擢儁賢，京師欣然，既而即奢豪縱逸，政令無常，朋黨互起，淩侮朝廷，裁減乘輿供俸之具，晉家皇帝亦僅免於饑寒而已，由是眾心失望。

朝中大臣，或以子弟為質於秦而求救。三吳大饑，戶口減半，富者或衣羅懷金玉，閉門相守而餓死。牢之舊將或奔南燕，或奔後秦，茫茫然如喪家之犬，亡國失家之痛如此。

巨寇孫恩寇臨海，臨海太守辛景擊破之，恩所擄三吳男女，死亡殆盡，恩恐為官兵所得，乃赴海死。

癸卯，既濟。

西元403年。東晉安皇帝元興二年，民元前1509年。

晉加桓九錫，稱相國、楚王，用天子服器。玄竊命徙其帝于永安宮，降為平固王（皇帝也被降級），遷之潯陽，國曰楚，元曰永始。

春，玄自為大將軍。上表請平關、洛（洛陽及潼關以西之地），陰使人要（要挾）「帝不准」。自己則揚言本欲率軍收復洛陽、關中之地，因朝廷不許，「奉詔」故止。

玄以作輕舸載服玩書畫，問之曰：「兵凶戰危，脫有意外，則輕而易運。」人皆笑之。其德性如此。

九月，玄自為相國、封楚王、加九錫。阿諛者如侍中殷仲文等，勸玄早受禪。

冬十月又自詐作祥瑞（如詐言錢塘湖開，江州甘露降，使百僚集賀，用為其受命之符），以示順天應人之符兆。往昔各朝皆有隱者，自己當政則無，千方百計弄

了個前朝隱士皇甫謐之六世孫皇甫希給其資用，使隱山林，徵為著作郎，並使希之固辭不就，然後下詔旌表，號曰高士，時人謂之「充隱」（實非隱者，以之備數，也可以說是冒充的隱者），誠史所未聞，玄之德行，下流如此。

冬，十一月，楚王玄稱皇帝，廢帝為平固王，遷於潯陽。降皇后為縣君，原各王或降為縣君、縣侯不等，追尊其父桓溫為宣武皇帝，廟號太祖，母為宣皇后。玄入建康宮，登御座而床忽陷，明明為大凶之兆，佞者殷仲文則謂，這是由於聖德深厚，地不能載之故。大喜，天下寧有如斯之君臣，所謂諛之尤者。

一人得道，雞犬升天，於是一朝天子一朝臣。桓氏家族、佞臣，各得美官，自理所當然。

史所謂奸雄，曹孟德足以當之，若董卓者，盜之尤耳。桓玄者，小丑跳樑而已。明明是自己篡位，卻假惺惺、妞妮作態，上表辭稱帝，自請出師靖難，但又要晉安帝下詔，堅決慰留。自古權奸篡竊，未有如此之無恥者。俗謂人怕無品，「無品、無恥」，即所謂之下流。所謂「無恥之恥，垢莫大焉」，作為一個萬民共瞻之國君，誠所謂遺羞萬年者，真個是猢猻坐金殿，望之不似人君！

朱氏隱老論說：昔者桓彝死韓滉之難（玄之祖父，死難韓滉之亂），其言固曰：「義在致死。」又說：「此則命也。」（桓玄祖父的名言）合義與命而兩言，足以盡之。其義也，不以利回其命也（捨生取義），安於分，究可以詒大訓於後世矣！使其若子、若孫，而世遵其訓，則溫必不為廢立（桓溫，桓玄父），玄必不為

篡竊，三世相承而同出一轍（玄祖孫三人，皆能如彛），則其功業之盛，王（導晉東渡，主導晉國政、使晉轉危為安，並無非份之念）、謝（安、玄，叔姪主導淝水之戰）豈足進哉！失以沈充之悖謬（晉成帝咸和元年，蘇峻平沈充、錢鳳有功，自以功大賞輕，有輕視朝廷之意），其子猶欲洒之（看不起之意）。是故不愛一死，以報其國，若彛者，忠貫日月，誠感鬼神，後嗣苟賢，豈至頹圮？顧乃一變而為廢立，再變而為篡竊，其視沈充、錢鳳猶有愧焉，若方之「王、謝」諸賢子弟、其獨無赧乎？

何哉？由固有文化、家庭教育、長期所蘊藉之世家風範使然也。

桓氏自其父沖起，已忘其祖彛「義、命」二字之道，既以掌握幾年兵權，便生「取而代之」之猗念，自古及今，天下寧有如斯廉價之帝王？班叔皮（班彪）王命論說：「天子之貴，神明之祚，豈可得而妄處哉？故雖遭罹厄會，竊其權柄，勇如信、布（韓信、英布），強如梁、籍（項梁楚上柱國、項籍西楚霸王叔姪），成如王莽，然卒潤鑊（煮飯鍋）伏鑕（古時腰斬的刑具），烹醢（肉漿）分裂。又況麼麼（小）不及數子（以上諸人），而欲闇干天位者也。是故駑蹇之乘，不騁千里之塗；燕雀之疇，不奮六翮之用；斗筲（升斗之量）之子，不秉帝王之重。《易》曰：『鼎折足，覆公餗。』不勝其任也。」

甲辰，家人。

西元404年。東晉安皇帝元興三年，民元前1508年。

晉帝在潯陽，劉裕唱義師，帥沛國劉毅，東海何無忌二州兵，大敗桓玄京口。

晉帝被桓玄「降級下放」，貶為平固王，放逐於「潯陽」。

玄自即位。可說是百事不順，二月己丑朔，濤水入石頭，流殺人甚多，讙譁震天。玄苛細自矜，朝政大亂。

玄遣使加益州刺史毛璩「左將軍」，璩執留玄使，不受其命。並傳檄遠近，列玄罪狀，遣巴東、建平二太守（柳約之、羅述）、征虜司馬（甄季之）等進駐白帝。

劉裕嘗從徐、兗二州刺史入朝，玄謂王謐：「裕風骨不常，蓋人傑也。」每出遊集會，必接引殷勤，贈賜甚厚。玄后劉氏有智鑒，謂裕不在人下，不如早除之（玄妻知裕而不知玄，誠所謂人目能遠視千里，而不能自視其睫者）。玄謂我方平蕩中原，非裕不可，俟關河平定，然後別議之（此較智之時。孫子也說：「多算勝，少算不勝，況無算乎？」玄知裕多少？）。

劉裕與毅（劉邁弟）、何無忌、王元德、仲德兄弟、昶及裕弟道規，魏詠之等，相與合謀起兵，眾推裕為盟主。

孟昶妻周氏，饒於財，昶謂其妻因受劉邁陷害（騙其妻），使我在桓公（桓玄）那裡，吃盡苦頭，一輩子不能擡頭，我決定與他拼了，我此去之後，生死未

卜，怕你受到連累，因此我們辦個離婚手續，如果我倖而不死，夫婦會合不遠。周氏說，君父母在堂，你有非常的計劃，也不是我婦道人家能諫止的，如果失敗了，我即淪為官奴，也會奉養二老，絕對不再嫁人的。昶心中悵然（悶坐，難以啟齒），久之而起。周氏追昶坐，說：看你的舉措，一定情事重大，而不可告我的極密大事，所謂不謀諸婦人，我婦人家，也諫止不了的，你的用意，不過是想要我財物而已！便指懷中嬰兒說，即是把他賣了，我也捨得。遂傾財而予之（其實周氏心知肚明，非造反而何？衹是彼此皆心照不宣，不敢明言，互相慰藉而已。周氏可敬）。

劉裕兵起，玄則主張據險固守，期以逸待勞，待其師老兵疲，俟機而攻之，善之善者也。玄新野王、征討督都桓謙等，堅決主張爭取主動，還叛軍以顏色。而玄則憂懼惶恐，不知所措，待玄大將吳甫之，右衛將軍皇甫敷二將戰死，玄慌懼。便請了些江湖術士來作法唸咒，希望上天庇祐，問群臣：「朕會敗嗎？」吏部郎曹靖之對說：「民怨神怒，臣實懼焉。」玄曰「民或可怨，神何為怒？卿何不諫？」曰：「朝中皆以時為堯天舜日，臣何敢諫？」

玄雖派軍拒裕，自則率親信數千人，聲言出戰，實則浮江南走。裕入建康。

乙巳，豐。

西元405年。東晉安皇帝義熙元年，民元前1507年。

晉平桓偃。帝自金陵還建業，改元義熙。劉裕都督中外錄尚書事，還鎮丹徙。

平桓偃亂（偃音昌，專作壞事的人，或為壞人所驅使，如為虎作偃。狂行不知所之，走投無路的樣子），帝還建康，裕使人入宮，收圖書、器物，封府庫、金飾、樂器等。朝政皆委劉穆之，倉促之間，各皆允愜。

時晉政寬弛，綱紀不立，豪族陵縱，小民窮促，更因司馬元顯，政令乖舛，桓玄雖欲釐整，而條科繁密，眾莫之從，穆之斟酌時宜，隨方矯正。裕則以身範物，先以威禁，內外百官，皆肅然奉職，風俗頓改。

丙午，革。

西元406年。東晉安皇帝義熙二年，民元前1506年。

晉伐蜀，敗譙縱于白帝，孔安國為尚書左僕射，大將劉裕開府京口，仇池楊盛稱蕃，燕慕容超三將奔晉，燕慕容熙將馮跋殺熙，立慕容雲，復姓高氏稱王，改元正始。秦姚興將赫連勃勃稱天王於朔方，國曰夏，元曰龍興。

秋八月，劉裕聞譙縱反，遣龍驤軍將毛修之與益州刺史司馬榮期等，共討縱，榮期為其參軍楊承祖所殺，承祖自稱巴州刺史，修之退還白帝。

十月，以左將軍孔安國為尚書左僕射，論建義功：奏封劉裕豫章郡公、劉毅南平郡公、何無忌安成郡公，自餘封賞有差。十二月以何無忌為都督荊、江、豫三

州、八郡軍事、江州刺史。

後燕王慕容熙光始六年，熙襲契丹，春正月至陘北，畏契丹之眾，欲還，苻後不聽。遂棄輜重，輕兵襲高句麗，行三千餘里，士馬疲凍，死者盈途。攻高句麗木底城，不克而還，夕陽公雲傷於矢，且畏熙之虐，遂以疾去官。

第十節　以運經世十——觀物篇三十四

經元之甲一，經會之午七，經運之壬百八十九，困。

經世之子二千二百五十七（世），困初六變澤天夬。

經世之丑二千二百五十八（世）。

經世之寅二千二百五十九（世），困九二變澤山咸。

經世之卯二千二百六十（世）。

經世之辰二千二百六十一（世），困六三變澤地萃。

經世之巳二千二百六十二（世）。

經世之午二千二百六十三（世），困九四變坎為水。

經世之未二千二百六十四（世）。

經世之申二千二百六十五（世），困九五變雷水解。

經世之酉二千二百六十六（世）。

經世之戌二千二百六十七（世），困上六變天水訟。

經世之亥二千二百六十八（世）。

經世之子二千二百五十七

甲子 兌 殺庶人忠	履 帝同皇后巡東海封泰山			需 李勣平高麗					
甲戌 大過 后稱天后帝為天皇	鼎 太子宏卒立賢為太子					升 廢太子賢立哲為太子		困 帝后幸東都	未濟 帝崩于東都
甲申 解 唐中宗武后廢帝立豫王旦	渙 武后徙帝居房陵			遯 趙王貞等謀興復平之	咸 武后稱聖皇	旅 武后稱周皇帝降旦為皇嗣	小過 用狄仁傑為相	漸 狄仁傑下獄	蹇 武后稱金殆皇帝

經世之丑二千二百五十八

甲午艮中宗一一年在房陵	甲辰	甲寅家入冊嗣謙為太子更名瑛
謙明堂火	屯張柬之等平亂武后死	
否武后封中岳	益武三思居中用事殺張柬之五人	革太上皇崩姚崇讓宋璟相
萃狄仁傑復相	震李多祚殺武三思	
晉召帝干房陵返政		
豫武后幸嵩山封旦為相王	隨作宮市	
觀武后幸汝陽復舊正朔狄仁傑卒	无妄韋后弒帝隆基誅之尊父旦為帝	
比武后幸三陽宮	明夷宗命太子隆基監國	中孚姚崇卒
剝武后祀南郊	賁傳位太子元宗	
復張柬之同平章事	既濟姚崇為相	睽

經世之寅二千二百五十九		
甲子 萃 元宗一三年廢王后幸東都	甲戌 震 幸東都李林甫為相	甲申 同人 命祿山節度范陽作太真養子
		臨 冊太真為貴妃
	隨 楊太真入官李林甫用事	
觀 至自東都	无妄 廢太子瑛張九黜宋璟卒	
	明夷 冊與為太子	中孚 賜祿山鐵眷幸華清官
		歸妹 幸華清官
		睽 幸華清官權歸楊氏
頤 幸東都	家人 命安祿山為平盧節度使	兌 祿山入朝以兼河東討雲南不利
屯 至自東都宋璟免相		履 李林甫死楊國忠為相
益 韓休張九齡為相		泰 國忠大行誣搆

經世之卯二千二百六十
甲午 大畜 元宗四三年始以詩賦取士
需 祿山以范陽叛兵陷東都
小畜 帝西幸祿山稱燕帝唐肅宗
大壯 郭子儀李光弼復兩京帝還長安太上皇至自東都
大有 復改載為年
姤 李輔國逼上皇入西宮
大過 太上皇崩于西宮
鼎 輔國殺張后帝崩
恆 唐代宗

甲辰	甲寅
井 吐番入	
蠱 華州叛	
	蹇 唐德宗藩鎮叛
	艮 盧犯為都郭子儀卒
	謙 朱滔李希烈等稱王
蒙 郭子儀大敗吐番	否 姚合言宣朱此帝李

經世之辰二千二百六十一

甲子	甲戌	甲申
大過 迎帝還官李晟收京城平朱泚		艮 吐番南詔修貢
鼎 平李懷光		謙 唐順宗帝不豫授位太子
恒 殺李希烈		否 唐憲宗太上皇崩貶王伾王叔文
巽 李泌為相		
困 睦贇為相		
未濟 吐番請和		

經世之巳二千二百六十二

甲午
頤 憲宗九年淮西逆命
屯 伐淮西裴度為相
震 裴度大伐淮西淮西平
隨 以方士柳泌為台州刺州
明夷 唐穆宗

甲辰	豐 唐敬宗	革 中入弒帝羣臣立湛	同人 唐文宗						
甲寅	復 中尉士良屠宰相李等十餘家			需 盜殺宰相李石			大有 唐武宗	夬 李德裕專政	姤

經世之午二千二百六十三

甲子 蒙 武宗四年太原軍亂	師 大除象教	遯 帝餌金丹有疾命怡為太叔	咸 唐宣宗貶李德裕						
甲戌						剝 唐懿宗寇亂		頤 徐州軍亂林邑蠻	
甲申	震 平林邑蠻復安南			无妄 龐勛陷除宿等州	明夷 徐寇平蠻復寇蜀			家人 沙陀李國昌阻命	豐 征李國昌

經世之未二千二百六十四		
甲午 革 唐僖宗寇亂	甲辰 泰 忠李克用不 克 帝在成都巢 寇平朱全	甲寅
	大畜 鳳翔帝 至自成 都京都 軍亂幸	
臨 王仙芝江 淮十五州	需 溫還京師 諸將大掠 自鳳翔移 幸興元朱 攻軍皇子	
損 黃巢陷 沂鄭南 會似芝		
節 黃巢擾 江淮及 廣東	大壯 帝至百 鳳翔冊 太弟傑	升 帝在華 州需何 后還長 安
中孚 黃巢拔 嶺南	大有 唐昭宗 封全忠 東平王	
歸妹 黃巢陷 長安帝 出南山	夬 李克用 阻兵太 原	
睽 羽書飛天 下沙陀順 命勤王	姤 李克用攻 邢朱全忠 攻魏	未濟 全忠進封 梁王
兌 全忠沙陀 李克用自 代郡至帝 在成都巢 將朱溫降	大過 李克用攻 鎮兵於堯 水	
履 遂收京城 帝在成都 諸將合攻 大破巢	鼎 鳳翔李茂 貞舉兵犯 闕	渙 克用攻全 忠

經世之申二千二百六十五
甲子 解 全忠行弒
渙 唐哀帝全 忠弒何后
師 全忠代 唐為
遯 李克用 卒
咸 李存最敗 梁軍于潞
小過 鎮定附 于晉
漸 梁友珪 弒立
蹇 梁殺友珪 立友貞

甲戌 艮 晉李存最開霸府	甲申 頤 唐徙都洛陽
謙 魏入于晉	屯 蜀亡
否 契丹稱帝	益 唐軍變殺存最唐明宗
萃 南漢劉龔	
晉 晉大舉伐梁	
豫 蜀王衍吳楊演	
觀 晉兵入梁同州	无妄 河中軍亂
比 英楊溥	
	賁 閩王延鈞
復 後唐莊宗殺友貞	既濟 唐從榮反明宗終

經世之酉二千二百六十六

甲午 家人 唐閔帝從珂蜀孟知祥	甲辰 兌 晉出帝閩亡
革 晉高祖閩王昶唐亡	
同人 南唐李昪吳亡	大畜 契丹入汴滅晉漢高祖劉知遠
臨 晉徙都汴	需 漢知遠終子承祐立
	小畜 契丹河北郭威北伐
	大壯 漢郭威以兵入其主野死
中孚 晉襄鎮叛	大有 周太祖漢劉文
歸妹 晉重貴立漢玢	
睽 南唐璟南漢晟	姤 周冊柴榮為太子封晉王

經世之戌二千二百六十七（編註：皇極終於此）

甲寅 大過 周太祖威終榮紹位
鼎 漢劉崇卒子承鈞繼
巽 北漢和帝
井 南漢鋹
蠱 趙匡胤充都點檢世宗榮終宗訓嗣位
升
未濟

經世之亥二千二百六十八

黃氏曰：右午會第九運之十二世也，運卦。當困武后稱周於其始，郭威稱周於其終。而同祖蒼姬豈木德之應乎。夫明夷誅也，唐之致治三宗稱首，然其踐位皆受父禪。太宗諸其兄，元宗諸其姑，具直明夷憲宗遇否而身弒，可謂應矣！至于十六象必以順逆為吉凶，隨之為泰，作宮市以悅韋后，入太真而比林甫，適以伏蠱與否耳，數窮五代，其蠱否極矣！申酉世方唐之盛也，辛巳年直家人而用祿山，寅卯世卒，以養子作亂，其應在需，而唐以衰及其衰也，壬辰年直家人，而沙陀阻命卒，以賜姓屬籍討全忠，其應在晉而唐復祀焉。沙陀甫亡而李昇即興，非同人之類族辨物者哉，同人象三綱不正，世系不明，祖唐與祖周同歸於偽妄焉耳，柴榮之立書紹位者，明其非嗣也，宗訓之立書，嗣位者明其為子也，書趙匡胤者，君前臣名也，大過之後承之以蠱，及宋祖升而困以解、否以泰，是雖天地自然之數，而人道安可無哉？故〈經世吟〉曰：「羲軒堯舜湯武桓文、皇王帝伯，父子君臣四者之道理限于秦降及西漢，又歷三分東西擾南北紛紜，五胡十姓天紀幾焚，非唐不濟，非宋不存，千世萬世中，原有人其旨明矣。」

王氏曰：黃氏註經世以為，《邵子全書》今閱其全本末略具矣，而中亦不無裁，截如此篇，巳會末運，註云經世于甲辰，書曰：唐帝堯肇位于平陽，號陶唐氏，命羲和欽若昊天云云，其文甚繁，而圖格內僅裁取數語，餘俱未錄，蓋邵子本傳稱著書十餘萬言，此三篇及聲音唱和篇有不能全載，這亦不得不然也，經運篇午

會之六辰之末註云，大書漢高祖者正統也，小書先入關者與其仁也。大書楚者漢之對也，小書伯王後入關者不仁，猶秦也意其於天子與諸侯，正統與列國正位與僭位，自有大書小書並書分書之別，而此亦限於圖格不能分別矣！又《經世》一書敘事有法，直開綱目之先。朱子嘗云《皇極經世》紀年甚有法史家，多言秦廢太后遂穰侯，《經世書》只言秦奪宣太后權，伯恭極取之，蓋實不曾廢也，今考事在午會第六運世之已，而黃註未錄入，愚亦僭為補之以復其故。

又曰經會經運經世三篇，各配以卦，或以為卦有吉凶悔吝之象，直此卦必有此應遂牽合附會，以為之說然，一卦管六十年，而歷代國祚修短時會興衰治亂，參錯不齊，斷不能與前六十年而盡符，就其事以世變又不必一一與所直之卦合也，後世術數之事往往推類，以相附指事，以為應及其難合，不免旁引曲取，遷就其說，自漢董仲舒、劉向父子、京房之徒，皆以《春秋》《洪範》為災異之學，考其所發驗以人事，雖亦近其所失，而以類至然，時有推之而不能合者。胡氏《春秋傳》曰，春秋災異必書，雖不著其事應，而事應具存，惟明于天人相感之際，響應之理則見聖人所書之意矣！陸氏九淵曰，旁引物情，曲指事類，不能無偶然而合者，然一有不合，人君將忽焉而不懼，孔子於《春秋》書災異不著，事應實，欲人君無所不慎，以答天戒而已，二子之言，實亙相然發，則邵子配卦之意，果一無所為乎？是又不然，蓋六十四卦有定，而六十四卦之變卦無窮，原其以六十卦配之年世者，天道十年而一變六十年，而一大變往往不爽，否泰之為，治亂隨蠱之兆，安危十六

象之，關乎大故，尤多明徵，非若天變時災之異懸，邈而不易測也！且象卦之占，亦惟其人《左氏傳》魯穆姜得隨之元亨利貞，而曰：「有是四德，隨而無咎，我皆無之，豈隨也哉？」朱子於夬之上六「无號終有兇」傳曰：占者有君子之德，則其敵當之，不然反是，易之象占即是可見也然，則前此歷代之事蹟已昭然如此，所直之世卦、年卦，又確然如此，後之直此卦者，觀前代之跡推卦爻之義，思惠迪而戒從，逆如直泰也，則思保泰持盈之理；如直否也，則思易否為泰之道，如直十六象之當世、當年也，則思正倫紀辨直佞、安內攘外之方，即十六象之中，而當乾卦九五如陶唐吉莫大焉，猶當思上六亢悔之戒，而乾惕以承之，則天時人事相為，影響不必徵其事應，而六十四卦皆元吉亨貞之象矣！庶幾不負邵子之意哉。

附錄：中華民國、中華人民共和國簡表

壬子中華民國元年。甲寅（民三）日本占青島。乙卯袁世凱承認日本二十一條件，十二月袁氏稱帝，三月袁撤消帝制，六月卒。己未（民八）五四運動。庚申（民九）直皖戰爭。辛酉（民十）七月中山先生就任非常總統，中國共產黨成立。壬戌（民八）四月黎元洪復任北京總統。甲辰辛亥十月十日，革命軍臨時起義，一舉克復武昌，各省相繼向應，清帝退位，中華民國成立。

明年壬子，為中華民國元年，選舉國父中山先為臨時大總統，就職于南京。制訂臨時約法，卦直未濟、困。

元年三月，袁世繼任大總統。二年袁氏不遵約法，秘密向國際貣借鉅款，以為其稱帝之資，消滅政敵之資本，國民黨發起二次革命，袁世凱乃解散國會。三年甲寅，日軍占青島。四年袁世凱接受日本二十一條件（該二十一條之內容，直把中國視為日本屬國，內政外交，一切皆須德命於日本），十二月袁氏稱帝，蔡松波等起義于雲南，在眾叛親離之下，終於五年三月，被迫撤銷帝制，洪憲鬧劇，曆八十三日而告終，袁氏亦於六月六日，羞憤而死。

滿清推翻之後，外人對我之覬覦，未嘗少戢，如日本之於山東；俄人之于外蒙，英之於西藏……，皆思攫而有之，六年歐戰爆發，中國參戰，列戰勝國，巴黎和會則將德國在華權利交於日本，激起國人憤慨，於民國八年，爆發五四運動，初

以「內除國賊，外爭國權」為口號，後即演變為打倒「孔家店」的所謂新文化運動，兩岸數十年來，外受西方物質文明之侵蝕，內受野心政客，有計劃的摧殘與破壞，對固有文化的摧殘與斲傷，真所謂不絕如縷矣！幾乎已從國人心理中，連根拔起，無分男女，現代的中國人，幾幾乎咸浸沈于西方文明中，而能不自拔，亦如《西方之沒落然》，德哲司寶格列，已於十八世紀慨慨乎言之，而今世人竟樂此「道德沒落」而不疲。

袁世凱死後，北洋軍閥分為三大系：直系為馮國璋、曹錕、吳佩孚等；皖系為段祺瑞、徐樹錚等；奉系為張作霖、張昌宗、吳俊升等。

三大系之政治鬥爭，無所不用其極，各引帝國主義為奧援，三系人馬，為爭地盤、爭政權，其軍事衝突，自民國六年至十六年，所發生大規模戰爭：九年七月，直皖戰爭，直勝皖敗；十一年四月，第一次直奉戰爭，直勝奉敗；十三年九月，第二次直奉戰爭，奉勝直敗。

其他小形爭鬥，不勝枚舉，均無視於人民所受荼毒與顛沛流離之苦，與地方之糜爛，乃至國家元氣之斲傷，亦猶慈禧之臨朝，視天下為其個人資淫欲、肆淫威之工具，罔視於天下蒼生，乃至其所依附而生之者，大清王朝之存亡者然。

民國十五年七月，國民革命軍開始北伐，十七年東北易幟，在形式上全國已告統一，而實質上仍然為軍閥割據狀態，其情形為：一、李宗仁、白崇煕、李濟琛，以桂系為骨幹，控有兩廣、兩湖四省等地。二、馮玉祥控有山東、河南、陝、甘、

青海、寧夏等省。三、張學良控有東三省及熱河等地。四、閻錫山控有山西，河北、察哈爾，綏遠等地。

十八年，政府為促進國家建設，舉辦國軍編遣會議，桂系率先反叛，迄十九年初，叛亂擴及數省，以閻錫山、馮玉祥、李宗仁、汪兆銘等為首，發動中原大戰，亙一年之久，動員兵力達一百五十萬人左右，叛軍死傷在十五萬以上，政府軍萬人左右，為民國成立以來最大規模之內戰。最後東北軍易幟，全國始告統一。

甲子 1924直小畜	乙丑	丙寅	丁卯	戊辰	己巳	庚午	辛未	壬申	癸酉
甲戌 1934直漸	乙亥	丙子	丁丑	戊寅	己卯	庚辰	辛巳	壬午	癸未
甲申 1944直渙	乙酉	丙戌	丁亥	戊子	己丑	庚寅	辛卯	壬辰	癸巳

經辰之午二千二百九十九，巽，初變小畜，二變漸，三變渙。

甲子（民十三）九月直奉二次戰爭，六月黃埔軍校成立，十一月段祺瑞任臨時執政。

乙丑（民十四）三月中山先生病逝北京，五卅慘案（五月三十）。

丙寅（民十五）九月國民軍北伐。

戊辰（民十七）十月蔣中正任國民政府主席，十二月東北易幟全國統一。
辛未（民二十）九月九一八事變，日軍占我吉林、遼寧、黑龍江等東三省。
甲戌（民二十三）。
乙亥（民二十四）十月，江西共黨入延安。
丙子（民二十五）十二月十二楊虎誠、張學良發動西安事變，劫持蔣委員長。
丁丑（民二十六）七月七日，全面對日抗戰，十一月遷都重慶。
己卯（民二十八）九月二次世界大戰起。
辛巳（民三十）十二月太平洋戰爭起。
甲申（民三十三）。
乙酉（民三十四）八月日本無條件投降，十月臺灣光復、蘇俄阻止國軍接收東北。
丙戌（民三十五）五月還都南京，國共戰爭擴大。
丁亥（民三十六）十二月開始行憲。
戊子（民三十七）四月蔣中正先生當選中華民國第一屆總統，十月共軍佔領長春、瀋陽，十一月徐蚌會戰。
己丑（民三十八）一月蔣中正先生引退，李宗仁代行總統職權，十月中華人民共和國成立，李宗仁赴美，政府遷台。
庚寅（民三十九，共和國二年）三月三月蔣中正先生復行總統職務。共和國二

年一月與英建交，二月與蘇俄訂友好同盟條約，十月參加韓戰、抗美援朝。

甲午 1954直姤	乙未	丙申	丁酉	戊戌	己亥	庚子	辛丑	壬寅	癸卯
甲辰 1964直蠱	乙巳	丙午	丁未	戊申	己酉	庚戌	辛亥	壬子	癸丑
甲寅 1974直井	乙卯	丙辰	丁巳	戊午	己未	庚申	辛酉	壬戌	癸亥

經辰之未二千三百，巽，四變姤，五變蠱，上變井。

甲午，民國四十三年，共和國六年。
甲辰，民國五十三年，共和國十六年。
甲寅，民國六十三年，共和國二十六年。

甲子 1984直大有	乙丑	丙寅	丁卯	戊辰	己巳	庚午	辛未	壬申	癸酉
甲戌 1994直旅	乙亥	丙子	丁丑	戊寅	己卯	庚辰	辛巳	壬午	癸未
甲申 2004直未濟	乙酉	丙戌	丁亥	戊子	己丑	庚寅	辛卯	壬辰	癸巳

經辰之申二千三百〇一，鼎，初變大有，二變旅，三變未濟。

甲子，民國七十三年，共和國三十六年。

甲戌，民國八十三年，共和國四十六年。

甲申，民國九十三年，共和國五十六年。

甲午 2014直蠱	乙未	丙申	丁酉	戊戌	己亥	庚子	辛丑	壬寅	癸卯
甲辰 2024直姤	乙巳	丙午	丁未	戊申	己酉	庚戌	辛亥	壬子	癸丑
甲寅 2034直恒	乙卯	丙辰	丁巳	戊午	己未	庚申	辛酉	壬戌	癸亥

經辰之酉二千三百〇二，鼎，四變蠱，五變姤，上變恒。

甲午，民國一〇三年，共和國六十六年。

甲辰，民國一一三年，共和國七十六年。

甲寅，民國一二三年，共和國八十六年。

甲子 2044直夬	乙丑	丙寅	丁卯	戊辰	己巳	庚午	辛未	壬申	癸酉
甲戌 2054直咸	乙亥	丙子	丁丑	戊寅	己卯	庚辰	辛巳	壬午	癸未
甲申 2064直困	乙酉	丙戌	丁亥	戊子	己丑	庚寅	辛卯	壬辰	癸巳

經辰之戌二千三百〇三，大過，初變夬，二變咸，三變困。

甲子，民國一三三年，共和國九十六年。

甲戌，民國一四三年，共和國一〇六年。

甲申，民國一五三年，共和國一一六年。

甲午 2074直井	乙未	丙申	丁酉	戊戌	己亥	庚子	辛丑	壬寅	癸卯
甲辰 2084直恒	乙巳	丙午	丁未	戊申	己酉	庚戌	辛亥	壬子	癸丑
甲寅 2094直姤	乙卯	丙辰	丁巳	戊午	己未	庚申	辛酉	壬戌	癸亥

經辰之亥二千三百〇四，大過四變井，五變恒，上變姤。

甲午，民國一六三年，共和國一二六年。
甲辰，民國一七三年，共和國一三六年。
甲寅，民國一八三年，共和國一四六年。

中華民國九十四年八月二十五日於臺北寓。

南懷瑾文化出版相關著作

2014年出版

南師所講呼吸法門精要
劉雨虹／彙編

孟子與盡心篇
南懷瑾／講述

東拉西扯——說老人，說老師，說老話
劉雨虹／著

雲深不知處：南懷瑾先生辭世週年紀念
劉雨虹／編

禪海蠡測
南懷瑾／著

禪海蠡測語譯
南懷瑾／原著，劉雨虹／語譯

孟子與滕文公、告子
南懷瑾／講述

太極拳與靜坐
南懷瑾／講述

2015年出版

點燈的人：南懷瑾先生紀念集
東方出版社編輯群／編

金粟軒紀年詩
南懷瑾／原著，林曦／注釋

話說中庸
南懷瑾／著

孟子與萬章
南懷瑾／講述

2017年出版

瑜伽師地論 聲聞地講錄（上下）
南懷瑾／講述

靜坐修道與長生不老
南懷瑾／著

圓覺經略說
南懷瑾／講述

答問青壯年參禪者
南懷瑾／講述

說不盡的南懷瑾
查旭東／著

說南道北：說老人 說老師 說老話
劉雨虹／著

南懷瑾與楊管北
劉雨虹／編

禪、風水及其他
劉雨虹／著

如何修證佛法（上下）
南懷瑾／講述

藥師經的濟世觀
南懷瑾／講述

懷師之師：袁公煥仙先生誕辰百卅週年紀念
劉雨虹／編輯

我的故事我的詩
南懷瑾／講述

www.nhjce.com

2016年出版

孟子與離婁
南懷瑾／講述

孟子與公孫丑
南懷瑾／講述

對日抗戰的點點滴滴
南懷瑾／口述

孟子旁通
南懷瑾／講述

大圓滿禪定休息簡說
南懷瑾／講述

我說參同契（上中下）
南懷瑾／講述

人生的起點和終站
南懷瑾／講述

孔子和他的弟子們
南懷瑾／講述

漫談中國文化：企管、國學、金融
南懷瑾／講述

跟著南師打禪七：一九七二年打七報告
劉雨虹／編

2018年出版

洞山指月
南懷瑾／講述

百年南師——紀念南懷瑾先生百年誕辰
劉雨虹／編

新舊教育的變與惑
南懷瑾／著

禪與生命的認知初講
南懷瑾／講述

易經繫傳別講（上下）
南懷瑾／講述

道家密宗與東方神祕學
南懷瑾／著

中醫醫理與道家易經
南懷瑾／講述

2019年出版

花雨滿天維摩說法（上下）
南懷瑾／講述

金剛經說甚麼（上下）
南懷瑾／講述

懷師的四十三封信
劉雨虹／編

2020年出版

禪宗新語
南懷瑾／著

楞嚴大義今釋
南懷瑾／著

皇極經世書今說——觀物篇補結
閆修篆／輯說

皇極經世書今說——觀物篇補結（第四冊）
建議售價・2000元（四冊不分售）

輯　　說・閆修篆
編輯整理・林金郎　徐錦淳
校　　對・林金郎
出版發行・南懷瑾文化事業有限公司
網址：www.nhjce.com
代理經銷・白象文化事業有限公司
412台中市大里區科技路1號8樓之2（台中軟體園區）
出版專線：（04）2496-5995　傳真：（04）2496-9901
401台中市東區和平街228巷44號（經銷部）
購書專線：（04）2220-8589　傳真：（04）2220-8505
印　　刷・基盛印刷工場
版　　次・2020年6月初版一刷
2023年11月初版二刷

設計編印　白象文化
www.ElephantWhite.com.tw
press.store@msa.hinet.net
總監：張輝潭　專案主編：陳逸儒

國家圖書館出版品預行編目資料

皇極經世書今說——觀物篇補結／閆修篆著. --
初版.—臺北市：南懷瑾文化，2020.6
面：　公分
ISBN 978-986-96137-8-1（平裝）
1.皇極經世 2.注釋
290.1　　109002784